동서 종교의
 만남과 그 미래

종교와사회총서2

동서 종교의
만남과 그 미래

그간 발표된 12편의 논문이 〈동서종교의 만남과 미래〉라는 제목으로 한권의 책으로 나오게 되었다. 불교, 유교에 관한 논문이 각기 세 편씩이고 동학에 관계하여 발표된 논문이 6편이나 되었다. 변선환 선생님 제자들 중에서 불교, 유교에 관심을 갖고 공부한 학자들이 여럿 배출되었으나 최근에는 동학에까지 관심을 갖고 연구한 소장학자들이 많이 생겨난 결과이다. 이들 발표자들 중에는 물론 변선환 선생님 직계 제자들이 아닌 분들도 계신다. 하지만 그들 모두는 변선환 선생님을 심적으로 존중하며 그분의 학문적 뜻을 소중하게 생각하며 글을 써 주었다. 낳은 정보다는 기른 정이 소중하듯이 직접적 배움보다도 그 뜻의 크기를 가늠했기 때문이다.

변선환 아키브 · 동서종교신학연구소 편

도서
출판 모시는사람들

머리말

〈동서 종교의 만남과 그 미래〉를 펴내며

지난 2년간 변선환 아키브 내 동서신학연구소에서 발표된 논문들이 한권의 책으로 엮어지게 된 것을 너무도 고맙고 감사하게 생각한다. 주지하듯 변선환 아키브는 선생님 사후 유족들과 선생님의 뜻을 따르는 제자들의 노력으로 12년 동안 유지되어 오고 있다. 그간 이곳에서 해천 윤성범 교수님과 일아 변선환 선생님의 전집이 출간되었고 그 외 연구 발표된 수권의 책들이 출판되어 변선환 아키브의 위상이 널리 홍보되었다. 학기별로 주제를 정하여 매달 1회씩 정기적으로 논문발표가 행해졌고 감신 학생을 비롯한 교파, 종교를 초월한 청중들이 꾸준히 본 토론회에 참석해 주었다. 발표자 분들과 참석해 준 여러분들이 헌신적 애정이 없었다면 12년의 역사도 없었을 것이다. 무엇보다 먼저 그분들이 노고를 치하한다.

금번에도 도서출판 모시는사람들의 지원히에 그간 발표된 12년의 논문이 〈동서종교의 만남과 미래〉라는 제목으로 한권의 책으로 나오게 되었다. 불교, 유교에 관한 논문이 각기 세 편씩이고 동학에 관계하여 발표된 논문이 6편이나 되었다. 변선환 선생님 제자들 중에서 불교, 유교에 관심을 갖고 공부한 학자들이 여럿 배출되었으나 최근에는 동학에까지 관심을 갖고 연구한 소장학자들이 많이 생겨난 결과이다. 이들 발표자들 중에는 물론 변선환 선생님 직계 제자들이 아닌 분들도 계신다. 하지만 그들 모두는 변선환 선생님을 심적으로 존중하며 그분의 학문적 뜻을 소중하게 생각하며 글을 써 주었다. 낳은 정보다는 기른 정이 소중하듯이 직접적 배움보다도 그 뜻의 크기를 가늠했기 때문이다.

논문을 기고한 분들의 이름을 떠올려 본다. 강남대에서 종교 관용 문제로 인해 어려움을 겪고 있으나 그와 당당하게 맞선 이찬수 교수, 불교와 기독교의 대화를 종교철학적 관점에서 관심하는 감신대 장왕식 교수, 유교를 주제로 박사논문을 쓰고 목회와 학문을 병행하고 있는 이종찬 박사 그리고 최근 수행론의 관점에서 불교 및 유교와 기독교의 관계를 모색하는 필자의 두편의 글이 본 책의 1부와 2부 내용을 담당했다. 특별히 보스턴 유교학풍이 한국 신학계 내에 본격적으로 소개되는 것은 이 책의 공헌이라고 생각한다. 3부에 실린 동학과 관계된 6편의 논문은 변선환 아키브 안팎의 학자들의 작품으로 동학을 기독교와 관계 지어 생각할 수 있는 충분한 가능성을 제시했다. 더러는 대단히 긍정적으로 어느 경우는 비판적으로 접근한 논문들이 있는 것도 흥미로운 일이었다. 서강대에서 종교학을 공부한 이길용 교수의 동학 이해는 신론에 초점을 둔 종래의 시각을 보충할 수 있는 새 안목을 열어주었고 동학을 에코페미니즘의 관점에서 재구성한 연세대 전현식 교수의 논문은 동학을 21세기의 살아 있는 종교로 만드는 데 큰 역할을 했다. 반면 한국 페미니스트 종교여성 신학자 세종대 이은선 교수는 동학과 비판적 대화를 시도했다. 동학의 긍정적 면을 충분히 부각시켰으나 동학이 과연 여성해방을 성사시켰는가에 대해서 핵심적 의문을 제기한 것이다. 성공회대 권진관 교수는 동학의 지기至氣 개념을 성서의 영靈과 비교하며 양자 간의 유사성과 차이를 밝혀 주었고 동학에 몸담고 있는 정치학자인 경희대 오문환 교수는 동학의 수행론을 체험에 입각하여 상세하게 소개하고 있다. 멀리서 귀한 발걸음을 해주신 오문환 교수께 아카브를 대신해서 깊은 감사의 마음을 전한다. 끝으로 한국 교회사 전공인 성백걸 박사의 논문 "개벽과 개화의 이중주"는 동학과 기독교가 과거처럼 그렇게 오늘 우리 현실에서도 새롭게 만날 수 있는 가능성을 시적으로 표현해 주었다. 좀 더 상세하게 집필자들의 논문을 설명해야 하는 자리이지만 너무도 훌륭한 논문들을 한두 마디로 요약할 재주가 없어 독자들에게 직접 읽기를 요청할 수밖에 없다. 논문 한편 한편을 읽어가다 보면 상호 다른 논조 속에서도 하나로 엮어지는 일관된 사상흐름을 발견하는 묘미를 느낄 수 있을 것이다.

올 초부터 변선환 아카브 내 동서신학연구소에서는 신비주의를 주제로 월례 정기 발표회를 계속하고 있다. 벌써 5번째 발표회를 마치고 년말까지 세 번의 모임을 남겨놓고 있다. 신비주의를 주제로 한 책이 후년쯤 다시 묶어진다면 지난해 나온 〈생태신학강의〉, 그리고 〈동서 종교의 만남과 그 미래〉와 더불어 세 권의 연구실적물을 세간에 내놓을 수 있게 된다. 그러나 이것 외에도 그간 공부해 온 무수한 자료들이 남아있다. 좀 더 다듬는 수고를 한다면 앞으로 두 세권의 책을 더 펴낼 수 있을 것이다.

본 책을 출판함에 있어 적극적 의지를 보여주고 저희 모임을 격려한 도서출판 모시는사람들 관계자 여러분에게 진심으로 감사를 드린다. 400페이지가 넘는 큰 책을 출판하는 일이 쉽지 않았을 터임에도 불구하고 기쁜 마음으로 일을 시작해 주셨다. 지금 필자는 이 책이 많이 읽혀 그분들에게 보람을 안겨드려야겠다는 생각뿐이다. 하늘에 계신 변선환 선생님께서도 대단히 기뻐하실 것이라 믿는다. 제자들과 함께 아키브를 꾸려오신 신옥희 사모님의 노고를 다시 기억하는 자리가 되었으면 하는 바람도 있다. 바라기는 제자된 우리 모두가 선생님께서 자신의 몸을 던져 한국 교회와 사회에 남긴 화두를 빗겨가지 않았으면 한다. 이 책이 그러한 마음의 발로라 믿고 감히 부족함에도 불구하고 세상에 내놓는다.

본 책을 발간함에 있어 전 간사였던 신익상 목사와 어려움 중에 새롭게 간사로 임명된 홍길수 전도사에게 고마운 마음을 그득 전한다.

이화여대의 김흥호 선생님이 말하셨던가? 오늘날 한국 교회는 이웃 종교를 이웃종교인보다 더 잘 아는 기독교인이 필요하다고. 더 잘 아는 신학자는 못 되더라도 그들과 대화하는 신학자가 되려는 우리들의 저술이 널리 읽혀지고 토론되기를 간절히 희망하며 머리말을 마감한다.

2007년 10월 27일
용인 죽전 자택에서
이정배

모들통문

도서출판 모시는사람들 도서안내 04

통섭의 기술

통섭의 기술은 단순히 다양한
지식세계를 넘나드는
지식 차원의 언어적
기술이 아니라,
지성 차원의 영적 기술이다.

『통섭의 기술』에 이르는 최민자 교수의 학문 여정…

천부경
904쪽 | A5 | 45,000원

생태정치학
800쪽 | A5 | 35,000원

생명에 관한 81개조 테제
832쪽 | A5 | 35,000원

동학사상과 신문명
400쪽 | A5 | 18,000원

삶의 지문
456쪽 | A5 | 20,000원

서울 종로구 경운동 88 수운회관 1207호 http://blog.naver.com/donghak21 Tel 02-735-7173, 02-737-7173 Fax 02-730-7173

학문, 과학을 넘어 마음과 소통한다

통섭의 기술 : 지식시대에서 지성시대로
최민자 | 498쪽 | 25,000원

통섭의 기술은 단순히 다양한 지식세계를 넘나드는 지식 차원의 언어적 기술이 아니라, '아(我 self)'와 '비아(非我 other)'의 두 대립되는 자의식을 융섭하는 지성 차원의 영적 기술이다. 소통의 미(美)의 발현을 통해 삶을 아름답게 만드는 진정한 의미의 예술이다. 지금까지 통섭에 대한 학계의 관심은 주로 통섭의 당위성에 대한 분석과 설명 내지는 이원적인 지식 차원의 통섭에 머물렀던 관계로, 동서고금의 통섭적 세계관과 통합 학문 그리고 통섭의 메커니즘을 망라하는 전체적인 지성 차원의 통섭이 체계화되지 못했던 것이 사실이다. 통섭은 본질적으로 전일적이고 영적인 까닭에 논리적인 지식 차원이 아닌, 직관적인 지성 차원에서 일어난다. 지식은 관념이고 파편이며 과거와 연결되어 있으므로, 엄밀하게 말하면 지식의 통섭이란 말은 성립될 수 없다. 삶과 유리된 단순한 지식의 통섭은 이념의 지도를 영토 그 자체라고 믿는 것과도 같이 공허한 것이다.…인문사회과학과 자연과학의 통섭 또한 성리와 물리, 정신과 물질의 합일에 대한 이해 없이는 이루어질 수 없다. 이처럼 통섭의 기술은 시스템적 사고에 기초한다. 시스템적 사고란 부분을 단지 전체 조직과의 맥락 속에서만 파악될 수 있다고 보는 것이다.

— '통섭의 기술' 중에서

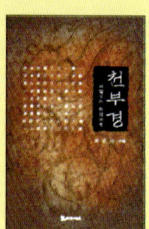

천부경
삼일신고 · 참전계경
최민자 | 904쪽 | 25,000원

『천부경』은 단순히 우리 민족 고유의 경전이 아니라 모든 종교와 진리의 모체가 되는 인류의 경전이다. 우주의 순환, 천체의 순환, 생명체의 순환, 그리고 의식계의 순환과 더불어 일체 생명의 비밀을, 그 어떤 종교적 교의나 철학적 사변이나 언어적 미로에 빠지지 않고 단 81자로 열어 보인 천부경이야말로 모든 종교와 진리의 진액이 응축되어 있는 경전 중의 경전이라 할 것이다. 천부경은, 지구촌의 종교세계와 학문세계를 아우르는 진리 전반의 문제와 정치세계의 문명충돌 문제의 중핵을 이루는 유일신 논쟁, 창조론-진화론 논쟁, 유물론-유심론 논쟁, 신-인간 이원론, 종교적 타락상과 물신 숭배 사조, 인간 소외 현상 등에 대해 단 81자로 명쾌하게 그 해답을 제시하고 있다.

무교
권력에 밀린 한국인의 근본신앙
최준식 저 | 208쪽 | 10,000원

한국인의 정신세계의 근저에 기층문화로서 자리 잡고 있는 무교(巫敎)가 우리 역사에서 어떻게 '미신' 이자 '무속으로 왜곡되고 비하되어 왔는지 살펴보고 있다. 저자는 한국 종교의 기본 코드는 표층의 유교(儒敎)보다 더 깊은 곳에서 작동하는 무교라고 보고 이를 바탕으로 한국 종교 전반을 일별한다. 결론적으로 "종교적으로 무교"를 제자리에 복권시킴으로써, 정신세계의 실제(무교)와 현상(외래종교, 기성종교) 사이의 괴리로부터 빚어지는 한국사회 정신문화, 종교문화의 부조리와 파행을 치유하고 무교의 문화적 자산을 온전히 활용할 수 있다고 말하고 있다.

박의섭 방송동극집 : 경성-목포
박의섭 | 272쪽 | 15,000원

우리나라 방송 도입기, 어린이들에게 꿈과 희망을 심어주던 아동극 대본 15편의 아동극을 엮은 책이다. 여기에 수록된 아동극 대본들은 1937년부터 일제에 의한 한국어 방송이 폐지되던 1941년까지 실제로 방송된 대본이다. 일제시대의 방송극 대본으로는 최초로 발굴 공개되는 것이다.

천도교중앙대교당 50년 이야기
이동초 | 736쪽 | 40,000원

'천도교중앙대교당'의 1921년부터 1972년까지 50년 동안의 역사를 담은 책이다. '천도교중앙대교당'은 일제 때 항일운동의 거점이기도 하며 1922년 일제 강점기와 해방공간 그리고 6·25동란을 거치면서 수많은 역사 기록을 남긴 건축물로 1921년부터 1972년까지 천도교중앙대교당에서 열린 천도교 행사뿐만 아니라 대외적인 주요 행사의 날짜, 장소, 내용, 출처 등을 상세하게 게재함으로써 한 근대 건축물에 대한 살아 있는 이력서를 복원하였다.

모심에 가시난 듯
권영준 | 348쪽 | 15,000원

권영준 작가의 세번째 희곡집으로, 동학농민혁명 막바지를 배경으로 한 장편 희곡 작품이다. 서른 여섯명의 다채로운 동학농민군과 그 가족들이 생존을 위한 마지막 몸부림을 처절하게 그렸다. 작가는 꼬박 2년 동안이나 이 작품에 매달렸다.

이 땅에서 만나는 이웃 종교들
이종찬 | 236쪽 | 10,000원

이 책은 우리나라의 원시종교와 민간신앙을 비롯하여 불교, 유교, 기독교, 신종교 등 외래 종교들이 어떻게 생겨나고 어떤 신앙체계를 형성시켜 왔는지와 그들이 우리나라에 뿌리를 내리게 된 과정과 각 종교의 특성을 살펴보았다. 이 책에서 이웃종교 만나기를 통해 '이웃종교'를 깊이 이해하고 참된 신앙인의 마음 자세를 제시하였다.

생태정치학
최민자 | 800쪽 | 35,000원

생명 현상이 개별 유기체의 속성이 아니라 우주적 시스템의 속성임을 동양의 제 사상 및 동학사상과 현대 과학의 접합을 통해 밝힘으로써 서구 중심의 생태이론을 극복하고 대안적인 생태정치학의 기본 틀을 완성하였다. 의식의 변화와 제도적 차원의 조정을 통하여 생태적 가치가 활성화될 때 생명이 평화롭고 지속가능한 상태로 살아갈 수 있을 것이다.

일본정신
이찬수 | 208쪽 | 10,000원

일본 정신의 근간을 이루는 종교문화의 형식과 내용 전반을 짧은 시간 안에 소화할 수 있도록 정리하였다. 일본의 종교문화를 현상적으로 일별하는 것에서 그치지 않고, 그것을 나름대로 '일본정신'이라는 보편적인 담론으로 재구성해 보여주고 있다. 또한 이 책에서 일본정신에 천착하는 이유는 일본에 빗대어 우리나라의 모습과 정신을 이해하는 데에 있음도 유의할 대목이다.

용담유사연구
윤석산 | 344쪽 | 18,000원

이 책은 동학 천도교 연구의 기본서라고 할 수 있다. 동학사상을 오롯이 체득하기 위해서는 논리적인 측면이 강조된 『동경대전』보다 더욱 치밀하게, 감정이 배어 있는 『용담유사』의 문맥에 녹아 있는, 사상적 맥락을 이해할 수 있어야 동학사상의 진면목을 제대로 알게 됨을 이 책에서 논구하고 있다.

봄觀
오문환 | 184쪽 | 10,000원

'인내천'이라는 말은 이제 동학의 전유물은 아니다. 그러나 동학(천도교)의 관점에서 '인내천'은 신념일 뿐 아니라 '과학적 사실'로 여겨지기도 한다. 〈사람이 한울에 이르는 길〉은 동학(천도교)의 교리(이론) 체계로서 그것이 어떻게, '사실'인지를 구명하고 있다. 의암 손병희 선생의 "13관법"이라는 짧은 글을 통해 동학 사상과 동학 수행의 정수에 접근하고 있다.

동학의 정치철학
오문환 | 352쪽 | 18,000원

이 책은 동학의 도와 덕, 동학의 생명사상, 도덕의 정치철학의 세 부분으로 구성하였다. 책의 부제를 '도덕, 생명, 권력'으로 한 것은, 이 책의 내용이기도 하며 도덕, 생명, 권력의 문제를 불가분리적 관계로 보는 동학의 성격을 좀더 깊이 있게 조명해 보기 위함이다.

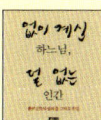
없이 계신 하나님, 덜 없는 인간
이정배 | 464쪽 | 25,000원

이 책은 함석헌의 스승인 다석 유영모의 사상에 관한 연구서로, '다석(多夕)신학'이라는 범주를 통해 다석 사상을 새롭게 조명한다. 필자는 '다석신학'이 한국적일 뿐 아니라 충분히 세계적이고 보편적인 담론이며, 다석이 한국 또는 동양의 신학자가 아니라 '(세계)신학자'로 자리매김될 수 있음을 논파하고 있다.

도서출판 모시는사람들 도서목록

대분류	중분류	도서명	정가	저자	쪽수	발행일	ISBN	분류기호
문학	교양	소설 창작의 길라잡이*신간	16,000	채길순	352쪽	2010.02.28	978-89-90699-82-4	03800
인문	교양	통섭의 기술*신간	25,000	최민자	498쪽	2010.02.12	978-89-90699-81-7	03300
인문	역사	사료로 보는 동학과 동학농민혁명*신간	20,000	박맹수	368쪽	2009.11.05	978-89-90699-77-0	93900
인문	철학사상	생명에 관한 81개조 테제	35,000	최민자	832쪽	2008.06.10	978-89-90699-58-9	93100
인문	철학사상	의암 손병희와 3.1운동: 통섭의 철학과 운동	25,000	오문환 외	576쪽	2008.02.20	978-89-90699-55-8	94100
인문	철학사상	천부경과 동학	35,000	이찬구	696쪽	2007.08.30	89-90699-49-7	93910
인문	철학사상	용담유사연구	18,000	윤석산	344쪽	2006.09.15	89-90699-41-X	04250
인문	철학사상	천부경	45,000	최민자	904쪽	2006.05.20	89-90699-37-1	03150
인문	철학사상	선·생명·조화	20,000	민영현	400쪽	2006.02.25	89-90699-36-3	03150
인문	철학사상	근암집(근암 최옥 문집 해제)	40,000	최동희	780쪽	2005.07.01	89-957005-0-5	03810
인문	철학사상	다시개벽의 심학	15,000	오문환	276쪽	2006.01.15	89-90699-35-5	04250
인문	철학사상	도전과 응전의 정치사상	20,000	김정호	464쪽	2005.12.15	89-90699-34-7	04250
인문	철학사상	동학과 전통사상	12,000	동학학회	304쪽	2004.01.15	89-90699-18-5	04150
인문	철학사상	동학의 정치철학	18,000	오문환	352쪽	2003.10.29	89-90699-15-0	04150
인문	철학사상	해월 최시형의 정치사상	18,000	오문환	320쪽	2003.06.02	89-90699-11-8	04150
인문	철학사상	동학의 정치사상	15,000	임형진	376쪽	2004.09.15	89-90699-20-7	04150
인문	철학사상	동학교조 수운 최제우	20,000	윤석산	368쪽	2006.04.21	89-90699-23-1	04250
인문	철학사상	한류와 한사상	25,000	김상일 외	464쪽	2009.01.20	978-89-90699-65-7	93100
인문	철학사상	잃어버린 초월을 찾아서	18,000	이은선	352쪽	2009.01.15	978-89-90699-64-0	93210
인문	철학사상	동학사상과 신문명	18,000	최민자	400쪽	2005.07.25	89-90699-32-0	04340
인문	철학사상	해월 최시형의 사상과 갑진개화운동	12,000	동학학회	432쪽	2003.04.05	89-950792-7-4	04150
인문	종교학	없이 계신 하느님, 덜 없는 인간	25,000	이정배	464쪽	2009.03.10	978-89-90699-67-1	93230
인문	종교학	이 땅에서 만나는 이웃종교들	10,000	이종찬	236쪽	2008.01.30	978-89-90699-56-5	94210
인문	종교학	동서 종교의 만남과 그 미래	20,000	변선환…	448쪽	2007.11.20	89-90699-52-7	94210
인문	종교학	일제의 한국 민족종교 말살책	25,000	윤이흠	424쪽	2007.10.20	89-90699-51-0	94250
사회과학	교육학	중국 조선족 음악교육의 변천 과정 및 발전 방안	18,000	김성희	372쪽	2008.04.20	978-89-90699-57-2	93370
사회과학	교육학	동학의 한울 교육사상	20,000	정혜정	432쪽	2007.11.20	978-89-90699-53-4	93210
사회과학	정치학	생태정치학	35,000	최민자	800쪽	2007.03.10	89-90699-44-2	03340
사회과학	정치학	민족통일 운동의 역사와 사상	25,000	동민회	504쪽	2005.10.04	89-90699-33-9	04250
사회과학	정치학	21세기 국제 테러리즘	18,000	이태윤	368쪽	2004.09.10	89-90699-21-5	03340
사회과학	정치학	동남아 정치	22,000	김한식	608쪽	2004.04.30	89-90699-19-3	03340
인문	한국사	부패의 역사	10,000	박성수	244쪽	2009.08.25	978-89-90699-72-5	03900
인문	한국사	동학·천도교 역사의 재조명	18,000	황선희	336쪽	2009.02.08	978-89-90699-66-4	93250
인문	한국사	천도교중앙대교당 50년 이야기	40,000	이동초	736쪽	2008.04.25	978-89-90699-54-1	93250
인문	한국사	『개벽』에 비친 식민지 조선의 얼굴	25,000	임경석 외	524쪽	2007.08.30	89-90699-50-3	93900
인문	한국사	고구려의 영역 지배 방식 연구	25,000	김현숙	480쪽	2005.06.15	89-90699-30-4	03900
인문	한국사	갑진개화운동 자료집	15,000	성주현 해제	228쪽	2005.12.25	89-7130-000-0	04250
인문	교양	무교(巫敎),권력에 밀린 한국인의 근본신앙	10,000	최준식	208쪽	2009.10.25	978-89-90699-78-7	03200
인문	교양	바보한민족 3.철학의 시원	10,000	박해조	240쪽	2009.12.20	978-89-90699-79-4	03810
인문	교양	바보한민족 2.말의 시원	9,000	박해조	212쪽	2009.08.30	978-89-90699-74-9	04810
인문	교양	바보한민족 1.문화의 시원	9,000	박해조	180쪽	2009.07.10	978-89-90699-71-8	03810
인문	교양	일본정신	10,000	이찬수	208쪽	2009.09.10	978-89-90699-75-6	03150
인문	교양	한반도와 중국 그리고 조선족	10,000	정신철	296쪽	2004.12.11	89-90699-25-8	04330
교양	교양	맛살라인디아	15,000	김승호	348쪽	2008.11.30	978-89-90699-63-3	03910

도서목록

대분류	중분류	도서명	정가	저자	쪽수	발행일	ISBN	분류기호
인문	종교	천도교경전 공부하기(개정증보) * 신간	30,000	라명재	784쪽	2010.02.25	978-89-90699-80-0	03250
인문	종교	천재하방 : 한울은 어디에 있는가?	12,000	김승복	360쪽	2009.04.05	978-89-90699-68-8	03250
인문	종교	춘암상사댁일지	20,000	이동초	336쪽	2007.04.03	89-90699-45-9	03250
인문	종교	한울님에 이르는 길	15,000	정경흥	464쪽	2006.02.05	89-90699-39-8	03150
인문	종교	천도교회종령존안	30,000	이동초	528쪽	2005.06.15	89-90699-31-2	03250
인문	종교	천도교 서울교구사	50,000	윤석산 외	536쪽	2005.02.21	89-90699-17-7	03250
인문	종교	천도교청년회80년사	35,000	김응조 외	798쪽	2000.12.17	89-91356-14-1	03250
인문	종교	천도교경전 색인	20,000	양윤석	488쪽	2007.08.14	89-90699-48-0	03250
인문	철학	봄(觀)-본래의 나를 찾는 마음공부	10,000	오문환	184쪽	2009.09.30	978-89-90699-76-3	03250
인문	철학	천지를 삼킨 물고기	10,000	오문환	300쪽	2005.03.15	89-90699-28-2	03150
인문	철학	동학 문학과 예술 그리고 철학	15,000	임금복	252쪽	2004.12.05	89-90699-26-6	04150
교양	산문	삶의지문	20,000	최민자	456쪽	2008.10.10	978-89-90699-62-6	01030
문학	산문	시간과 나	9,000	홍경실	192쪽	2008.08.30	978-89-90699-61-9	01020
문학	산문	행복을 요리하는 펜션	10,000	송혜경	230쪽	2006.11.01	89-90699-43-6	03810
문학	산문	황산 이종린 식사집:연사수지	20,000	이동초	392쪽	2006.11.17	89-90699-42-8	03810
문학	산문	저널리스트 채정근작품집	20,000	이동초	404쪽	2006.06.25	89-90699-38-X	03810
문학	산문	사는 게 재미있습니까!	10,000	유장균	228쪽	2005.01.30	89-90699-27-5	03040
교양	산문	조선족 사회와의 만남	10,000	이재달	270쪽	2004.11.26	89-90699-24-X	04330
문학	소설	황금꽃(몽골소설)	12,000	르.차이님	232쪽	2008.07.15	978-89-90699-59-6	04910
문학	소설	샤르 허브의 아지랑이	10,000	엥흐벌드외	244쪽	2006.02.05	89-90699-40-1	04910
문학	소설	남사당의 노래	10,000	정창근	312쪽	2003.10.10	89-90699-14-2	04810
문학	평전	수의당 주옥경	8,000	김응조	214쪽	2005.03.25	89-91356-04-4	03250
문학	평전	박인환 평전	12,000	윤석산	384쪽	2003.11.26	89-90699-16-9	04810
문학	희곡	모심에 가시는 듯	15,000	권영준	348쪽	2000.06.20	070 09-90099-70-1	04810
문학	희곡	(아동극집)박의섭 방송동극집: 경성-목포	15,000	박의섭	272쪽	2009.04.30	978-89-90699-69-5	03810
문학	희곡	거주자 우선 주차구역	15,000	선욱현	382쪽	2008.07.25	978-89-90699-60-2	04810
문학	희곡	립쑈, 명嗚!	10,000	권영준	264쪽	2007.04.25	89-90699-46-2	04810
문학	희곡	오아시스에서 사랑을 꿈꾸다	9,000	김정숙	176쪽	2007.12.25	978-89-90699-02-2	04810
문학	희곡	쌀밥에 고깃국	8,000	김정숙	176쪽	2005.04.18	89-90699-29-0	04680
문학	희곡	피카소 돈년 두보	12,000	선욱현	336쪽	2003.03.07	89-950792-6-8	04810
문학	희곡	에께오모	8,000	권영준	200쪽	2003.01.15	89-950792-5-8	04810
문학	희곡	취선록	5,000	김세근	128쪽	1998.03.14	89-950792-2-3	04810
문학	희곡	블루사이공	6,000	김정숙	256쪽	1997.10.20	80 060702 1 5	04010

동학책방

- 동학 · 천도교 관련 서적과 자료 논문과 각종 간행물 열람과 구입
- 생명과 평화, 통일과 상생의 소통 마당이 되고자 합니다.

서울 종로구 경운동 수운회관 1207호

도서출판 모시는사람들 우수도서

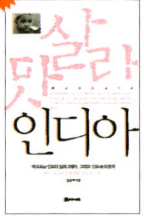

09 문광부우수교양도서

맛살라 인디아 김승호 저 | 348쪽 | 15,000원 | 978-89-90699-63-3

현직 외교관의 생생한 인도 보고서

이 책의 제목인 '맛살라'는 원래 인도의 향신료의 이름으로 여러 가지 재료를 배합해서 인도 향신료 특유의 맛을 내는 것이 특징이다. 이 '맛살라'는 단순한 향신료의 의미를 넘어 인도 문화를 상징하는 대표적인 용어로, 이 책은 제목처럼 인도의 경제, 문화, 의학, 교육, 종교, 정치 등을 아우르는 종합 안내서라고 할 수 있다. 저자는 인도대사관 참사관으로서 인도에 체류하면서 공식, 비공식 경로를 통해 접하였던 인도의 모습을 생생하게 담아냈다.

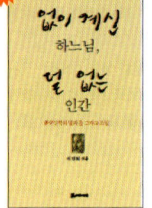

09 문광부우수학술도서

'없이 계신' 하느님, '덜 없는' 인간 이정배 저 | 464쪽 | 25,000원 | 978-89-90699-67-1

다석(유영모) 신학의 얼과 틀 그리고 쓰임

이 책은 함석헌의 스승인 다석 유영모의 사상에 관한 연구서로, '다석(多夕)신학'이라는 범주를 통해 다석사상을 새롭게 조명한다. 필자는 '다석신학'이 한국적일 뿐 아니라 충분히 세계적이고 보편적인 담론이며, 다석이 한국 또는 동양의 신학자가 아니라 '(세계)신학자'로 자리매김될 수 있음을 논파하고 있다. 이 책의 제목〈'없이 계신' 하느님, '덜 없는' 인간〉은 다석이 쓴 말(없음, 빔)로, 서구 기독교 신학과 구별되는 다석사상, 다석신학의 근간을 보여주는 개념이다.

09 문광부우수학술도서

동학·천도교 역사의 재조명 황선희 저 | 336쪽 | 18,000원 | 978-89-90699-66-4

동학·천도교의 인본주의 사상과 민족운동

이 책은 1860년대부터 1920년대까지 동학 천도교의 사상이 어떻게 종교철학으로 심화 발전되어 왔으며, 또 이에 따라 동학 천도교의 민족운동이 어떤 양상으로 전개되었는지를 알아보고 그 의의를 조명한 책이다. 제1부에서는 동학 천도교의 인본주의 사상을 다뤘으며, 제2부에서는 동학 천도교의 민족운동에 대해 다루었다. 특히 동학 천도교사상 및 민족운동에 관한 현재까지의 학계의 연구 동향을 상세히 분석하고 그 성과와 한계 그리고 앞으로의 연구 과제를 명시함으로써, 동학 천도교 연구에 새로운 지평을 여는 출발점을 제시한다.

09 학술원우수학술도서

『개벽』에 비친 식민지 조선의 얼굴 임경석, 차혜영 외 | 524쪽 | 25,000원 | 89-90699-50-3

『개벽』을 읽기로 했다

이 책은 개벽을 속속들이 들여다본 우리 시대 젊은 지식인 12명의 보고서다. '개벽'은 잡지로서 당시 유수한 신문의 영향력을 능가했으며, 지성계의 거봉(巨峰)으로 시사, 문학, 학술, 사상 등 제 분야를 망라하여 그것이 발간되던 시기를 '개벽의 시대'라고 명명하게 하는 전무후무한 잡지였다. 이 책은 현대문학과 한국근대사를 각각 전공하는 연구자들이 역사와 문학의 관점에서 서로를 견인하며, 개벽이라는 창을 통해 자기 현실과 대면했던 당시 지식인들의 문제의식과 고뇌를 읽고 이 시대의 문화와 역사를 조망하는 힘을 길러 준다.

08 문광부우수학술도서

동서 종교의 만남과 그 미래 변선환아키브 | 448쪽 | 20,000원 | 89-90699-52-7

종교다양성 시대의 바람직한 종교철학 모색

이 책은 '변선환아키브'에서 2년 동안에 걸쳐 "불교-기독교, 유교-기독교, 동학-기독교" 간의 소통과 교합의 가능성을 공부하고, 그로부터 빚어지는 새로운 영적인 깨달음과 성취들을 담아냈다. 특히 이 책은 한국에서 불교, 유교, 동학과 기독교의 사상적, 역사적 교류를 검토, 분석함으로써 종교다양성 시대의 바람직한 종교철학을 모색하는 책이다.

동서 종교의 만남과 그 미래

목차

머리말 / 5

제1부 불교와 기독교의 만남

17 | 불교와 그리스도교, 깊이에서 만나다 _ 이찬수
  1. 왜 불교와 그리스도교인가? / 17
  2. 불교와 그리스도교의 상이성과 유사성 / 19
  3. 하느님-예수, 법-붓다 / 23
  4. 예수-그리스도, 색신-법신 / 25
  5. 붓다의 몸 / 26
  6. 그리스도의 몸 / 31
  7. 영적인 몸 / 33
  8. 보신불 / 35
  9. 아미타불, 지장보살, 예수-그 신앙적 깊이의 상통성 / 37
  10. 마무리하며 / 41

43 | 불교와 기독교의 쟁점: 종교철학적 비교 _ 장왕식
  1. 들어가는 말 / 43
  2. 궁극적 실재는 인격적인가 초인격적인가? / 45
  3. 궁극적 실재는 시간적인가 비시간적인가? / 53
  4. 궁극적 실재가 선/악의 문제를 어떻게 해결하는가? / 63

73 | 기독교 믿음과 동양적 수행,
　　　　그 하나의 접점을 찾아서 _ 이정배

　1. 들어가는 글 / 73
　2. 동서양 종교의 차이를 이해하는 한 시각 / 77
　3. 믿음의 종교와 수행의 종교,
　　　그들의 세계관 및 사유체계의 근본 차이 / 82
　4. 불교적 수행론의 특징과
　　　'믿음과 수행'의 새로운 관계맺음 / 88
　5. 성령론(신비주의)적 기독교 이해와
　　　믿음과 수행의 접점으로서의 '홀론적 구원관' / 97
　6. 나가는 글 / 105

제2부 유교와 기독교의 만남

109 | 불교적 유교에서 기독교적 유교에로 _ 이정배
　1. 들어가는 글 / 109
　2. 다산 사상 속의 서학적 지평에 대한 제반 논의들 / 112
　3. 다산과 서교의 만남: 릿치와 다산의 사유구조 비교 연구 / 119
　4. 다산 경전 해석의 독창성
　　　: 신독 개념의 해석을 중심으로 / 131
　5. 다산 경학의 신학적 의미와 한계
　　　: 탈 성리학적 세계관의 평가를 중심으로 / 140

149 | 문화 다양성 시대와 보스톤 유교 _ 이종찬
  1. 문화 다양성의 시대를 사는 한류와 보스톤 유교 / 149
  2. 보스톤 유교의 첫걸음과 주요한 논점들 / 152
  3. 보스톤 유교의 삶과 세계 / 155
  4. 문화라는 틀에서 보는 유교 / 161
  5. 보스톤 유교의 여러 가지 모습들 / 166
  6. 유교적 영성의 세계: 뚜웨이밍의 경우를 중심으로 / 169
  7. 문화다양성조약을 거부한 미국과 보스톤 유교의 앞날 / 175

181 | 보스톤 학파의 유교 이해 _ 장왕식
  1. 들어가는 말 / 181
  2. 주제 분석 방법의 특징과 의미 / 184
  3. 존재에 관한 주제 / 195
  4. 서구에 대한 유교의 공헌점 / 203
  5. 평가와 결론 / 214

제3부 동학과 기독교의 만남

223 | 수양론적 시각에서 바라본 동학의 신이해 _ 이길용
  1. 여는 글 / 223
  2. 한국인의 전통직인 신관 / 228
  3. 동학의 신관 / 232
  4. 맺는 글 / 253

255 | 동학-에코페미니즘의 인식과 실천의 역동적 일치 _ 전현식

  1. 들어가는 말 / 255
  2. 동학의 불연기연 인식론 / 259
  3. 동학-에코페미니즘 인식론 / 263
  4. 동학의 각지불이의 생태윤리 / 272
  5. 각지불이와 생태정의의 동학-에코페미니즘 윤리 / 277
  6. 동학-에코페미니즘의 육화된 인식과 실천을 향하여 / 282

287 | 한국 페미니스트 신학자의 동학 읽기 _ 이은선

  1. 시작하는 말 / 287
  2. 유불도 삼도를 겸하여 나온 초월의 새 이름
     'ᄒᆞᄂᆞᆯ님'(하늘님) / 290
  3. '시천주'의 인간학적 구원론적 의미 / 298
  4. 그러면 과연 동학의 방법이 얼마나 효과적이었나?
     : 동학을 통한 여성 해방과 후천개벽 / 305
  5. 마무리하는 말 / 314

317 | 기독교와 동학의 만남: 영과 지기를 중심으로 _ 권진관

  1. 서론 및 방법론 / 317
  2. 동학의 지기 / 322
  3. 지기와 영의 기능 / 335
  4. 결론 / 354

357 ｜ 동학·천도교의 수행론
: 주문, 성경신, 오관을 중심으로 __ 오문환
  1. 들어가는 글 / 357
  2. 주문 수행 / 361
  3. 생활 속의 수행(성경신) / 376
  4. 오관(주문·청수·시일·성미·기도) / 390
  5. 나오는 글 / 394

397 ｜ '개벽'과 '개화'의 이중주 __ 성백걸
  1. 인류 근대사 전개의 의미와 동학의 출현 / 397
  2. 동·서의 합생과 수운의 득도 / 399
  3. '개벽'과 '개화'의 이중주: 동학과 서학의 공명 / 403
  4. 동서 공명과 합생의 한 공부 / 407
  5. 믿음의 길(身, 體, 道) / 409
  6. 사랑의 기쁨(感, 相, 物) / 414
  7. 삶의 공동체(行, 用, 實) / 417
  8. 삼태극의 창조적인 순환 과정 속에서 / 422

찾아보기 / 424

제1부

불교와 기독교의 만남

17 | 불교와 그리스도교, 깊이에서 만나다 __ 이찬수

43 | 불교와 기독교의 쟁점: 종교철학적 비교 __ 장왕식

73 | 기독교 믿음과 동양적 수행,
　　그 하나의 접점을 찾아서 __ 이정배

불교와 그리스도교, 깊이에서 만나다
그리스도의 몸과 보신불 개념의 역사적 전개[1]

이찬수 (강남대)

1. 왜 불교와 그리스도교인가?[2]

흔히 불교는 동양의 정신과 문화를, 그리스도교는 서양의 정신과 문화를 대표하는 세계적 종교라 한다. 이들을 '세계적' 종교로 규정하는 것은 단순히 종교 인구의 숫자만 고려한 결과가 아니다. 그것은 종교의 근본 성격, 본질적 측면과 관련되어 있다. 양적으로만 치면 힌두교인이 불자보다 많다. 그럼에도 불구하고 힌두교를 '세계적' 종교라고 말하기는 어려운 측면이 있다. 그것은 무엇보다 힌두교의 인도적 특수성 때문이다. 아무리 요가를 열심히 수행한다 해도 인도인이 아니라면 카스트 제도에 근거한 힌두교의 사회 질서나 관습까지 따라하기는 힘든 노

---

[1] 이찬수, 『불교와 그리스도교, 깊이에서 만나다』, 서울: 다산글방, 2003의 제12장에 일부를 추가했다.
[2] 길희성, 『보살 예수』, 서울: 현암사, 2004의 제1~2강을 참조했다.

릇이다. 힌두교의 사회(다르마)제도까지 수용할 외국인은 많지 않다는 말이다. 여기에 힌두교를 '세계적' 종교라 하기는 어려운 측면이 있다.

유교 역시 동아시아적 질서의 핵심에 놓여 있는 것은 분명하다. 하지만 현재의 유교를 두고 세계의 '보편적' 종교라고 말할 수 있을까. 뛰어난 서양인 유교학자가 있을 수는 있지만, 그렇다고 해서 그이가 가령 어느 정도 가족 중심적, 남성 중심적, 장유유서적 경향을 보여주는 유교의 사회 질서까지 수용하고 따라한다는 것은 쉽지 않다는 점에 유교의 '제한성'이 있다.

이와 함께 종교인 숫자로만 보면 그리스도교와 더불어 세계의 양대 종교로 자리매김하고 있는 이슬람은 유대교에서처럼 인간의 외적 행위를 중시하는 율법 중심적 경향을 보여준다. 물론 이슬람이 인간의 내적 신앙을 중시하지 않는다는 뜻은 결코 아니지만, 삶에 대한 '율법적' 제한을 통해 사회를 '통합'하려는 이슬람의 자세 및 분위기는 분명 개성적 자유를 중시하는 다원적 세계의 흐름과 방향을 달리 한다고 할 수 있다. '법'과 '제도'로 신의 계시 내지는 인간의 내면적 깊이를 규정하려는 듯한 분위기로는 인간의 심층과 깊이를 제대로 드러내지 못한다. 이것은 제도에서 지치는 그만큼 내면적 자유로 침잠하고자 하는 현대의 종교적 성향과도 다소 방향을 달리 하는 것이다. 원하든 원하지 않든 세속화하고 다원화한 세계 안에 살고 있는 탈종교적 경향의 현대인이 새삼 율법적 틀 안으로 들어가고자 할 가능성은 크지 않으리라는 점에 현대 세계에 처한 이슬람의 숙제가 놓여 있다.

중국의 불자 규모를 어떻게 잡아야 할지에 따라 달라질 수는 있겠지만, 불자는 그 숫자로만 보자면 힌두교인보다 적다. 하지만 불교는 힌두교적 세계관과 정신을 계승하면서도 인간의 내면성, 진리 자체를 추구하는 정신과 방법에 있어서 충분히 세계적 보편성을 획득하고 있다. 원칙적으로 불교는 성, 신분, 인종, 출신 등에 차별을 두지 않는다. 불교가 최근 서구에서 크게 받아들여지고 있는 이유도 여기에 있다.

유대교에서 나왔으면서도 유대교의 민족적 제한성을 넘어 세계로 나아간 그리스도교의 경우도 마찬가지이다. 비록 인간 억압적 구조, 중세적 유산으로 인해 현대인들에 의해 외면당하고 있는 측면도 다분하지만, 예수의 메시지와 정신은 여전히 살아서 인간에게 가능한 구원의 통로로 작용하고 있다. 불교와 그리스도교는 끝없는 자체 비판과 개혁을 통해 생명을 유지해 나갈 가능성을 지니고 있는 종교들인 것이다. 물론 다른 종교들에 그런 점이 없다는 것은 아니지만, 불교와 그리스도교, 그리스도교와 불교에 이런 점이 강한 것 역시 사실이다. 이런 점에서 불교와 그리스도교는 인간의 보편적 심층을 대변하면서 그 심층이 동양과 서양에서 어떤 양상으로 전개되어 갔는지를 보여주는 적절한 재료들이 아닐 수 없다. 이들을 통해 인간적 종교성의 구조적 유사성도 살펴볼 수 있을 것으로 기대된다. 이들 종교의 핵심으로 들어가 보자.

2. 불교와 그리스도교의 상이성과 유사성

주지하다시피 그리스도교는 이 세계의 기원과 근거를 인격적 유일신에게서 보는 반면 불교는 존재하는 세계를 그 자체로 긍정하면서 일체의 기원적 존재, 인격적 신을 거부한다. 그리스도교가 신과 인간 사이에서 신의 주도권을 보고 신과 인간 간의 불가역성不可逆性을 주로 말한다면, 불교는 주도권을 쥔 어떤 궁극적 실재를 인정하지 않은 채 사물을 있는 그대로 통일적으로 파악하고자 한다. 궁극적 실재와 인간 사이에서 주로 가역성可逆性을 본다. 인간이 아무리 신神을 깊게 체험한다고 해도 신은 신이고 인간은 인간일 뿐 신과 인간이 동일하다고 말할 수 없는 반면, 불교에서는 원천적으로 인간과 부처의 동일성에 대해 말한다. 이런 점에서 그리스도교와 불교는 분명히 갈라진다.

그러나 이러한 외적 차이점들에도 불구하고, 이들은 기본적으로 지금 벌어지고 있는 세상사에 제한되지 않으면서 이 세상을 세상 되게 해 주는 근본 원리를 가르치고 선포한다. 이러한 근본 원리는 인간이 긍정하든 부정하든 인간의 구체적인 경험 이전에 이미 주어져 있고 완성되어 있는 것이다. 인간이 어느 시점에 만들어낸 것이 아니라 무시이래無時以來 한결같이 그래 왔던 것이다. 가령 피조물은 모두 하느님 보시기에 "좋은" 것이고(창세기 1장), "하느님은 세상을 극진히 사랑하신다"든지(요한복음 3,16), "하느님이 우리와 함께 하신다"(Immanuel)고 하는 것과 같은 선포는 긍정하든 부정하든 이미 이루어져 있고 모두에게 적용되는 원천적이고 객관적인 그리스도교적 사실이다. 이미 원천적이고 객관적으로 그렇게 되어 있으니, 그러한 사실을 깨닫고 구체적으로 실현하라는 것이다. 아니, 이 원천적이고 보편적인 사실이 있기에 그에 근거해 그러한 사실을 깨닫고 구체적으로 실현할 수 있다는 것이다. 마찬가지로 "중생이 부처"라는 사실도 긍정하든 부정하든, 눈 어두워 보지 못하는 중생의 현실과 상관없이 선포되고 있는 근원적인 사실이다. 근원적으로 "중생이 부처"이기에 이러한 원천적인 현실을 구체화하라는 요청이 있게 되고, 또 실제로 구체화될 수 있는 것이다. 진리란 그 자체로 완성되어 있고 주어져 있는 것이지, 인간이 만들어낸 것이 아니라는 뜻이다.[3] 종교 사학자 스미스도 이렇게 뒷받침한다.

붓다의 가르침은 서기전 6세기에 시작되었지만, 법(Dharma)은 그때 시작되었던 것이 아니라 항상 있어 왔다. 그가 가르친 법의 타당성이나 권위는 그가 현명하고 위대한 사람이었다는 사실에 의존하지 않는다. 오히려 그는 선재하는 진리를 깨달았기 때문에 현명하고 위대한 사람이 되었다.[4]

스미스는 계속 말한다: "만일 영원한 법이 없다면 사람은 스스로를 구원할 수 없을 것이다 … 구원하는 것은 선재하는 법, 곧 다르마에 따라 사는 것이다."[5] 종교역사학자로서 일단은 구체적이고 유형적인 외적 전통을 먼저 관찰할 수밖에 없던 스미스도 이런 식으로 법의 실존론적 완성(영원한 법, 선재하는 진리)의 측면을 중시한다. 인간의 실존 안에 이미 이루어져 있는 본래상의 측면이다. 본래적으로 이미 이루어져 있어 모두에게 적용되는 원천적 진리가 없이 사람은 비로소 주체적인 구원·해탈을 이룰 수 없다는 함축적인 지적인 것이다.

---

3 가장 고전적이고 대표적인 '대승불교통론'이라고 할 만한 『대승기신론(大乘起信論)』에서 '본각(本覺)'과 '시각(始覺)'의 구조가 전형적으로 여기에 해당한다.(이찬수, 「『大乘起信論』의 信心論 - 그리스도교적 관점과 비교하며」, 『종교신학연구』 제8집(서강대학교 종교신학연구소, 1995), 401~410쪽 참조) 본각과 시각이라는 깨달음의 구조가 말해주는 것은 여래께서 이미 이루어 놓으신 평등한 법신으로 인해 일체 중생은 '본래 깨달아 있으며'(本覺), 그렇기 때문에 그에 근거해 인간이 '비로소 깨닫게 된다'(始覺)는 것이다. 그리스도교적으로 표현한다면, 인간을 자유롭게 해주는 것은 인간이 아니라 진리이며(요한복음 8,32), 하느님이 자신을 내어주는 사랑으로 인간을 '이미 구원하셨기에' 인간은 '비로소 구원될 수 있다'는 것이다.(에페소서 3, 4-5; 요한복음 3, 16)
4 Wilfred Cantwell Smith, *Faith and Belief*, Princeton University Press, 1979, 27쪽.
5 *Ibid.*, 28쪽.

원천적이고 객관적 사실은, 인간이 그것을 받아들이든 거부하든, 이미 이루어져 있고 모두에게 적용되고 있는 본원적 사실이다. 그런 까닭에 그것은 우리의 종교적이고 주체적인 실천의 출발점이다. 출발점이지만, 이미 그렇게 되어 있고 비로소 이루어야 할 목표이기도 하다는 점에서는 도착점이기도 하다. 출발점과 도착점은 같다. 비로소 도달한 도착점은 애당초 출발했던 그곳이다. 이미 이루어져 있는 까닭에 비로소 이룰 수 있으며, 하이데거(Martin Heidegger)의 통찰을 이용해 표현하면, "실존론적으로" 그렇게 되어 있기에 "실존적으로" 그렇게 된다는 말이다.6 불교와 그리스도교의 구원관은 전반적으로 이러한 구조에 따른다. 인간은 원천적으로 이미 완성되어 있는 고귀한 존재들이니, 어서 무명의 어두움을 씻고 그 원천적인 모습에 눈뜨라며 요청하고 있는 것이다.

이런 식으로 불교와 그리스도교의 구원관은 '구조적으로 유사'하다. 그리스도교적 삶의 체험과 불교적 삶의 체험에 각각 접근해가는 양상과 그 체험을 드러내는 '구조' 혹은 '형식'이 비슷하다는 것이다.

이 글에서는 이것을 구체적으로 보여주는 예로 그리스도의 몸과 보신불 개념이 역사적으로 전개되어 가는 과정의 유사성을 살펴보고자 한다. 그리스도인을 그리스도인 되게 해 주는 근거가 '그리스도'라면, 불자를 불자 되게 해 주는 근거는 '불(佛)'이라고 할 때, 그리스도인에게

---

6 '실존론적인 것'(das Existentiale)이 일단 실존을 실존되게 해 주는 근원적인 구조의 '존재론적'(ontologisch) 측면이라면, '실존적인 것'(das Existentielle)이란 인간의 구체적인 실존 안에 나타나는, 이미 주어져 있는 근원적인 구조의 '존재적'(ontisch) 측면이다. 하나의 존재자 안에 이미 주어져 있는 근원적인 구조가 그저 공허한 가능성으로만 머물지 않고, 실존의 핵심적 구성 요소로서 현실화하는 것을 가리키기 위해 사용한 말이다.

있어서 그리스도의 의미와 불자, 특히 대승불교도들에게 있어 불의 의미는 서로 비슷한 '깊이'를 지니고 있는 것이 아니겠는가 하는 것을 '그리스도의 몸'과 '보신불報身佛' 개념이 탄생하고 전개되어 가는 과정을 비교하면서 드러내 보려는 것이다. 몸 자체에 대한 분석보다는,[7] 주로 역사적 예수가 초월적인 그리스도 차원으로 확대되고 붓다의 영역이 고타마에 제한되지 않고 보신불이라는 초형상적인 세계로 전개되어 나가는 과정을 비교하면서 이들 종교들의 대중적 전개 양상의 유사성 및 인간 종교 심성의 구조적 유사성을 드러내려는 것이다.

3. 하느님-예수, 법-붓다

주지하다시피, 그리스도교는 예수로 인해 생겨났다. 물론 역사적 예수는 철저하게 신을 믿고 의지하며 그의 뜻대로 살고자 하는 자였다. 그는 스스로를 신의 차원까지 높이려고 하지 않았다. 그러나 예수 사후 제자들은 예수 선포의 확실성을 위해 예수 자신까지 선포하기 시작했다. 그리하여 예수는 하느님의 아들로, 그것도 "외아들"로 불리게 되었다: "일찍이 아무도 하느님을 보지 못했다. 아버지의 품 안에 계시는 외아들 하느님이신 그분이 알려주셨다."(요한 1,18) 이 말의 기본적인 의미

---

[7] 불교 전통의 몸 개념에 대해서는 Steven Collins, "The Body in Theravada Buddhist monasticism", Sarah Coakley ed., *Religion and Body*, Cambridge University Press, 1997, 185~204쪽; Paul Williams, "Some Mahayana Buddhist perspectives on the body", *ibid.*, 205~230쪽을 참조할 것.

인즉, 한 집안의 아들을 보면 그 아버지가 연상되듯이, 보이는 예수가 보이지 않는 신을 쏙 빼 닮았다는 뜻이다. 제자들이 스승 예수를 통해 하느님을 새롭고도 결정적으로 보기 시작했다는 뜻이다. 그러는 가운데 "나의 아버지께서는 내게 모든 것을 넘겨 주셨다."(마태 11,27) 내지는 "나를 본 사람은 이미 아버지를 보았다."(요한 14,9)는 전승도 생겨났다.

이와 비슷하게 고타마 싯달타는 깊은 수행과 명상 속에서 인생의 원리, 세상 돌아가는 이치(法)를 깨달았고, 그것을 가르치고 실천하며 살았다. 그는 "법이 나의 스승"(『장아함』 1 〈大本經〉)[8]이라 말했고, 그가 최후로 남긴 유언도 "자기 자신을 등불로 삼고, 법을 등불로 삼으라."(自燈明 法燈明)는 것이었다. "내가 열반하더라도 법신은 영원히 멸하지 않는다."면서, 자신이 설한 율律과 법法을 그의 사후死後 스승으로 삼아야 한다고 가르쳤다(「대반열반경」). 그는 제자들에게 깨달은 이, 즉 '붓다'로 불리게 되었다. 물론 붓다 자신은 스스로를 신격화하거나 숭배의 대상으로 간주하지 않았다. 하지만 제자들은 그가 가르친 법이 그의 인격을 통해 드러났다고 믿었다. 예수 선포의 확실성을 위해 예수 자신까지 높이기 시작했던 그리스도교 전통에서처럼, 이것은 고타마 붓다에 대한 존중과 숭배로 이어졌다. 법이란 무시 이래 주어져 있고 돌아가고 있는 보편적인 진리이지만, 제자들은 그 진리를 붓다가 보여준 진리, 붓다 안에서 드러난 진리로 알아들었다. 그리스도교의 경우와 비슷하게, 이것은 남전南傳 니카야에서 "법을 보는 자는 나를 보는 것이며, 나를 보는 자는 법을 보는 것이다."라는 표현으로 드러나고 있다.

---

8 金子大榮/고명석 옮김, 『불교교리개론』, 서울: 불교시대사, 1993, 295쪽에서 인용.

4. 예수-그리스도, 색신-법신

예수와 고타마 붓다는 분명히 역사 내적 존재이다. 그런데 제자들에게 예수와 고타마 붓다는 모두 그들이 전하고 실천한 하느님의 말씀 혹은 법을 구체적으로 드러내 주는 존재로 받아들여졌다. 역사적 예수 및 고타마 붓다가 하느님 말씀의 구체화 및 영원한 법의 구체화로 고양된 것이다: "말씀이 육신이 되시어 우리 가운데 거처하셨다. 우리는 그분의 영광을 보았다."(요한 1,14); "법은 세존을 근본으로 하고 세존에 의해 이끌리며 세존에게 의존한다."(남전 〈니카야〉, 북전 〈아함경〉) 보편적이고 영원한 하느님의 말씀, 법을 역사적 존재인 예수, 붓다에게서 보는 것이다. '육신(사륵스 $\sigma\alpha\rho\xi$)이 된 말씀', '붓다에게서 결정적으로 드러난 법'의 도식으로 이들을 설명하면서, 점차 예수와 붓다에서 각각 예수와 붓다 되게 해준 그 선행적 원리를 강조하기 시작했다.

그러다가 예수의 말씀과 붓다의 깨달음에서 세상을 다시 보게 된 제자들 중 일부는 이들 사후 각각 예수야말로 본래 영원한 하느님의 모습을 지니신 분이셨는데 낮고 천한 인간의 모습으로 오셨다가 다시 본래 위치만큼 들어 높여지셨다(필립 2,6~11)는 예수 선재 신앙을 발생시켰고, 고타마 싯달타가 붓다가 된 것은 금생에 6년 동안 고행해서 얻은 결과였다기보다는 수많은 생애를 거듭하면서 끝없이 수행하고 선행을 쌓은 결과라는 신앙을 낳았다. 그 결과 붓다의 전생 이야기(자타카)도 만들어지게 되었다. 둘 다 존재의 기원을 현재 이전의 자리에서 찾고 있는 것이다. 즉, 역사적인 예수는 선재하는 하느님 말씀의 육화이듯, 고타마 붓다는 세상 돌아가는 근원적인 이치를 결정적으로 드러내 준 구체적 존재로 받아들여지게 된 것이다. 역사적 예수는 본래 하느님의 모습을 한, 하느님과 같은 분이셨는데, 인간의 모습으로 태어나셨으며, 고타마 붓다는 이미 수도 없이 되풀이된 전생 속에서 무시 이래 돌아가고 있는 세상의 이치를 비로소 진작에 깨닫도록 되어 있었던 분이라는 견해가 형성되기 시작한 것이다. 경험적인 차원에서는 예수/붓다 속에서 하느님의 말씀/법을 알아들었지만, 논리적으로는 하느님의 말씀/법이 예수/붓다를 예수/붓다 되게 해 준 근거가 된다는 식으로 풀어나간 셈이다.

이런 식으로 그리스도교에서 영원한 하느님의 말씀과 그 육화 도식으로 하느님과 예수를 이해하기 시작했다면, 불교에서는 영원한 진리로서의 법신法身(dharmakaya)과 그 구체화로서의 색신色身(rupakaya) 도식[二身說]으로 법과 붓다를 이해하기 시작했다.

5. 붓다의 몸

물론 그리스도교에서든 불교에서든 이러한 구분 혹은 몸 개념은 명확하게 설명될 수 있는 것이 아니다. 특히 불교에서는 더욱 그렇게 보인다. 불교적 몸(kaya)은 크게 두 가지 의미가 있는데, 첫째가 물리적 혹은 생물학적인 몸이라면, 둘째는 본질 혹은 주요 부분[實]이라는 의미에서의 몸이다.[9] 그런데 중생은 흔히 오온五蘊의 집합에 지나지 않는 생물학적인 몸에 매인다. 그 몸을 불변하는 실체처럼 여기고 그 욕구에 집

---

9 Paul Williams, "Some Mahayana Buddhist perspectives on the body", Sarah Coakley ed., *Religion and Body*, Cambridge University Press, 1997, 207쪽.

착한다. 이것을 신견身見이라 한다. 물론 신견은 극복과 타파의 대상이다. 이 몸뚱아리가 오온의 집합에 지나지 않는다는 것을 알고, 몸에 대한 집착이 제거될 때 진여를 보게 되는데, 그 진여를 제대로 본 근원적인 주체가 바로 법신인 것이다. 앞의 표현대로 하면, 세존에 의해 이끌린 법, 즉 붓다에게 결정적으로 드러난 법이 바로 법신인 것이다.

'법 자체'는 구체적 상상의 범위를 넘어선다. 말씀 자체가 아니라 역사적 존재인 예수에 의해 드러난 말씀이듯이, 역사적 존재인 붓다에 의해 알려진 법이기에 거기에는 상상 가능한 어떤 형식이 있다. 법의 '몸'이라는 구체적인 표현을 쓴 이유도 거기에 있다.10 법신은 구체적

---

10 법신 개념을 구체화했던 세친의 〈섭대승론석〉에는 몸을 두 부분으로 나누어 설명하고 있는데, 첫째가 태어나면서 얻어진 생물학적인 몸이라면, 둘째는 공능(功能), 즉 어떤 작용의 능력으로 얻어진 것이다. 풀어 말해 두 번째 의미의 몸은 무명에 의해 마음의 움직임이 일어나고 그 움직임, 즉 업에 따라 받은 과보라는 의미이다: "미혹(無明)에 의거하여 선업과 악업과 부동업을 일으키고 업으로 말미암아 일곱 가지 인식의 결과를 얻으며 인식의 결과에 의거하여 다시 미혹을 생하는 것을 사람의 공능으로 얻어지는 것이라고 한다."(大正藏 31 卷, 254쪽 下) 그러니까 공능으로 얻어진 몸이란 업을 받아 다른 작용을 일으키도록 전해 주는 주체인 셈이다. 그런데 법신은 무명에 의한 업의 연결고리를 끊은 인식 주체이다. 이와 관련하여 〈섭대승론석〉에서는 이렇게 말한다: "번뇌를 끊는 도를 일으켜 닦을 때 인식 주체의 허구적이고 비실제적인 부분을 떠나 인식 주체의 본질적이고 실제적인 부분과 더불어 상응하기 때문에 전의(轉依)라고 이름한다. 이 전의로 말미암아 금강도 뒤에 법신을 증득하는 것이다."(앞의 글, 같은 쪽) 여기서 '전의'는 유가행파의 핵심 개념이다. 허망한 연기(緣起)의 세계가 진실한 성기(性起)의 세계로 전환하는 것이다. 유가행파에 따르면, 중생은 세상만사가 '다른 것에 의존하여 일어난다'(依他起性)는 사실을 모른 채 망상에 사로잡혀 있지만(遍計所執性), 만일 그러한 타자의존적 사물의 실상(依他起性)을 제대로 깨닫게 되면 사물의 원만 구족한 모습(圓成實性)이 드러나게

존재인 고타마 붓다의 깨달음과 그 깨달음에 근거한 구체적 가르침들[法]을 가능하게 해 주는 근본 요소들의 집합과 같다. 그리고 그것이 가능하려면, 깨달음 자체가 완벽한 것이어야 하고, 완벽한 깨달음이란 '진여'에 대한 깨달음이자 동시에 진여에 의한 깨달음을 말한다. 이런 식으로 법을 법 되게 해 주는 근본 요소들이 고타마 붓다에게서 드러났다고 보았다. 바꾸어 말하면 고타마 붓다는 법을 법 되게 해 준 근본 요소들을 드러낸 존재이다. 법신을 드러낸 '색신'인 것이다. 색신과 법신을 총칭하여 불신佛身이라고 부른다.

그런데 이러한 색신과 법신 도식은 초기부터 확립되어 있던 교리가 아니다. '이신설二身說'이라는 표현을 쓰기도 하지만, 원시불교 단계에서의 이신설과 대승불교 초기 경전에서의 이신설의 개념이 서로 다르다. 원시불교에서 이따금씩 등장하는 법신이라는 용어는 어디까지나 역사적인 존재로서의 붓다에 대한 찬탄의 표현일 때가 많았다. 붓다가 가르쳐 주고 보여준 법이 바로 그 붓다 안에서 다 드러났으니, 그분이야말로 순수한 근본 요소들의 총체와 같다는 의미가 원시불교에서의 법신이라는 용어 속에 들어 있는 것이다.

이러한 해석은 어디까지나 구체적 존재인 고타마 붓다의 모습에 대한 기억과 연상 속에서 이루어지는 일이었다. 그러나 붓다 사후 시간이

된다. 한마디로 의타기성에서 원성실성으로의 전환이 바로 '전의'라고 할 수 있다. 어떻게 해서 그러한 전의가 일어날 수 있는가? 여기에는 일체 사물이 여래, 즉 법신을 본질로 하고 있다는 불교적 형이상학이 전제된다. 본래 그러한 존재이므로 비로소 그렇게 될 수 있다는 것이다. 〈대승기신론〉의 표현에 따라 정리하면, 본각(本覺)을 비로소 시각(始覺)하는 것이 전의이다. 그것이 가능한 이유는 중생이 바로 여래의 성품을 모시고 있는 여래장이기 때문이다.

흐르면서 그의 모습에 대한 기억도 희미해졌다. 그러자 붓다의 육체적 흔적, 즉 유골(śarīra)과 같은 구체적 사물을 숭배하는 탑돌이 신앙인들이 등장하게 되었다. 법신 자체보다는 법신을 알려준 고타마 붓다를 그 법신의 구체화(化身, nirmanakaya)로 알고 숭배하는 것이다. 탑돌이 신앙인들은 붓다의 몸에서 그 몸을 몸 되게 해주는 근원적이고 이상적인, 즉 완전한 요소들을 확인하고 있는 것이다.

이런 식으로 붓다의 유골을 숭배했지만, 붓다의 형상을 만들지는 않았다. 붓다가 성취한 열반은 구체적인 형상을 초월한 곳이라고 믿었기 때문이다: "사라져 버린 자에게는 더 이상 형태가 없다."[11]고 하듯이, 붓다의 형상을 만들기보다는, 탑돌이 행위를 통해 붓다의 몸의 흔적을 기억하면서 그의 깨달음의 능력 속으로 들어가고자 했을 뿐이다.

그러다가 초기 대승경전인 〈반야경〉에서는 역사적 존재인 석가모니 숭배나 그 유골을 숭배하는 탑돌이 신앙인들에 대한 비판이 등장하기 시작한다. 〈반야경〉에서는 역사적 존재가 아닌, 반야바라밀이 참된 부처의 몸[佛身]이라고 주장한다. 역사적 존재로서의 고타마 붓다보다는, 경험적으로는 붓다에게서 비롯되었지만, 이론상으로는 그 붓다를 붓다 되게 해 준, 이미 선재하는 진리에 무게중심을 두고 있는 것이다. 진정한 붓다의 본모습은 역사적 존재 혹은 그 생물학적인 몸이 아니라, 붓다의 '지혜'(반야)라는 것이다.[12] 〈유마경〉에서도 이렇게 말한다: "벗이여, 여래의 [불]신이란 법신인 것이며, 지(知)에서 생긴다…." 이렇게 초

---

11 숫타니파타 제5품 제7장, 석지현 옮김, 『숫타니파타』, 민족사, 274쪽.
12 武內紹晃, 「佛陀觀の變遷」, 『講座・大乘佛敎』卷1, 〈大乘佛敎とは何か〉, 春秋社, 昭和56年, 162頁 참조.

기 대승경전에서는 붓다의 지혜라는 의미에서 법신이라는 표현을 사용한다. 〈팔천송반야경〉에는 색신과 법신을 구분하면서 이렇게 말한다: "여래는 그의 색신으로 보이는 것이 아니다. 법신은 여래로서, 법의 참 본성은 오지도 가지도 않는다."[13] 이런 표현을 통해 육신을 지녔던 석존에 매이지 말고 그의 지혜, 그가 실현한 무아의 진리를 따라야 한다는 주장을 펴고 있는 것이다. 〈화엄경〉에서는 이렇게 말한다: "붓다의 아들들이여! 여래는 하나의 특별한 법이 아니고 특수한 형태의 움직임도 아니다. 법신은 특수한 장소에 머물지 않으며 그 구제 활동도 특정인에게 제한되지 않는다. 도리어 법신은 그 자체로 무한한 법, 끝없는 움직임, 무수한 몸속에 존재하며 일체 중생의 구제를 위해 두루 일한다."[14] 역사적 존재로서의 고타마 붓다에 대한 강조로부터 역사적 구체성을 초월한 보편적 진리로서의 법신에 대한 강조로 무게중심이 옮겨가고 있는 것이다. 불신佛身의 보편성에 대한 강조인 것이다. 물론 이러한 비판적 어성이 등장한다는 말은 당시 이미 붓다의 유골과 같은 육체적 흔적에 집착하는 불탑 신앙자들이 상당히 많았다는 사실을 반증한다.[15]

---

13 *The Perfection of Wisdom In Eight Thousand Lines & Its Verse Summary*, tr. by Edward Conze, Bolinas: Four Seasons Foundation, 1973, 291쪽.

14 D. T. Suzuki, *Outlines of Mahayana Buddhism*, New York: Schocken Books, 1963, 224쪽에서 인용.

15 〈대반열반경〉에 따르면, 고타마 붓다 화장 후 남은 206개의 유골은 고타마 족속과 관계가 깊은 다른 여덟 부족들에게 배분되었고, 이들 부족에서는 이것으로 무덤을 만들어 붓다를 숭배했다. 후에 아쇼카 왕은 이 유골 숭배를 통해 불심을 더욱 확장하기 위해 붓다의 무덤을 다시 열어 유골을 가루고 만들어 팔만 사천 개의 스투파를 만들었다고 한다.(김용옥, 『달라이라마와 도올의 만남 2』, 서울: 통나무, 2002, 385쪽을 참조했음) 그 숫자가 정확한지는 알 길이 없으나

6. 그리스도의 몸

이러한 불신론의 전개는 성서가 예수의 부활과 관련하여 초기에는 예수의 육체적 부활을 강조하다가 점차 초형상적 그리스도로 전이했던 것과 유사하다. 원시 그리스도교 전통에서는 한편에서 예수가 죽었음에도 불구하고 자신/교회와 함께 하는 예수를 느끼면서 그것을 예수에 대한 신적 선재성 개념으로 발전시켰고, 다른 한편에서는 예수를 보지 못한 제자단에게 예수의 확실성을 전하는 방법의 일환으로 예수가 육체적으로 부활했다는 신앙을 발생시키기도 했다. 가령 서기 70년경 기록된 〈루가복음〉에서는 예수를 보지 못한 후대 교회 구성원들이 예수의 육체성에 집착하던 것을 반영하여 예수가 육체적으로 부활했다고 전한다: "왜 당황하며 어찌하여 여러분의 마음속에 의심을 품습니까? 내 손과 발을 보시오. 바로 나입니다. 나를 만지고 살펴보시오. 유령은 살과 뼈가 없지만 보다시피 나에게는 있습니다." (루가 24,39) 부활한 예수가 자신을 유령이라고 생각하는 제자들을 향해 던졌다는 이런 식의 표현은 실상 예수의 몸에 매이던 초기 신자들의 입장을 반영한다.

그러나 육체는 어디까지나 제한적 존재이다. 이러한 반성 속에서 예수의 육체적 제한성보다는 영적인 보편성이 점점 더 부각되기에 이른다. 가령 서기 100년경 기록된 〈요한복음〉에서는 진정한 부활은 육체적 차원을 넘어선다는 입장을 견지한다. 가령 예수가 부활했다는 소문

모두 고타마 붓다의 몸과 관련된 물건들을 통해 고타마의 가르침을 확인하고자 하는 몸 숭배 신앙의 일환이다.

을 들은 제자 토마가 예수의 몸을 만져보기 전에는 믿지 못하겠다고 하자 그 뒤 홀연히 나타난 예수가 자신의 모습을 보여주고는 이렇게 말한다: "당신은 나를 보고서야 믿었습니다. 보지 않고도 믿는 이들이 복됩니다."(요한 20,29). 예수가 육체적으로 부활했다고 믿는 교회 구성원들의 분위기를 반영하여 예수가 자신의 몸을 드러내 보여준 것처럼 묘사되어 있지만, 정말 강조하고 싶은 것은 그 육체성/구체성을 넘어서는 곳에서 진리의 모습이 보인다는 사실이다.[16] 진리는 역사적 구체성 안에 갇히지 않는다는 사실을 말하려는 것이다.

그러나 이것 역시 대중은 예수의 육체성에 집착했다면, 경전 기록자와 같은 엘리트층은 육체적 제한성을 넘어서는 곳에서 진리의 모습을 보고자 했다는 뜻이라고 할 수 있다. 이처럼 예수의 부활과 관련하여 전개되어 간 성서의 역사도 전체적으로는 예수의 몸에 대한 집착을 벗어나는 쪽으로 전개된다.[17]

---

[16] 존 도미닉 크로산/김준우 옮김, 『역사적 예수』, 서울: 한국기독교연구소, 2000, 640~41쪽 참조.

[17] 물론 이것은 경전상에 나타난 종교적 엘리트들의 접근 방식일 뿐이다. 실제로 불교와 그리스도교는 대중화의 길을 걸으면서 사실상 다양한 불상, 성상들을 만들어내고 예수와 붓다의 구체적 모습에 집착하는 역사로 전개되었기 때문이다. 불교의 경우는 불탑(佛塔, 스투파) 신앙에서 불상(佛像) 신앙으로, 그리스도교도 마찬가지로 성상파괴적 자세에서 성상옹호적 자세로 바뀌어갔다. 특히 불교는 그리스 문화의 영향을 받던 쿠샤나 왕조를 거치면서 서기 1세기 말경부터 동전 같은 곳에 붓다의 모습을 구체적으로 그리기 시작했고, 서기 120~130년경에는 구체적인 불상이 제작되기에 이르렀다.(高田修, 〈불상의 탄생〉, 이숙희 옮김, 서울: 예경, 1994, 202~204쪽; 112쪽 참조) 이론적으로는 붓다의 몸에 대한 집착을 비판하고 보편적 진리를 향하고 있었으나, 실제로는 역사적이고 구체적 존재에 대한 숭배로 이어졌다는 뜻이다. 가령 서기 200년경 기록된 〈금

7. 영적인 몸

중요한 것은 나중에 상상되고 신봉되는 예수의 몸은 역사적 예수의 몸과는 다른 차원에 있다는 것이다. 한 예로 역사적 예수 사후에 그분의 몸을 더 이상 보지 못하게 된 제자단/교회에서는 역사적 예수가 본래 하느님의 모습을 하고 계셨다는 이상적인 분, 즉 초월적 그리스도 차원에서 생각하게 되었다. 이 초월적 그리스도는 예수의 모습이되, 죽은 예수가 제자단에게 계속 힘을 불어넣고 있으며, 그를 따르던 사람들과 여전히 함께 하고 있다는 사실을 드러내려는 의도로 재해석된, 예수의 초형상화이다. 이것은 부활 관념과 연결된다. 크로산(John Dominic Crossan)에 의하면, 예수의 부활에 대한 표현들은 "예수가 그 추종자들 중에 계속 현존하고 있음을 시사하는 회화적 기술(wordpicture)"이다.[18]

〈강경〉에서는 "'수보리야 네 뜻이 어떠하뇨? 몸의 형상으로 여래를 볼 수 있겠느냐, 없겠느냐?' '없습니다. 세존이시여! 몸의 형상으로는 여래를 볼 수 없습니다.' 부처님께서 수보리에게 이르시되: '무릇 있는 바의 형상이 모두 허망한 것이니 만약 모든 형상이 형상이 아님을 보면 곧 여래를 보리라!'"고 표현하고 있지만, 이런 기록 자체가 사실은 대중의 신앙에서는 몸의 형상, 즉 불상에 대해 집착하고 있음을 반증해 주고 있는 것이다. 이것이 이른바 대승불교로 이어졌다.(김용옥, 『달라이라마와 도올의 만남 3』, 서울: 통나무, 632~641, 642쪽 참조) 이에 비해 유대교 문화와는 대조적으로, 애당초부터 신을 인간적 형상에 따라 묘사하는 데 익숙한 그리스 문화에 노출되어 있었던 초기 교회 구성원들은 예수의 모습을 구체적으로 그리는 데 익숙했다. 다만 그리스의 아폴로 신 같은 모습에서 로마 제국의 종교가 된 이후부터는 로마 황제를 닮은 예수의 상이 제작되는 등 시대를 반영하고 있다.(김용옥, 앞의 책, 630쪽) 어떻든 예수의 구체적인 모습에 대한 상상은 대중의 신앙 속에서 더욱 지속적으로 이어져온 것이다.

이미 죽었으나 추종자들에게 여전히 현존하는 예수, 그가 부활의 그리스도인 것이다.

　물론 이 초월적 그리스도도 예수의 형상이라는 점에서 그에게도 '몸'이 있다. 그렇지만, 바울로에 따르면, 그것은 몸이되 '영적인 몸'(소마 프뉴마티콘, 1고린 15,44)이다. 땅에 묻혀서 썩어 없어질 몸과 달리, 언젠가 다시 일어날 몸이다(1고린 15). 그 몸은 신에 의해 들여 높여질 현재 몸의 영적인 차원이다. 그럼에도 불구하고 그 영적인 몸은 생물학적인 몸과 전적으로 분리되는 것은 아니다. 그 몸을 지니고 산 결과이기도 하다. 생물학적인 몸은 썩어 없어질 것이지만, 바울로에 따르면, 그 썩을 것이 뿌려져서 영적인 몸으로 재탄생한다는 것이다. 물론 그러한 재탄생의 근거는 하느님이다. 하느님이 썩을 것을 썩지 않을 것으로 변화시켜 주신다는 것이다. 바울로는 예수가 이미 그런 영적인 몸을 입고 있다고 생각했고, 그런 점에서 "부활의 첫 열매"–유일한 열매가 아니라–로 믿었다. 사람들도 예수처럼 영적인 몸을 입게 될 것이라는 것이다: "우리가 흙으로 빚어진 그분의 형상을 지녔듯이, 장차는 천상에 속한 그분의 형상을 지니게 될 것입니다."(1고린 15,49) "천상에 속한 그분의 형상", 즉 그리스도의 형상이 말하자면 "영적인 몸"이다. 이렇게 초기 교회는 여전히 예수에 의해 능력을 부여받고 있는 자신들의 경험을 영적이고 초월적 그리스도로서 표현했다.

---

18 크로산, 『예수는 누구인가』, 201~202쪽.

8. 보신불

마찬가지로 역사적 붓다 사후 그가 가르친 법 자체가 인격화한다. 그러면서 고타마 붓다가 영원한 법의 구현자이시듯, 그렇게 초월적 형상을 지닌 붓다가 여럿 있었음은 물론 지금도 서방의 깨끗한 땅에 그러한 초형상적 붓다(아미타불, 약사불, 아촉불)가 계시다는 사상으로 발전하게 되었다. 이 붓다는 중생이 원하는 바에 따라 각기 다른 장소에서 다른 모습으로 스스로를 나투는 분이다. 십력十力, 사무외四無畏, 십팔불공법十八不共法 등과 같은 불과佛果의 공덕의 초형상적 구체화이다. 이것 역시 고타마 붓다로 인한 영향이 여전히 계속되고 있다는 사실을 나타내주는 방식이다. 그리고 이것은 그렇게 드러나는 붓다가 인간 신앙의 대상이고 귀의의 대상이라는 것을 말해 준다. 불제자들은 이 초형상적 붓다에 귀의한다. 그 초형상적 붓다가 바로 보신報身으로서의 붓다인 것이다.

보신불이란 사전적인 의미에서 보살이 서원하고 수행한 결과 얻은 초자연적인 몸, 원願으로 인해 받은(報) 불신佛身이다.[19] 그런데 그 '원'으로 불신을 받는 것이 가능하려면 법신 자체가 자신을 비우고 상대화하여 그 서원과 수행 속으로 들어오지 않고서는 안 된다. 다시 표현하자면, 법신의 하향적 자기 비움과 보살의 상향적 서원과 수행이 만나는 영역이 보신불의 세계인 것이다. 그러기에, 역사적 전개의 양상을 따르자면, 보신불은 다양한 중생의 구원적 요청에 부응하여 생겨난 붓다의

---

19 이것은 중관학파 개척자 나가르주나龍樹의 뒤를 이어 유가행 철학을 완성시킨 바수반두[世親]의 '수용신'(受用身) 개념에서 비롯된 정의라고 할 수 있다.

다양화이지만, 논리적으로는 절대적 법신이 스스로를 부정하여 상대적 법신의 세계로 드러낸 결과이다. 그러면서도 이것은 고타마 붓다로 인해 알려지고 가능해진 초월적 붓다의 세계라는 점에서 보신불 신앙은 석가모니불과 그 불을 신앙하는 중생과의 연결성을 설명하는 가운데 발생한 것이다. 열반에 든 석가모니불을 대신해 지금 여기서 자신들에게 직접 은혜를 베풀 붓다로서 요청된 존재인 것이다.

보신불은 역사적 석가모니불에 의해 알려졌으나 그 역사적 제한성을 초월한다. 역사 안에서 역사 너머의 진리가 개시되는 것이다. 역사적 존재인 석가모니를 통해 역사 이전적 석가보살 이야기(자타카)가 발생되었듯이, 보신불 사상은 중생 구제를 위한 서원을 하고 그를 실현하기 위해 수행하는 보살 사상의 필연적인 결과인 것이다.[20]

이 보신불은 보살 신앙에서 성립된 대승불교도들의 귀의와 믿음의 대상이다. 이런 맥락에서, 오늘날 불자들이 "석가모니 부처님께 귀의"("나무석가모니불")한다고 말하지만, 그때의 석가모니불은 사실상 보신불과 같은 차원이다. 법신불을 알려 준 이라는 신앙적 확신 속에서 재조명된 석가모니불, 바꾸어 말하면 보신불의 차원인 것이다. 마찬가지로, 그리스도인들이 "예수님의 이름으로 기도한다"지만, 그때의 예수는 사실상 초월적 그리스도나 다름없다. 이미 영적인 몸으로 변화되어 있고 들어 높여져 있는 그리스도이기에 그를 통해 하느님께 나아간다고 믿는 믿음이 전제되어 있는 것이다. 마찬가지로 역사적 예수가 처녀 마리아의 몸에서 잉태되었다고 믿는다지만, 사실상 그렇게 태어날 수 있는

---

20 武内紹晃, 앞의 글, 168頁.

존재는 이미 신앙의 대상이 되어버린 초월적 그리스도이고, 고타마 싯달타가 마야 부인의 옆구리에서 고통 없이 태어난 뒤 바로 걸으며 '천상천하유아독존'이라 외쳤다지만, 사실상 그런 신비로운 탄생이 가능한 근거는 이미 신처럼 들어 높여진 보신불의 차원에서 재조명된 존재이기 때문이다. 예수나 붓다나 모두 괴로운 육체 덩어리를 지니고 살았지만, 그리스도나 보신불의 몸은 그러한 근원적 괴로움의 초월자 차원에서 재조명된 몸이라는 점에서 둘 다 마찬가지의 구조를 하고 있는 것이다. 나자렛 예수라는 역사적 개체와 고타마 싯달타라고 하는 역사적 개체가 말 그대로 개체에 머물지 않고 그 개체를 개체되게 해 준 원천적 실재와 직접 연결되며, 그러한 신앙적 확신 속에서 다시 보인 초역사적 개체들이 그리스도이고 보신불이다.

9. 아미타불, 지장보살, 예수 - 그 신앙적 깊이의 상통성

대표적인 보신불이 아미타불이다. 아미타불은, 석가모니불의 설법에 따르면, 법장보살이 원을 세우고 수행하여 도달한 붓다이다. '아미타'는 '무한한 수명'(無量壽, Amitayus) 혹은 '무한한 빛'(無量光, Amitabha)이라는 뜻이며, 법신의 초형상적 구체화이다.[21] 아미타불은 불(佛)의 공덕, 법력,

---

21 아미타불도 〈법화경〉에서 말하는 아미타불과 〈화엄경〉에서 말하는 아미타불은 뉘앙스가 다르다. 〈법화경〉의 아미타불은 석가모니 열반 후 석가모니불을 대신해 줄 만한 초역사적인 붓다이다. 이미 머나먼 옛날부터 성불해 있는 붓다, 즉 '아미타유스'(無量壽)이다. 시간을 초월하여 영원히 존재하면서 언제든 어디서든 중생을 교화하고 있는, 초월적 형상의 붓다인 것이다. 그러나 〈화엄경〉

기쁨의 형상이며, 중생을 구원하는 자비의 몸을 상징한다. 중생이 구원을 얻기 위해 할 일은 그저 아미타불의 이름을 부르고 외우는 [南無阿彌陀佛] 것으로 족하다. 자신의 이름을 부르는 이는 누구나 정토에 태어날 수 있게 하겠다는 자비의 서원이 이루어졌기 때문이다. 이러한 보신불의 신앙 구조는 예수야말로 하느님의 외아들이기에 그 "아들의 이름으로 청하는 것은 무엇이나 아들이 다 해 준다."(요한 14, 13~14)는 하느님의 외아들 혹은 그리스도로서의 예수에 대한 신앙적 구조와 상통한다.

아울러 '지옥으로 간 예수'와 '지장보살' 신앙도 같은 신앙적 구조를 반영해 준다. 가령 가톨릭, 개신교를 막론하고 지난 천오백 년 동안 전 세계 많은 교회에서 여전히 바쳐지고 있는 대표적인 신앙고백문인 "사도신경"에는 예수께서 "십자가에 못 박혀 돌아가시고 묻히셨으며 저승(Hell)에 가셨다."는 구절이 있다.[22] 예수가 십자가에 죽은 뒤 땅에 묻혔고 저승, 즉 지옥으로 갔다는 것이다. 그 이유는 "그리스도께서는 갇혀 있는 영혼들에게도 가셔서 기쁜 소식을 선포하셨습니다."(1베드 3,19)라고 하는 한 전승이 잘 설명해 준다. 여기서 "갇혀 있는 영혼들"이란 "노아가 방주를 만들었을 때 하느님이 오래 참고 기다리셨지만 끝내 순종하지

에 등장하는 아미타불에게는 구체적인 형상의 개념이 약하다. 화엄경의 주불인 비로자나불은 시방에 편만한, 보편적이고 무한한 붓다이다. 그래서 화엄경의 아미타불은 '아미타바'(無量光)이다. 〈법화경〉의 아미타불이 역사적인 붓다 중심적이라면, 〈화엄경〉의 아미타불은 법 중심적이다.(武內紹晃, 앞의 글, 163~164頁. 참조)

22 한국 개신교에서는 이 가운데 예수가 "저승/지옥에 가셨다"(He descended into the Hell)는 구절을 누구인가 언제인가 슬쩍 빼버렸다. 하지만 천주교회에서는 여전히 그러한 구절을 담아 신앙고백을 한다.

않던 자들"(1베드 3,20), 이른바 구원의 기회를 놓쳐 버렸다고 간주되는 이들이다. 대홍수 때 노아의 식구들만 구원받았고, 다른 이들은 저주받아 영원히 죽어버렸다는 일반 상식과는 달리, 예수는 그들을 영원한 죄인으로 두려 하지 않았고, 그들을 지옥에 남겨 두고자 하지 않았다는 뜻이다.: "그래서 죽은 자들에게도 복음이 전해진 것이다."(1베드 4,6a)

이러한 예수의 모습은 지옥을 포함하여 육도 중생을 다 구원하기 전까지는 정각正覺을 이루지 않겠다고 서원한 지장보살地藏菩薩의 모습과 닮아 있다. 지옥에 떨어져 고통을 당하는 중생이 단 하나라도 남아 있는데 어찌 홀로 즐거움을 누릴 수 있겠는가 하는 반성 속에서 스스로 '지옥'에 남아 있기를 자청한 보살이 지장보살이다. 그의 서원은 중생의 고통이 나의 고통이니, 그 고통을 해결하기 전에는 절대로 열반하지 않겠다는 다짐의 표현이었다. "중생이 아프니 내가 아프다."는 유마거사의 자타불이적 마음 자세와 같은 맥락이다. 지장보살은 일체 중생의 구원 이전까지 스스로 붓다가 되기를 유보했기에 여전히 '보살'로 불리지만, 그러한 보살 정신은 이미 중생의 구원 요청에 부응하여 생겨난 보신불 신앙과 기본 구조에서는 다르지 않다. 모두 역사적 존재에 의해 알려진 초월적 세계가 중생 구원의 요구에 따라 다양하게 전개된 초형상적 구원자들의 모습인 것이다.

이런 식으로 그리스도와 보신불이라는, 양쪽 신앙 구조의 핵심에 놓여 있는 것들은 그것을 신앙하는 이들에게 비슷한 깊이를 지닌다. 그리스도인에게 그리스도의 의미와 불자들에게 아미타불, 지장보살 등 다양한 구원자들이 지니는 의미는 깊이의 차원에서 대립되기는커녕 상통성을 지닌다는 것이다. 물론 '그리스도=아미타불'이라거나 '그리스도=지장보살'이라는 뜻은 아니다. 다만 "나무아미타불"을 염하는 불자들의 신앙과 예수의 이름을 부르는 그리스도인의 신앙, 구원의 가능성을 지옥에까지 열어둔 지옥 정복자 그리스도에 대한 신앙과 육도를 헤매는 중생이 하나라도 남아 있는 한 결단코 성불하지 않겠다고 서원한 지장보살에 대한 불자들의 신앙은 인간 구원 열망의 다양한 표현 형식으로 읽혀질 수 있으리라는 것이다.

응당 이러한 구원의 표현 형식은 모순과 우열 차원에서 밝혀질 수 있을 성질의 것이 아니다. 저마다의 신앙 체험의 근거가 되는 각 전통의 깊이, 혹은 그 전통 안에서 발생한 신앙 체험의 깊이에는 서로 물리칠 수 없을 유사성이 놓여 있기 때문이다. 이런 점에서 불교에 관심을 기울이는 신학자 존 캅(John B. Cobb, Jr.)이 "그리스도교 신자들은 불교 신자가 아미타에서 배운 것을 연구함으로써 그리스도에 관한 더 많은 것을 배울 수 있고, 불교 신자들도 그리스도교 신자들이 그리스도로부터 배운 것을 연구함으로써 아미타에 관한 더 많은 것을 배울 수 있다."[23]고 한 말은 당연하며 타당하다. 또 최근 김경재가 "산의 등정로는 다르지만 호연지기는 비슷하다."라는 말을 통해 "'구원'에 대한 이론과 개념 설명이 설혹 종교마다 다양할지라도 '구원받은 사람'의 삶의 태도에는 상통하는 점이 있다."는 사실을 체계적으로 설명한 바 있는데,[24] 그러한 표현 역시 저마다 궁극적 진리라고 하는 것을 인생의 목표 내지는 근거로 삼고 살아가는 사람들의 삶의 체험은 세계관과 그 표현 방식 상의 차별성에도 불구하고 서로 물리칠 수 없을 비슷한 '깊이'를 지닌다는 이 글의 핵심과 상통하는 것으로 보인다.

---

23 존 B. 캅/김상일 옮김, 『과정신학과 불교』, 서울: 대한기독교출판사, 1988, 177쪽.
24 김경재, 『이름없는 하느님』, 서울: 삼인, 2002, 235쪽.

10. 마무리하며

이처럼 예수와 붓다로부터 비롯된 두 종교 모두 구체적인 몸을 초월적인 몸으로 전개시켜 나간 역사를 가진다. 그것이 예수의 선포와 붓다의 깨달음이 대중 안에서 살아나가는 방식이었던 것이다. 예수를 받듦으로써 예수의 가르침을 지속해 나가고, 석가모니 붓다의 몸에서 정신 내지는 영적인 몸과 신통력의 몸으로 옮겨감으로써 법을 지속해 나간 것은 "자연스러운 일이고, 오해가 커진 것이라기보다는 중요성이 변화한 것이다."[25] 예수에서 그리스도로, 고타마 붓다에서 보신불로, 구체적 몸에서 영적/정신적 몸으로 전개되어 나간 두 종교 전통의 역사는 인간 종교 심성의 구조적 유사성과 함께 무엇보다 위와 같은 신앙적 깊이의 상통성을 잘 보여준다. 불교와 그리스도교가 만난다면 바로 이러한 구조적 유사성 혹은 신앙적 깊이에서인 것이다. 교리 차원에서의 유사성 내지 상통성을 밝히는 작업도 긴요하고 또 이제까지 그 점에 초점을 둔 비교 연구도 어느 정도 진행되어 왔으나, 교리 자체는 물론 그 교리가 대중적인 차원에서 생명력을 얻어가는 과정에서도 이들 동서양의 대표적 종교인 불교와 그리스도교는 유사성을 보여주고 있는 것이다. 상이하고 차별적인 세계관을 설명하고 그에 접근해 가는 형식상의 유사성에서 우리는 '다름'에서 오는 갈등과 부조화보다는 상호 화해와 협조를 통해 미래를 어느 정도 공유할 수 있는 기초를 확인하게 되는 것이다.

---

[25] 폴 윌리암스/조환기 옮김, 『서양학자가 본 대승불교』, 서울: 시공사, 2000, 218쪽.

불교와 기독교의 쟁점: 종교철학적 비교

장왕식 (감신대)

1. 들어가는 말

　종교 간 대화에 관한 한 요즈음의 추세는 상호 변혁이라는 주제에 모아지고 있다. 서로 이질적인 종교들이 자기 종교의 우월성을 강조하면서 타종교를 교화시키는 것에 집중하는 것이 아니라 사기 송교가 타종교에서 무엇을 배울 것인가 하는 문제에 관심하는 추세로 바뀌어 가고 있다. 타종교에서 무엇인가를 배워서 자기 종교를 변혁하고자 하는 것이다. 이 글은 상호 변혁적 방법론이 종교 간의 대화에 가장 이상적인 방법론이라는 주장에 동의하면서, 불교와 기독교가 서로 상대방에게서 무엇을 배울 것인가 하는 문제를 다루리고 한다. 이를 위해 논자는 우선 불교와 기독교가 상호 어떻게 다르며 무슨 문제에서 종교철학적으로 첨예하게 대립해 왔는지 그 쟁점들을 분석해 보겠다. 두 종교 간의 철학적인 쟁점을 드러내 보임으로써 서로의 차이를 부각시켜 보겠다는 말이다.
　차이를 부각시키는 이런 시도는 두 가지 점에서 긍정적인 의미를 가진다고 생각한다. 우선 두 종교가 주장하는 서로의 차이점을 분석해 보는 것은 각각의 정체성을 이해하는 데 있어서 가장 빠른 방법이 될 수 있다. 둘째, 상대방에게서 무엇인가를 배우는 행위는 서로 간에 존재하는 차이가 전제되는 한도 내에서 가능하게 된다. 두 개의 존재 사이에 상이점보다는 유사점이 많다는 것은 서로 배울 것이 적다는 것으로 이어지기 때문이다. 물론 서로가 다르다는 것을 부각시키면서 그것을 자기 종교가 타종교보다 우월성하다고 자랑하는 것으로 발전시켜 가는 경우도 있지만, 동시에 그런 차이의 강조를 통해서 한편으로는 자기 종교에 결여된 것을 발견하고, 다른 한편으로는 타종교에서 배운 것을 통해서 그 결여된 것을 보충해 갈 수도 있기 때문이다.[1]

기독교와 불교에는 서로 첨예하게 부딪히는 쟁점들이 많이 존재하고 있으나, 이 글은 그 중에서도 가장 중요하고 핵심적인 문제들만을 다루도록 한다. 이런 목적을 수행하기 위해서 논자는 그 모든 문제들을 궁극적 실재(Ultimate Reality)의 문제와 관련시켜 설명해 보려 한다. 첫째로 다룰 것은 궁극적 실재가 인격적인가 초인격적인가 하는 문제이며, 둘째는 궁극적 실재가 시간적인가 비시간적인가 하는 문제이며, 셋째로는 궁극적 실재가 선/악의 문제를 어떻게 풀어나가는가 하는 것이다.

---

[1] 여기서 한 가지 조심할 것이 있다. 이렇게 상호 변혁의 대화론이 불교와 기독교의 차이를 강조하는 것에 기초하고 있다고 해서 그것을 두 종교의 갈등을 조장하는 시도로 해석하면 안 된다는 것이다. 차이에 기초하는 방법론은 동질성에 기초하는 방법론보다 철학적으로 설득력이 강하거니와 양자의 종교를 변혁하는 데 있어서도 보다 실용적이고 효율적이다. 논자의 이런 주장을 살펴보기 위해서는 졸저 『종교적 상대주의를 넘어서』(서울:대한기독교서회,2002)의 4~8장을 참조하라.

다시 말하지만 불교와 기독교 간의 쟁점은 이런 문제들 이외에도 다양하다. 그러나 그 모든 다양한 문제들의 배경에는 한결같이 궁극적 실재에 대한 서로 다른 해석이 전제되고 있다고 논자는 생각하는데, 따라서 이 세 가지 문제에 대한 해석은 여타 다른 쟁점들을 분석하는 시금석이 될 수 있다고 믿는다.

이하에서는 우선 궁극적 실재가 인격적인가 비인격적인가의 문제를 다룸으로써 시작하자.

2. 궁극적 실재는 인격적인가 초인격적인가?

대부분의 기독교인들은 자신들이 믿는 궁극적 실재가 인격적인 존재라고 믿는 반면에, 대부분의 불교도들은 자신들이 믿는 궁극적 실재가 비인격적 (non-personal) 혹은 초인격적인 존재라고 믿는다.

신약과 구약에 나타나는 기독교의 신은 인간과 계약을 맺는 신이며, 인간이 그 계약을 지키느냐 못 지키느냐 여부에 따라 기뻐하기도 하고 분노하기도 하는 존재이다. 계약을 맺으면서 그것과 더불어 일희일비한다는 말은 기독교의 신이 단순히 인간의 언어를 이해하는 것을 넘어서서 인간과 유사한 형태의 감정을 소유하고 있다는 것을 뜻한다. 기독교인들은 자신들이 믿는 신이 감동할 수도 있고 질투할 수도 있는 존재라고 생각하며 사실상 이런 신만이 자신들의 기도를 들어 줄 수 있는 것으로 전제한다.

불교도들은 일반적으로 초인격적인 궁극자를 선호한다.[2] 물론 모든 불교도들이 초인격적인 궁극자를 항상 선호하는 것은 아니다. 그들도 인격적인 궁극자를 향한 신앙심을 표출하지 않을 수 없기에 인격적인 신과의 언어소통을 부정할 수는 없다. 불교도들도 불타를 향해 기도하며 심지어 계약을 맺기도 한다. 인간이 불타와 맺는 계약의 대표적인 사례가 바로 서원기도이다.

그럼에도 불구하고 대부분의 불교도들은 자신들이 인격적인 궁극자를 선호하지 않는다고 주장하며, 나아가 초인격적인 궁극자가 자신들의 진정한 신앙의 대상이 되어야만 한다는 주장을 펼친다. 어떤 불교도들은 인격적인 궁극자를 믿는 것은 철학적으로 근거가 빈약하고 종교적으로도 열등하다고 본다. 이런 주장을 펼치는 대표적인 사례가 니시다니 게이지에게서 발견된다. 니시다니는 주장하기를, 종교의 궁극적 실재를 인격적인 것으로 보는 것은 현대에 들어와서 별로 설득력이 없게 되었는데, 그 이유는 현대과학에서 목적론이 무너져 버렸기 때문이라고 한다. 인격신 사상에 근거한 기독교적 세계는 목적론적 세계관과 창조론적 세계관이 지배하고 있는데, 그런 세계관은 더 이상 현대적이 아니라고 한다. 현대과학이 말하는 자연은 '선과 악'에 대해서 '무차별'하며 인간에게 '냉정'하고 '무관심'하기 때문이다.[3] 자연의 법칙이 이렇게 합목적적이 아니고 신의 의지대로 되는 것도 아니라면 이는 신의 인격성을 허구로 만드는 것이라는 말이다. 이런 이유로 니시다니는

---

2 어떤 불교도들은 궁극적 실재라는 말을 선호하지 않을지도 모른다. 모든 종류의 실재는 집착을 일으킨다고 보기 때문이다. 나는 이런 견해에 찬동하지 않지만, 그 견해를 존중하는 의미에서 불교도의 경우 궁극적 실재 대신에 궁극자(the ultimate)라는 용어를 사용하기로 한다.

3 Keiji Nishitani, *Berkeley:University of California, at Berkekey*, 1982), 52쪽.

비인격적이고 초인격적인 궁극자만이 참으로 인간이 구원의 목표로 삼을 수 있는 궁극자가 될 수 있다고 보는 것이다. 불교의 슈니야타 Sunyata, 즉 공空은 차별상에 얽매여 있는 인격적인 절대자가 아니라 무차별한 대자대비의 비인격적, 혹은 초인격적 절대자라고 한다.

하지만 니시다니의 현대판 선불교 철학의 주장은 다음과 같은 문제점을 가지고 있는 것으로 보인다. 첫째, 비인격적이고 초인격적인 궁극자가 구원론적으로 선호되어야 한다는 주장은 일견 옳은 것 같으면서도 사실 설득력은 약하다. 그의 주장은 모순되는 주장을 내포하고 있기 때문이다. 예를 들어, 이미 말한 바대로 종교적인 궁극자는 종종 신자들에게 기도의 대상이 되지 않을 수 없다. 그런데 인간이 기도의 대상으로서의 궁극적 실재와 더불어 언어를 전제로 의사소통할 수 없다면 그런 궁극적 실재는 과연 어떤 기도를 들어주시는 것일까? 무엇보다도 불교도들이 서원기도를 할 때, 그들은 불교의 보살 정신을 따라서 까루나, 즉 자비행을 결단해야 하는데, 그것을 들어주시는 불교의 궁극자는 불자의 서원을 들어주시고 그 내용을 이해하시고 있다는 것을 전제하지 않을 수 없다. 결국 불교의 궁극자도 인간의 개념과 사유를 이해하고 있다고 말하지 않을 수 없으며, 이런 뜻에서 인격적이지 않을 수 없는 것이다.

물론 불교도들은 이 문제를 다음과 같이 풀어 갈 수도 있다. 즉 아무리 불교의 궁극자가 기도의 대상이 된다고 해도 그때 그 기도를 통해서 인간이 의사소통을 하는 대상은 보신報身이지 법신法身은 아니라는 말이다. 아미타불로서 존재하는 붓다는 비록 궁극적 실재 자체로서의 법신과는 다르지만 일종의 궁극자로서 인간과 의사소통하는 보신불이므로 이런 차원에서 불교는 나름대로 인격적 궁극자를 인정한다고 보아야 한다는 것이다. 다만 인격적 존재로서의 보신은 그것을 넘어서는 초인격적 법신에 종속되는 존재라고 보아야 한다는 말이다. 물론 이런 해결책은 기독교인들에게도 매우 설득력이 있는 것으로 받아들여질 수 있다. 기독교 전통에서도 인격신이 가지고 있는 신학적이고 종교적인 결함을 지적하는 신학자들이 많이 있어 왔기 때문이다. 인격적인 신은 하나의 신이며, 그 위의 신, 즉 신 위의 신(God above God), 혹은 신성(the Divine) 그 자체가 종교적으로 더욱 궁극적이라고 보는 견해가 있어 왔기 때문이다.[4]

하지만 불교도들이 문제를 이런 식으로 풀어 간다면 그것은 불교적 궁극자도 인격적인 면을 갖지 않을 수 없다는 것을 불자들 스스로가 인정하는 셈이 된다. 불자들도 어떤 의미로든지 인격적인 궁극자의 실재성과 그 종교적 중요성을 논리적으로 승인한 셈이 되기 때문이다. 그러나 니시다니의 주장이 갖는 더 큰 문제는 다른 것에 있다. 즉 보다 중요한 문제는 다음과 같은 주장, 즉 인격적인 신은 자연과학적 상에 맞지 않는다는 주장이 제기될 때 발생한다. 니시다니의 주장은, 자연의 법칙은 때때로 신의 의지와는 상관없이 돌아가기 때문에 우리는 세계가 결코 인격신에 의해서 지배된다고 말할 수 없다는 것이다. 예를 들어 신이 인격신이면서 동시에 전능하다면, 이는 신이 악을 싫어하고 동시에 그것을 막으실 수 있다는 것을 의미한다. 그러나 우리의 세계에서는 악이 일어나고 있기 때문에 신의 인격성을 의심할 수밖에 없다는 말이다.

이런 비판은 전통적인 비종교인들과 무신론자들이 유신론자들의 주

---

4 이런 견해는 아퀴나스에게서 암시되었고, 마이스터 엑카르트에게 계승되었으며, 현대에 와서는 틸리히에 의해서 강조되어 왔다.

장을 비판할 때 즐겨 사용하는 주장이다. 그러나 이런 문제에 대한 답변은 사실 현대 신학자들에 의해서 이미 수 차례 시도되어 온 바 있다. 기독교인들의 입장에서 볼 때, 기독교의 인격적인 신은 자연과학적 세계상에 맞지 않는다는 주장은, 불교도들이 인격적 신의 의미를 단편적으로 이해하기 때문에 생기는 결과이다.

우선 자연의 법칙이 인격신에 의지에 반한다고 해서, 그것이 곧 궁극적 실재는 인격적이라는 것을 부정하는 것으로 발전되지는 않는다. 왜냐하면 현대의 기독교 신학은 자연의 법칙을 일방적으로 지배하는 인격신을 더 이상 말하고 있지 않기 때문이다. 자연의 법칙은 자연법칙을 따라서 스스로 그대로 움직인다는 것을 많은 기독교인들도 인정한다. 자연은 자연 스스로에 의해서 작동한다는 것을 기독교인들도 얼마든지 받아들일 수 있다는 말이다. 하지만 자연이 자연 스스로의 법칙에 의해서 작동하고 있을지라도 바로 그런 이유 때문에 인격신은 그대로 필요하다는 것이 기독교 신학사들의 핵심 주장이니, 왜냐하면 자연이 인격적인 신과 상관관계 하에서 움직여 나간다는 가정이 성립되어야 자연과 인간 안에 존재하는 질서를 설명할 수 있기 때문이다. 이런 차원에서 볼 때, 기독교인들에 있어서 자연의 법칙을 인정하는 것과 인격신의 존재를 인정하는 것은 상호 모순이 되지 않는다. 오히려 인격신의 존재를 부정하게 되면 더욱 큰 문제가 발생한다고 보는 것이 그들의 견해이다. 즉 인격신을 상정하는 것은 인간 자신인데, 바로 그런 인간이 자신과 자연 안에 존재하고 있는 무질서를 극복하고 질서를 창조해 나가는 데 있어서 그는 어떤 이상적인 목표를 상정하지 않을 수 없게 된다. 이때 인간은 그런 이상과 목표를 인식하고 있는 하나의 궁극적 실재, 즉 자신이 인식한 이상과 목표를 통해 인간을 유혹해 가는 궁극적 실재를 상정하지 않을 수 없는데, 이것이 바로 그런 궁극적 실재가 인격적이라고 고백하지 않을 수 없는 이유가 되는 것이다.[5]

이런 궁극자 이론은 불교에도 그대로 적용될 수 있다. 불교의 궁극자는 물론 공이다. 그리고 그것은 법신으로서 어떤 성격도 초월해 있는 초인격자라고 주장될 수 있다. 그러나 그런 법신의 종교적 의미와 내용은 무엇인가? 법신의 종교적 의미와 내용은 공이며, 좀더 풀어 말하면 자비(Karuan)와 지혜(Prajna)이다. 법신의 핵심 내용은 공이며, 공의 세부적 내용은 자비와 지혜이다. 이런 개념들이 없다면 하나의 철학과 하나의 종교로서의 불교의 의미와 가치는 존재하지 않는다. 여기까지 이해된다면, 우리는 왜 불교에도 하나의 인격적인 궁극적 실재가 반드시 존재해야만 하는지 쉽게 이해할 수 있게 된다. 만일 궁극자가 비인격적이고 초인격적인 존재, 그 이상도 이하도 아니라면, 그 말은 신자들이 공이나 자비나 지혜와 같은 개념에 대한 이해를 가질 수 없게 될 것이고 그로 인해서 자신 속에서 공을 실현해 보겠다는 서원을 할 수조차 없다는 말이 된다. 이런 이유로 불교 신자들의 이상과 목표라 할 수 있는 공, 자비, 지혜의 개념을 무제약적으로 이해하고 있는 궁극적 실재가 필요하며, 그것이 바로 불교에서는 인격적 궁극적 실재로서의 아미타불, 즉 보신으로 주장되는 것이다.

여기서 중요한 것은 인격적 궁극자로서의 아미타불 (보신)은 결코 비인격적 궁극자로서의 법신에 종속될 필요가 없으며 그것보다 열등한

---

[5] 나는 여기서 주로 떼이아르 샤르댕이나 존 캅과 같은 과정신학자들의 견해를 염두에 두고 있다. 하지만 이런 견해는 몰트만과 판넨베르크의 신학 등에서도 일부 나타난다.

존재도 아니라는 것이다. 법신과 보신은 결코 우열 관계에 놓일 필요가 없다는 말이다. 즉 두 존재는 종교적인 가치에 있어서 나름대로 동등하게 궁극적이라는 것이다. 그리고 이것은 기독교의 삼위일체 신학에서 하나님과 예수 그리스도가 동일한 위치에 놓여야만 한다는 주장과 일치한다.

이 점을 감안해 볼 때, 궁극자의 인격성의 문제에 대하여 현대 불교 철학은 현대 기독교 신학과 대화할 필요가 있다. 궁극자의 인격성을 강조하는 기독교 신학과의 대화를 통해서 불교도들은 자신들 안에 내재되어 있는 소중한 전통으로서의 정토불교를 다시 재평가하는 기회를 갖게 될 수 있다. 그동안 많은 일부의 불교도들은 실제의 신앙생활에서는 정토불교적으로 살아오면서도 이론적으로는 정토불교의 전통을 폄하하고 배타시하는 이중적인 태도를 지녀 왔는데, 기독교 신학과의 대화를 통해서 불교도들은 더 이상 이런 모순적인 신앙 양태를 보일 필요가 없게 될 것이다. 즉 불교도들은 이제 자신의 전통으로 돌아가서 정토와 선을 병행하는 것이 결코 논리적으로 부정합적이 아니라는 것을 인정할 수도 있다는 말이다.

하지만 인격성과 비인격성의 조화 속에서, 그리고 정토와 선이 조화를 이루는 방법론 속에서는 불교인들뿐만이 아니라 기독교인들도 매우 중요한 신학적 착상을 얻을 수 있다. 기독교인들이 궁극사의 인격성과 초인격성 논쟁에서 배울 수 있는 것은, 우선 궁극적 실재의 초인격성과 인격성의 이중성을 인정하는 것이 결코 종교적으로 모순된 신앙 양태가 아니라는 것이다. 궁극자가 가지고 있는 존재 양태의 이중성을 인정하는 것을 모순된 행위로 보는 이유는, 주로 인격신만이 유일한 궁극적 실재라고 보는 신앙 자세에서 기인한다. 하지만 만일 두 개의 궁극자가 있다고 보면서 그 양자에게 동일한 가치를 부여한다고 해도 전혀 종교적으로 문제될 것은 없다. 초인격자나 인격자나 모두 동일한 우주론적 가치를 가지고 있다고 보면 되는 것이다. 즉 두 개의 존재는 철학적으로 서로 다른 기능을 가지고 있지만, 그 두 존재는 동시에 우주 내에서 동등한 종교적 가치를 가지는 것으로 주장될 수 있다.[6] 만일 이런 견해를 받아들이는 것이 신학적으로 불편하게 느껴진다면, 전자는 궁극자의 초인격적 표현이며, 후자는 궁극자의 인격적 표현이라고 해석할 수도 있는데, 존 힉이 주로 이런 견해를 유지해 왔다.

어떤 견해를 받아들이든, 중요한 것은 초인격적인 궁극자와 인격적인 궁극자는 모두 종교적으로 동등한 가치를 지닌다는 것이다. 사실 이러한 이해는 종교 다원주의의 원칙에도 부합하며, 또한 종교학적으로도 이미 보편화되어 있는 현상인데, 즉 이미 인도와 중국에서는 그런 사상이 일반화되어 왔던 것이다. 니르구나 브라흐만(Nirguna Brahman)과 사구나 브라흐만(Saguna Brahman)을 구별하는 인도의 종교가 그렇고, 라마누자와 아우로빈도 등에도 이미 그런 사상이 보인다. 물론 기독교 안에도 그런 전통은 있다. 궁극자의 기능적 차이를 인정하는 전통이 그것인데, 아퀴나스와 틸리히에게서 일부 발견되며, 이미 말한 대로 존 캅과 데이빗 그리핀과 같은 과정신학자들에게서도 실마리가 보인다.

이렇게 궁극적 실재의 다수성을 인정하는 것이 오늘날의 종교 다원주의의 세계에 보다 적합하게 된다는 것은 그 이유가 자명하다. 궁극자

---

6 이런 견해는 존 캅과 데이빗 그리핀의 주장에서 나타난다. 이 견해를 좀더 정교하게 전개하는 아주 최근의 책이 나왔다. 그리핀이 편집한, *Deep Religious Pluralism* (New York: Westminster/John Knox Press, 2005)을 보라.

의 다원성을 인식하는 데서 출발하는 다원주의적 시각은 결코 자신의 종교에 대한 헌신을 포기하지 않으면서도 동시에 타종교와의 대화에 개방적일 수 있는 태도를 갖게 만드는 장점이 있는 것이다.

3. 궁극적 실재는 시간적인가 비시간적인가?

궁극적 실재(Ultimate Reality)에 관한 한, 불교와 기독교의 가장 첨예한 대립은 두 종교의 시간관에서 일어난다. 궁극적 실재를 형이상학적으로 규정하는 특성 중의 하나인 시간관에 있어서 양 종교는 아주 이질적인 분석을 보여 왔기 때문이다.

기독교의 시간관은 주로 직선적인 시간관을 보여 온 반면에 불교의 시간관은 원형적이고 가역적인 시간관을 가지고 있는 것으로 지적된다. 다시 말해서, 기독교에서는 과거와 현재, 그리고 미래라는 시간의 축을 따라서 역사가 앞으로 진행되지만 불교에서는 과거와 현재와 미래가 서로 역전이 가능하며, 돌고 도는 것으로 묘사된다. 또 다른 표현을 빌리면, 기독교의 역사관은 주로 수평적이고 미래지향적인 역사관을 보여 온 반면에 불교의 역사관은 수직적이고 현재적인 역사관을 보여 온 것으로 주장되기도 한다.[7]

불교에서는 시간이 생성 소멸하는 순간의 연속으로 이루어져 있다고 보면서, 동시에 그 순간은 영원성의 단자(monad)라고 본다.[8] 다시 말

---

[7] 니시다니 게이지/정병조 역, 『종교란 무엇인가』, 대원정사, 1993.

해서 하나의 순간은 하나의 깨달음을 위한 장소가 되는데, 이때 그 순간 안에서 일체만물의 의미가 실현될 수 있다고 보는 것이다.[9] 이런 이유로 불교에서는 현재가 중요하지 않을 수 없다. "'시간' 자체의 처음과 끝은 바로 현재에 있다. 시작도 끝도 없는 시간의 시작과 끝은 본래 '현재' 밑에 드리워져 있다."[10] 시간이 수직적이라고 말하는 이유도 여기에 있다. 현재의 시간 안에 수직적으로 다가오는 깨달음 속에서 영원이 실현될 수 있기 때문이다.

물론 이런 식으로 기독교와 불교의 시간관을 비교하는 것은 일차원적이고 평면적인 비교라서 어찌 보면 거친 비교로 보일 수도 있다. 예를 들어 기독교의 시간관 안에도 원형적인 시간관과 수직적인 시간관이 나타나는 경우가 있으니 전도서와 같은 지혜 문학에서 그러하다. 불교 안에서도 미래지향적인 시간관이 전혀 존재하지 않는 것은 아니니 미륵하생의 사상에서 그런 것이 엿보인다. 그러나 시간관을 놓고서 보여주는 두 종교의 특성이 비록 유일무이하고 고유한 특성은 아니더라도 현저하고 돌출된 특성이라는 것에는 재론이 필요없을 것 같다. 실제로 서양의 많은 기독교적 지식인들은 동양과 불교의 원형적인 시간관을 비판해 온 것이 사실이고, 그에 맞서서 대부분의 불교학자들은 기독교의 직선적이고 진보적인 시간관과 역사관을 비판해 온 것도 사실이다. 그러므로 양자의 시간관을 서로 대조적인 것으로 놓고서 비교해 보는 것은 나름대로 의미 있는 일이다.

---

8 니시다니, 272쪽.
9 니시다니, 275쪽.
10 니시다니, 315쪽.

우선 직선적 시간관과 진보적 역사 개념 자체가 기독교의 핵심 사상에서 직접 영향을 받아왔다는 사실은 쉽게 긍정될 수 있다. 구약의 메시아사상에서는 물론이고 신약의 하나님의 나라 (혹은 하나님의 통치) 사상 속에는 소위 묵시문학적 종말론이 핵심으로 자리 잡고 있는데, 이런 특징들은 기독교의 시간관 안에 목적론적인 경향을 가져오게 되었다. 시간과 역사에는 창조의 시점과 종말의 시점이 있으며, 그 안에서 인간은 의미를 찾게 되어 있다는 것으로서 이런 시간 이해는 역사를 신의 목적과 맞물려서 진행되는 것으로 이해하는 것이다.

불교도들에게는 이러한 목적론적인 시간관이 별로 이상적인 것이 되지 못할 것이다. 목적론적이고 진보적인 시간관이 가져온 생태학적이고 문명적인 폐해도 문제이지만 무엇보다도 불교도들이 보기에 기독교인들이 말하는 '목적'이라는 이름 뒤에는 언제나 신이 숨어 있다는 것이 문제다. 불교도들에게 있어서 목적론적인 시간관은, 단지 시간에 대한 유신론적인 해석의 다른 이름일 뿐이다. 이런 시간관에서는 역사가 신의 예정 안에서 전개되기에 인간의 자율성이 압살될 것이며, 나아가 위에서 니시다니가 지적한 대로 악의 문제가 발생할 것이다. 전능하고 전지하신 신의 목적과 뜻 안에서 움직이는 역사 안에서 어째서 그토록 많은 악이 발생할 수 있는지 설명하기가 어려워진다는 말이다. 나아가 만일 역사가 신의 목적을 향하여 달려간다면 그런 역사 안에서 살아가는 인간은 또 다시 신에 집착하게 될 것이고 완전한 해방을 누리지 못할 것이라고 불교인들은 해석하는데, 따라서 이런 점들이 불교인들에는 걸림돌로 작용할 것이다. 목적론적 시간관에 대한 불교인들의 이런 비판에 대해서 기독교인들은 어떻게 응답할까?

목적론적인 시간관에 대한 불교인들의 비판은 기독교인들에게는 아주 고통을 주는 비판이지만, 사실 기독교인들은 나름대로의 해답을 추구해 왔다. 우선 신의 목적 안에서 역사를 보는 입장도 두 가지 다른 입장이 있다. 즉 목적론에도 두 얼굴이 있다는 말이다. 그 하나는 목적에 대한 중세적 해석이며 다른 하나는 목적론에 대한 고대적 해석이다. 다른 말로 표현하면, 한편에는 의인적擬人的(anthropomorphic) 목적론이 있고 다른 한편에는 생물학적 목적론이 있다. 여기서 전자, 즉 목적론의 중세적이며 의인적인 해석은 소위 신율적神律的인 역사 해석으로서, 모든 역사는 신의 목표와 그것을 실현하려는 신의 의지와 결정에 의해서 움직여 나간다는 것이다. 이런 입장이 바로 위에서 불교도의 비판의 타깃이 되어온 입장이라는 것은 말할 필요도 없다. 그러나 여기서 후자, 즉 생물학적 목적론은 고대적 해석, 즉 아리스토텔레스적인 해석에 근거하는데 이것이 바로 현대의 신학자들이 선호하는 목적론이다.

아리스토텔레스의 4원인설에 있어서 목적인은 작용인과 철저하게 구분되는데, 여기서 목적인이란 하나의 존재자가 자기 결정력에 근거하여 창조성을 실현해 가는 힘을 말하며, 그러한 실현을 위해서 그 존재자는 언제나 목적인을 지향하게 되어 있다. 이런 지향으로 인해서 생명체들은 기계론적 인과율을 넘어서게 되며 그것을 통해서 과거의 반복에서 벗어나 새로움을 보여주게 되는 것이다. 이런 이유로 인해서 생물학적인 목적론은 아무리 그 끝에 신의 존재를 설정해 놓는다 하더라도 결코 그 신이 인간의 자율성을 말살하거나 아니면 자연을 기계적으로 보게 만들지 않는다.

이런 아리스토텔레스적 목적론은 물론 중세를 통과하면서는 신율적인 목적론을 낳았지만, 후대에는 베르그송이나 화이트헤드 혹은 떼이아르 샤르댕을 통하여 새로운 방식의 목적론을 낳았는데, 여기서 모든 역사의 끝에는 비록 여전히 신이 놓여 있을지라도 그 신은 인간의 역사를 미리 결정한 상태에서 자신의 일방적인 법칙대로 이끌어가는 신이 아니다. 오히려 목적으로서의 신은 인간의 자유의 근거가 되며 동시에 역사의 개방성을 인정하는 신이다. 한마디로 신은 창조에의 유혹으로서 미래에 존재하면서 인간의 결정을 유도하고 설득하는 오메가 포인트이다. 비록 신이 역사를 유도해 내는 유혹자로서 존재하기는 하지만, 동시에 최종적인 역사 발전의 열쇠가 인간에게 달려 있다고 보기 때문에, 이런 목적론적 역사관 내에서는 인간이 역사 변혁의 주체로서 우뚝 서 있을 수 있게 된다. 여기서는 악의 문제도 나름대로 답변이 된다. 생물학적 목적론에 근거한 시간관에 있어서, 역사는 언제나 신의 영향 하에 있으면서도 인간 자율성을 열어놓기 때문에 전통적인 악의 문제에서는 벗어날 수 있게 되는 것이다. 역사가 신의 일방적인 결정 속에서 움직이는 것이 아니므로, 신은 악의 문제를 일으키는 장본인에서 어느 정도 면책될 수 있기 때문이다.

이런 식의 목적론적 역사관은 불교도들에게도 호소력을 가질 수 있을지 모른다. 아베 마사오는 한때 불교는 기독교의 역사관에서 배울 것이 있다고 말한 적이 있는데,[11] 그가 지칭하고 있는 기독교의 역사관이란 바로 이러한 생물학적 목적론에 근거한 역사관일 것이다. 즉 많은 불교도들은 원형적인 역사의식에 사로잡혀서, 역사란 그저 놀고 노는 것이기에 그 안에서 인간이 만들어 낼 수 있는 새것이란 존재하지 않으며, 따라서 역사를 변혁한다는 것은 무익한 일이라고 생각하는 나머지,

---

11 아베 마사오,「선과 현대신학」, (서울:대원정사),177

그저 현상의 질서를 유지하려는(status quo) 체념적이고 무사안일적인 역사 해석 안에 안주하는 수가 많은데, 이런 부정적인 역사 해석을 기독교의 목적론적 해석이 보충해 줄 수도 있다는 말이다.

이제까지 우리는, 원형적이고 가역적인 불교의 시간관이 기독교의 목적론적인 시간관과 대조되는 것은 사실이지만 그것이 반드시 기독교의 시간관과 첨예한 대립각을 세울 필요는 없다는 것을 보아 왔다. 그러나 아무리 이런 식으로 양측의 쟁점을 축소한다고 할지라도 불교의 원형적이고 가역적인 시간관과 기독교의 직선적이고 미래지향적인 시간관에는 메울 수 없는 간격이 또 하나 존재한다. 그리고 그런 간격은 불교도들이 기독교의 직선적인 시간관을 구원론적으로 열등한 것으로 볼 때 발생한다. 무슨 말인가?

물론 불교에도 직선적인 사관이 존재한다. 불교도들도 물리적인 세상 안에서 살아가는 한 물리적 시간의 지배를 받지 않을 수 없기 때문이다. 그들도 일상적인 삶 속에서는 시간을 카운트하면서 살아가지 않을 수 없다. 하와이의 불교학자 스티브 오딘(Steve Odin)의 방식대로 설명하면,[12] 화엄이 말하는 사법계事法界는 물리적 시간의 세계를 지칭하는 것이다. 한편 이법계理法界는 물리적 시간의 역사화와 관계 될 것이다. 그러나 이사무애理事無碍의 법계는 영원의 철학(Perennial Philosophy)의 단계이다.[13] 이 이사무애의 단계에서는 물리적 시간은 물론이고 역사적

---

12 Steve Odin, *Whitehead's Metaphysics and Hua-yen Buddhism* (New York: SUNY Press, 1982). 오딘은 이 책에서 화엄의 시간론을 화이트헤드의 시간론과 비교하면서 분석해 내고 있다. 하지만 영원의 철학과 시간의 철학을 사사무애 이론에 적용한 토론은 논자 나름의 견해이다.

시간이 사라지면서 순간적으로 생성 소멸하는 시간이 영원의 시간 속에 함몰된다. 그러나 이것마저도 넘어서는 단계가 있으니 그것이 바로 사사무애事事無碍의 단계이다. 이 단계에서는 영원의 철학과 시간의 철학이 서로 불상용의 관계에 놓이게 된다고 볼 수 있다. 화엄철학에서는 이런 사사무애의 단계가 구원론적으로 최고의 단계로 인정된다.

어쨌든 이런 화엄철학의 입장을 받아들이는 현대 불교의 입장에서 보면 시간을 물리적으로 분석하는 단계는 구원론적으로 하위단계이다. 현대의 선불교 철학자들이 그토록 직선적 시간관을 비판하는 이유는 역사적이고 목적론적 시간관을 하위로 보는 경향과 관련된다.[14] 그렇다면 이런 불교의 시간관에 대해서 기독교인들은 어떻게 평가할까?

우선 많은 기독교인들은 목적론적 시간관은 양보할 수 없지만, 불교가 말하는 영원의 철학은 낯설지 않다고 느낄 것이다. 기독교에서 영원

---

13 여기서 말하는 영원의 철학은 라이프니츠가 유행시킨 것이지만, 현대에는 휴스톤 스미스, 켄 윌버 등에서 선호되고 있다.

14 서구의 시간관이 반드시 기독교의 목적론적 시간관의 영향하에 있는 것이 아닌 이유도 여기에 있다. 일부 서구의 지성인들은 기독교적 목적론적 시간관이 가지고 있는 유신론적 경향에 반대하여서 기독교와는 다른 형태의 시간의 철학을 전개해 왔다. 즉 서구의 비유신론적 시간철학은 본래 과학적인 사고에서 출발된 것이고 희랍철학의 원자론에서 발달했지만, 여전히 시간을 물리적으로 보면서도 목적론적으로 보지 않는 흐름도 있다는 말이다. 과거-현재-미래로 흐르는 퓌지스의 물리적 시간관에는 텔로스가 없다. 기계적으로 흐를 수도 있다고 보기 때문이다. 그러나 텔로스가 가정되면서 시간은 물리적인 것을 넘어선다. 역사적이고 직선적인 시간은 남지만, 그것은 다시 영원의 철학과 만나게 된다. 기독교는 물리적 시간을 넘어서서 존재하는 텔로스를 가정한다. 기독교는 종교이므로 영원의 시간을 알았다. 한마디로, 물리적 시간, 거기에 목적론적인 시간관이 더해져서, 시간은 역사성을 띠게 된다.

의 철학이 나름대로의 위상을 차지하고 있는 이유는 시간의 철학만으로는 인간이 직면하고 있는 죽음과 영생의 문제를 해결할 수 없다고 보기 때문이다. 유한과 무한의 일치는 시간의 철학에서는 불가능하다. 물리적인 시간을 따지는 시간의 철학에서 시간의 간격은 양적인 것으로 간주되므로 유한과 무한은 절대적으로 조화가 불가능하다. 그러나 그러한 문제는 영원의 철학에서는 해결이 가능하다. 영원의 철학에서는 물리적 시간의 간격이 사라지므로 유한은 무한을 담을 수 있게 된다. 유한은 무한자가 가지고 있는 속성과 의미, 즉 존재성과 선성을 유한자의 시공간에서 이루어 질적으로 구현시킬 수 있는 것으로 주장한다. 유한자는 양적으로는 무한자의 부분적 구현이지만, 질적으로는 자신 안에서 무한의 의미를 구현해 낸다. 기독교에서도 과거, 현재, 미래는 서로 철저하게 구분지어지지만, 현재의 순간이 영원의 단자를 포함하고 있다는 사상은 언제나 인기를 끌어왔다. 기독교 철학이 하나의 종교철학인 이상 그것은 물리적 시간을 넘어서는 영원의 시간관을 강조하지 않을 수 없으며, 이는 특히 시편이나 전도서와 같은 지혜문학서에서 두드러지게 나타난다. 따라서 기독교에 내에도 영원의 철학이 존재하고 있다는 것이 사실이다. 하지만 다른 한편 기독교는 영원의 철학을 강조하면서도 여전히 종말론적이고 직선적 역사관을 강조한다는 것이 특징이라고 할 것이다. 기독교가 그런 특징을 갖게 된 이유는 신약과 구약의 예언서들에서 기인한 것으로, 전통적으로 예언자 전통은 언제나 자연과 역사의 변혁을 강조하고자 하는 열망을 반영해 왔다고 볼 수 있다.

더 나아가 기독교의 직선적 시간관이 영원의 철학을 포함한다고 치더라도 문제는 여전히 남아 있다. 즉 불교도의 입장에서 볼 때, 시간관의 문제와 관련하여 기독교가 가지고 있는 가장 큰 철학적 문제는 창조론에서 기인한다. 시간을 시작과 종말로 나누는 창조론은 전통적으로 기독교의 신학에서 핵심 부분을 차지해 왔지만, 다른 한편 그것은 많은 현대의 지식인들에게 매우 이질적인 것으로 여겨져 왔다. 일부 기독교인들의 진화론에 대한 반대, 특히 창조과학회의 진화론에 대한 부정은 매우 시대착오적인 행위로 비판되기도 한다.

논자의 생각에 기독교인들은 불교인들의 이런 비판을 매우 겸허하게 받아들여야 한다. 한마디로 기독교인들은 자신의 전통적인 창조론을 재해석해야 한다. 여기서 재해석해야 한다는 표현을 쓰는 이유는, 기독교 신학은 본래 현대과학과 충돌할 필요가 없는 창조론을 소유해 왔음에도 불구하고 그것을 강조하기보다는, 오히려 이제까지 주로 편향적인 창조론만을 강조해 왔기에 문제를 자초했다고 보면서, 이제라도 본래의 창조론으로 돌아가야 한다는 뜻이다. 즉 기독교 신학의 창조론이 왜곡되기 시작한 것은, 그것이 그리스 철학 및 신플라톤주의와 만나면서부터였다. 신플라톤주의와 더불어 자연은 위세질서가 있는 것으로 보이기 시작했으며, 또한 이것이 초기 기독교 호교론자들과 만났을 때에는 "무로부터의 창조" 이론으로 변질되기 시작했다. 기독교의 자연에 대한 폄하는 사실상 이때부터 시작된 것이다. 많은 기독교인들은 자연을 정복하라는 것이 기독교의 본래 정신인 것으로 주장하게 되었으며 피지스(physis) 안에서는 신의 형상을 발견할 수 없는 것으로 생각하게 되었다.

그러나 많은 학자들의 공헌으로 인해서, 기독교가 전통적으로 말해 온 무로부터의 창조론이 반드시 성서적이 아닐 수도 있다는 견해가 최근 대두하기 시작했다. 창세기의 창조설화도 얼마든지 진화론적으로 재해석할 수 있는 방법이 있으며, 따라서 본래의 창조론은 그토록 진화론과 충돌할 필요가 없다는 것이다. 이런 입장을 지지하는 사람에 따르면, 창조론을 통해서 기독교가 말하려는 진정한 메시지는 무無로부터의 창조가 아니라 "혼돈으로부터의 질서"였다는 것이다. 즉 성서가 말하는 무는 절대무가 아니었으며, 모든 것이 가능한 무이며, 어찌 보면 질서 없는 질서라고 보아야 한다는 것이다.

물론 이런 식의 해석은 기독교의 창조론자들이 불교와 만날 수 있게 하며 기독교가 많은 것을 불교에서 배울 수 있다는 것을 암시한다. 기독교가 말하는 무가 절대적인 무가 아니며 모든 것이 가능한 무라는 것은, 이미 불교의 공 개념이 말하고 있는 바와 비슷하기 때문이다. 또한 창조론과 진화론은 붓다의 논리학에서 보면 모두 독단적인 단견의 산물이다. 하나는 시간을 너무 목적론적으로만 보며 다른 하나는 시간을 너무 기계론적으로만 보기 때문이다. 따라서 이상적인 불교 논리학에서는 양자를 포괄할 수 있는 안목이 필요하며 그런 안목이 보다 이상적인 것으로 평가된다.[15] 이것이 기독교가 불교에서 배울 수 있는 점이 될 것이다.

물론 일부 기독교도들은 창조론과 진화론을 조화시키는 이런 시도들에 대해서 어느 정도까지는 찬성하겠지만 그렇다고 해서 자신들이 말하는 창조론의 독특한 메시지를 포기하려 하지는 않을 것이다. 기독교인들이 그토록 창조론에 집착하는 이유는, 역시 진화론자들이 말하는 자율적인 자연관만으로는 올바른 세계관이 성립될 수 없다고 보기 때문이다. 자율적 자연관은 자연을 기계론으로 보는 견해로 흐를 수 있

---

15 이런 문제에 초점을 맞추어 기독교와 과학의 대화를 시도하는 많은 사람들도 있다. 대표적인 학자로는 아이언 바버(Ian Barbour)를 들 수 있다.

으며 이는 기독교인들의 세계관과 대립되기 때문이다.

　기독교인들이 자신들의 시간관 속에 하나의 영원의 철학을 받아들인다고 하더라도 그들의 시간관, 즉 직선적이고 목적론적인 역사관을 끝까지 포기할 수 없는 것에는 또 다른 근본적인 이유가 있다. 그것은 선/악의 문제 때문이다. 즉 하나의 영원의 철학이 하나의 시간의 철학을 넘어서 있는 우월한 개념으로 간주된다면 그런 시간관은 선/악의 문제에서 난점을 갖게 된다고 기독교인들은 믿는다. 무조건적 영원의 철학은 불이不二의 철학을 낳고 그것은 선/악의 문제에 많은 난점을 가져온다고 보는 것이다. 기독교가 여전히 유신론적인 역사철학을 포기하지 않는 이유가 여기에 있다. 따라서 이하에서는 이 문제에 집중해 보자.

4. 궁극적 실재가 선/악의 문제를 어떻게 해결하는가?

　많은 기독교인들은 불교인들이 악의 문제를 어떻게 풀어 내는지 대해 궁금증을 가져 왔다. 기독교의 입장에서 볼 때 악의 문제에 관한 한 불교철학은 많은 난점을 가지는 것으로 생각하고 있기 때문이다. 기독교인들이 그렇게 생각하는 이유는 다음과 같다.

　우선 불교도들에게 있어서 궁극자는 공空(Sunyata)이다. 여기서 공이란 실체가 아니라고 선언되는데, 이는 공이 아무리 종교적인 궁극적 실재라고 할지라도 집착의 대상이 되어서는 안 되기 때문이다. 그러므로 불교철학에서는 공마저도 자신을 비우고 공하여야 한다.[16] 불교철학이 주장하는 공의 이러한 특징은 불교의 구원론을 매우 심오하게 만들었다. 불교인들에게서는, 자유와 해방의 의미가 심지어 궁극자로부터의 자유까지 포함하므로 이런 점을 감안할 때, 어떤 면에서 불교의 궁극자는 보다 완전한 자유와 구원을 가져다준다고 생각되기 때문이다. 그러나 이런 구원론적 장점은 윤리적인 난점으로 이어지는 것이 문제로 부각된다.

불교적 궁극자가 공하다는 주장은, 그 궁극자가 아무런 특징과 속성을 가지고 있지 않다는 것으로서, 이는 불교적 궁극자가 인간의 개념과 사유의 바깥에 놓인다는 것을 의미한다. 즉 공 자체에는 차별된 어떤 개념도 적용할 수 없으며, 따라서 그것은 무차별하며 가치중립적인 것으로 선언된다. 한편 인간이 그 공을, 즉 불교적 궁극적 실재를 자신 안에 실현하려 할 때, 인간은 자신의 사유를 철저하게 불이적不二的 사유, 무차별적 사유, 중성적 사유로 만들지 않을 수 없게 된다. 이런 이유로 불교에서는 모든 사물들과 사건들이 전부 궁극자로 등극할 수 있게 되며, 따라서 이런 궁극자를 자연과 여여如如(suchness)로 묘사하기도 한다. 우리이 눈앞에 그대로 있는 것(自然, naturalness)을, 혹은 우리에게 그대로 보이는 것(如如, suchness)이 모두 궁극적 실재라는 말이다. 한편 이런 궁극적 실재를 사유할 때, 인간은 어느 한편에 치우치는 사유, 차별을 유도하는 사유를 피하지 않을 수 없게 되는데, 왜냐하면 그런 사유 방법들은 공空에게 특성을 부여하는 근거가 되며, 따라서 이들은 깨달음에 이르는 길을 방해하는 것으로 판단되기 때문이다. 이런 이유로 불교적 궁극자 이론에 근거한 불교도들의 윤리적 입장은 결국 "이것도 아니고 저것도 아니지만(neither -nor)", 따라서 "이것도 될 수 있고 저것도 될 수 있다"는 양비양시兩非兩是적 사유를 낳게 되며 니체가 말하는 바, 소위

---

16 Abe Masao, *Kenotic God and Dynamic Sunyata*,(New York : SUNY, Press, 1993).

'선악의 피안'에 서게 된다.

 기독교도의 입장에서 볼 때, 이러한 불교도들의 선악관은 충격적으로 받아들여질 수밖에 없다. 기독교인들에게서 궁극적 실재의 우선적인 역할은 인간으로 하여금 윤리적인 잣대와 기준을 가질 수 있도록 하는 것이고, 그것들을 통해 인간이 선하도록 유도하는 데 있다. 그러나 만일 궁극적 실재가 선과 악의 기준이 되지 못한다면, 그런 궁극자를 믿는 인간들은 무엇이 선이며 악인지 판단을 유보할 수밖에 없는 윤리적인 아노미 속에서 살아 갈 수밖에 없을 것이기 때문이다.

 예를 들어 어떤 살인자가 권총의 방아쇠를 당겨서 살인행위를 저지르는 장면을 한 선불교도가 목격했다고 치자. 만일 그 선불교도가 극단적인 공과 여여의 관점에서 이 사건을 본다면, 이 사건은 그저 그 선불교도의 눈앞에서 벌어진, 임의의 한 살인자의 비극적인 행동에서 기인된 것에 불과하다. 따라서 선불교도는 그 사건이 일어나게 된 배경이나 원인을 찾기 위해 그 행위자의 행위를 초월하는 어떤 궁극자를 가정하거나 찾을 필요가 없다. 만일 그 살인자 때문에 희생당한 희생자 어머니의 울음소리와 절규를 선불교도가 들었다고 하더라도 그 선불교도는 그저 다음과 같이 말할 수 있을 뿐이다. 즉 "이런 비극적인 사건을 일으킨 행위자를 설명하기 위해 신이나 혹은 어떤 초월적 궁극자를 상정할 필요 없다. 내가 보기에 그런 것은 존재하지 않기 때문이다. 그런 비극적인 행위는 그저 그 행위 자체의 관점에서 보아야 하며 만일 궁극자가 존재한다면 바로 그것이 곧 궁극자이며 궁극적 행위이다."라고 말할 것이다. 모든 궁극자는 그저 세상과 인간사에서 발생하는 사건과 행위 그 자체에 다름 아니기 때문이다.

 그러나 과연 하나의 살인사건과 그 행위는 궁극적 행위이며 우리는 그런 악한 행위에 궁극성을 부여할 수 있을까? 만일 선/악의 잣대가 되는 궁극자가 존재하지 않는다고 할 때, 우리는 하나의 살인행위를 어떻게 정죄할 수 있을까? 물론 하나의 신이 존재하지 않는 윤리학 내에서도 살인행위는 악으로 정죄될 수 있는 방법은 있다. 그러나 과연 하나의 윤리적 기준으로서 존재하는 궁극자가 존재하지 않는 조건 하에서, 인간이 윤리적인 선과 덕을 보다 효율적으로 생산해 낼 수 있을지 의문시될 수 있을 것이다.

그러나 또 다른 문제는 마르크시스트의 입장에서 지적될 수 있다. 물론 불이적인 사유와 중성적인 사유라고 해서 악의 문제를 반드시 해결할 수 없는 것은 아니다. 불이적인 사유를 통해 선과 악의 차별성을 부정하면서 모든 것을 평등하게 대해 주고 가치중립적으로 살아가는 것도 악의 문제를 해결하는 하나의 방법론이 될 수 있기 때문이다. 그러나 불이적이고 무차별한 사유는 대개 행위로 이어질 때, 무위無爲로 귀결될 확률이 매우 높다. 세상에 존재하는 어느 것이나, 궁극적으로는 좋을 것도 없고 나쁠 것도 없다면, 굳이 행동을 만들어서 평지풍파를 일으킬 필요가 없게 되기 때문이다. 그런데 문제는, 무위의 행동을 통해서 악의 문제를 해결하는 것은 대개 정신적 차원에서의 해결에는 이를 수 있을지 모르지만, 그것이 반드시 현실적인 차원의 해결에는 이르지 못할 수도 있다는 것이다. 윤리적으로 중립적인 태도는 때로 아주 높은 수준의 깨달음에 도달한 도인道人의 관점으로 간주될 수도 있지만, 실제에서는 문제의 해결이 아닌 문제를 피하는 것으로 비쳐질 수 있다. 마르크시스트의 관점에서 보면, 모든 인식과 행위는 그것이 역사를 변혁시키는 데 공헌하지 못하는 한 악을 조장하는 것이다. 불이의 사유에 근거한 불교 사상의 진정한 한계는 여기에 있는 것이다.

그러나 선/악의 문제를 이런 관점에서 보는 것이 불교도 자신들에 의해 윤리적으로 전혀 정당화될 수 없다는 말은 아니다. 사실 불교가 선/악의 문제를 이렇게 불이적 관점에서 다루는 것이 현대의 지식인들에게는 별로 낯선 일이 아니다. 본래 선/악을 날카롭게 이분화시키고 그것의 의미와 정당성을 따지는 문제는, 임의의 선/악의 개념이 어떤 세계관에 기초해 있느냐에 따라 달라진다. 즉 선과 악을 옳음/그름에서 보는 것은 초월적 가치기준과 의무 개념을 함축하는 세계관이 전제될 때만 가능하다. 이런 세계관은 소위 도덕적 판단을 만들어 내서 "~을 하지 말아야 한다" 또는 "~을 해야 한다"는 의무의 차원을 강조하게 된다. 예를 들어 이런 도덕적 관점에서는, 거짓말을 하지 말아야 하는 이유가 분명하다. 거짓말을 하지 말아야 하는 이유는 그것이 단지 그른 것이기 때문이다.

반면에 선악의 기준을 좋음/나쁨을 따지는 윤리에서 볼 수도 있는데, 이런 관점에서 선/악을 보면 상황은 달라진다. 즉 상황에 따라서 거짓말은 할 수도 있고 하지 않을 수도 있게 되는 것이다. 왜냐하면 이런 식의 선/악의 개념이 통용되는 곳에서는 어떤 초월적 기준을 전제하지 않고도 좋음과 나쁨이 판단될 수 있기 때문이다. 초월적인 기준을 잡기 힘든 오늘날의 문화적 상대주의 속에서, 많은 현대인들은 선과 악의 문제가 옳음/그름이라는 초월적이고 도덕적인 잣대보다는 좋음/나쁨이라는 내재적·윤리적인 잣대에 의해서 평가되어야 한다고 생각한다. 이런 사람들에게는 불교의 윤리학이 더욱 매력적으로 보일 수도 있는 것이다.[17]

만일 불교의 윤리가 옳음과 그름의 초월적 도덕에 근거하기보다는 좋음과 나쁨의 내재적 윤리에 근거하고 있다면, 그런 윤리학은 장자莊

子가 추천하는 소요逍遙의 삶과 유목적遊牧的 삶을 이상적인 것으로 보는 오늘날의 포스트모더니즘에 가깝다고 할 것이다. 즉 역사를 변혁하고 투쟁의 방법을 택하기보다는 유유자적하게 소요하는 삶을 추천하는 포스트모더니스트들에게, 어쩌면 불교적 윤리가 더욱 호소력이 있을 수도 있다는 말이다. 더 나아가서 어떤 이들은 이런 형태의 삶이 오히려 윤리적으로도 더욱 정당성을 확보할 수 있다고 주장하기도 하는데 그 이유는 다음과 같다.

포스트 구조주의와 포스트 모더니즘의 부흥에 근거한 문화 상대주의가 대두된 이래로 오늘의 세계관은 다양해졌다. 윤리학과 관련하여 오늘날의 문화 상대주의자들은 탈유신론적 윤리학을 주창하고 있는데, 이들에 따르면 많은 문화들이 초월적 궁극자에 근거하지 않는 윤리관을 가졌으면서도 얼마든지 훌륭한 문명을 발전시켜 왔다고 한다. 이런 문화 상대주의에 근거한 오늘의 세계관의 빛에서 볼 때, 초월자에 근거한 도덕률 없이 살아가는 행위가 반드시 윤리적 삶에 배치되는 것은 아니다. 이것이 사실이라면, 오늘날의 윤리학은 하나의 초월자에 기초한 숨막히는 윤리적 체계 속에서의 삶보다는, 오히려 그것에서 탈주하여 자유로운 유목적인 삶을 살아가는 것이 더욱 정당화될 수 있다고 주장하게 될 것이다. 다시 말해서, 근대성을 분석하면서 푸코(Foucault)가 우리에게 가르쳐 준 바대로, 우리들은 원하든 그렇지 않든 지식-권력의 틀

---

17 그러나 이런 식으로 불교의 윤리를 보는 것에는 불교인 모두가 찬성할 수 있다는 말은 아니다. 불교에도 분명히 선/악의 문제를 옳고/그름의 차원에서 보는 윤리학이 전통적으로 존재해 왔기 때문이다. 그러나 선과 악의 문제를 좋음과 나쁨의 문제로 보는 시각은 범부의 차원보다는 보살과 성인의 차원에서 가능한 성자의 윤리라고 할 것이다.

안에서 자신의 뜻과는 상관없는 법칙 하에서 살아가게 되어 있다. 즉 한 인간과 공동체가 자신의 삶을 유지하는 데 있어서 자본주의나 국가와 같은 지식-권력의 틀에서 벗어날 수 있는 방법은 흔하지 않다. 따라서 탈국가적 사유에 근거한 윤리적 삶이 새로운 대안으로서 제시될 수밖에 없는 것이다. 이런 이유로 인해서 들뢰즈와 카타리는 정주적 삶을 버리고 유목적 삶을 살아가는 것이 참된 윤리적 삶을 가능하게 한다고 본다. 여기서 정주적 삶이란 일정한 기호체계 안에서 작은 시민적 주체로 살아가는 것이다. 이런 기호체계에 합법성과 정당성을 부여하는 것은 국가이며, 자본주의이다. 그러나 이런 정주적 삶을 살아가려는 한, 우리는 우리를 지배하고 있는 코드들, 즉 이데올로기적 국가장치들, 혹은 그 밖의 지식-권력의 그물들로부터 탈주할 수 없다는 것이다. 따라서 이런 기호체계 밖에서 살아가려는 삶을 추구하는 것도 하나의 우리의 삶에 기쁨을 줄 수 있다는 것이다. 결국 유목적인 삶만이 우리를 지배하고 있는 모든 코드들로부터 우리를 자유롭게 할 수 있다는 것이다.[18]

  선악의 문제를 옳고 그름의 문제로 보기보다는 좋고 나쁨의 문제로 보는 시각은, 포스트 모던적인 기획이 인기를 얻고 있는 오늘날의 시대에는 분명히 하나의 정당성을 확보할 수 있다. 그러나 그렇다고 해서 그런 윤리학이 모든 사람에게 정당성을 제공할 수 있는 것은 아니라는 것도 물론 분명하다. 옳고 그름을 따지는 문제를 여전히 중요한 화두로 삼는 것이 철학의 중요한 과제라고 볼 수 있기 때문이다. 비록 종국에는 하나의 도덕 법칙이 추상적이고 형식적인 것으로 드러날지라도 하

---

[18] 이런 문제에 대한 토론으로 다음의 책을 보라. 이정우, 『개념-뿌리들 II』(서울: 철학아카데미, 2005).

나의 일관된 보편적 도덕 법칙을 건설하는 것은 여전히 중요한 철학적 덕목이며, 이때 신을 비롯한 초월적 존재가 의미를 지닐 수 있다고 보는 것이다. 이렇게 본다면, 선과 악을 가르는 보편적인 기준으로서의 신이 존재하는 한에서 인간에게 도덕과 윤리를 일으킬 수 있다는 주장은 모든 사람에게 반드시 논리적이고 정합적인 주장은 아니지만, 그런 주장에 근거한 윤리학은 인간의 도덕을 발전시키고 윤리를 일으키는 효율성에 있어서는 탁월하다는 것도 사실이다. 그러므로 기독교가 목적론적인 세계관을 선호하는 이유는 그것이 필연적으로 옳은 세계관이기 때문이 아니라, 그것이 실천적으로 보다 효율적인 세계관이기 때문에 그렇다. 이런 세계관에서는 인간의 삶이 파토스(pathos), 즉 겪음(혹은 경험)으로 보여지는데, 그저 단지 삶을 수동적으로 겪는 것이 아니라 적극적으로 악의 문제를 해결하면서 역사를 변혁해 가는 삶이 추천되며, 이런 삶을 실현하는 데 있어서 최종적 목적인으로서 신을 상정하는 역사관을 강조하게 된다.

물론 기독교인들은 이런 식의 삶의 방식만이 가장 이상적이라고 볼 필요는 없다. 불교도들과의 대화를 통해서 다음과 같이 자신의 삶의 스타일에 보충해 볼 수도 있다는 말이다. 즉 기독교일들은 삶의 겪음, 즉 파토스를 반드시 투쟁적이고 역사 변혁적이 차원에서만 볼 필요가 없다는 것이다. 역사적으로 기독교인들은 투쟁과 역사 변혁을 선호하는 삶의 방식과 안정과 평화를 추구하는 삶의 방식을 조화시키는 삶에 익숙해 왔다. 기독교인들에 있어 파토스의 문제는, 중세에 있어서 기독교가 에피큐리아니즘이나 스토아 철학과 대결하면서 점차 세련되어 왔는데, 그 결과 기쁨과 쾌락의 정념이 반드시 나쁜 것이 아니며, 또한 평화와 안정과 연결된 정념도 구원의 지름길이 될 수 있다는 것을 받아들이게 되었다. 중세의 신비주의에는 이러한 평정의 개념이 강조되는 파토스 개념이 많이 반영되어 있는 것이다.

사실 기독교는 자기 안에 이미 투쟁과 평화를, 그리고 나아가서 변혁과 안정을 균형 있게 추구하는 삶의 양식을 보존해 오고 있는데, 같은 문제로 씨름하고 있는 불교와의 지속적인 대화를 통해서 그런 삶의 양식이 어떻게 보다 심화될 수 있고 세련될 수 있는지를 발견해 갈 수 있을 것이다.

기독교 믿음과 동양적 수행,
그 하나의 접점을 찾아서

이정배 (감신대)

1. 들어가는 글

근자에 들어 종교 간 대화는 인류 공존을 위해 피할 수 없는 주제가 되었다. 문명의 근간을 이루는 종교 간 대화를 통해 평화를 추구하려는 것이다. 하지만 종교의 다름은 세계관의 차이에서 기인한다. 세계관의 차이가 다양한 종교의 근간을 형성하고 있는 것이다. 다름에 대한 이해 없이는 종교 간 대화가 시작되기 어려운 것이 현실이다. 흔히 세계관과 종교의 관계는 물과 물고기의 관계로 비유되기도 한다. 물이 달라지면 그 속에 사는 물고기도 달라질 수 있는 것이다. 여기서 세계관은 자연과 신과 인간의 상호 연관성을 함의한다. 즉 세계관이란 자연으로부터 실재(Reality)에 대한 이론이 발생하고 그 속에서 인간의 자기이해가 형성되는 일련의 체계라는 사실이다. 따라서 우주 자연은 종교의 내용을 근거 짓는 세계관의 핵심 구성요소가 된다. 수행적 종교와 믿음의 종교, 곧 동서양의 종교가 달라져 왔던 것도 이런 맥락에서 이해되는 부분이다.

동서양 종교들 간의 차이를 말할 때 그 무엇보다도 가역성/불가역성의 문제가 핵심 사안으로 부각된다. 물론 유/무신론, 자/타력 등 또 다른 차이를 언급할 수 있으나 이런 주제들은 자신의 전통에 대한 비판적·해석학적 작업을 통해 수정되고 있는 추세이다. 하지만 신과 인간 간의 가역성/불가역성 문제는 그들 세계관의 근본적 차이에서 비롯한 것으로 상호 접근이 용이하지 않다. 믿음의 종교인 기독교와 수행적 종교인 유불선 및 동학 간의 차이, 즉 구원의 종교와 깨침의 종교 간의 불일치가 바로 여기에 터하고 있다. 하지만 난제임에도 불구하고 새로운 인식 틀 하에서 양자간의 접점을 찾으려는 것이 본고의 주요 목적이다. 기독교는 믿음의 율법화(신조화)로 인해 수행력을 소멸시킨 자신의 실상을 반성하며 불교는 활구참선을 통해 사변성이 제거된 불퇴전의 믿음(祖信)을 강조하고 있다.[1] 수행력을 복원시키려는 기독교와 닦음의 근거가 되는 자신 및 세계의 본성에 대한 깨침(믿음)을 역설하는 불교는 여러 면에서 접근 가능하다. 이런 현실적 자기 반성 하에서 기독교는 하느님 영의 활동을 근거로 수행적 진리(performative truth)를 말하며 불교는 체용론體用論의 틀거리에서 깨침과 믿음이 서로 다르지 않다고 말하고 있기 때문이다. 이런 내용적 유사성을 더욱 분명히 하기 위해 본고는 신비주의 사상가 에카르트의 인식 틀을 빌리고자 한다.

크게 보면 종래의 기독교 서구는 플라톤의 이데아론을 내면화시킨 개신교 신학과 아리스토텔레스의 자연(physis) 개념에 신학적 의미를 부여한 가톨릭 신학으로 대별된다. 전자는 무로부터의 창조(creatio ex nihilo)

---

[1] 박성배/윤원철 옮김, 『깨침과 깨달음』, 예문서원, 2002, 저자 서문 참조.

에 입각하여 신과 세계의 이원적 분리, 인간의 전적 타락과 신의 절대 은총을 강조했고 신앙 안에서만 하느님과의 관계가 회복된다는 신앙유비(anlogia fidei)를 신봉했다. 후자의 경우, 위로부터의 은총과 함께 아래로부터 신에 이르는 가능성(신증명)을 인정하였다. 존재유비(anlogia entis)를 근간으로 세계 한가운데서 하느님을 보려 했으며 자연적 이성을 부정하지 않았다. 하지만 존재유비 역시 부정신학이라 일컬어지던 당시의 신비주의에 대해서는 공감하지 않는다. 신/인간 간의 가역성의 문제가 여전히 논외로 취급된 것이다. 이에 반해 신플라톤 사상에 기반을 둔 에카르트 신비주의는 신과 우주(세계)의 연속성, 곧 존재하는 모든 것을 신의 현현顯現으로 보고 몸과 정신의 일치를 말하며 가역성의 난제를 해결하고 있다.[2] 신플라톤주의적 사유는 인간의 죄성을 토대로 교회(의례) 중심적이며 기독론(대속적 구원)이 강조된 기독교 신학 전통에서 억압되거나 비주류로서 홀대받아왔으나 신비주의(범재신론)를 비롯하여 우주 자체를 신적 계시로 보는 창조 중심의 최근 신학 속에서 되살아나고 있는 것이다.[3] 에카르트 신비주의는 세계를 신적인 것으로 보며 예수가 아버지 하느님을 알았던 것같이 인간이 신을 알고 신을 보는 직접적 체험을 강조했던 것으로 모순의 일치 및 통합을 가능케 하는 논리이기 때문이다. 이런 생각은 오늘날 역사적 예수 연구에서도 널리 활용되고 있다.[4] 혹자는 이런 사상을 신新서학이라 부르고 있는 바,[5] 필

---

[2] 길희성, 『마이스터 엑카르트의 영성 사상』, 분도 출판사, 2004, 10~12 쪽.
[3] M. 폭스/황종렬 역, 『원 복(原福)』, 분도 출판사, 2001.
[4] M. 보그/김기석 역, 『예수 새로 보기』, 한국 신학연구소, 1997, 동 저자/한인철 역, 『새로 만난 하느님』, 기독교 연구소, 2001.

자는 이런 사유 틀을 매개로 기존 신학으로 해결 불가능했던 가역성의 문제, 곧 믿음과 수행의 종교를 하나로 묶을 수 있는 길을 제시해 보려고 하는 것이다.

이러한 본고의 논지를 확장·전개시켜 소정의 목적에 이르기 위해 다음과 같은 절차가 필요하다. 첫째로 동서양 종교가 차축시대 이래로 오늘과 같은 각기 다른 형태로 발전하게 된 경위를 밝힐 것이다. 둘째는 믿음과 수행을 특징으로 하는 두 종교 간의 세계관 및 사유체계의 근본적 차이점을 언급하고 기독교의 문제점을 언급할 것이다. 여기서는 역易(혹은 氣)의 논리와 플라톤의 논리가 수행론의 관점에서 비교·분석 그리고 평가된다. 셋째는 동아시아적 체용體用 논리에 근거하여 불교의 수행론(頓漸)을 설명하고 그를 교토학파의 기독교 해석의 빛에서 조명한다. 이 과정에서 믿음과 수행의 관계가 새롭게 정리될 수 있을 것이다. 마지막으로 필자는 성령론의 기氣적 이해를 근거로 홀론적 구원론을 말하고,[6] 믿음과 수행을 선일석 틀 속에서 일어나는 공시적 사건으로 이해할 것이다. 이를 위해 에카르트 신비철학의 인식틀을 사용할 수 있을 것이다. 이런 해석을 통해 다원성(또는 복수성複數性)에 모순되지 않는 기독교, 곧 기독교 복음의 토착화, 생명화 그리고 실학實學화가 가능하게 된다고 믿는다.

---

5 김상일, 『동학과 신서학』, 지식산업사, 2000. 본서에서 저자는 신서학으로 과정신학, 켄 윌버의 철학 및 종교 사상 등을 들고 있으며 東學을 이들의 빛에서 설명하려고 한다.
6 '홀론적 구원론'이란 개념을 필자는 토마스 G. 핸드 신부/이희정 역, 『동양적 그리스도교 영성』, 한국 기독교 연구소, 2004를 통해 배웠다.

2. 동서양 종교의 차이를 이해하는 한 시각

주지하듯 기독교는 인격적 전적 타자로서의 우주 창조주에 대한 신앙을 토대로 형성되었다. 현실 세계 밖의 존재를 상정하는 일종의 초월 철학의 성격을 지니고 있는 것이다. 여기에는 생존 불가능한 사막 환경의 극복을 위해 초자연적 신관이 필요했다는 종교의 풍토 의존성이 설득력 있게 언급된다.7 여하튼 초월적 존재에 대한 신앙은 플라톤, 아리스토텔레스 철학과 만나 다소 강도의 차이를 지니게 되었으나 근본적으로 본질주의(법칙성)의 틀을 벗어나지 않고 있다. 특히 개신교는 플라톤 철학과 만나 초월신관을 강조하였으며 그것을 내면화시켜 신의 자발적 은총에 근거한 인간의 수동성, 즉 신앙의인信仰義人 사상을 기초지었다. 여기에는 앞서 본 대로 인간의 전적 타락(원죄론), 은총의 수단으로서의 교회의례(교회론) 그리고 예수 그리스도의 대속적 죽음(기독론)과 같은 교리가 함께 작용하고 있다. 믿음의 종교로서의 기독교는 이런 이해에 터하여 성립된 것이다. 반면 수행적 종교, 또는 깨달음의 종교로 알려진 불교, 유교 그리고 동학과 같은 동아시아 종교들은 초월적이며 객관적인 타자, 곧 이원적인 초월 철학을 상정하지 않는다. 오히려 '색즉시공色卽是空', '이사무애理事無碍'를 거쳐 '사사무애事事無碍'의 이론 하에서 초월과 내재를 '즉시卽是'의 관계로 이해하고 있다. 기독교와 달리 여기서는 성속聖俗의 분별이 사라지며 오히려 속俗, 또는 자연 세

---

7 和辻哲郎/박건주 역, 『풍토와 인간』, 장승, 1993, 13~30쪽.

계에서 경험되는 사물의 존재 모습을 강조하는 일종의 범신론적 우주관이 형성된다. 연기緣起의 중국적 표현으로서 체용론體用論이 인간과 자연 세계와의 상의상관相依相關적 사고방식을 강조하기 때문이다. 따라서 자연의 흐름에 자신을 맡기는 연기적緣起的(체용일원적) 인식 틀 하에서 수행론이 대두된 것은 당연한 일이다. 수행이란 본래 일체와의 동시동조적同時同調的 감응感應을 위한 인간 잠재적 본성(불성)의 실현을 목적으로 한다. 수행을 통해 성기性起함으로 진여眞如의 세계를 볼 수 있다고 하는 것이 동아시아 종교들의 구원관이다.

그렇다면 이상과 같은 동서양 종교의 차이를 어떻게 이해해야 할 것인가? 한쪽은 강도 높은 초월 철학의 형식 하에 타력적 구원을 지향하는 믿음의 종교가 되었고, 다른 경우는 비이원적, 주객 미분의 공시적共時的 감응의 종교, 곧 깨달음을 목적하는 수행의 종교 형태를 띠고 있는 바, 이들 양자 간의 접점은 찾아질 수 있는 것인가? 혹자는 상호 평행선을 달리고 있는 이들 종교 형태에 대한 가치 판단은 불가능하다고 보며 서로를 선교(구원)의 대상으로 삼는 것을 당연시한다. 하지만 필자는 칼 융(Jung)의 신화 해석학을 빌어 이들 간의 다름(차이)을 개별화된 종교로 분화되기 이전 시점에서 이해하고 가치 평가를 통해 상호 간의 접근 가능성을 언급할 수 있다고 본다.[8] 알려진 대로 동서양은 저마다 신화의 세계 속에서 미분화된 시원, 곧 자신의 꼬리를 무는 뱀을 그린 '우로보로스'를 형상화하였다. 자신의 꼬리를 물고 있는 닫혀진 환環은 만물이 그로부터 생겨나는 미분화된 시원始原으로서 심리학적으로는 의식과

---

8 유아사 야스오/이정배·이한영 역, 『몸과 우주』, 지식 산업사, 2004, 25쪽 이하 서장 참고. 이하 내용은 본 책에 의거해 재 서술하였음.

무의식이 구별되지 않은 상태, 종교적으로는 인격과 비인격의 구별이 전무한 무巫적인 단계를 지시한다. 여기서 중요한 것은 신화의 세계에 있어 동서양의 원초적(우주) 경험이 다르지 않다는 사실이다. 이것은 최근 종교 간 대화에 있어 실재(Reality, 神) 중심주의 사조와 맥이 닿아 있다. 하지만 미분화적 시원을 말하는 이런 고대 신화는 시계열적時系列的 분석에 따르면9 지모신地母神의 단계를 거쳐 영웅신화의 시기에 이르러 완전히 사라지고 만다. 거룡 살해자(Drachentoeter)인 영웅의 출현은 남성신을 알리는 징표인 바, 고대인의 심리 세계가 여성적인 것을 거쳐 남성적·부권적으로 변화·발전해 왔다는 것이다. 더욱이 인류 역사가 차축시대에 접어들며 신화적(여성적) 세계상에 대한 비판적 의식이 강화되었고 그 결과, 세계와 인간 간의 전일적 통일성(巫層)이 상실된 채 다양한 세계 종교들이 생겨났다는 사실이다. 이런 차축시대의 종교들은 동서양을 막론하고 인간 무의식, 우주의 생명력 그리고 종교적 무층을 제거했고 남성적 에토스를 강조하는 공통성을 보인다.10 그럼에도 유불선 종교 속에는 희랍사상과 만난 기독교와 달리 신화적 세계관, 곧 무층의 일면을 소유하고 있다. 초월자를 절대絶對로 인식하며 유일신론으로 발전한 기독교가 우주의 영적 생명력을 배제했고 인간의 타락과 함께 제도은총(Anstaltgnade)을 강화시킨 반면 불교는 물론 유교 역시도 신화적 모티브를 자신 속에 간직하였고 마주하는 일상(相對) 속에서 초월을 찾으려 했던 것이다. 바로 여기에 직관적 사유인 렘마 논리, 역易

---

9 신화에 대한 時系列的 분석은 융(C. Jung) 학파에 속한 E. Neumann 이란 학자의 업적이다. 위의 책, 25쪽 이하.
10 김상일, 앞의 책, 63쪽 이하.

의 사유 또는 기氣 사상 등에 근거하여 형성된 동아시아 종교사상이 헬라적 사유(로고스)와 만나 형성된 기독교와 달라질 수밖에 없는 내적 이유가 자리하고 있다. 이런 맥락에서 볼 때 필자는 종교 간의 현실적 차이를 인정하더라도 신화적 세계상의 빛에서 근원적 같음을 말하는 것이 인류의 미래를 위해 중요한 전략이라고 생각한다. 즉 인류 공동의 원초적 체험의 빛에서 자신들 각자의 현존을 반성하자는 것이다. 현대과학이 전분별적 신화 속에 담겨진 우주를 의식적으로 재발견하고 있으며, 의식보다 무의식의 중요성이 날로 설득력을 얻으며, 삼라만상과의 옴살스런 관계, 곧 무층(애니미즘)의 과학적 이해로서 장場의 현존을 발견하고 있는 중이다.[11] 최초의 차축시대가 동서양 곳곳에서 반성의식을 매개로 무층을 제거하는 종교들을 창출했다면 제2의 차축시대(영성의 시대)로 불리는 오늘의 정신적 상황에서 인류는 종래와 같은 분화의 힘보다 수렴의 힘에 의거해 종교문화들을 통합시킬 필요가 있는 것이다.[12] 여기서 중요한 것은 고대 신화 속에 남겨진 봄과 우주의 관계이다. 이것은 믿음과 수행의 문제를 함께 생각할 수 있는 단서를 제공한다. 알려진 대로 고대신화에 있어 인간의 몸은 항시 '그릇'(容器)으로 언표되었고 미지의 영역으로 남겨진 그릇의 내부는 우주 존재의 신비로 가득 찬 공간이었다.[13] 이는 대우주의 활동과 신체 활동의 상호 교감을

---

11 F. 카프라 외/김재희 역, 『신과학과 영성의 시대(Belonging to the universe)』, 범양사, 1991, 130~131쪽; M. 폭스 & R. 쉘드레이크/이정배 역, 『창조, 어둠 그리고 영혼에 관한 대화(Natural grace)』, 동명사, 1999, 1장 내용 참고.
12 뚜웨이밍, 「보편윤리와 유학」, 『다산 기념 철학 강좌』 제5회 2001. 11월 3일, 4~5쪽. 여기서 저자는 Ewert Cousins 의 의견을 빌어 제2 차축시대를 말한다.
13 유아사 야스오, 앞의 책, 32쪽 이하.

말하는 것으로 존재하는 모든 것이 통일체를 이룬다는 사실을 환기시킨다. 다시 말해 '신체=용기'라는 도식에 따라 우주를 이해하고 수용하는 사고는 인류의 기본적·보편적 체험 양식이란 것이다. 옛 사람들은 이런 체험 양식을 토대로 외부 환경 세계를 자신과 연관지어 생각하였고 자기 내면의 무의식을 갖고 외부세계를 이미지화하였다. 따라서 '신체의 우주성'이란 외부 세계에 대한 인간 수용양식의 근원적 표현이라 할 수 있다. 중국의 음양오행론은 신체의 각 부위와 외부 환경 간의 상관성을 지시하는 것으로서 인간 몸과 우주의 신비적 감응(융합)을 강조하는 신화적 사고가 개념화된 것이라 하겠다. 이런 존재의 연속성을 융은 정신물리학적 구조(psychophysical structure)라고 말하고 있다.[14] 즉 정신물리학적 공간에서 일체의 세계가 경험될 수 있다는 것이다. 이 점에서 동아시아 종교들은 자신 속에 숨겨진 우주 생명력을 자각함과 동시에 우주만물과 감응感應하기위한 방편으로 수행론을 발전시켜왔다. 잊혀진 무층巫層의 재발견을 통해 인간과 신(우주) 간의 가역적 관계를 성사시키려는 것이다. 영성을 꽃피워야 할 두 번째 차축시대에 이르러 믿음의 종교인 기독교 역시 희랍 철학의 빛에서 형성된 자신의 교리에 고착하기보다는 역사적 예수 연구 결과물들이나 창조 신학 그리고 하느님 영(신비)에 대한 새로운 이해를 토대로 재구성될 필요가 있다. 이런 탈현대적 기독교 이해의 빛에서 필자는 믿음의 종교인 기독교가 깨침 및 깨달음의 종교와 접점을 찾을 수 있다고 믿는다.

---

14 다까다 아쓰시/이기동 역, 『주역이란 무엇인가?』, 여강출판사, 1991, 55~56쪽
후레드릭 W. 모오트/권기숙 역, 『중국 문명의 철학적 기초』, 인간사랑, 1991, 35~36쪽.

3. 믿음의 종교와 수행의 종교, 그들의 세계관 및 사유체계의 근본 차이

앞서 본대로 전일적 통일성(미분화된 始原)을 강조한 신화적 해석학은 인류의 근원적 체험 양식에 있어 동서가 서로 다르지 않음을 말해 주었다. 하지만 신화 발전 과정에서 인간과 세계가 분리되고 남성이 여성을 지배하는 부권적 표현 양식들이 생겨났다. 일차적으로 차축시대는 종교의 개별적 분화를 촉발한 시기로서 무층을 제거하고 합리성을 중시하는 공통의 종교 형태를 창출한 시기이다. 하지만 정치적·풍토적 차이와 특정 철학 사상과의 조우로 인해 동서의 종교들은 무층을 수용하는 정도에 있어 서로 달랐다. 믿음의 종교인 기독교가 무층을 완전 탈각시켰다면 수행(깨달음)의 종교인 불교, 유교는 이런 요소를 상당 부분 철학적 개념으로 표현했던 것이다. 이런 이유로 기독교적 서구와 불교, 유교적 동양 사이에는 세계관 및 사유체계의 근본적 차이가 불가피했다.

우선적으로 고대 중국은 주왕조 시기에 하늘(天) 사상을 확립하였다. 이때의 '천天'은 지상의 모든 것을 지배하는 도덕적·합리적 성격을 지닌다. 그러나 공자에 의해 공경된 '천'은 초월적 성격이 강한 기독교의 신神과 달리 세속적 차원과 불가분리적 관계 하에 있다. 가부장적 정치권력(天子) 자체가 종교성을 띠고 있기 때문이다. 하지만 이후 중국에는 신화 시대의 종교적 습속을 지닌 방사들이 유교를 거부하며 출현했고 도가 계열 사상이 그들 방술을 발전시켜 몸을 중심한 수행법을 만들어내었으며 이것이 불교 수용의 기폭제가 되었던 바, 유교 역시 대세가 되어 버린 수행론을 수용하지 않을 수 없게 되었다. 이런 발전 과정에서 易의 사유가 중시되었고 세속성과 종교성의 공존이 동아시아 종교들의 특징으로 확고히 자리 잡을 수 있었다.[15] 이는 출가자와 속인의 구별을 명백히 한 기독교는 물론 불교를 발생시킨 인도적 사유와 비교할 때도 분명해진다. 이 점에서 기독교 신학자들 대개는 동아시아 사유에 초월 개념이 없다고 비판하나 이는 초월 철학의 일면만을 보는 것으로 내재적 사유 속에 담긴 초월적 의미를 간과한 소치라고 생각한다.[16] 오히려 성속을 구별하지 않는 사고 틀로부터 자기 초월(내재적 초월)의 길인 수행론이 비롯했음을 강조해야 마땅하다. 기독교 서구가 은총의 기관으로서의 교회제도를 만들고 성직자 중심의 수행을 강조하여 오히려 서양 고대(스토아 철학)에 존재했던 일반적 수행의 관습을 퇴화시켰던 사실과 견줄 때 의미 깊은 지적이라고 생각한다. 성속에 대한 상이한 인식은 수행론 자체를 긍/부정하는 동서양의 사고방식 및 종교 간의 차이를 환기시켜 준다. 이 점에서 우리는 동아시아 지역에서 발전된 수행론의 세계관적 토대를 말하기 위해 플라톤, 아리스토텔레스 철학과 易 혹은 氣 사상에 내포된 사고 양태를 상호 비교·평가할 수 있어야 할 것이다.

흔히 우주 자연과 인간의 관계에 대한 동아시아적 사유의 핵심으로 역을 일컫는다. 유교와 도교는 물론이고 불교까지도 후일 역의 사유를 떠나서는 생각할 수 없게 되었다. 우선 역의 사유에서 도道는 세계를 낳

---

15 유아사 야스오, 앞의 책, 72~82쪽.
16 줄리아 칭/변선환 역, 『유교와 기독교』, 분도출판사, 1994, 서문 및 74쪽 참고. 張春申/이정배 역, 『하늘과 사람은 하나다』, 분도출판사, 1992. 101쪽 이하. 그 외에도 多多 유영모의 글들을 참고하라.

은 어머니와 같은 것이지만 이름 붙일 수 없는 혼돈으로 언표된다. 그러나 혼돈, 곧 어둠으로부터 발생하는 움직임이 형形이 있는 것, 세계만물의 질서를 지탱한다고 믿는다. 이것은 신화적 사고가 역 속에서 도의 이름 하에 보존되고 있음을 보여준다. 여기서 중요한 것은 혼돈으로부터 만물의 질서 속에 침투하여 움직이는 형체 없는 에너지, 기의 개념이다. 기란 형체 있는 만물이 그의 움직임에 의해 생겨나지만 그 역시 인간에 의해 포착되기 어려운 실재이다. 한 대에 발전한 음양오행론은 도에서 나온 음양의 기가 분화해서 목화토금수의 다섯 움직임(五行)을 만들고 그것들이 결집하여 만물의 질서를 형성함을 알려 준다. 요컨대 혼돈으로부터 질서가 나온다는 것이다. 이것은 아름답고 완전한 질서를 지닌 천상계에 비해 혼돈이 지상 만물 중에 잠재되어 있다고 보는 플라톤의 입자적 이데아론과는 전혀 다른 맥락이다.[17] 이 점에서 세계의 물질적 측면과 형상적 측면을 양분했고 사물의 본질적 부분을 형상에서 찾으려 했던 아리스토텔레스 역시 예외가 아니다. 비록 현실 세계 안에서 본질을 찾으려는 새로운 담론(내재성)을 보이고는 있으나 물질의 다양한 차이들을 생산하는 질료 자체를 인식 불가능한 실체로 폄하했던 것이다. 플라톤 이래로 물질을 구성하는 질료는 항시 형상(이데아)의 지배를 받아야 할 우연적 실체로서 규정되었고 급기야 악한 것으로 이해된 것은 부정할 수 없는 사실이다. 하지만 유동적인 흐름 속에서 고정된 '형'(본질주의)을 파악하려했던 서구 형이상학과 달리 역易의 사유는 서구적 인식 틀로 환원될 수 없는 새로운 의미의 존재론, 곧 내재적

---

17 유아사 야스오, 앞의 책, 81~82쪽.

사유의 형태인 파동적 장場 이론으로 전개되었다. 이러한 역의 실재(Reality)는 공시성共時性(Synchronicity)의 개념을 빌어 설명할 수 있다.[18] 즉 공시성이란 공간적으로 분리된 상이한 것들 간에 감응을 일으키는 장을 전제로 한다. 다시 말해 역으로서의 존재는 우주 공간 안에서 동시동조적同時同調的 작용을 가능케 하는 보이지 않은 힘의 유행을 지시하고 있다는 것이다. 힘이 유행하는 장을 역은 바로 기라고 이해하였다. 이때의 기는 궁극적 존재로서 자신의 전개 방식 자체를 법칙으로 삼는다. 일기一氣가 모여 펼쳐지면 현실적 사물이 되는 것이요, 흩어져 접혀지면 잠재적 사물이 되기 때문이다. 이 와중에서 이질적인 것들은 서로 배척하지 않고 공존하며 오히려 다른 사물들과 감感할 수 있다.[19] 이런 공시적 사유방식은 종말론 등의 형식을 통해 시간의 경과에 주목하며 인과적으로 세계를 파악해 온 서구 기독교 종교와 다를 수밖에 없다. 실체론적 존재론을 상정한 초월철학으로서 기독교는 세계 초월적 창조주를 말하고 창조로부터 종말에 이르는 과정을 시간적 전후 맥락에서 원인/결과적(죄/구원)으로 파악하려 했다. 더욱 이런 인과적 사유에 있어 주체는 언제든 현상밖에 머물며 관찰하는 존재에 머물고 말지만 공시적 사고의 경우 관찰자 스스로가 그 현상의 공시적 체험자가 됨으로서 주객도식의 구조를 난파시켜 버린다.(가역성) 공간의 장場전체에 침투하는 기의 작용이 개별아個別我보다 전체를 하나로 보는 통합성을 본질로 하기 때문이다. 이점에서 인간의 피안에서 사후의 영원을 보려 했던 헬라 및 기독교 사상과 삶과 죽음을 하나로 보았던 동아시아 종교

---

18 위의 책, 89쪽.
19 위의 책, 82~109쪽. 이런 공시적 감응을 일명 離明이라고도 한다.

간의 차이 역시 되짚어 볼 주제라고 생각한다. 인간의 죽음을 몸과 별개의 차원(이원론)으로 생각했던 것 역시 희랍의 영향을 받은 초기 기독교의 초월 철학적 단면이다. 하지만 동아시아 종교에 있어 몸을 마당으로 삼고 일어나는 생명현상과 심리현상, 곧 심신心身의 관계는 전체적이며 동시동조적 관계 속에 있다. 경락을 흐르는 기에너지가 심리작용과 생리작용을 결합시키는 역할을 한다고 믿기 때문이다. 이런 맥락에서 인간의 몸은 무의식의 보고寶庫라고까지 말해진다.[20] 인간의 몸을 부정적으로 본 이원적 경향의 기독교 속에서 수신修身의 개념이 발달하지 않은 것은 당연한 일이다. 요컨대 역易의 실재를 들어내는 공시적 관계는 '감응'이나 '공명共鳴' 또는 '이명離明'의 학문적 언술로서 인간과 우주 간의 동시동조적同時同調的 메카니즘이 존재하고 있음을 나타내 보인다. 바로 여기에 수행론의 세계관적 토대가 자리한다. 풍수론의 본질을 이루는 동기감응론同氣感應論, 소주길흉론所主吉凶論 그리고 형국론形局論 등은 기가 인간시에 영향을 미치는, 즉 양자간의 감응 상태를 설명하는 기감응적氣感應的 인식체계들이다.[21] 이들은 자연의 기와 인간의 기간의 동시동조적同時同調的 작용의 실상을 보여주고 있는 것이다. 생물학자 R. 셀드레이크는 '형태공명(morphic consonance)론'에 근거하여 동일 생명체간의 공명의 장(field)이 있음을 강조하였다.[22] 생명체의 모양,

---

20 위의 책, 105쪽. 유아사 야스오는 心身의 관계를 무의식과 의식 간의 공시적 관계로 이해한 것은 칼 융의 제자인 취리히 대학 교수 마이어(Meyer)라고 말한다.
21 최창조, 『좋은 땅이란 어디를 말함인가?』, 서해문집, 1990, 71쪽.
22 김재희 엮음, 『신과학 산책』, 김영사, 1994, 209~258쪽. M.폭스 & R 쉘드레이크, 앞의 책, 1장과 특히 4장 '기도' 부분을 참고하라.

성장 그리고 행동양식은 유전자(DNA)에 의해서만 결정되지 않으며 형태장의 영향 하에 있음을 말하는 것이다. 여기서 형태장이란 우주 진화에 있어 시간의 흐름에 앞서 존재한 생명의 종과 후대의 동일 생명체 간에 상호 영향을 미칠 수 있는 공명의 장을 일컫는다. 쌓여 있는 기억(습관)을 근거로 기억을 가로질러 일어나는 형태공명을 생명의 본성으로 본 것이다.

  이와 같이 보이지 않는 힘의 장으로서 역 속에서 개체보다는 전체의 통합성, 초월보다는 내재성, 상호 다른 것들 간의 공시성이 존재론의 새 내용으로 밝혀진 것은 대단히 중요하다. 이런 역의 사유는 과학적 세계관을 통해 새로운 방식으로 표현되고 있을 뿐 아니라 인류의 미래에 있어 유익한 자연관, 인간관을 제시하며, 특히 종교적 수행에 있어 적극적인 세계관적 배경이 되고 있는 것이다. 삼라만상의 존재를 자신처럼 느끼는 것이 인仁이며 그것을 느낄 수 없는 정신적 불구를 불인不仁이라 한 것은 삼라만상 속에 흐르는 보이지 않는 힘으로부터 단절된 자아(고립계)에 대한 비판적 성찰인 것이다. 이 속에는 수행의 목적과 이유에 대한 구체적인 답이 제시되어 있다. 중세 신비가 에카르트의 다음 말 속에서 우리는 종교 수행에 있어 필요한 장의 실재를 재삼 확인하게 된다. "인간의 몸 속에 영혼이 있는 것이 아니라 영혼(우주 혼) 속에 인간의 몸이 있다."[23] 여기서 영혼은 공시적 생명 장의 종교적 표현이자 역에서 말하는 기적 흐름을 지칭하는 것으로서 종교적 인간의 궁극상태가 어떠해야 하는가를 보여준다. 우리는 다음 장에서 인간과 우주의 감

---

[23] M. 폭스 & R. 쉘드레이크, 앞의 책, 151쪽에서 필자에 의해 재구성되어 인용 됨.

응, 곧 체용론體用論의 발견 하에서 개별아個別我의 상태를 초극해 왔던 동아시아 종교의 수행론을 살피고 교토학파의 해석에 터하여 기독교의 믿음과 수행의 관계를 새롭게 조명해 보려고 한다.

4. 불교적 수행론의 특징과 '믿음과 수행'의 새로운 관계맺음

우리는 앞서 기독교보다는 아시아의 종교들, 그리고 유교보다는 불교 속에서 신화적 요소, 곧 무층巫層의 영향력이 지속되고 있음을 말하였다. 이는 무층을 제거한 기독교가 신/인간의 불가역적 관계를 만든 반면 동아시아 종교들은 양자 간의 가역성을 본질로 삼았음을 의미한다. 믿음의 종교와 수행의 종교 간의 통상적인 차이는 바로 여기서 기인하게 된다. 근본적으로 초월 철학의 일종인 창조론이 없었으며, 인과적 사고보다는 공시성을 근간으로 하였고, 성속聖俗의 구별 철폐 및 삶과 죽음의 연속성, 심신心身일체적 사유를 발전시킨 동아시아 종교 속에서 몸을 닦아 자신 속에서 신적인 것을 체현하는 수행론이 중시된 것은 당연한 일이다. 이런 맥락에서 불교는 '렘마의 논리' - '직관적으로 파악하고 이해한다' - 로 발전되었고 중국에 건너와 체용론體用論의 틀 속에서 더욱 철저화되었으며 한국에서는 돈점頓漸 논쟁으로까지 치닫게 되었다.[24] 본 장에서 우리는 체용론을 중심으로 한 불교 수행론의

---

[24] 박성배, 앞의 책, 98~112쪽. 강건기 外, 『깨달음, 돈오점수인가, 돈오돈수인가』, 민족사, 1992. 변선환, 『불교와 기독교의 만남』, 한국신학 연구소, 1997.

특징을 살피고 돈점 논쟁의 결과를 수용하는 중에 수행과 믿음, 가역성과 불가역성의 관계를 새롭게 모색해 보려 한다. 서구의 지성 H. 아렌트의 다음 말을 염두에 두면서 말이다. "서구 근대인들은 중세기적 초자연에서 자연으로 돌아간 것이 아니라 자아로 돌아갔다. 그 결과 초월에 대한 감각도, 자연에 대한 감각도 잃어버리고 세계 상실의 비극에 직면하였다."[25]

주지하듯 수답문화에서 태동된 불교는 서구 기독교의 로고스 원리와 전혀 다른 논리 체계를 갖는다. A는 비非(non)A가 될 수 없다는 양자택일의 로고스 원리와 달리 불교는 A도 아니고 비非A도 아니지만 동시에 A이기도 하고 비非A 이기도 하다는 소위 긍정, 부정, 양자의 부정 그리고 양자의 긍정을 말하고 있는 것이다. 이 점에서 하느님과 세계가 다르고 인간과 신이 동일할 수 없다고 믿는 기독교 신학은 물론, '존재는 존재'라는 동일률의 원리에 근거하나 이로부터 모순률이 생겨났고 배중률로 발전되어 간 서구철학 역시 로고스 원리의 산물임이 분명하다.[26] 서구 철학의 경우 칸트의 선험철학이 동일률을 비판하고 헤겔의 변증법이 모순율을 극복했지만 'A는 A이지 비非A가 아니다'라는 배중율을 넘어설 수 없었다는 사실이다. 이에 반해 대승불교를 터 닦은 용수의 공空사상 속에는 배중율을 역전시키는, 서구에 없는 제3의 논리(렘마 논리)가 자리하고 있다. 직관에 의한 비대상적 인식으로서의 렘마는 '존재도 비존재도 아니면서', '존재이면서 비존재 라는' 전혀 다른 사

132~161쪽.
25 이는 한나 아렌트가 그의 책 『인간의 조건』(1958)에서 말하고 있는 요지이다.
26 변선환, 앞의 책, 141~142쪽.

고 유형을 제시하고 있는 것이다. 절대부정을 통해 절대긍정에 이르는 렘마의 논리는 비아非我를 배제시키지 않는 관용의 정신(容中律)을 보이는데, 이는 불생불멸(空)의 자리를 출발점으로 하였기에 가능한 일이다. 즉비卽非를 통한 이런 즉卽의 논리는 서구 신비주의가 말한 절대모순의 자기 동일성 또는 반대의 일치(Coincidentia oppositorm)의 불교적 표현이라 말할 수 있다. 여기서 중심은 말하는 주체로서 하느님이 아니라 직관을 통해 분별지를 넘어서는 인간(大我)이다. 자기 의식(私意)을 버림으로써 인간은 우주와 하나되는 경지, 곧 진여眞如의 세계를 체득할 수 있기 때문이다. 무한과 유한, 비아非我와 자아自我가 분리가 아닌 되먹임의 사유구조(통논리) 속에서 일치 가능하다는 사실이다. 수행이란 바로 이런 순환적 사고 틀을 전제로 공空한 자신(佛性)을 발견하기 위한 몸부림인 것이다.

이러한 불교 논리는 중국의 역(道) 및 기 사상과 만나면서 동아시아인들의 영혼과 더 살 접촉하게 된다. 용수의 공空 철학이 8개의 논리적 부정(八不)을 통해 이론적으로 전개되었다면 중국에 있어 공空에 대한 인식은 수행론, 곧 몸의 바탕에서 이루어졌다.[27] 이런 실천적 전환은 인도 불교에 있어 색色(俗)과 공空(聖)의 관계가 중국 불교의 이법계理法界와 사법계事法界가 어떻게 다른가를 설명할 때 분명해진다. 색色과 공空의 관계는 인도불교에서 '즉시卽是', 곧 '바로-이다'라는 방식 하에 있다. 즉시란 단순한 'be'라는 사실이다. 그러나 중국에는 본래 'be'에 해당하는 말이 없다.[28] 주어와 술어의 관계는 언제든 고정할 수 없는 이미

---

[27] 유아사 야스오, 앞의 책, 148~181쪽 참고. 팔불(八不) 사상이란 不生, 不滅, 不斷, 不常, 不一, 不二, 不去, 不來 등 8개의 '-은 아니다'를 말한다.

지의 연속으로 언표될 수 있을 뿐이다. 다시 말해 말의 객관성·추상성을 부정하고 있는 것이다. 우주를 지배하는 보이지 않는 혼돈의 흐름이 세계 내에 존재한다는 역易의 사유가 근간을 이루고 있기 때문이다. 따라서 중국불교는 색色과 공空의 세계를 실천(수행)을 통해서만 오갈 수 있는 관계로 받아들였다. 세속적인 것 속에서 정신적인 것을 더욱 철저하게 추구했다는 것이다. 이사무애理事無礙를 말한 중국불교가 초월주의적(해탈) 지향성을 가진 인도불교와 달라지는 부분이다. 이런 이사무애설理事無礙說은 체용론을 통해 더욱 발전되어 간다. 혹자는 중국에서 체용론의 발견이야말로 서양에서 신神의 발견만큼이나 큰 의미를 지닌다고 한다.29 본체(물)와 현상(파도)이 불가분리의 관계(體用不二) 속에 있음은 서구적 사고(인격 신)로 환원될 수 없는 독특성을 보여주기 때문이다. 이 점에서 산천초목에서 불성의 현현을 보는 자연에 대한 감각 역시 기독교 서구는 물론 인도불교에서도 찾을 수 없는 부분이다. 신화론적 사고 속에 있던 범신론적 우수관이 중국 불교 속에서 정교하게 이론화되었기 때문이다. 이러한 체용론體用論의 진면목은 사사무애事事無碍를 거쳐 선불교를 통해 명백히 가시화된다. 상의상관相依相關을 강조한 화엄종은 우주만물이 부처의 진리 움직임에 따라 상호 연결되었음을 종지로 삼았다. 세계사물이 사사무애의 관계 하에 있다는 것이다. '일즉다一即多', '일즉一即 일체一切' 등이 바로 사사무애의 표현법들이다. 여기서 중요한 것은 만물이 사사무애의 관계에 있음을 아는 '체성현기體性現起', 일명 '성기性起'이다.30 여기서 성기는 불생불멸의 측면에서

---

28 위의 책, 79~80, 187~189쪽.
29 위의 책, 191~192쪽. 박성배, 앞의 책, 10~11쪽.

세계를 보려는 것으로 인간의 숨겨진 본성(불성)을 현실화시켜 내는 수행을 지시한다. 자신 속의 불성에 대한 깨침으로부터 만물을 하나로 통합시키는 진리의 움직임을 볼 수 있다는 것이다. 이 점에서 성속일치(事事無碍)적 사유를 끝까지 밀고 나간 선불교(종밀)는 그 어느 종파보다 수행을 강조한다. 수행이란 지적인 자아 의식의 난파를 통해 실천적 체험지(體驗知)의 체득을 목적한다. 여기서 일상성을 넘어선 직접적(비대상적) 자기의식은 일명 비아(非我)로 체험된다. 주객 도식을 무화(無化)시키는 장소가 된다는 것이다. "이 경우는 의식이 공(空)의 상태로 되어 있고 어떤 종류의 다른 작용을 향해 열려 있다. 이 다른 작용이란 자기 자신의 활동이 아니라 의식을 대상으로 하여 다가오는 비아의 작용이다."[31] 이런 비아는 신(神)이나 'Self', 곧 종교적으로 변용된 의식이라 명명할 수도 있다. 다르게 표현하면 본 체험은 소우주로서의 자아와 대우주로서의 자연이 보이지 않는 흐름에 상호 연결되어 공시적 감응을 이루는 상태라는 것이다. 그러나 대우주와 융합된 장소로서의 이러한 자기(Self)가 동시에 자신의 본성이라는 것이 선불교의 핵심이다. 이로부터 선불교는 수증일등(修證一等), 곧 수행과 깨달음이 다른 것이 아님을 강조한다. 수행이란 자신 속의 불성에 대한 깨달음의 선상에서 행해지는 바, 깨달음이 더 이상 목적(대상)이 아니라는 사실이다. 수행과 깨달음을 하나로 보며 주체적(자력적) 수행 자체를 강조하는 돈오(頓悟)가 선불교의 종지인 것이다. 바로 '십우도(十牛圖)'는 한번도 자신을 떠난 적이 없는 인간 마음(불성)을 밖에서 구하는 인간의 몽매함을 꾸짖는 책으로 유명하다. 따라

---

30 박성배, 위의 책, 210~212쪽.
31 유아사 야스오, 앞의 책, 233~235쪽에서 요약적 방식으로 재인용.

서 사람도 소도 함께 잊는(人牛俱忘) 그래서 여여如如한 세계를 보는 '입전수수入廛垂手'의 단계와 초발심初發心의 상태를 함께 말하는 선불교에서 가역성/불가역성, 수행/믿음 간의 관계는 새롭게 모색될 수 있다.

『선문정로禪門正路』32를 통해 알려진 성철의 지눌 비판은 불교계뿐 아니라 기독교에 있어서도 충격으로 경험되었다. 본 논쟁은 박성배가 주장하듯 불교가 수행의 종교만이 아니라 믿음의 종교임을 알려준 계기가 되었다. 물론 정통 기독교의 대상(인격)적 믿음과는 다르나 닦을 것을 남기지 않는 불퇴전不退轉의 경지(頓修)에 대한 확신은 하느님의 은총을 '죄를 지을 수 없게 하는 사건'으로 이해한 어거스틴을 상기시킨다.33 이것 모두는 인간의 분별 세계가 난파되고 그 비워진 공간 속에서 일어나는 질적으로 다른 현실성을 적시하고 있는 것이다. 믿음(信)의 종교로 불교를 보려 할 때 '몸과 몸짓'의 관계로 비유되는 '체용體用' 논리가 중요하다. 본 이론에 따르면 돈오頓悟는 체體이고 점수漸修는 용用이 된다. 기독교적으로 말하면 행함이 없는 믿음은 죽은 믿음임을 환기시킨다. 즉 믿음 속에 행위가 내포되어 있는 바, 언제든 믿음은 뜻(意)의 성실함을 요구한다는 사실이다. 이 점에서 신信, 해解, 행行, 증證의 과정 속에서 부처가 될 수 있음을 가르치는 교신敎信(화엄종)에 비해 선불교는 '나는 부처이다'라는 깨침(頓悟), 곧 조신祖信을 말한다. 조신祖信이란 초발심初發心의 경지로서 묘각妙覺을 드러내며 닦음과 깨침 모두를 내포하는 개념이다.34 깨달음과 수행이 둘이 아니었듯이 깨침과 닦음

---

32 본 책은 성철 스님 법어집 2집 2권에 해당한다.
33 박성배, 앞의 책, 118~119쪽.
34 위의 책, 131~133쪽.

을 선후의 관계로 보지 않는다. 즉 초발심初發心과 닦음의 완성된 경지가 다르지 않다는 사실이다. 흔히 초발심의 때, 곧 믿음이 일어날 때 다음 3가지, 자신의 몸과 마음이 법계法界이고, 주객 구별이 사라지며, 자신의 마음이 대 지혜와 다르지 않음을 깨닫는다고 한다. 이런 깨달음을 동반하는 믿음(깨침)은 결코 자기의식의 산물이 아니다. 자생불교인 원불교는 연기緣起의 실재(空性)를 오히려 은총의 빛에서 이해한다. 모든 존재가 자연의 은혜, 조상의 은혜, 동포의 은혜 그리고 사회공동체의 은혜(四恩思想) 속에서만 존재할 수 있다는 것이다. 이 점에서 믿음은 자력이면서 타력의 사건이 된다. 정토불교가 말하는 가피加被의 세계를 언급하지 않더라도 실재(空性) 자체는 은총이란 사실이다. 연기緣起로서의 세계(法界)가 실재하지 않는다면 깨침 자체가 불가능한 것이기에 초발심初發心은 자/타력 어느 일면만을 가지고 설명될 수 없는 것이다.[35] 이런 믿음의 자리가 돈오頓悟이며 이 경우 조신祖信은 절대의존의 감정과 같은 것으로 이해될 수 있다.[36] 법계法界라 여기서 절대의존 감정을 일으키는 출처(woher)가 된다. 물론 여기서는 인격적 존재가 상정되지 않는다. 하지만 개체와 개체, 개체와 전체 간의 상의상관相依相觀은 주체 이상의 종교성을 드러낸다. 절대의존 감정(종교성)과 절대자유(윤리)를 동시적 사건으로 본 슐라이에르마하(F. Schleiermacher)처럼 조신祖信 또한 닦음과 무관하지 않다. 닦음이 깨침의 용用이기 때문이다. 믿음이

---

35 F. Buri, Der Buddha und Christus als der Herr des wahren Selbst, Bern & Stuttgart, 1982, 서론 내용 참고.
36 박성배, 앞의 책, 87~88쪽. F. Schleiermacher, Der christliche Glaube, Bd. 1. hg.v. M. Redeker, Berlin, 1960.

닦음으로 이어지고 닦음이 깨달음으로 이어지나 구경각究竟覺은 오히려 최초의 믿음(깨침) 상태와 다르지 않은 것이다. 이 점에서 불교는 본각本覺과 시각始覺을 말한다. 전자는 이미 깨쳐 있는 본래의 상태를, 후자는 못 깨친 상태로부터 깬 상태로의 전환을 의미한다. 하지만 선불교는 마음의 본연의 자리(本覺)를 아는 것을 구경각이라 한다. 올바른 믿음만이 바른 수행과 깨달음을 줄 수 있다고 믿기 때문이다. '초발심신初發心信', 곧 돈오의 생기生起가 불교의 믿음인 바, 이런 믿음을 재확인하고 자각을 깊게 하는 것이 수행의 목적인 것이다. 인간 속의 뿌리 깊은 훈습薰習의 작용을 항시 염두에 두기 때문이다. 하지만 수행(漸修)은 깨침의 상태를 지속하기 위한 것이지 깨치기 위한 과정이 아니다. 돈오의 생기生起(믿음)는 은총이자 존재론적 사건(轉依)으로서 절대적 진리에 속해 있기 때문이다. 따라서 여여如如한 세계를 보고 자비를 실천하는 주체(믿음)는 부처의 몸과 다르지 않다. 이 점에서 가역성/비가역성 물음에 대한 교토 학파 소속 신학자들 간의 논쟁이 주목된다. 선불교 신학자인 타키자와 그리고 야기세이찌는 일차 및 이차 접촉이란 말로 인간과 신의 관계를 정립하였다.[37] 타키자와는 '임마누엘' 개념으로, 야기는 예수의 자기이해(하느님 의식)를 토대로 기독교에서의 가역성/불가역성 문제를 바라본 것이다. "이것(임마누엘)은…나의 결정이나 희망 이전에 이미 하느님 사신에 의해 결정되어 있다…이것은 내 실존의 버팀목으로서 이것이 없다면 나는 허무 속에서 허우적거리고 말았을

---

[37] 변선환, 앞의 책, 165~228쪽. 이정배, 『한국적 생명신학』, 도서출판 감신, 1996, 278~291쪽. A Zen-Christian Pilgrimage: The furits of ten annual colloquia in Japan 1967~1976, The Zen-Christian Colloquium, 1981, 36~45쪽.

것이다. 내게는 이것만이 실재적 바탕이며 근거이고 삶의 목적이다."[38] 본 인용문은 인간 존재의 원 사실로서 임마누엘을 즉비卽非의 시각에서 이해한다. 즉비의 원原사실과 그에 대한 자각(예수) 간의 다름을 인정하나 하느님이 인간 의지에 앞서, 인식 이전에 우리와 함께 한다는 '임마누엘'의 빛에서 신/인간 사이의 가역적 관계를 강조하고 있다. 임마누엘(卽非)의 원原사실 자체는 예수(신앙대상)와 무관한 믿음(깨침)의 현실성이란 것이다. 반면 야기세이이찌는 예수에 의한 이차적 접촉에 무게 중심을 둔다. 하느님 지배가 역사적 인간 예수 속에서 너무도 분명히 자각되었기에 보편적 가능성인 임마누엘(원사실)을 가지고 예수의 특수성을 설명할 수 없다는 것이다. 따라서 그는 이차적 접촉을 통해 육화된 로고스로서의 예수를 절대무絶對無의 인식론적 토대라고 이해한다. 기독론의 불가역적 측면을 선불교 측에서 수용하는 입장인 것이다. 하지만 체용론體用論의 시각에서 볼 때 이들은 본래 둘이 아닌 것을 둘로 나누어 보고자 했다. 특히 야기세이이찌는 일본이 정토 불교의 타력 신앙에 근거하여 바울의 기독교를 해석한 것이다. 하지만 한국의 돈점頓漸 논쟁은 선불교 역시 자/타력의 분별을 넘어선 믿음의 종교임을 알려준다. 선불교는 돈오頓悟의 생기生起를 불퇴전不退轉의 믿음으로, 연기緣起(空性)를 믿음의 장소라 말함으로 비대상적 믿음의 새 차원을 보여주었던 것이다. 역사적 예수를 연구하는 M. 보그 같은 학자는 기독교의 하느님을 초월적이면서도 내재적이며 지금도 우리를 둘러싸고 있는 영

---

[38] K. Takizawa, "Was hindert mich noch, getauft zu werden?", Das Heil im Heute einer Japanischen Theologie, hrsg. von Theo Sundermeiner, Goettingen 1987, s.25.

(encompassing Spirit)으로 보며 예수가 체험했던 하느님의 영을 함께 체험할 것을 요구한다.[39] 여기서 우리는 기독교 역시도 비대상적인 믿음의 길, 곧 깨침의 종교일 수 있다는 개연성을 보게 된다. 다음 장에서 우리는 성령론(氣)의 시각을 토대로 에카르트 신비사상을 이해하고 그 빛에서 비대상적 믿음의 길을 조명하며 '홀론적 구원'이란 이름 하에 믿음과 수행의 두 차원을 동일선상에서 이해해 볼 것이다.

5. 성령론(신비주의)적 기독교 이해와 믿음과 수행의 접점으로서의 '홀론적 구원관'

전통적인 서구 기독교는 '우리 안의 신(神性)'을 인정하지 않는다. 신비주의가 늘상 비판의 대상이 된 것이다. 자연 및 인간의 타락을 전제로 그리스도의 역할이 강조되었고 제도적 은총이 구원론의 핵심이었다. 이런 실상은 교회 발전에 기여한 바 크나 개인의 영적 진보를 위해서는 큰 역할을 하지 못했다. 교회가 성령론을 억압한 것도 인간과 신의 직접적 관계성을 두려워했기 때문이다. 그러나 현대 신학은 성령론을 강조한다. 하느님의 영이 신학 담론의 핵심으로 부각되고 있다. 여기에는 몇 가지 이유가 있다. 생명의 영으로서 불고 싶은 대로 부는 성령의 이미지가 실체론(형이상학)적 사유를 해체시키고 동일성 철학(자아 개념)을 부정하며 주변부의 존재를 부각시키고 다양성(차이)을 중시하

---

39 M. 보그/한인철 역, 『새로 만난 하느님』, 한국 기독교 연구소, 2001.

며 필연성으로 일관된 근대 과학의 한계를 지적하며 자연 내 생명의 자기 초월 현상(카오스)을 신적 차원으로 이해하는 탈현대적 사유방식과 일치하기 때문이다. 이 점에서 동방기독교를 대변하는 스텐달은 기독론적 언어보다 영의 언어를 빌어 사유하는 것이 하느님의 실재를 이해하는 데 도움이 된다고 말한다.40 왜냐하면 초월적 신비인 하느님은 만물에게 우주적 생명을 부여하는 창조적 힘으로서 그 범위가 전 우주에까지 미치는 역동적 에너지(energy for life)로서 기독교 신앙 여부와 관계없이 누구에게나 알려질 수 있기 때문이다. 즉 성령의 언어는 교회 안에서만 통용되며 구원받은 자들에게만 알려지는 암호와 같은 것이 아니라 우주 속에서 느껴지는 생명력으로서 초월적 신비를 지시하며 바로 이 과정에 대한 이해를 믿음이라 하는 것이다.41 이처럼 모든 피조물들을 신적 거룩성의 표지로 보며 믿음을 체험(깨침)의 차원으로 이해하는 성령론적 시각은 신비주의 사조, 특별히 필자는 에카르트의 사유틀 속에서 구체화될 수 있다고 본다. 부정신학자 에카르트의 신비주의 철학은 기존의 서구 논리 유형과는 전혀 다른 것으로 오히려 기氣 철학이나 체용론體用論적 실재 이해와 상당한 유사성을 갖고 있기 때문이다. 따라서 우리는 본 장에서 플라톤이나 아리스토텔레스가 아닌 신플라톤주의(플로티누스)라는 또 다른 전통에 근거한 에카르트의 신비주의 사상을 빌어 가역성/불가역성 논의의 접점을 찾고 믿음과 수행의 두 종교 모두 공유할 수 있는 구원의 방식을 언급해 보려고 한다.

---

40 Krister Stendahl, Energy for Life, Reflection on the theme 'come Holy Spirit, Renew the whole creation", Geneva: WCC Publication 1990, preface.
41 위의 책, 49~51쪽.

흔히 철학자들은 신플라톤주의를 질료의 세계로부터 '일자一者'를 지향해 가는 목적론적 사유의 일환으로 평가한다. 여전히 존재론(一者)을 말하고 목적론을 에피스테메로 삼는 한에서 앞선 두 철학자들처럼 중세 세계관의 한계 내에 있다는 것이다. 오히려 스피노자의 '신즉자연神卽自然'의 내재성을 동아시아의 기철학氣哲學(氣一元論)과 일치되는 것으로 이해한다.[42] 초월의 아프리오리가 완전 제거됨으로써 '불일이불이不一而不二'의 원융적 세계관을 드러냈다는 것이다. 그러나 필자는 초월을 포기하는 것이 능사가 아니며 어느 동아시아 종교도 초월 자체를 탈각시키지 않았음을 믿는다. 성속일여聖俗一如란 초월의 제거가 아니라 내재적 초월의 길을 의미하기 때문이다. 이 점에서 필자는 신플라톤주의를 토대로 부정신학을 전개한 에카르트 신비주의 속에서 두 종교를 아우르는 포괄적 지평을 발견할 수 있다고 생각한다. 주지하듯 에카르트는 세계 만물이 신성의 깊이(一者)로부터 출원하고 그곳으로 환원하는 창조론과 신과 인간의 근원적 일치를 주장한다. 이것은 신플라톤주의 영향 하에 형성된 대안적 신관이다.[43] 그에게 있어 인격적 신개념은 아직 종교의 본질을 드러내지 못한 발전 과정의 한 양태일 뿐이다. 성육신 사건이 훌륭한들 자신의 영혼 속에서 하느님의 아들이 탄생하지 않는 한 그것은 무의미하다고 말한다. 성육신이란 인간이 하느님 되

---

42 이정우, 「기란 무엇인가?」, 『기학의 모험- 동서양 철학자, 유배된 氣의 부활을 말하다』, 들녘, 2004, 172쪽.
43 버나드 맥긴/방성규·임성옥 공역『서방 기독교 신비주의 역사』, 은성출판사, 87~104쪽. 길희성, 앞의 책, 17쪽. 이하 내용은 후자의 글 속에서 중요한 부분을 정리한 것이다.

는 데 본래 목적이 있다는 사실이다. 이 점에서 신화학자 켐벨은 종교적 언어란 우리 자신의 내적이고 영적인 경험을 지시한다고 하였다.[44] 인간 영혼의 근저에서 일어나는 신神과 인간의 합일, 이것은 분명 이데아론은 물론 존재유비(Analogie entis)의 사상과도 다르다. 오히려 이것은 동아시아 불교 철학의 핵심을 반영한다. 자신이 부처임을 깨치는 돈오頓悟는 모든 것을 비우고 초탈하며—하느님마저 놓아 버린 채—영혼의 근저로 돌파함으로써 자신 속에서 하느님 아들을 탄생시키는 것과 다르지 않다. 영혼 안에서의 하느님 탄생이란 은폐되어 있던 하느님 형상이 드러남으로 가능하다. 여기서 에카르트는 자력/타력, 수행과 은총의 관계를 "마음을 비우는 초탈이 극에 이를 때 하느님이 자신을 우리에게 쏟아 넣는다."라는 말로 표현한다.[45] 하느님 아들의 탄생에 있어 인간의 능동성과 전적 수동성을 동시적 사건으로 보는 것이다. 한마디로 사즉생死卽生이다. 초탈의 노력 안에 이미 은총이 작용하고 있다는 사실이다. 이들이 설코 둘이 아니며 선후로 나뉠 수 없기에 또한 지행합일知行合一이 된다. 초탈한 존재 역시 세계 내적인 존재임은 두말할 필요가 없다. 에카르트는 만물이 하느님 안에 존재한다는 신관을 피력한다.[46] 세계 없이 홀로 존재하는 신은 생각할 수 없는 것이다. 일자一者로부터 존재를 부여받아 생성되었기에 그것들 모두는 의당 하느님을 향해 움직인다. 만물 속에도 인간의 경우처럼 존재론적 갈망이 있다는 것이다. 여기서 '일자一者' 이신 하느님은 하나마저 초월하는 일자로서

---

44 조셉 켐벨/박경미 역, 『네가 그것이다』, 해바라기, 2004, 28~43쪽.
45 길희성, 앞의 책, 171~203쪽. 이는 필자가 본문의 핵심 내용을 요약한 것이다.
46 위의 책, 111쪽.

무차별성을 지시한다.[47] 차별성이 없기에 신은 '일자一者'인 것이다. 이 것은 이사무애는 물론 사사무애의 세계와 다르지 않다. 이상의 에카르트적 시각 하에서 두 종교를 아우르는 신학의 새 패러다임이 말해질 수 있다. 첫째로 인간을 포함한 우주 자연이 하느님 자체의 형상이자 현현顯現이라는 사실이다. 여기서는 창조주와 피조물 간의 위계 대신 전체가 부분이고 부분이 전체가 되는 홀론적 관계가 형성되고 초월에 대한 인간의 자기언급이 가능해진다. 둘째로 이런 맥락에서 자연은 하느님 계시의 원천이자 원 은총의 영역이 된다. 그것은 언제든 하느님의 있음(Deus esse est)을 증거하기 때문이다.[48] '있음'을 결여할 정도로 무가치한 피조물은 존재하지 않는다. 이 점에서 죄란 인간 속의 신적 원천, 신적 깊이를 망각하는 피상성에 빠지는 일이다. 셋째로 하느님 자신은 초월적 실체나 인격적(초자연적) 타자가 아니라 우주를 둘러싸는 영과 같은 것으로 자신과 피조물을 결합시키는 존재이다. 이런 하느님은 논리적 사고나 객관적 믿음의 대상으로 현존하시 않으며 즉각적, 개념 이전以前적 깨달음의 영역 속에 있다. 넷째로 이 점에서 예수 역시 하느님과의 실체적 동일성을 지녔거나 속죄적 죽음을 죽으신 믿음의 대상(Redeemer)이기보다는 창조시의 위대성과 신적 거룩함으로 되돌아가도록 인간을 부른 존재, 곧 창조 영성을 환기시킨 존재(Reminder)로 이해된다.[49] 존재

---

[47] 위의 책, 76~77쪽. John D. Caputo, "Fundamental Themes in Meister Eckart's Mysticism, The Thomist 42, 1978, 197쪽.

[48] 위의 책, 112쪽. "결함이 있는 것은 존재(esse)로부터의 탈락이다. 우리들의 생명 전체가 존재이어야 한다. 우리들의 생명은 존재인 한 하느님 안에 있다. 우리들의 생명이 존재에 감싸여 있는 한 그것은 하느님과 연관되어 있다…."

[49] M. Eckhart, "Vom Edeln Menschen", Meister Eckhart: Deutsche Predigten und

론적 배타성으로서가 아니라 성령론적 동일성의 존재라는 사실이다. 이것은 신과 인간의 이원론적 분리(타락)를 전제한 종래의 구원 신학과는 전혀 맥을 달리한다. M. 폭스는 예수를 전 피조물 속에 현존하는 하느님의 내재적 지혜라고 설명하고 있다.[50] 마지막 다섯째로 구원이란 우주의 큰 생명인 하느님 영에 취해 전 우주와 감응하며 새로운 문화를 일궈 낸 예수의 존재 양식을 지시한다.[51] 다시 말해 우주의 존재들 간에 관계 아닌 것이 없다는 '시(侍)(모심)'의 영성의 자각(깨침)이 바로 구원의 리얼리티라는 사실이다. 우주 내에서 자신을 발견하고 인간 속에서 우주 그 자체가 발견됨으로 개별아(個別我)의 관념이 난파되는 삶의 자리를 얻기 때문이다.

이상과 같은 신학의 새 패러다임 하에서 가역성/불가역성, 자력/타력, 요컨대 믿음의 종교와 수행(깨침)의 종교 간의 접점이 예시되었다. 이 과정에서 기독교가 불교 식으로 해석되었다고 생각할 수도 있다. 하지만 이 일은 성령론과 에카르트 신비주의로 인해 기독교 전통이 무시하고 억압했던 신화적 요소가 되살아났기에 가능한 일이었다. 따라서 이 작업을 불교적·동양적이라 평하기보다는 오히려 '근원적인 것'으로 이해하는 것이 옳을 듯 싶다. 현대 신학은 지금 이원론의 극복을 시도하며 유기적·전일적 세계관의 틀 하에서 자신을 재구성해 내려고

    Trakate, J. Quint(hrsg. & uebersetzt), Carl Hanser 1963, s.140. 길희성, 위의 책, 242쪽에서 재인용. 레이몬드 B. 블레니크/이민재 역, 『마이스터 에카르트』, 다산글방, 1994.

50 M. Fox, Original Blessing, Santafe, New Mexico 1983, 64~68, 157쪽.
51 이정배, 『신학의 영성화, 신학의 생명화』, 기독교서회, 2001, 217~226쪽.

한다. 이 과정에서 신학의 메시지가 달라지는 것은 당연한 일이다. 동아시아 불교의 '불이不二'와 '즉시卽是'를 신비주의 틀로 수용하여 신학의 모형 전환을 말했던 바, 믿음과 수행의 두 종교는 이제 '홀론적 구원'이란 이름 하에 포괄적으로 설명될 수 있을 것이다. 우선 홀론holon이란 말은 '전체' 혹은 '온전'을 의미하는 희랍어 'holos'에서 온 것으로 전체와 부분의 관계를 지칭한다.[52] 예컨대 인간은 신과는 별개의 존재이지만 신으로부터 구별(분리)된 존재는 아무도 없다는 것이다. 즉 인간은 신神이라는 전체 속에 있는 홀론이며 그 인간 속에는 전체(神)가 내재하고 있다는 것이다. 이 점에서 홀론적 존재는 불이적不二的 존재와 다르지 않다. 한마디로 신과 나(개체) 사이에 어떤 간격도 없다는 말이다. 그렇다면 홀론적 신은 단순히 있는(be) 존재가 아니라 무한한 우주적 에너지 형성의 장場(field)일 수밖에 없다. 다시 말해 하느님은 유한 속에서 활동하시는 무한한 힘으로서 영靈이라는 것이다. 이런 장場 속에서 예수는 전체 속에서 자신의 지리를 발견한 온전한 홀론, 즉 개별아個別我를 넘어선 우주적 자아가 된다. 즉 하느님(영)이란 체體가 예수의 역사적 현존(用) 속에서 구현되었다는 것이다. 그러나 체용體用 간의 통일성, 곧 개별아 속에서 전체를 자각하는 일은 예수에게서만 일어나는 유일무이한 사건은 아니다. 자기소멸을 통해서 인간은 누구나 수준의 차

---

52 토마스 G. 핸드/이희정 역, 『동양적 그리스도교 영성』, 한국 기독교 연구소, 2004, 190~192쪽. 본래 '홀론'은 영성 철학자 캔 윌버(K. Wilber)의 핵심 개념이다. 윌버는 전통적인 '하이라키' 개념과 생태학에서 말하는 '헤타라키' 개념 모두를 비판하며 '홀아키'라는 용어를 쓰고 있다. 홀아키란 상위의 것이 하위의 것을 포함하면서 넘어서는 의미를 갖는다. 관계 자료로 K. Wilber/조효남 역, 『감각과 영혼의 만남』(범양사)와, 同, 『모든 것의 역사』(대원출판)를 보라.

이가 있을 뿐이지 자기초월, 즉 하나로서의 전체(充溢)가 되려는 동인(홀론)을 가지고 있기 때문이다. 예수는 단지 자신 속에 우주적·영적인 힘이 흐르고 있음을 깨친, 즉 대오철저大悟徹底의 경지에 이른 것으로 그의 삶 자체는 늘상 신神의 지배 속에 있었던 것이다.[53] 사람은 누구나 전체에 속해 있기에 우리 모두는 근원적으로 하나이다. 만물이 모두 내 안에 갖추어져 있다는 것이다. 내 마음이 곧 그 마음인 것이다(吾心卽汝心). 그렇기에 어느 한 사람의 힘이 충만한 경우 그 힘은 일체의 생명 속에 현존할 것이며 모든 생명을 변화시켜 낼 수 있는 것이다.[54] 기독교적으로는 성령의 역사이고 불교는 이를 불성佛性(緣起)의 작용이라고 말할 것이다. 바로 여기에 '홀론적 구원론'의 본질이 있다. 기독교, 불교를 막론하고 공히 적용될 수 있는 진리인 것이다. 홀론적 구원론의 빛에서 우리는 우주와 인간의 동시동조적 감응感應, 곧 공시적 사건을 경험할 수 있다. 공시적 경험은 자신을 비우고 부정적 에너지를 통합시킴으로써 전체를 온전히 현재화(充溢)할 수 있게 하는 바, 그때 비로소 우리 자신이 구원될 수 있는 것이다. 이를 수심정기守心精氣라고도 말할 수 있을 것인가?[55]

---

53 토마스 G. 핸드, 위의 책, 215~225쪽.
54 위의 책, 242쪽. 이 점에서 기독교의 '대속적 구원론'은 저자에 의해 시대착오적인 것으로 비판된다.
55 이정배, 『한국 개신교 前衛 토착신학 연구』, 기독교서회, 2003, 383~422쪽. 특히 403쪽 이하 참고. 필자는 여기서 동학의 수행론을 기독교 관점에서 수용하였다.

6. 나가는 글

결국 본 논문은 기독교가 자신의 제도 은총 고수를 위해 억압해 온 '신적인 자기의식'을 성령론 및 신비주의의 신학 담론의 빛에서 해석함으로써 불교적 돈오頓悟와의 만남을 시도한 형태가 되었다. 신이 내 자신의 실재가 되었다는 새로운 지각은 깨침이자 믿음의 사건일 수밖에 없다. 이 인식은 기존의 자신을 무화시키며 전혀 다른 삶의 에토스를 부여하기에 일종의 견성見性이라고 해도 지나치지 않는다. "우리는 그분 안에서 숨쉬고 살아간다(사도행전 17:28)."는 바울의 고백은 신과 인간 사이의 친밀감, 곧 가역적 관계성의 표현으로 이해할 수도 있는 것이다. 용用 속에서 체體의 발견을 진리로 여긴 동아시아 사유의 틀에서 우리는 성육신교리를 이해해야 하며, 자신 속에서 전체를 발견하는 깨침과 깨침을 지속하는 노력 속에서 우리 역시 성육화된 존재인 것이다. 지금까지 우리는 기독교 복음의 토착화란 이름 하에 아시아 종교들을 기독교적으로 해석해 왔으나 기독교를 불교적으로 이해하는 것이 토착화의 본질에 근접하는 것이라고 믿는다. 지구촌 종교의 복수성에 모순되지 않고 조화하는 구원신학을 창출해 내는 것이 오늘 기독교에게 주어진 과제이기 때문이다. 본 논문은 바로 이 점을 인식하고 '홀론적 구원론'을 통해 서툴게나마 기독교 신학의 모형 전환을 시도해 본 것이다.

제2부

유교와 기독교의 만남

109 | 불교적 유교에서 기독교적 유교에로 __ 이정배

149 | 문화 다양성 시대와 보스톤 유교__ 이종찬

181 | 보스톤 학파의 유교 이해__ 장왕식

불교적 유교에서 기독교적 유교에로
다산 정약용의 유교 해석에 있어서 기독교적 영향 탐구

이정배 (감신대)

1. 들어가는 글

본 글을 쓰기 위해 필자는 강진 다산초당을 다시 한번 찾았다. 그곳에서 지낸 다산의 18년 유배생활을 몸으로 느끼고 당시 집필했던 그의 경전 해석의 독창성을 배우고 깨닫기 위함이었다. 지금껏 주자 성리학에 관심을 가졌던 필자로서는 선진 유교 경전을 재해석하며 조목조목 이기理氣형이상학을 비판하는 다산의 학문성에 경외감을 느끼지 않을 수 없었다. 당시 조선에 있어 허학虛學이 되어 버린 주자학에 대한 다산의 비판은 날카로왔고 주도면밀했다. 불교와 노장사상의 영향 하에 천天이 이기理氣 존재론으로 바뀌고 인간과 자연 사물의 본성(本然之性)이 동일시되며 인간 간의 서열 및 차별을 당연시하는 성리학을 다산은 선진 유학의 왜곡, 곧 유교의 불교화로 본 것이다. 다산은 유불선을 종합한 성리학의 우주 존재론의 중요성 및 그 존재 의의에 대한 관심보다도 그것이 주는 폐해를 집중 연구하였다. 불교를 비롯하여 성리학의 존재론이 과연 다산이 말하듯 허학虛學에 불과한 것인지 오늘의 시각에서 비판적으로 재론할 것이나, 탈 불교적 맥락에서 유교의 종지와 그 본질을 되찾고자 한 노력은 대단히 의미 깊다. 이런 반 성리학적인 세계관에 근거한 다산의 학문은 개신유학改新儒學[1] 혹은 다산 경학經學 등으로 불리며 그 독자성을 확보하고 있는 바, 이것은 공맹 유교에로의 환원 이상을 의미한다. 다산의 유학, 곧 경학은 유교의 핵심을 서학西學의 충격 속에서 새롭게 해석하였기 때문이다. 젊은 시절 이익의 제자였던 다산은 친서파親西派의 일원으로서 천주교 교리를 적극 수용하였고 그 영향 하에서 유교 경전을 읽고 해석하였던 것이다. 릿치의 천주실의가 유교의 천天 개념 및 인간 본성과 영혼에 대한 이해를 탈 성리학적으로,[2] 선진 유학의 지평 너머로 나아가게 한 것은 의심할 수 없는 사실이다. 사서四書에 대한 다산의 해석 속에서 우리는 이런 흔적을 발견할 수 있을 것이다. 다산 경학의 이런 특징을 천주교 영향으로 이해하는 것에 대해 많은 논란이 있다.[3] 다산을 천주교 신사로 이해하는 가톨릭 교회 입장에 대한 반감이 유학자들 간에 팽배하다. 필자 역시 다산을 기독교 신앙의 소유자로 보는 카톨릭적 포괄주의 신학 입장에 대해 동의하지 않는다. 하지만 다산 경학을 유교적 사유의 자기 발전적 결과로만 보는

---

1 특별히 이을호는 다산학을 改新儒學으로 명명하며 다산의 독자성을 강조한다. 이을호의 글은 『한국사상논문선집』, 불함문화사, 160권에 수록되어 있다.
2 다산을 탈 성리학자로 보는 것에 대한 다양한 의견이 있다. 필자는 비록 그가 성리학적 용어를 쓰고 있는 것도 사실이지만 의미론적으로 성리학 틀을 벗어나 있다고 판단한다.
3 김승혜 외, 『다산사상 속의 서학적 지평』, 서강대학교 인문과학원, 2004. 이곳에 실린 1장 논문을 보라. 김상홍, 『다산학 연구』, 계명문화사, 1990; 최석우외, 『다산 정약용의 서학사상』, 다섯수레, 1993.

유교적 입장도 긍정하고 싶지 않다. 분명 서구 기독교 세계관의 충격, 즉 서학西學만이 아니라 서교西敎의 교리가 다산에게 불교적 유교(성리학)로부터 유교적 혹은 기독교적 유교로 전환할 수 있는 계기를 마련해 주었다고 믿기 때문이다. 본고가 말하려는 유교적 유교는 릿치가 시도했던 보유론補儒論을 지시하고 있지 않다.[4] 다산은 릿치와 달리 서교를 유교를 보충하고 완성시키는 위치에 세우지 않았기 때문이다. 이 과정에서 유교 경전의 불교식 이해가 비판되었고 유교적으로, 다시 말해 존재론이 아니라 인간(의지) 중심적으로 경전이 재해석될 수 있었던 것은 서교 영향이다. 서구 과학(西學) 및 서교의 상제 개념 및 인간 주체적 사유가 다산에게 성리학의 존재론으로부터의 일탈을 가능케 했다는 것이다. 여기에서 필자는 종교(문화) 간 만남에 있어 지평 융합된 실상을 보게 된다. 즉 다산의 경학經學은 유교와 기독교 간의 지평 융합, 심지어 '기독교적 유교'로 까지 불릴 수 있는 여지를 남겨 놓고 있는 것이다. 다소 무리한 주상이라 생각될 수 있겠으나 본고는 이 점을 부각시켜 집중 탐색하려고 한다. 유교적 유교와 기독교적 유교 간의 상응점을 찾고자 하는 것이 필자의 관심사인 것이다. 이를 설명하기 위해 본 논문은 다음의 순서로 진행되는 것이 좋을 듯 싶다. 첫째, 다산 사상 속의 서학적 지평에 대한 제반 논의들, 둘째, 다산과 서교의 만남-릿치와 다산의 사유 구소의 비교연구, 셋째, 다산 경전 해석의 독창성-신독愼獨 개념의 해석을 중심으로, 그리고 마지막으로 다산 경학의 신학적 의미와 한계-탈 성리학적 세계관의 평가를 중심으로.

---

4 이정배, 『간(間)문화해석학과 신학적 상상력』, 감신대 출판부, 2005, 77~97쪽. 여기서 릿치의 보유론적 신학의 문제점을 볼 수 있다.

2. 다산 사상 속의 서학적 지평에 대한 제반 논의들

다산 정약용 사상의 독창성, 곧 그의 반주자학적 특성을 서교西敎의 영향으로 인식하는 한국 천주교 측의 입장은 오래 전부터 찬반 논쟁을 일으키며 주목을 받아 왔다. 성호 이익 학파에 속한 학자들로서 천주교를 거부한 신후담, 안정복 등의 공서파功西派들과 논쟁했으며 서학西學만을 수용했던 스승과도 다르게 서교에까지 몸담았던 정약용의 사상을 한국 천주교는 기독교 신앙의 차원에서 이해하려고 했던 것이다. 조선 초기 퇴계退溪/율곡栗谷 간에 있었던 '사단칠정四端七情' 논쟁의 범주를 벗어나 있는 정약용의 '인물성이론人物性異論' 논쟁[5]은 그 새로움 때문에 서교와의 사상적 관계를 추적 받고 있는 것이다. 필자 역시 '인물성이론'을 대변하는 정약용의 글 속에서 탈 성리학적 세계관은 물론 선진 유학과도 다른 유교 해석을 보며 기독교적 영향력을 강하게 느낄 수 있었다. 이런 발견은 유학적 사유에 익숙한 학자들보다 유교 텍스트에 관심을 갖고 그와 접하는 기독교 신학자들에게서 용이할 수 있다. '하나만 일면 아무것도 모르는 것'이라는 종교학적 공리를 타당하다고 믿기 때문이다. 이런 맥락에서 필자는 한국 천주교와 유학자들 간에 벌어진 다산 관련 논쟁을 정리하고 평가해 보려고 한다.

---

[5] 人物性同異論 논쟁은 조선 중기 이후 정약용과 이재의 간에 서신 교환 형식으로 전개 심화되었다. 실시학사경학연구회, 『다산과 문산의 인성논쟁』, 다산 경학자료역편 2, 한길사, 1997.

주지하듯 1751년에 태어난 다산 정약용은 16세 때 성호 이익의 유고 遺稿를 읽고 그의 제자들인 권철신, 채제공과의 만남을 통해 서학을 접하게 되었다. 그런 그가 서교에 감명을 받고 그것을 수용하게 된 것은 친형 정약현의 처남인 이벽의 가르침 때문이었다. 당시 23세(1784년)였던 다산은 서교의 시각에서 유교를 뒤집어 생각할 수 있었고 중화적 세계관의 협소함을 자각할 수 있었다. 다산의 서교 관련성을 부정하는 유학자들도 이 시기만큼은 예외로 인정한다. 릿치와 그 제자 판토하가 지은 『천주실의天主實義』와 『칠극七克』을 통해 서교를 알게 된 당시 남인 계급들은 인격적 신 개념, 인간 존재의 영명함(주체성)의 발견으로 존재의 충격을 받았다. 다산 역시 3-4년 동안 존재론적 성리학과 다른 서교 교리 공부에 골몰했으며 그 뜻의 새로운 발견으로 내심 기뻐하기도 하였다. 23세 때 정조에게 바쳤던 『중용강의』는 이후 다산 사상의 근간이 되었던 것으로, 이 시기에 쓰여진 것이다. 물론 당시 이벽이 퇴계를 지지하고 다산이 율곡을 따라 이理의 실체성을 부정하였으나 의미론적으로 이들의 입장은 다르지 않았다. 왜냐하면 퇴계의 이발理發, 곧 이理의 능동성은 이벽에게 '대월상제大越上帝', 곧 인격적 하느님(天主)을 만나는 것으로 지평 확대되었고 다산이 이理의 자존적 실체성을 거부한 것은 성리학적 세계관 자체를 부정하는 것이었기 때문이다.[6] 사실 퇴계

---

[6] 이 점에서 남인에 속한 다산사상을 퇴계학의 계보로 읽으려는 움직임도 있다. 이광호, 「상제관을 중심으로 본 유학과 기독교의 만남」, 『유교사상연구』 19집, 한국유교학회, 2003, 533~566쪽; 한형조, 『주희에서 정약용으로』, 세계사, 1996, 147~159쪽. 한형조는 다산 사상 성립의 단초를 퇴계와 율곡 간의 갈등에서 찾고자 했다.

의 이발理發 개념조차도 주자학의 지평을 넘어서 있는 것이다. 또한 다산이 인간 본연지성本然之性을 선험적(존재론적) 형이상학의 차원(理)이 아니라 현실적·경험적 지평(氣)에서 본 것은 인간의 주체성(의지)을 강조한 것으로 선진 유학과 그리스도교 공히 공통된 부분인 것이다. 다산 경학經學은 시종일관 이런 사상적 기초 하에 세워진 것으로 유교와 기독교 간의 대화의 산물(지평융합)이다. 물론 후일 다산이 천주교를 떠난 기록이 있고 천주교 신자를 잡아 가두는 일도 했으며 제사를 거부한 윤지충의 경우를 보며 천주교를 비방한 글도 남긴 바 있으나 그것으로 다산을 배교자로 몰거나 다산의 학문적 입장이 달라졌다고 할 수는 없다. 유학의 바탕에서 서교의 충격을 흡수하였고 그로써 탈 성리학적 유교, 곧 유교를 더욱 유교답게 한 경학 체계가 이미 이벽과 만난 그 시점에서부터 그에게 갖추어져 있었기 때문이다. 이것은 다산이 천주교 신앙을 소유했다고 하는 것과는 별개의 문제이다. 다산과 서교의 관계를 한 개인의 신앙 여부로 판단하는 것은 기독교 중심적 발상이다. 다산 경학을 유학 체계 내의 발전적 원리로만 이해하는 것도 한계가 있다. 오히려 다산의 경학을 종교 간, 문명 간의 간間 주체적 대화, 곧 해석학적 순환의 문제로 인식할 때 그것이 주는 의미가 극대화될 수 있다. 다산이 천주교를 맹자 문하의 한 학파로 생각했었다는 기록은 이 점에서 대단히 중요하다.[7] 이런 차원에서 볼 때 다산의 서학적西學(敎)적 지평을 놓고 벌어진 유학 측과 천주교 간의 논쟁은 저마다 부분적으로는 옳지만 재

---

[7] 다산학의 정립은 맹자에 대한 재해석에 기초한다. 天主實義의 자극과 충격이 다산으로 하여금 맹자 새롭게 읽기를 추동했다고 믿는다. 人物性同異論 역시 맹자 해석의 차이에서 비롯했다. 한형조, 앞의 책, 159쪽 이하.

고되어야 할 부분이 많다.

지금껏 천주교 측에서는 다블뤼(A. Daveluy)와 달레(S. Dallet)의 기록들에 근거하여 그리스도교 신앙인으로서의 정약용을 강조해 왔다.[8] 『조선 순교사 비망기』, 『조선 복음 전래사』에 의거 최석우는 다산과 서학의 관계를 '외유내천外儒內天, 외유내서外儒內西'로 보는 입장과 조심스럽게 거리를 둔다. 오히려 그는 다산을 완전한 천주교인이자, 완전한 유교학자로 보아야 한다고 주장했다. 내외가 다르지 않다는 것이다. 단지 정치적 위협 때문에 자신의 입장을 밝히지 않았을 것으로 추정한다. 따라서 그를 천주교 배신자로 보는 것은 천부당만부당한 일이라고 보았다. 최석우는 '외유내천'이란 말속에서 유교와 천주교 간의 종교 혼합주의를 염려하고 있다. 하지만 정약용의 인격 및 사상 속에서 두 종교는 지평 융합되어 있다. 그에게서 천주교와 유교는 질적으로 다르지 않다. 천주교의 영향으로 유교가 달리 해석되고 유교적 방식으로 서교를 이해하려고 했기 때문이다. 그렇기에 '외유내천'이란 말을 두고 찬반을 주장하는 것은 무의미하다. 이후 논의하겠으나 상제를 인격자(主宰之天)로 본 것, 신독愼獨으로 사천事天하여 천지합덕天地合德하는 일 그리고 인간의 우위성을 강조하는 성삼품설 등은 모두 유교적 유교의 특성이자 동시에 그리스도교적 유교의 모습들인 것이다. 이런 천주교 주장에 반하여 다산과 천주교 간의 단절, 곧 서교의 영향을 부정적으로 평가하는 학자들도 많다. 다산의 반 성리학적 특성을 유교 속에서 발현

---

8 최석우외, 앞의 책, 20~47쪽. 최석우 신부는 다블뤼 주교의 비망기의 기록에 근거하여 천주교 신앙인으로서 다산을 말한다.

된 근대 사상의 맹아로 보는 것이다. 인격적 주재자로서의 천天 개념도 선진 유교 전통 속에서 발견되는 것으로 서교와의 연결성이 그리 크지 않다는 사실이 강조된다. 반 서학적 맥락에서 다산을 연구한 대표적 학자로 김상홍을 들 수 있다. 그는 언급된 서양 신부들 기록의 연대기적 오류와 1822년에 남긴 다산 자신의 묘지 글 〈자찬自撰 묘지명墓地名〉의 내용을 근거로 다산 사상과 서교의 무관계성을 지적하였다.[9] 달레의 『조선 천주교 교회사』의 원 자료로 사용된 다블뤼의 비망기備忘記는 구전에 근거한 기록인 바 정약용 자신의 기록들과 여러 면에서 상치된다는 것이다. 1845년 10월에 한국 땅에 온 다블뤼가 1820~30년대의 다산의 삶을 접할 수 없었을 것이며 당연히 구전에 근거했던 그의 기록은 사실의 지평을 너머 확대 재해석되었다고 볼 수 있다. 아울러 그는 세상에 공포하지 말기를 바라며 생전에 썼던 묘지명에서 천주교와 절의絶義했다는 다산의 말에 주목한다.[10] 또한 묘지명 속에서 천주교도가 아니었음에도 억울한 누명을 쓴 것에 대한 다산의 안타까움을 지적해 낸다. 이 점에서 지난 60년을 죄와 뉘우침의 세월로 고백하고 하늘의 명命을 돌아보며 여생을 보내려 다짐하는 다산의 심정을 그리스도교적으로 해석하는 천주교 측 입장을 다음의 비문을 근거로 무효화시킨다. "…너는 말하기를 나는 사서四書 육경六經을 안다 하지만 그 행실을 상고

---

9 김상홍, 앞의 책, 41~51쪽.
10 살아생전 다산이 쓴 〈自撰墓誌銘〉을 두고 천주교 학자들과 유학자들 간의 논쟁이 빈번하다. 김승혜도 이 글을 종교적 관점에서 읽어야 할 것을 강조한다. 천주교에 몸담았던 과거를 후회하는 글이 아니라 天命에 의거한 인간의 삶 자체를 근본적으로 반성하는 내용이란 것이다. 『與猶堂全書』, 경인문화사 영인본, 1970, 1~16, 337쪽.

하면 부끄럽지 않을 수 있으랴… 너의 어지러운 것을 거두고 너의 미친 짓을 중지하여 힘써 밝게 하늘을 섬겨야 마침내 경사가 있으리라."[11] 여기서 김상홍은 환갑에 이른 다산의 참회를 결코 서교적西敎的 신앙의 관점에서 볼 수 없다고 단언한다. 다산에게서는 오로지 유교적 삶의 다짐만이 있었을 뿐이라는 것이다. 이런 주장은 일면 사적史的인 면에서 설득력을 얻을 수 있을 것이다. 하지만 인간의 내면을 쓰여진 글로만 평가하는 것이 옳은지 되물을 필요가 있다. 자신의 행실에 대한 다산의 죄책 경험은 서교적 천天의 인격성과 연루되면서 더욱 철저해질 수 있었을 것이다. 다산의 천관天觀은 성리학을 물론 선진 유학과도 다른 인격적·내면적 종교 체험에 근거를 두고 있기 때문이다.

다산과 서교의 관계에 대한 천주교 측의 또 다른 견해들이 있다. 먼저 금장태는 '외유내천外儒內天(耶)'의 입장을 인정한다.[12] 최석우와 달리 서교에 대한 박해를 견디기 위해 이중생활을 했을 개연성을 인정하는 것이다. 여기에는 다산이 천주교 신앙인이라는 사실이 전제되어 있다. 하지만 금장태는 다산의 학문과 다산의 신앙을 구별한다. 그는 다산의 경학이 천주교 교리의 영향 하에 형성되었음을 부정하지 않는다. 그럼에도 불교 세계관을 빌려온 성리학이 여전히 유교이듯이 경학 그 자체는 유교이지 천주교가 아니라고 한다. 경학을 지평 확대된 유교라고 보는 것이다. 이런 생각은 필자의 견해와 일정 부분 같다. 하지만 다산이 천주교 신앙인이 아니었다면 경학 자체가 불가능했으리라는 그

---

11 앞의 책, 같은 쪽.
12 금장태, 「다산의 유학사상과 서학사상」, 최석우외, 『다산 정약용의 서학사상』, 91~100쪽.

의 생각에는 동의하기 어렵다. 천주교 신앙의 유무와 관계없이 삶의 지평에서 해석학적 순환 과정은 언제든 가능하며 문명 간 교류의 결과로 볼 수 있기 때문이다. 이 점에서 김승혜의 입장에 동의하고 싶다. 그는 7년 간에 걸친 천주교의 영향을 부인하지 않으면서도 원시유교의 경전에 바탕한 다산학의 독특성에 주목했다. 다시 말해 다산 경학과 천주교 서학 간의 분명한 차이점을 강조하고 있는 것이다. 비록 다산이 신독愼獨을 강조한 바 있으나 유일신 신앙의 소유자가 아니라는 것, 역사적 인물로서 예수에 대한 이해의 결여 그리고 공자에게로 소급되는 무언적無言的 신관(Deus Absconditus) 등이 그것이다.13 따라서 그가 그리스도 신앙인이었다는 입장을 거절한다. 그럼에도 다산이 사천事天을 으뜸가는 일로 강조했고 서교적西敎的 인간 이해를 적극 수용하려 했으며 천天의 보응설을 적극 활용한 것은 유교 지평을 벗어난 서교의 영향임을 주장한다. 다산 경학의 독특성을 천주교적 요소의 수용으로 보는 것이다. 천天(하늘)이라는 궁극자에 대한 확신이 다산에게 동서의 경계를 넘어설 수 있도록 했다는 것이다. 즉 다산 경학은 신 중심적 보편주의의 틀 하에서 문명 간 교류로 인한 또 하나의 열매일 수 있다는 평가이다. 필자가 동의할 수 있는 지점이 바로 여기다. 이하 논의는 이런 관점에서 진행될 것이다. 다음 장에서 우리는 릿치의 『천주실의天主實義』와 다산 경학 간의 사상적 관계를 비교 검토하려고 한다. 『천주실의』야말로 다산에게 영향을 준 가장 핵심적인 책이기 때문이다.

---

13 김승혜 외, 앞의 책, 121쪽 이하 내용 참고. 김승혜는 다산의 天을 '無言으로 배려하는 상제'로서 비아 네가티바(via negativa)의 시각에서 이해하였다.

3. 다산과 서교의 만남
　: 릿치와 다산의 사유구조 비교 연구

　주지하듯 천주실의는 동서 문명 교류의 인문학적 결과물로서 성리학적 세계관에 빠져 있던 당대 조선 중기 유학자들에게 탈 성리학적인 세계 인식을 각인시켰다.14 바로 인물성동이人物性同異 논쟁은 이로 인해 활발해진 것으로 실사구시實事求是의 학문인 실학實學의 이론적 근거가 되었던 것이다. 강진 유배 시부터 맹자의 사단四端을 중심으로 20여 년간 지속된 다산 정약용과 문산 이재의 간의 인성人性/물성物性에 관한 토론이 그 구체적인 실례이다. 물론 인물성 간의 절대적 차이를 주장하는 정약용의 견해가 서교, 곧 릿치의 천주실의 영향이라고 보는 주장과 성리학 내부의 자기 비판적 성찰이라는 주장이 공존한다. 하지만 자연을 인간의 노예적 위치(수단)로 격하시키는 다산의 사연관을 성리학의 틀 안에서 이해하는 것이 쉽지 않다. 다산 경학을 성리학적 틀 안에서 혹은 밖에서 보아야 하는가에 대한 논쟁이 많은 것도 이 때문이다. 하지만 천주실의天主實義 수용 여하에 따라 조선조 후기 인물성동이론의 논쟁이 활성화된 것은 부인할 수 없는 사실이다. 성호 이익의 문하생들이었으나 서학변西學辯을 쓴 신후담, 안정복 등 공서파攻西派 대부분이 다산과

14　당시 중국 명나라 시기 天主實義를 수용한 사람들은 이탁오 등 양명학자였고 조선 중기 무렵에는 남인 계급 출신의 실학자들이었다. 天主實義를 수용한 조선의 학자들이 주자학보다는 양명학에 호감을 지닌 것도 부정할 수 없다. 하지만 중국의 경우와 달리 다산은 양명학에 대해서도 비판적이었다.

달리 인간과 사물(자연) 간의 동일 본성을 주장한 것은 주목할 가치가 있다. 이 점에서 우리는 먼저 다산에 대한 천주실의의 영향을 살피고 다산 사상과 천주실의 간의 공동 패러다임을 정리하고자 한다. 이 과정에서 인물성이론을 확정지은 그의 천관天觀, 인간 이해 등이 불교 및 노장사상에게 빚진 유교(성리학)의 그것과 다르다는 것과, 오히려 선진 유학을 새롭게 주석하는 경학의 기초가 되었음을 알게 될 것이다.

릿치는 천주실의를 통하여 유교인들에게 천주교 신앙의 핵심 내용을 세 가지로 설명하였다. 인격적 창조주 하느님, 인간 영혼의 불멸성 그리고 선한 행위에 대한 내세적 보응. 우선 릿치는 성리학의 태극太極 또는 이理 개념을 비판하며 천주의 인격적 주재성을 말하였다.[15] 아리스토텔레스의 실체(자립체)/속성의 범주에서 볼 때 이런 성리학적 개념들은 속성에 불과할 뿐 실체가 될 수 없다는 것이다. 불교(존재론) 및 노장 철학(우주론)에서 빌려온 이런 개념들로 인해 선진 유학이 말한 상제上帝의 인격성이 왜곡 변질되었다고 보았다. 둘째로 릿치는 인간 영혼을 생혼과 각혼을 지닌 동식물과 달리 영원 불멸한 것으로 보고 물질과 정신의 이분법을 강조하였다. 인간 영혼은 상제의 영명성靈明性에 기원한 것으로 여기서는 이성능력(能推論理者)을 지닌 인간 본성을 의미한다. 따라서 자신의 존재를 반추할 수 없는 동식물들은 인간의 본성과 질적인 차이를 지닐 수밖에 없다. 인물성이론에 근거하여 릿치는 마지막으로 인간의 자유의지를 강조한다. 다시 말해 도덕 실천은 인간 고유의

15　M. 릿치/송영배 역, 『天主實義』, 서울대학교 출판부, 1999; 송영배, 「다산철학과 天主實義 패러다임 비교 연구」, 『다산 사상 속의 서학적 지평』, 김승혜 외, 135~192쪽; 이정배, 앞의 책, 85~92쪽.

행위라는 것이다. 생혼과 각혼 그리고 영혼으로 구성된 인간 존재는 물질성과 정신성, 그 양면으로 인해 수심獸心을 지닐 수도 인심人心을 지닐 수도 있다. 따라서 여기서 중요한 것은 인간의 자유의지이다. 인간 혼만이 육신의 주재자가 될 수 있기 때문이다. 이는 기질지성氣質之性을 강조하는 성리학의 도덕 결정론에 대한 이의제기이다. 하지만 릿치는 이런 자유의지가 내세적 보응을 통해서 완성될 수 있음을 강조한다. 원죄를 중시한 그리스도교적 인간관이 성선설 위주의 유교 철학을 압도하고 있는 부분이다.

짧게 살펴본 천주실의의 핵심 내용은 반 성리학(주자학)적 특성을 띠는 것으로 당시 양명학자들의 암묵적인 지지를 받았다. 주자학보다는 탈권위적인 양명학이 그리스도교 진리를 쉽게 수용할 수 있다는 것은 일본의 경우를 보더라도 여실히 증명된다.[16] 다산 경학을 양명학적 시각에서 설명하는 일도 설득력을 지니며 정약용을 비롯한 남인들의 의지처였던 퇴계 사상이 양명학과의 연계 하에서 재해석되고 있는 것도 우연한 일은 아니다. 여기서 관심할 것은 천주교의 토미즘적 사유방식이 다산 철학의 핵심적 구도를 이루고 있다는 사실이다. 유교 철학자 송영배는 앞서 언급한 천주실의의 세 핵심 사유를 다산의 사유 패러다임과의 연속선상에서 보고 있다. 물론 다산은 양명학 및 천주교에 대한 개방성에도 불구하고 유교적 자의식을 한번도 부정한 적이 없다. 그렇기에 필자는 두 사유 패러다임 간의 일치라고 말하지 않고 연속성이라 표현하였다. 천주실의의 구조를 자신 사유의 핵심 구도로 삼음으로써

---

[16] 大橋建二, 『良心と至誠の精神史-日本陽明學の近代史』, 勉誠出版, 2000. 3장에 실린 명치기의 일본 기독교 사상가들의 경우를 보라.

불교화된 유교로부터 유교적(근원적) 유교를 복원함은 물론 나아가 서교가 말하는 내세 대신 유교적 현세를 중시하고 죽은 조상의 혼을 인정하였으며 그 존재를 상제와 관계 속에서 정립함으로써 지평 융합된 하나의 새로운 '유교적' 기독교를 선보일 수 있었다. 우리는 이제 『천주실의』의 근간을 이루는 반 성리학적 패러다임[17]이 다산의 사유 구조 속에 반영되고 있는지를 살펴 나갈 것이다.

다산 정약용이 성리학과 갈등하는 핵심 부분은 지적했듯이 인물성동론에 관한 것이다. 하지만 본고에서는 천주실의 구조와의 연계성을 명시하기 위해 상제上帝, 곧 다산의 천天 사상을 먼저 언급할 것이다. 성리학의 기본 개념인 태극太極 또는 이理를 부정하는 다산의 입장이 우선 『천주실의』의 설명 방식과 흡사하다. 말했듯이 『천주실의』는 토미즘 철학, 곧 실체와 속성, 원인과 결과의 범주에 근거하여 위 개념들을 부정했다.[18] '소이연지고所以然之故'와 '소당연지측所當然之測'의 의미를 지닌 "태극太極(理)"은 그 스스로 실체가 아니고 실체의 속성에 불과하기에 주재자가 될 수 없으며 속성은 언제나 자립자가 생긴 이후에 생기는 것이기에 원인/결과에 따라 최초의 목적인(또는 운동인)이 될 수 없다는 것이다. 또한 릿치는 성리학 자체가 태극太極에는 동정動靜과 의지意志도 없다고 한 말에 주목하여 그것이 영명성靈明性을 띤 주체적 실체(자립처)가 될 수 없다고 말하였다. 이런 서교의 입장은 다산의 탈 성리학적 사유 속에서 다음처럼 나타난다. 우선 다산에게 이理란 옥돌의 결(脈理)

---

17 히라카와 스케히로/노영희 역, 『마태오 릿치- 동서문명 교류의 인문학 서사시』, 동아시아, 2002, 448쪽 이하 내용.
18 『天主實義』, 58쪽, 82~87쪽.

로서 사물의 속성 이외의 다른 것이 아니었다. 즉 이는 '자유지물自由之物'이 아니며 오로지 기氣만을 실체라고 주장한다. 독립적 실체로서의 이의 부정은 당연히 이가 이성적 존재, 곧 동정과 의지를 지닌 인격적 존재가 될 수 없다는 결론에 이른다. 이성적·인격적 존재가 될 수 없는 이理는 삼라만상의 주재자로서의 지위도 잃고 만다.19 다산에게는 오로지 '영명주재지천靈明主宰之天', 곧 인간과 세상을 위한 보이지 않는 하느님의 존재 및 그의 활동에 대한 확신이 있었다. 여기서 우리는 천주실의에 대한 당시 중국 및 한국 유학자들의 비판을 뒤집고 릿치의 손을 들어준 다산의 입장에 주목할 필요가 있다. 당시 성리학자들은 사후 천주天主의 상벌 개념을 통해 성선설을 극복 보완하려는 릿치의 주장을 거부하였다. 사후세계 개념도 낯설었거니와 선을 행하는 인간 양심(本然之性)의 능력을 확신하였기 때문이다. 그러나 다산은 천주실의 주장대로 상선벌악 하는 유일 주재자 하느님, 그래서 인간이 그 앞에서 신독愼獨(戒愼恐懼)해야 할 존재로서 하느님을 상변하였다. "…백성들이 살자면 욕심이 없을 수 없다. 그 욕심을 쫓아서 그것을 채우게 되면 방자하고 괴팍하며 비뚤어지고 분수를 못 지키게 되니 하지 못할 일이 없을 뿐이다. 그러나 백성들이 드러내놓고 죄를 짓지 못하는 것은 '경계하고 조심'하며 '두려워 떨기' 때문이다. 왜 경계하고 조심하는가?… 두렵고 떨린다는 것은 까닭 없이 그렇게 되는 것이 아니다. 스승이 그렇게 하라고 가르쳐서 두렵고 떨리는 것은 가짜 '공구恐懼'이다 … 군자들이 캄캄한 방안에 있으면서 전전긍긍하며 악을 저지르지 못하는 것

---

19 『與猶堂 全書』 II-2, 25a, 25b, 〈心經密驗〉. I-8, 〈中庸策〉. 유권종, 「다산 정약용의 상제관」, 「한국사상논문선집」, 158, 163~198쪽.

은 그들이 자기들 위에 "하느님(상제上帝)이 군림하고 있음을 알기 때문이다.[20] 비록 다산이 선진 유학의 경전 내용을 들어 상제의 존재를 말하고 있으나 이는 천주교 교리를 배우고 익힌 자신의 경험 바탕에서 지평 융합된 것이다. 물론 다산은 천주교의 내세관을 교리 자체로 수용하지는 않았다. 오히려 그는 유학자답게 현세 변혁에 초점을 맞추었다. 하느님을 현실 변혁을 위한 힘으로 상정한 것이다. 이 과정에서 우리는 다산이 서교의 가르침을 유교의 유교화를 위한 방편으로서뿐 아니라 서교를 유교화-유교적 기독교-시키는 단초를 마련하였다고 평가한다.

다음으로 심신心身이원론을 근간으로 저술된 천주실의와 다산의 인물성이론의 관계를 살펴보려 한다. 토미즘의 영향 하에 있던 이 책은 기본적으로 정신(神)과 물체의 이분법적 구도를 견지하고 있다.[21] 생혼生魂, 각혼覺魂, 그리고 영혼을 함께 지닌 인간 존재는 생혼만 지닌 식물, 각혼을 더불어 소유한 동물과도 다른 특별한 존재라는 것이다. 생혼과 각혼은 죽음 이후 소멸하지만 인간 영혼靈魂만큼은 불멸하는 것으로 신神과 소통할 수 있는 유일한 실체이자, 인간 고유의 이성 능력으로 이해되었다. 이런 입장은 화엄 불교의 이사법계理事法界를 수용한 주자 성리학의 세계관과 근본적으로 달랐다. 우주 존재론적 형이상학을 수립한 성리학은 인물성동론人物性同論을 주장하였기 때문이다. 이일분수설理一分殊說에 근거하여 삼라만상의 모든 존재를 하나의 이理(太極)의 품수稟受된 형태로 본 것이다. 곧 솔개가 하늘 위를 날고 물고기가 물 속에 헤엄

---

20 『여유당 전서』II〈中庸自箴〉권1, 46~47쪽. II〈中庸講義〉권1, 71쪽.
21 이점에서 김형효는 다산 인간론이 理氣論에서 靈肉論으로 이전되었음을 말한다. 김형효, 『원효에서 다산까지』, 청계, 2000, 519쪽.

치는 것과 인간이 도리를 지키고 사는 일 모두는 동일한 이理 곧 본연지성本然之性 때문이란 사실이다. 이것은 한마디로 자연계를 지배하는 법칙과 인간세계의 법칙이 하나로 묶여질 수 있다는 천인합일天人合一의 논리인 것이다. 여기서 다산은 양자를 별개로 보는 탈 성리학적 입장을 제시한다.22 본래 인물성동이人物性同異의 논쟁은 맹자의 사단四端과 성性의 개념 규정을 놓고 발생된 것이나 서교西敎의 심신 이원론 및 이성 능력(영혼)을 지닌 인간 우위적 사고가 당시 실사구시實事求是의 학문 풍토에 영향을 미쳐 활성화 된 것으로 사료된다. 흥미롭게도 『서학변西學辯』을 쓴 공서파攻西派들 모두가 '동론同論'을 주장한 반면 남인을 중심한 친서파親西派들이 '이론異論'을 대변하고 있기 때문이다. 본 논쟁에 대한 다산의 탈 성리학적 입장은 인간과 사물은 본연지성本然之性에서 상호 다르다는 말에서 드러난다. 다산 역시 이성 능력을 지닌 인간과 그것이 없는 자연(물체) 간의 질적·범주적 차이를 강조했다. 꼴을 먹고 새김질하며 치받는 것이 소의 본연本然이며 천명天命인 바 사람이 받은 이치(理)와 근본적으로 다르다는 것이다. "…지금 사람이란 개처럼 새를 뒤쫓을 수도 도둑에게 짖을 수도 없고 소는 독서하고 이치를 궁구할 수 없다. 만약 그들(犬, 牛, 人) '본연의 성'이 같다고 한다면 어찌 이렇게 상통할 수 없는 것인가? 그렇다면 사람과 동물의 본성이 같을 수 없음이 분명하다."23 이처럼 다산은 인간의 이성 능력(영혼)에 근거하여 존

---

22 『與猶堂 全書』I, 8~9쪽. 여기서 다산은 만물을 평등하게 보지 않고 인간을 정점으로 위계질서를 생각하고 있다. 장승구, 『정약용과 실천의 철학』, 서광사 2002, 64~65쪽.
23 『與猶堂 全書』II 〈孟子要義〉권2, 135쪽. 다음과 같은 말도 있다. "무릇 천하의

재의 연속성을 부정하고 있다. 이런 부정 이면에는 인격적 주재자, 영명한 천天의 존재에 대한 다산 자신의 확신이 깊게 자리하고 있는 듯 싶다. 이런 천天은 물리적 하늘(蒼蒼之天)과 다른 것으로 오로지 인간과만 소통하는 존재이기 때문이다. 여기서 우리는 퇴계 철학과의 연계성을 역설적으로 발견하게 된다. 우주 자연의 입장에서 인간을 본 율곡과 달리 선악의 갈등장인 인간 현실에서 우주를 바라본 퇴계는 '경敬(主一無敵)'의 상태 하에서 대월상제大越上帝의 가능성을 보았고 이를 위해 성리학이 용납하지 않은 이발론理發論을 전개했기 때문이다. 이理에게 부여된 능동성·자발성은 퇴계의 사유체계에 있어서 경敬 속에서의 하느님 체험과 다르지 않았으며 이런 능동적 이理의 활동을 통해 인간 존재의 모순적 이원성을 극복할 수 있다고 믿은 것이다. 이 점에서 다산은 퇴계의 자기 모순적 언급인 '이발론理發論'의 의도를 서교西敎 수용을 통해 철저화시켰으며 신神과 접촉하는 인간 존재의 중요성(초월성)을 강조했다고 볼 수 있다. 즉 상제上帝의 인격성을 토대로 다산은 인간을 초월적 본질로 설정할 수 있었고 그런 인간 우위(중심)적 사고의 빛에서 자연을 도구로 인식하는 근대적 자연관을 잉태하였던 바, 바로 여기에 다산 인물성이론의 핵심이 있는 것이다. 인간과 자연 간의 존재론적 차이를 이용후생利用厚生의 실리적 관계, 나아가 주인과 노예의 관계로까지 의

죽고 사는 생명을 가진 만물은 3가지 등급이 있을 뿐이다. 초목은 생명이 있으나 지각이 없고 금수란 지각이 있지만 영명성을 갖지 못한다. 사람의 대체는 생명과 지각 또 거기에 영명신묘의 용(用)을 지지고 있으므로 만물을 포함하여 빠트림이 없고 만리를 모두 깨달을 수 있으며 양지로 인해 덕을 좋아하고 악을 부끄럽게 여기니 이것이 금수와 근본적으로 구별되는 까닭이다." 『與猶堂 全書』〈論語古今注〉권9, 11쪽.

미 지평을 확대시킨 것은 선진 유교 전승 속에서 찾을 수 없는 서교적 영향이라 추정하고 싶다. 탈 성리학적 세계상의 또 다른 특징으로 인간 본성에 대한 다산의 해석, 곧 기호嗜好에 주목하게 된다.[24] 기호란 인간의 도덕적 잠재능력에 대한 다산 고유의 개념으로서 본연지성과 기질지성을 구분해 온 성리학적 인간이해를 거부한다. 다산은 성性을 욕망과도 같은 자연주의적 성향으로 이해하려고 했던 것이다. "성性은 인심人心의 기호이다. 이것은 채소가 거름을 좋아하는 것과 같으며 연꽃이 물을 좋아하는 것과 같다."[25] 이것은 이동기이理同氣異에 근거한 결정론적 인간 이해의 본질적 부정으로서 인간 욕망을 긍정한다. 본래 성리학은 인간과 자연 간의 존재론적 연속성(同論)을 말하면서 오히려 개인적 욕망의 시각에서 인간과 인간 간의 차이에 주목하여 왔다. 인간에게 품수된 기질의 청탁淸濁 여부에 의해 인간 존재의 차별상이 생겨나며 그로써 욕망의 정도가 결정된다고 가르쳤던 것이다. 따라서 성인이란 청기淸氣의 품수이고 악인은 탁기濁氣를 받은 결과인 바, 인간 간의 존재론적 차이를 이념화시켜 욕망을 다스린 성인을 모범(Model) 삼아 범인 및 악인들의 도덕적 수행(수신)을 종용해 온 것이다. 그러나 다산은 기질氣質의 청탁이 도덕적 선의지와는 무관하다고 생각했다.[26] 오히려 그것은 인간 지성, 생각하는 영성의 총명함과 우둔함의 차이를 나타낼 뿐이다. 따라서 요순堯舜과 같은 존재라도 저절로 성인이 될 수 없으며 하늘 앞에서 자신의 의지를 성誠(愼獨)하게 함으로써 가능할 수 있을 뿐이

---

24 『與猶堂 全書』〈孟子要義〉권2, 146쪽 이하.
25 『與猶堂 全書』〈大學講義〉권2, 25쪽 이하.
26 『與猶堂 全書』〈論語古今註〉권2, 131쪽.

다.27 이 점에서 다산에게 있어 핵심적인 것은 항시 기질지성氣質之性이었다.28 주자학과 반대로 다산은 본연지성本然之性이 다르고 기질지성氣質之性이 같다고 주장했다. 왜냐하면 모든 인간은 태생적으로 예외 없이 수심獸心과 인심人心의 대립 상태에 존재하기 때문이다. 선악이 혼재된 기질지성을 인간의 본질로 삼은 것은 천주실의와의 연계 속에서 생각될 여지가 많다. 이 책은 인간을 육체(물질)와 정신(영혼)의 복합체, 곧 정신과 육체의 묘합妙合이라 가르쳐 왔다. 하지만 동시에 육체에 대한 정신의 초월성을 강조함으로써 인간의 죄성이 극복될 수 있다고 말하였다. 이때의 정신은 지성을 의미하며 '양선良善' 곧 선을 행할 수 있는 가능성을 지시한다. 지성, 생각할 수 있는 힘, 선을 행할 수 있는 힘을 결여한 인간은 없을 것이다. 다산 역시 인간에게는 자연에 의해 결정된 성기호性嗜好만 있지 않고 자유의 성性을 갖고 있다고 믿었다. 자연의 성에는 지적·영성적 의지(靈知)가 없으나 인간에게만 있다는 것이 인물성이론人物性異論의 핵심 주제인 것이다. 여기서 우리는 자연을 도구적 관점에서 보며 오로지 인간의 이성능력(영혼)만이 천주의 영명성에 상응한다고 가르친 천주실의의 내용과 직접적 연관성을 본다. 다산 또한 인간 이성을 '자주적 권리'(自主之權)라 하여 도덕성의 가능 근거로 이해하고 있다. "하늘은 사람의 마음에 '자주적 권리'를 주어 그들로

---

27 『與猶堂 全書』〈孟子要義〉권2, 138쪽.
28 이런 다산의 인간 이해는 불교적 영향으로부터 벗어나 있다. 성리학이 말하는 本然之性은 지극히 불교적 발상이라는 것이다. 氣質之性을 인간의 본질로 생각한 점에서 기독교와의 연계성이 깊어진다. 『與猶堂 全書』〈孟子要義〉권2, 135쪽. 김형효, 앞의 책, 544~545쪽.

하여금 선을 바라면 선을 행하고 악을 바라면 악을 행하게 하였다. 사람의 마음은 늘 유동하여 일정하지 않다. 그 마음의 결정권이 자기에게 있기에 짐승들의 정해진 본능(定心)과 같지 않다… 선을 행할 수도 악을 행할 수도 있는 주재가 '자기로 말미암기' 때문에 행동은 결정된 것이 아니다. 따라서 선은 자기의 공이 되고 악은 이렇게 자기의 죄가 되는 것이다."[29] 다산에게 있어 자유 의지를 통하지 않는 절대선이란 존재하지 않는다. 타고난 기질氣質의 청탁으로 인해 인간의 도덕적 운명이 결정될 수 없다는 것이다. 여기서 우리는 천주실의의 '양선良善'에 상응하는 다산의 개념, '기호嗜好'를 다시금 주목하게 된다. 기호란 인간이 선을 좋아하고 악을 싫어할 수 있는 성향으로서 맹자의 사단四端을 재해석한 것이다. 서교西敎의 '양선良善'과 맹자의 '사단四端(性)' 그리고 다산의 '기호嗜好'는 같은 말의 서로 다른 표현일 수 있다. 여하튼 자신의 타고난 본성을 외면적으로 확인시키는 과정, 곧 작위적으로 이런 성향을 확충시켜 나갈 때 인간이 비로소–후천적으로–성인이 될 수 있는 것이다. "…사람의 성향은 선善을 좋아하기에 선으로 길러나가면 마음이 호연스럽고 강대해진다. 선으로 배양하지 않으면 초췌하게 쇠잔해진다 … 성향이란 기호를 이름하는 것이 아닌가?"[30] 여기서 다산은 자유의지를 통해 자신의 기호를 확충시킨 현실태를 중시한다. 즉 인仁이란 성리학자들이 말하듯 인간 내면의 본질도, 우주적 개념도 아니며 오로지 외적인 삶의 장場에서 성취되는 덕목이란 것이다.[31] 한마디로 이

---

29 『與猶堂 全書』〈心經密驗〉Ⅱ 권2, 〈孟子要義〉권1, 34~35쪽.
30 『與猶堂 全書』〈孟子要義〉Ⅱ-2, 38쪽, 〈梅氏書平〉권4, 202쪽.
31 『여유당 전서』〈孟子要義〉권1, 22쪽. 〈論語古今註〉권2, 14쪽.

념적 본질(性體, 理)은 없다는 것이다. 이는 다산의 인간론이 철저하게 이기론理氣論에 근거하지 않고 릿치의 영육론靈肉論에 근거하였음을 보여 준다. 다시 말해 선진 유학의 성선설이나 성리학의 본연지성本然之性 대신 수심獸心/인심人心 간의 갈등, 곧 기질지성氣質之性을 인간 이해의 출발점으로 삼았다. 이 과정 속에 퇴계의 인심人心/도심론道心論이 암암리에 반영되었다고 볼 수 있다.32 양명의 '치량지致良知'에 대한 비판도 이 점에서 철저하다. 자연과 인위를 혼동한 것으로서 성립될 수 없는 모순이라 하였다. 다산이 다음 장의 주제인 '신독愼獨'을 강조한 것은 이런 이원적 인간론을 토대로 후천적 노력(실천적 의지)의 강도를 높이고자 함이었다. 신독愼獨은 성誠과 관계되는 부분이다. 하지만 동시에 신적 영혼을 지닌 인간의 초월적 성향(良善, 嗜好, 四端)을 확신하였고 자유의지를 통해 그것을 확충하여 자신의 밖에서 현실화시키려고 하였다.33 이 과정에서 자유의지는 선진 유학의 성선설性善說이나 성리학의 결정론적 인간 이해를 넘어서는 최상의 방편이었고 '신독愼獨'은 상제의 인격적 현존 앞에서 의지의 바른 행사行事를 위한 결정적 수단, 일종의 종교적 순명 의식으로 기능하였다. 필자는 다산의 '신독'이 퇴계의 '경敬' 사상을 서교와의 만남 속에서 심화시켜 자신의 전통을 새롭게 발견한 결과라고 생각한다.34

---

32 한형조, 앞의 책, 128~136쪽. 김형효, 앞의 책, 555~559쪽.
33 김형효는 무엇보다도 다산에게 있어 자유의지의 강조를 천주실의의 영향으로 본다. 이 말은 불교적 유교로부터의 일탈을 의미하는 것으로 탈성리학의 핵심을 이룬다. 김형효, 앞의 책, 556쪽.
34 이광호, 앞의 글, 555~563쪽. 이광호는 다산을 비롯한 남인 계급들이 천주교를 처음 받아들일 때 퇴계의 聖學十圖 중에서 경재잠, 숙야잠 등을 많이 읽었다고

4. 다산 경전 해석의 독창성
  : 신독 개념의 해석을 중심으로

이상에서 우리는 릿치의 천주실의와 다산 사유체계 간의 연결고리를 살펴보았다. 놀라울 정도의 구조적 일치가 드러난 것도 사실이다. 하지만 다산의 경학經學 체계가 순전히 서교西敎의 영향이라는 단순 논리를 펴고 싶은 마음은 없다. 단지 서교의 충격이 다산으로 하여금 유교 경전을 새롭게 읽도록 자극했고 그로써 탈 성리학적 유교, 곧 유교적 유교의 진면목을 드러내 주었음을 말하려는 것이다. 하지만 다산 경학이 선진 유교의 복사본이 아니고 '신개신유학新改新儒學'으로 불릴 만큼 독자적 경지를 갖고 있는 것이라면 그 새로움의 의미를 되물을 필요가 있다. 이것은 필자로 하여금 '유교적 유교'를 넘어 '기독교적 유교'로 불릴 가능성 여부를 곰곰히 생각토록 한다. 본 장에서는 '신독愼獨' 개념을 중심으로 다산의 경전 해석의 독창성을 살펴보고 그 새로움의 의미를 신학적 관점에서 조명할 것이다. '신독'에 관한 다산의 독창적 해석은 앞서 언급된 세 가지 사유 체계, 즉 인격적 주재자로서의 상제上帝, 인물성이론人物性異論 그리고 의지의 자유 또는 성기호설性嗜好說 등을 관통하고 있기 때문이다.

주지하듯 다산은 선을 좋아하고 악을 미워하는 심心의 경향성을 인간의 본성이라고 생각했다. 인간이 금수와 다른 것은 영지靈知(영혼)로

기술한다.

불리는 이런 도덕적 분별심이 있기 때문이며 그로써 인간을 상제천上帝天의 닮은꼴로 보았다.35 바로 여기에 다산 성기호설의 핵심 골자가 담겨 있다. 하지만 다산은 인심人心 혹은 수심獸心을 말함으로써 인간의 성악론적인 면을 부정하지 않았다. 인간의 양면성을 본 것이다. 인심유위人心惟危 도심유미道心惟微라는 옛 말의 다산 식 이해라고 할 수 있을 것이다. 인심人心과 도심道心의 현실적 갈등 상황 속에서 다산은 마음을 다스려(治心) 영명한 상제천上帝天의 거주 공간(所住處)이 되기를 바랬다. 바로 다산의 신독愼獨은 퇴계의 '경敬'보다도 철저한 상태로 나타난 치심법治心法이다. 인격적 상제의 현존을 강조하고 있기 때문이다. "심경밀험心經密驗"과 "중용자잠中庸自箴" 등이 증언하는 신독은 대월상제大越上帝, 즉 신(상제)적 체험과 등가적 의미를 담을 정도이다. 중용中庸 1장에 대한 다산의 해석은 이 점을 여과 없이 반영한다. 즉 "군자는 그 보지 않는 바에 삼가며, 그 듣지 않는 바에 두려워한다."는 구절에 대한 종전의 해석을 뒤집는다. 주자학에서는 이것을 의식 작용이 일어나기 전의 상태, 곧 중中이라 하였다. 하지만 다산은 볼 수 없고 들을 수 없는 것을 인간 내면의 상태로 보지 않고 상제의 현존으로 이해하였다. "볼 수 없는 것은 무엇인가? 하늘의 본체이다. 들을 수 없는 것은 무엇인가? 하늘의 소리이다… 넘실넘실 그 위에 계신 듯하고 그 좌우에 계신 듯 하니, 보이지 않고 들리지 않는 것을 하늘이 아니라면 어느 백성이 낳았겠는가?"36 여기서 말하는 하늘은 다산에게 있어 분명 상제천上帝天이다. 들

---

35 다산 연구가 김옥희 수녀는 이점에서 인간의 心을 上帝天의 所住處, 곧 천의 내재로 보고 있다. 김옥희, 「다산의 心經密驗에 나타난 심성론」, 최석우 외, 『다산 정약용의 서학사상』, 206쪽.

리지 않고 보이지 않는 상제上帝가 인간을 매순간 지켜보고 있음을 가르치고 있는 것이다. 이 점에서 김형효는 다산의 상제관上帝觀이 퇴계의 자연신학을 넘어 계시신학의 차원에 접근할 수 있음을 부인하지 않았다.37 인격신인 상제 앞에서의 신독이 지천知天의 길이 되었기 때문이다.38 퇴계의 '이발설理發說'과 경敬사상 속에서 자연신학을 말하는 것도 놀랍지만 신독과 계시를 연결짓는 그의 통찰력에 경의를 표한다. 인격적 상제가 없다면 신독의 덕을 쌓을 수 없다고 본 다산의 확신을 서교西敎와의 연계 속에서 생각했기에 가능한 일이다. 신독의 공효와 덕은 다음처럼 기술된다. "세밀한 마음으로 조심하여 상제上帝를 섬기되 항상 성신聖神이 어두운 곳에 임하여 밝게 비춤과 같이 삼가고 두려워하여 잘못이 있을까 살펴야 하며… 그 마음가짐을 평화롭게 가지고 그 마음이 처하는 곳을 바르게 하면 자신이 바깥의 외물外物에 접촉함에서도 늘 천하의 중中에 이르러서 그 평정을 항상 유지해야 하는 것이다. 이때는 마땅히 기뻐해야 할 때 기뻐하며 성내야 할 때는 성내며 슬퍼할 때는 슬퍼하고 즐거워해야 할 때 즐거워하는데 그것이 바로 신독의 노력으로 성취될 수 있는 덕행德行이다. 우연한 일에서도 그 중절中節을 잃지 않으므로 천하의 지극한 중화中和를 이룬다."39 본 인용문은 중용中庸의 중화 사상을 신독의 시각에서 재해석한 것이다. 앞서 본대로 주

---

36 『與猶堂 全書』〈中庸自箴〉권2, 46쪽 이하.
37 김형효, 앞의 책, 563쪽.
38 김승혜, 앞의 책, 72쪽. "天을 안다는 것은 수신의 기본이다. 天을 안 후에 능히 성실할 수 있다. 大學은 誠意로 修身의 기본을 삼았고 中庸은 知天으로써 修身의 기본을 삼았다. 그 의미는 하나인 것이다."
39 『與猶堂 全書』〈中庸自箴〉권2, 6쪽.

자학은 중中을 마음의 미발未發 상태로 그리고 화和를 이발已發의 마음이 과불급過不及하지 않는 상태(中節)에 이른 것을 말하였다. 그러나 다산은 중화中和가 오로지 상제천上帝天의 명령을 따르고 섬기는 과정에서 생겨난다고 주장한다. 다산에게 있어 대월상제大越上帝란 상제上帝 앞에서 계신공구戒愼恐懼, 곧 두려움과 떨림으로 자신의 일거수 일투족을 되돌아보고 반성하며 성찰하는 것을 의미한다. 어느 때라도 남을 속이고 자신을 속임이 없는 일이 바로 대월상제의 리얼리티이다. 인격신의 체험을 통해서 중화를 이룬다는 발상은 주자학, 양명학은 물론 선진 유학에서도 찾기 어렵다. 하지만 다산은 동시에 명령하는 하늘의 혀가 인간의 도심道心에 깃들어 있다(天之喉舌 奇在道心)고 말하기도 한다.[40] 인간 영혼을 천주天主의 모상模像이라 이해했던 서교적西敎的 틀을 가지고 인격적 천명天命과 도심을 관계시키려는 것이다. 이 과정에서 신적 초월과 내재성이 함께 말해질 수 있게 되었다. 초월의 내재성만을 강조한 성리학이 비판되었고 유학의 상제 개념(인격성)이 칠지회 되어 다산 고유의 유교적 유교가 생성된 것이다. 인격적 초월성을 강조한 다산의 상제관上帝觀은 분명 동아시아 종교들에 있어 새로운 면모가 아닐 수 없다. 인격적 초월성과 함께 신적 내재성을 강조하는 다산의 입장은 상제上帝의 천명과 중용의 성誠 개념을 연결짓는 과정에서 잘 나타난다. 종교적인 순명順命 의식이 중용의 성誠사상과 만나 신독愼獨을 독창적으로 이해하게 된 것이다. 다산이 퇴계를 넘어 선 것도 무게 중심을 '경敬'(主敬說)에서부터 '성誠'(主誠說)으로 옮겼기에 가능한 일이었다. 주지하듯 중용은

---

[40] 김옥희, 앞의 글, 215쪽.

"성자誠者 천지도야天之道也 성지자誠之者 인지도야人之道也"(20장), "불성무물不誠無物(25장)" 등의 말을 통해 성誠의 중요성을 보여준다. 진실 무망한 성誠을 하늘의 길(天理)로, 하늘의 성을 닮아가려는 것을 성인聖人의 길로 대별한 것은 주자 성리학이었다. 그러나 다산은 앞의 성자誠者를 생지안행生知安行의 성인으로, 성지자誠之者를 학지곤지學知困知 이행면행利行勉行하는 일반 사람이라고 본다.[41] 종래의 성리학적 주석과 근본 차이가 있는 것이다. 전자가 '자성명自誠明', 곧 태생적으로 선한 성인聖人의 가는 길이라면 후자는 '자명성自明誠', 곧 범인凡人의 길을 지시한다. 하지만 성인의 경지인 '성즉명誠卽明'이나, 배우고 익힌 일상인의 모습인 '명즉성明卽誠' 간에 어떤 질적 차이도 없다는 것이 다산의 생각이다. 성誠을 인간 수양의 극공極功이라고 믿기 때문이다. "성誠이 없으면 어떤 것도 존재하지 않는다."(不誠無物)는 말이 바로 그 의미이다. '성誠'이 없다면 대학의 8조목 전체가 불가능하다는 것이다. 이것 역시도 성을 물物의 자성自性으로 본 주자의 해석과 전적으로 다른 부분이다. 다산은 성을 실리實理, 곧 존재의 보편적 근거로 보지 않았다. 본연지성本然之性과 같은 인간 존재 근원에 대한 관심보다도 인간 각자의 도덕적 주체성에 관심을 갖은 것도 같은 맥락이다. 따라서 신독愼獨은 이제 초월(天命)과 인간이 만나는 장場이자 수양의 극한 경지를 드러내 보인다. 인간은 도심道心을 통하여 천명天命을 받게 되고 도심은 신독에서 비롯하기에 신독은 초월과 내재의 교차점이란 것이다. 이 점에서 정약용은 신독이 바로 성誠이라는 입장을 견지한다.[42] 극공極功인 성을 매개로 인

---

41 최기복, 「다산의 사생구원관」, 『다산 사상 속의 서학적 지평』, 김승혜 외, 297쪽 이하.

간과 상제上帝가 교감하기 때문이다. 나의 주체가 천명天命에 근거함을 아는 것, 바로 이것이 신독의 본질이란 사실이다. 이처럼 '신독'을 통해 한시도 떠날 수 없는 천명을 홀로 접하게 된(己所獨知) 인간의 경지를 유교는 도심道心이라고 부른다. 그러나 '신독' 속에서 만나는 상제上帝(道心)는 "인능홍도人能弘道 비도홍인非道弘人"를 말해 온 유교 고유의 낙관론적 인간 이해와 구별된다. 김형효의 지적대로 행사行事(주체)를 강조하는 사상가였음에도 불구하고 다산은 천명의 주체인 천天의 은적隱的 측면을 강조하고 있기 때문이다. 김승혜는 이를 무언無言의 하느님이라고도 부르는 바, 인간 의지의 행사력 이상의 신비를 천天과 관련하여 생각하고 있는 것이다. 이는 천天에 대한 절대적 신뢰와는 다른 차원에서 제기되는 문제이다. 인간의 사명의식으로 해결될 수 없는 미지의 영역을 남겨 놓고 있는 것이다. 자유의지를 강조한 학자가 현실 속에서 마음의 분수分受를 생각하고 있는 것은 역설적이나 그의 종교적인 면을 더 한층 보여주고 있다.[43] 이것은 '상제上帝가 임하는 것처럼'의 단계를 넘어 그 존재를 알고 믿어야 하며 그로써 악을 극복할 수 있다고 말한 것만큼이나 깊은 신학적 성찰인 것이다.

마지막으로 우리는 상제와 결부되고 성誠과 등가의 개념인 신독愼獨 속에서 다산의 사회 사상적 측면을 발견할 수 있다. 물론 실사구시實事求是를 추구했던 다산의 실천성은 넓게 보아 서학西學의 영향이겠으나 그 핵심 추진력은 서교西敎와의 관계 없이는 생각할 수 없는 신독에서 비롯한 것으로 보아야 마땅하다. 이 점에서 일부 학자들은 대학大學의

---

42 『與猶堂 全書』〈中庸自箴〉권2, 47쪽.
43 김형효, 앞의 책, 575~577쪽.

'신민新民'을 '친민親民'으로 바꿔 보았던 양명학의 영향을 말하지만 큰 설득력을 갖지 못한다. 왜냐하면 다산은 성리학적 신독관愼獨觀을 불교적 정숙주의라고 비판했던 바, 양명학 역시도 존덕성尊德性을 인간 내면 속에서 깨닫고자 하는 돈오적頓悟的 특성을 지니고 있다고 생각했기 때문이다.[44] 타인과의 관계를 위한 의지적 순명으로 보는 것이 다산의 신독愼獨 이해이다. 신독의 실재(reality)가 인간 내면이 아니라 사회적 관계 속에서 이루어져 한다는 것이다. "본디 신독은 자기 홀로 아는 일에서 극진히 삼가는 것이지, 자기 홀로 거처하는 곳에서 극진히 삼간다는 뜻이 아니다. 사람이 방에 고요히 앉아 자신이 했던 일을 묵묵히 생각하면 뭉게뭉게 양심이 발현된다. 이것은 집안의 옥루玉漏(어두운 곳)만 보아도 부끄러운 마음이 나타나는 것이지, 옥루가 있는 곳에서 감히 악행을 하지 말라는 뜻이 아니다. 사람이 악행을 하는 것은 타인과 더불어 서로 접촉하는 곳에 있다. 간혹 어두운 곳에서 행하는 것은 음탕하고 외설스런 허물이 있을 뿐이다. 이른바 신독이 어찌 그런 허물을 삼가는 데 있는 것인가? 요즘 사람들은 신독이란 두 글자의 인식이 분명하지 못한 까닭에 암실에서 옷깃을 여미고 반듯이 앉아 조심을 하다가 타인과 접촉하면 비루하게 행동하고 사기 치며 험악하고 비뚤어진 말을 하고 남이 알지 못한다고 생각하며 하늘이 듣지 못한다고 생각하니, 이른바 신독이 어찌 이와 같겠는가?"[45] 여기서 신독은 분명히 사회적 관계의 장에서 펼쳐져야 할 도덕적 실천으로 묘사된다. 도道란 구체적 관계

---

44 이 점에서 다산은 양명의 致良知 개념을 이단의 종지라고 비판한 바 있다. 이것 역시 불교적 영향이라 보았기 때문이다.
45 『與猶堂 全書』〈心經密驗〉권2, 38쪽.

를 떠나서는 이루어질 수 없다는 것이다. 불교나 성리학이 마음 다스리는 것을 자신의 핵심으로 삼지만 외적 사물과의 관계를 떠나서는 마음을 찾지도 못하고 다스릴 수도 없다는 것이다. 이는 기독교 신앙의 자리가 인간 내면이나 자족적인 교회에 있지 않고 사회 한가운데 있다는 것과 맥락이 같다. 매순간 어느 곳에서나 자신 및 남을 향한 행동의 도덕적 의미(내적 동기)를 하느님이 먼저 알고 있다는 것, 바로 이것이 우리 안에 내주內住한 상제이고 '성지誠之'이며 도심道心의 의미라고 본다. 즉 관계 속에서 일상을 거룩하게 만드는 것(致中和)이 성誠이고 상제를 섬기는 일이며 그것이 바로 신독愼獨의 공효功效라는 사실이다. 목민牧民을 위한 다산의 실학은 바로 이런 정신에 기초하고 있다. 홀로 방 안에 앉아 책을 읽고 깊은 사색을 하여 희노애락의 발현을 적절히 했다 하더라도 백성들을 함부로 대한다면 그런 위정자를 거짓으로 평가할 정도로 위정자에 대한 질타가 신독에 담겨 있는 것이다. 그렇기에 성 또는 상제가 신독의 신학적 언명이었던 것처럼 다산은 서恕를 신독의 사회 도덕적 담론으로 이해한다. 즉 '서恕'란 자신이 원하지 않는 일을 남에게 할 수 없다는 윤리적 언명으로서 반사회적이고 일방적인 봉건 질서와 맞서게 하는 힘이라는 것이다. 말을 바꿔 하자면 신독은 일상생활에 구체적인 도움을 주는 일체의 행위, 곧 실학의 근본 에토스로 역할했다는 사실이다.[46] 인간을 위해 자연을 이용하고 개조하려는 태도 역시 신독으로부터 생각할 수 있는 주제였던 것이다. 비록 시대적 제약 하에서 자연을 또 하나의 관계적 주체로 생각하지 못하는 한계를 보이고 있지

---

46 이를 일컬어 정적 수행론에서 역행적 수양론 혹은 行事 수행론으로의 전환이라고 한다. 이것은 오늘날의 영성을 위한 바른 방향을 제시한다고 볼 수 있다.

만 '공동체성(親民)'을 중시한 다산의 실학은 오늘의 기독교 정서와도 무리 없이 화합할 수 있다. 여기서 중요한 것은 상제에 대한 신앙이 신독의 빛에서 사회 개혁으로 이어졌다는 점이다. 이는 다산이 릿치의 천주실의 교리를 수용하되 비판적으로 또는 주체적(유교적)으로 받아들였음을 의미한다. 다산은 성리학의 입장과 달리 인간의 욕망과 욕심을 부정하지 않았고 서교가 말하듯 이 세상을 잠시 머물 헛된 처소로 여기지 않았으며 현실 세계 안에서 자타의 욕망을 공존共存케 하려고 노력했던 것이다. 다산이 기질지성(神形妙合)을 인간 이해의 출발점으로 삼았던 것도 이와 맥을 같이 하는 부분이다.

결론적으로 다산은 서교의 영향 하에서 신독을 통해 상제를 체험했고(知天), 주체적 신앙(誠之)으로 상제를 섬겼으며(事天), 일상을 거룩하게 하는 치중화致中和로써 천명天命을 알았던(格天) 위대한 사상가라 할 수 있다.[47] 이 점에서 다산은 분명 불교적 유교를 넘어 유교적 유교를 정립하였으나 이 과정에서 서교 신앙과의 만남이 큰 역할을 했으며 오히려 그가 의도한 유교적 유교는 오히려 기독교적 유교라 언명해도 지나치지 않을 만큼 기독교와 지평 융합된 모습을 보이고 있다. 오로지 유교적 언어만으로 기독교의 본질을 이처럼 잘 드러낸 사상가를 찾기가 쉽지 않을 것이다. 물론 천주실의에서처럼 예수 그리스도에 대한 이해가 없는 것이 아쉽지만 다산의 경학 체계 안에서 예수의 위치가 새롭게 정위될 수 있을 것이다. 아마도 그것은 존재론적이며 선험적 인식 체계에서가 아니라 후험적 · 경험론적 틀에서 구성될 것이고 아래로부터의 기독

---

47 최기복, 앞의 글, 311쪽.

론 형태를 갖게 되리라 본다. 성을 수양의 극공極功이라고 믿는 한에서.

5. 다산 경학의 신학적 의미와 한계
: 탈 성리학적 세계관의 평가를 중심으로

이상에서 우리는 충분치는 않으나 서교西敎와 관계된 다산 사상 체계의 일면을 살펴보았다. 필자는 다산을 신앙인으로 보는 천주교 측이나 그의 탈 성리학적 유교 이해를 유학의 자기 발전적 논리로만 보는 견해를 비판하고 중도적 입장을 취하였다. 천주실의天主實義를 비롯한 서교의 내용이 유교가 유교화(탈불교)되는 과정에서 유교와 천주교가 일정 부분 지평융합되었다는 것이다. 신앙의 수용 여부를 떠나 세계 내 존재로서 인간은 자신의 선이해先理解를 가지고 낯선 문화와 조우하며 그것을 자신의 방식대로 이해하는 것이 해석학의 기본이기 때문이다. 더욱 천주실의에서 릿치가 불교에 퍼부었던 적대적 비판이 다산에게 이어졌고 그 틀에서 천주실의와의 구조적 유사성이 생긴 것은 부인할 수 없는 사실이다. 또한 맹자의 사단四端을 해석하는 중에 일어난 인물성동이론人物性同異論은 서교의 영향 하에서 의미가 확대되었고 그로써 이용후생利用厚生을 학문의 목적으로 삼는 실학實學의 사상적 토대를 마련한 것이라 할 수 있다. 이 주제는 별도의 논문으로 구성되어야 할 만큼 본 논문의 핵심 주제이며 필자의 관심사이나 더 이상 발전시키지 않을 것이다. 단지 여기서는 서교의 영향 하에 기존 성리학을 비판하고 선진 유학과도 구별된 독창적 유학 세계를 연 다산 사상의 신학적 의미와 한계에 대해 살펴보려고 한다.

무엇보다 먼저 다산은 남인 계열의 학자로서 절대적 가치에 대한 종교적 신념이 남달랐다. 이인화의 소설「영원한 제국」에서 잘 묘사되듯 당시 정조는 국가 개혁을 위해 임금의 절대적 힘이 필요하였다. 이를 위해 퇴계를 계승한 남인들을 등용시켰다. '이理'를 숭상하며 그의 절대성은 물론 능동성(理發 또는 理動)까지 주장한 퇴계학이 정조의 정치 이념을 뒷받침할 수 있었기 때문이다. 이 점에서 다산의 상제 신앙과 이理에 대한 절대적(종교적) 신념을 보였던 퇴계 철학 사이의 관계성을 말하는 학자도 있었다. 여하튼 다산은 상제 신앙이 현실(사회) 변혁을 위한 실제적 토대가 됨을 믿었고 그로써 정조의 개혁 의지를 뒷받침하고자 했다. 필자 역시도 정통 주자학을 비껴난 퇴계의 이발理發(능동성) 개념을 대월상제大越上帝와 연계 하에서 적극 해석한 바 있다.[48] 하지만 다산은 '이理'라는 말 자체를 사용치 않음으로 퇴계를 벗어나 있고 그만큼 서교가 말한 인격적·주재적 상제 개념에 경도되고 있는 것이다. 이理의 형식적 의미는 비렸으나 그것의 내용적 의미를 상제 신앙 속에 포함시켰다는 것이다. 이 점에서 우리는 성리학으로 인해 탈각된 유교 고유의 인격신 개념이 다산 경학經學 속에서 되살아났고 만물을 지배하고 다스리는 신적 속성이 서교의 영향으로 강화되었음을 말할 수 있다. 비록 서교가 말하는 창조주까지는 아니더라도 인격적 주재성은 강화되었고 그로써 유교 윤리에는 초월성이 없다는 비판을 비껴갈 수 있게 되었다. 본래 창조 개념의 부재는 동아시아 세계관의 주요 특성 중의 하나이다. 창조 신앙은 신과 세계를 나누며 인간의 죄성을 강조하는 특성

---

48 이정배,『토착화와 생명문화』, 종로서적, 1991, 30~42쪽 참조.

을 갖고 있기 때문이다. 다산 역시 이 점에서 예외는 아니나 성선설 위주의 맹자 이론만이 아니라 그와 대별되는 순자 사상을 적극 받아들였으며 성기호설性嗜好說이라는 독특한 인간 본성론을 정초함으로써 서교와의 접점을 만들 수 있었다. 비록 기호嗜好가 선을 좋아하고 악을 싫어하는 경향성을 뜻하지만 무게중심을 기질지성氣質之性에 둠으로써 성리학보다 악의 현실태를 강조하였던 것이다. 어떤 성인 군자라도 태생적으로 의로울 수 없다고 할 정도로 인간의 의지적 노력, 곧 신독愼獨(誠)을 강조하였으나 이것은 상제上帝 신앙을 떠나서는 생각할 수 없는 일이었다. 사회·정치 개혁을 위해 선악을 택할 수 있는 자유의지가 바르게 실현되어야만 했고 그 일을 위해 인격적인 상제 신앙이 요청되었던 것이다. 하지만 상제 신앙과 신독 그리고 성은 다산에게 서로 다른 것이 아니었다. 서교가 가르친 내세주의적 신앙 체계를 따르지 않고 보응사상에 귀기울이지 않은 것이 바로 구체적 실례이다. 바로 이것이 서교를 유교적 주체성 하에서 읽어 낸 다산 경학의 위대함이다. 여기서 우리는 믿음의 길과 수행을 하나로 수렴시킨 수행적 종교로서의 유교적 유교 또는 기독교적 유교의 실상을 접할 수 있다.

한편 인물성이론人物性異論은 다산의 인격적 상제신앙과 성기호설性嗜好說을 뒷받침하는 다산의 핵심 이론으로서 서교와의 관계 속에서 중요한 의미를 지닌다. 주지하듯 성리학은 인간과 자연 및 존재하는 일체의 것을 존재의 연속성(理事無碍)으로 보았다. 이것은 화엄불교의 영향으로 연기설緣起說의 철학적 표현이다. 그러나 이용후생利用厚生, 실사구시實事求是의 이념 하에 현실 변혁을 꿈꾸던 학자로서 다산에게 인물성동론人物性同論은 채택될 수 없는 철학이었다. 그리하여 다산은 분수리分殊理, 곧 본연지성本然之性을 강조한 성리학의 세계관을 거절하였다. 필자가 보기에 본 논쟁은 맹자의 사단四端을 가능성으로 볼 것인가 아니면 실현태로 볼 것인가에 대한 순수 윤리적 문제로부터 시작되었다. 여기서 다산은 인仁을 선험적 능력이 아니라 실현되어진 구체적 상태의 언명이라고 주장하였다. 그러나 윤리적 논쟁은 서교와 함께 전래된 서구 기독교 문명으로 인해 새로운 양상으로 발전되었다. 주지하듯 천주실의의 배경인 토미즘 철학은 존재유비(Analogia entis)의 원리 하에 초자연과 자연의 관계를 중시했으나 여전히 신과 피조물의 세계를 나누었고 인간과 자연의 본질을 동일시하지 않았다. 생혼(식물)과 각혼(동물)만이 아니라 불멸하는 영혼을 지닌 인간만이 창조주 하느님의 모상(Imago dei)이라고 보았던 것이다. 서구 기독교 문명이 이런 이원론적 토대 하에 생겨났다는 것이 다산의 확신이었고 그로부터 실학적實學的 단초가 구체화되었다고 볼 수 있다. 자연을 수단화·도구화하는 사고가 누구에게서보다 다산에게 강조되었으며 그로써 인간을 이롭게 하는 수많은 문명 이기利器를 만들어 내었기 때문이다. 따라서 존재의 연속성 대신 인간의 자유의지를 강조한 다산의 인물성이론人物性異論이 실학의 정신적·사상적 토대였다는 사실은 누구도 부인할 수 없다. 다르게 말하자면 상제의 주재적 인격성의 복원이 인간의 자유의지를 강조하게 했고 그 의지로 인해 자연을 정복하는 실학 사상이 터져 나왔다는 것이다. 이 짐에서 볼 때 다산의 인물성이론人物性異論은 유교 고유의 윤리적 논쟁 지평을 넘어 서교의 충격 하에 백성들의 삶 자체를 돕고 조선의 문명을 진일보시키는 데 지대한 영향을 미쳤다고 하지 않을 수 없다. 이처럼 한 유교 사상가 속에 지평 융합된 서교가 다산 개인의 신앙적 차원을 떠나 유교로 하여금 새로운 역할과 사명을 갖게 한 것은 높이 평가할 일이다.

하지만 이와 같은 공헌에도 불구하고 다산의 서교 이해 및 그 바탕에서 형성된 그의 유교적 유교는 오늘의 시각에서 볼 때 아쉬울 뿐만 아니라 문제점이 없지 않다. 당시로서의 공헌이 오늘의 시점에서 한계가 될 수 있다는 것이다.[49] 우선적으로 이것은 한 세기 후의 수운水雲의 동학東學과 비교할 때 분명해진다.[50] 다산과 수운 모두 서교의 충격을 주체적으로 수용한 것은 사실이지만 주체성의 문제의식이 각기 달랐다. 즉 서구 인격신 개념을 적극 수용하여 그것으로 불교적 유교를 고치려 했던 것이 다산이라면 수운은 성리학이 말하던 기화지신氣化之神을 버리지 않은 채 서구 인격신 개념을 받아들였다. 다시 말해 수운은 인격신 개념으로 성리학을 대신한 것이 아니라 인격(창조)과 비인격(진화)을 아우르는 새로운 신관, 더욱 주체적인 신神 이해를 시도했던 것이다. 물론 수운도 천주실의를 읽고 큰 충격을 받았다는 기록이 있다. 하지만 수운은 성리학이 지닌 신의 내재성 개념을 버리지 않았다. 초월적·인격적 기독교 신앙에 내해 성리학의 내재성(氣化) 개념으로 맞섰고 성리학의 이기理氣 철학 인격신(侍天主)의 빛에서 비판하였던 것이다. 이로부터 동학은 유교 성리학과 서교 모두로부터 질책을 받았으며 비판의 대상이었다. 여기서 중요한 것은 당시의 서학西學(敎)이 하느님의 창조적 내재성(氣化) 개념을 알지 못했다는 사실이다. 오로지 초월적 인격성의 범주로 하느님을 이해하였기에 자연과 관계하는 신의 속성에 대해서

---

49 이 점에서 한형조도 오늘의 시각에서는 理氣 우주 존재론적 형이상학이 더욱 유용할 수 있음을 천명하고 있다. 한형조, 앞의 책, 271~272쪽.
50 이정배, 『한국 개신교 전위 토착신학 연구』, 대한 기독교서회, 2003, 383~422쪽. 김상일, 『동학과 신서학』, 지식산업사, 2000 참고.

는 무지했던 것이다. 다시 말해 신의 인격성만을 강조했던 기존의 서교보다 자연 속에서 활동하는 하느님, 그래서 종교와 과학 간의 대화를 가능케 하는 하느님, 곧 신서학新西學이 동학과 새롭게 만나고 있다는 사실이다. 이 점에서 우리는 상제의 인격성을 복원시키고 그의 모상(image)으로 인간의 자유의지를 강조했으며 자연을 인간의 물적 토대로만 이해한 다산의 유교적 유교, 또는 기독교적 유교의 시대적·철학적 문제점을 보게 된다. 다음 두 가지 점에서 다산의 유교적 유교, 경학經學의 한계를 간략하게 지적해 보려고 한다.

앞에서 살펴보았듯이 서교의 영향 속에서 다산은 존재론적 연속성을 중시한 불교적 유교, 성리학으로부터의 일탈을 목적하였다. 이 과정에서 상제의 인격성이 강조되고 이기理氣 개념이 전면 부정되었다. 그러나 이기 우주존재론에 대한 다산의 평가는 대단히 협소했고 현대적 맥락과 거리가 있다고 사료된다. 이기 개념은 기독교 서구의 편협한 인간 중심적 세계관에 대해 인간 우주적(Anthropcosmic) 비전을 제시하기 때문이다.[51] 이 점에서 퇴계의 〈성학십도聖學十道〉를 영역했으며 성리학을 현대 과학의 언어로 풀어내고 있는 캘턴(M. Kalton)의 생각에 주목하게 된다.[52] 주지하듯 성리학은 기氣의 청탁을 가지고 인간 상호간의 구별 및 삼라만상의 차이를 설명하였으며 이理를 만물을 존재토록 하는

---

51 유교학자 드유명은 기독교의 인간 중심적 세계관으로부터 유교의 우주인간론적 관점에로의 전환을 역설한다. 3년 전 판넨베르그가 종교와 과학의 주제로 감리교 신학대학교에서 강연할 때 드유명은 인간 출현을 우주 전개의 필연적 정점으로 보는 소위 '인간 원리' 라는 개념에 대해 질문하고 비판하였다.
52 M.E. Tucker & J. Berthrong(eds), *Confucianism and Ecology*, Harvard Univ. Press, 1998, 80~85쪽.

원리, 본연지성本然之性으로서의 소이연所以然(Why things are what they are)이라고 설명한다. 여기서 캘톤은 기氣의 청탁을 우주가 단순 수준에서 높은 수준으로 복잡화되어 가는 진화의 과정으로 보며 이理를 이런 진화의 복잡화 과정 속에 질서를 부여하는 원리로 통찰하고 있다. 즉 직관적이며 철학적인 이기理氣 개념을 진화론이라는 과학의 언어로 부활시켜 내고 있는 것이다. 생명의 탄생과 진화가 자기 조직적인 우주의 복잡화 과정 속에서 생겨나며 이런 진화의 과정이 혼돈으로 치닫지 않고 그 안에 일정한 패턴이 발생한다는 것이 부정할 수 없는 과학적 세계상의 본질이다.[53] 따라서 이기 철학은 사라져야 할 옛 유산이 아니라 얼마든지 진화론 시대에 합당한 우주의 설명 방식일 수 있으며 기독교 역시 이런 사유 틀로 변화되어야 마땅할 것이다. 진화 과정 속에 나타난 복잡성의 정도를 기氣의 청탁의 관점에서 읽은 것은 여기에서 인간 존재의 불평등 구조를 본 다산의 인간 중심적 인식 체계를 능가하는 탁견이 아닐 수 없다. 과학적 언어로 해석된 이기 우주 존재론 하에서 상제의 자리를 생각하는 것이 현대 신학의 핵심 주제라고 생각하게 된다.

　이와 연계된 것으로 다산은 자연을 인간을 위한 수단, 물적 토대의 관점에서 해석했다. 서교의 도전 하에서 실사구시實事求是를 학문의 최고 가치로 삼았던 다산에게 인물성이론人物性異論은 필연적인 것이었다. 비록 그가 인간 및 자연을 이해함에 있어 순자의 영향을 많이 받았다 하더라도 다산의 자연관은 유교적 범주를 벗어나 있다. 비록 순자가 물

---

[53] 이정배,『간문화 해석학과 신학적 상상력』, 감리교신학대학교 출판부, 2005, 125~127쪽. 동저자,『생명의 하느님과 한국적 생명신학』, 도서출판 새길, 2004, 73~74쪽.

과 불, 초목, 동물 그리고 인간 간의 구별을 도식화했고 인간의 도덕성을 중시했으나 다산은 이에 상제의 인격성을 첨부하여 인간의 특권을 더 한층 고조시키고 있는 것이다. 홍대용 같은 동시대 실학자와 비교할 때에 다산의 자연관이 서교적西敎的으로 경도되어 있음을 본다. "사람의 입장에서 만물을 보면 사람이 귀하고 물物이 천하지만 물物의 입장에서 사람을 보면 만물이 귀하고 사람이 천하다. 그러나 하늘의 입장에서 사람이나 만물을 보면 양자는 같다".54 이 점에서 학자들은 자연과 인간의 관계를 기독교 서구와 다른 '약한 인간 중심주의'의 시각에서 이해한다. 유교 전통 속에 면면히 흘러온 자연관을 '약한 인간 중심주의'로 정리하고 있는 것이다.55 이것은 인간만이 아니라 자연 역시 우주 내에서 동일한 복지(welfare)를 누려야 함을 기초 이념으로 삼고 있다. 인간 복지에만 관심 기울이는 서구적 '강한 인간 중심주의'와 다르다는 것이다. 공자는 자연에서 윤리적 영감을 얻었고 맹자는 자연 안에서 형이상학적 위안을 느꼈으며 순자는 자연에 예禮를 다함으로써 자연과 인간의 행복한 균형을 모색했기 때문이다. 더더욱 성리학은 인仁사상을 우주론적 차원까지 확대하지 않았던가? 이 점에서 다산의 이용후생적利用厚生的 자연관은 '유교적 유교'라기보다는 '기독교적 유교'의 맥락에서 이해될 수밖에 없다. 환경 문제가 인류 최대의 위기로 인식되며 종교와 과학의 대화가 인류 미래에 가장 중요한 이슈로 떠오른 시점에

---

54 이것은 홍대용의 『醫山問答』에 나오는 글이다. 곽신환, 「생태계의 위기와 유교적 대응덕목」, 『복음과 유교진리의 만남』, 한국 그리스도사상연구소, 1998, 183쪽에서 재인용.
55 M.E. Tucker & J. Berthrong, 앞의 책, 67~72쪽.

서 다산의 인격적 상제관과 인간 중심적 자연 이해는 당시로서는 의미를 갖되 오늘의 시각에서는 재고되어야 마땅하다. 하지만 허학虛學의 길을 가던 당시 성리학의 세계관에 대한 의식적 비판은 대단한 의미를 지니며 대사상가의 면모를 풍겨낸다. 유교를 개혁하고 시대 적합한 유학의 길을 펼치기 위해 성리학과 다른 길을 걸어갔던 다산의 학문성 및 유교 경전에 대한 독특한 해석은 주자학은 물론 퇴계학이나 양명학의 아류로 볼 수 없게 하는 독자적 경지를 나타내 보이기 때문이다. 여유당전서與猶堂全書 속에 수록된 다산의 경전 해석들을 면밀히 검토하지 못하고 쓴 것에 대해 많은 아쉬움을 느끼며 이후 다산 연구에 정진할 것을 다짐해 본다. 각주에 밝힌 『여유당전서與猶堂全書』인용문 역시 직접 확인하지 못한 채 빌려 쓴 부분이 많은 것도 용서를 구할 부분이다. 하지만 필자가 관심해 온 유교와 기독교의 자연스런 만남이 다산 속에 있고 믿음과 수행의 접점이 그의 신독愼獨 개념 속에 자리하고 있는 한, 이후 다산의 원문을 직접 읽고 깊은 신학적 성찰을 시도해 볼 것이다. 다산과의 늦은 만남이 안타깝지만 그가 품었던 시대적 사명과 그를 위해 동서 사상을 아울렀던 다산의 영혼의 크기가 진한 감동으로 다가온다. 다산이 자신의 시대를 위해 유교에서 불교를 벗겨내고 기독교 진리를 유교적으로 해석하는 일에 관심가졌다면 이후 우리에게는 우리 시대를 위해 유교를 기독교적으로 이해하는 일이 남아 있을 것이다.

문화 다양성 시대와 보스톤 유교
R. C. Neville의 *Boston Confucianism*방법론에 대한 비판적 일고

이종찬 (감신대)

1. 문화 다양성의 시대를 사는 한류와 보스톤 유교 (boston confucianism)

2005년 한 여름, 인도차이나 반도를 밟고 있었던 필자는 놀라운 일을 겪게 되었다. 이 일 저 일로 나다니다가 정작 서울에서는 TV를 가까이 할 수 없던 까닭에 그 흔한 '대장금' 이라든지 '동의보감' 과 같은 인기 프로그램을 제목만 보고 지나치곤 하였다. 하지만, 이 낯선 곳 인도차이나 반도 여러 나라의 버스 정류장, 기차 대합실, 허름한 구석 모텔의 모니터에 이르기까지 가는 곳마다 사람들의 열정적인 시청열로 인하여 비로소 그 드라마들을 속속들이 만날 수 있었기 때문이다. 그 해 10월 홍콩에서 아시아 9개국 문화장관회의와 함께 열렸던 아시아 문화협력 포럼에서는 '대장금' 등을 비롯한 한류 현상이 집중적으로 거론되기도 하였다.[1]

돌이켜보면, 서세동점으로 대표되는 제국주의 물결이 아시아를 뒤

덮고 이와 더불어 서구 문물의 무차별 수용이 이어져왔던 근·현대의 역사 흐름에서, 아시아인들은 스스로의 정체성을 챙겨볼 겨를도 없이 온통 격동의 소용돌이에 휩싸여 버렸던 발자욱의 주인공들이었다. 그러기에 아시아인들은 동아시아 문화를 속살 깊게 담아낸 대장금 류의 자화상을 통해 소위 '아시아적 가치' 의 실마리를 읽어내면서 나름대로의 가치와 신념을 곱씹게 된 셈이다. 이런 점에서 "서구의 관습과 문화를 무비판적으로 수용해 왔던 아시아인들이 대장금을 통해 자신의 전통문화를 자랑스럽게 되돌아보는 계기가 됐다"[2]고 진단하는 대장금 제

---

1 이 '대장금' 은 적잖은 시간이 흘렀음에도 여전히 동아시아문화권에 속해 있는 여러 나라에서 상상을 초월하는 관심을 불러일으켰다. 게다가 지역과 문화적인 한계를 벗어나 동남아시아, 중앙아시아와 중동을 비롯한 유럽과 미주 지역에 이르기까지 35개국 이상에 수출되었다는 사실은 매우 주목할 만하다. 이 드라마는 몽골, 대만, 홍콩, 일본, 베트남, 중국, 이란, 인도네시아, 브루나이, 싱가폴, 필리핀, 태국, 터키, 말레이시아, 우즈베키스탄, 호주, 프랑스등에 수출되었다 특히 동아시아문화권에 속해 있는 지역에서의 시청율은 가히 기록적이어서 대만에서는 '대장금폐인' 신드롬과 아울러 소설이 베스트셀러에 올라갔고, 베트남의 경우는 낮과 밤이 뒤바뀌는 기현상을 보여주며 대중적인 영향력을 보여주었다. 또한 동일 문화권에 있는 몽골에서는 시청율이 60%, 홍콩에서는 방송 사상 최고치인 47%에 이를 정도로 남녀노소가 가리지 않는 국민 드라마였다. 게다가 동아시아문화권의 중심지인 중국의 경우에는, 대장금 열기에 위기의식까지 느낀 중국인들이 '嫌한류' '抗한류' 를 불러일으킬 정도로 영향을 끼치기도 하였다. 이웃 일본에서도 이 프로그램을 위성방송이 방영한 데 이어 지상파를 통해 NHK가 방송을 시작하였다.[오마이뉴스, 2005. 10. 28 인터넷판 참조]
2 [오마이뉴스, 같은 곳]. 이 드라마의 배경은 신유교 성리학이 종교적 위상을 가지고 국가 이데올로기 구실을 하였던 조선 중기이다. 그러기에 군신과 남녀와 반상의 천부적이고 차별적인 사회구조의 한계 아래서 일개 하층 여성이 탁월한 인격적 삶의 정형을 보여주는 이 사극은 의미심장하다. 갖가지 차별이 존재하던 시기의 한 여성이, 이즈러졌던 유교 본래의 이상적 인간상을 표출해내면서

작팀의 소리는 새겨볼 만한 가치가 있다.

일찍이 중국은 동아시아 문화권의 종주국이었으나, 근대에 이르러 서구 열강이 그 동력을 제국주의적 팽창으로 이어나가자 이에 희생양이 되었던 바는 주지의 역사이다. 그리고 이후로는 공산 혁명을 통하여 철저히 유교 정신을 탈색하고 대안을 모색하며 나름대로의 정체성을 형성해 왔다. 이 가운데서 동아시아 문화의 주류를 이루어왔고 공자나 유교 사상은 과거 전통의 뿌리로 배척되었고, 문화혁명 시기에는 공자의 묘나 비석이 소각되거나 파괴되는 등 철저한 단절을 가져오게 되었다.

그럼에도 한반도의 경우, 근대에 들어서 잠시 같은 동아시아 문화권인 일본의 식민 지배 기간이 있었지만 나름대로 유교 문화의 해석학에 있어서 일정한 흐름을 이어왔다. 일찍이 선진 유교라 불리는 원시유교를 수용함으로써 고대국가의 기틀을 갖추게 되었고, 고려시대에는 과거제를 비롯한 각종 제도적 장치를 통해 유교적 통치 체제를 확립하였으며, 조선시대에는 신유교 전통의 성리학과 주자학을 독창적으로 소화해냄으로써 퇴계학과 율곡학의 세계가 동아시아 유교 해석의 한 축으로 자리 잡기에 이르렀다. 이후로 양명학과 실학의 연장선상에서 서구 문화 유입에 이르기까지 일정하게 동아시아에서 유교적 문화 해석학의 성격과 틀을 이어 왔다. 게다가 동서 문화가 첨예하게 마주치던 150년 전에는, 당시 서구 세력의 대척점에서 '동학' 이라는 세계 인식

국가와 사회를 위해 공헌하는 역정을 통하여 오늘날 후기 산업사회에서도 현존하는 사회의 왜곡상을 바로잡고 평등한 인간 정신 구현을 이루는 길잡이임을 밝혀준 것이다. 이는 유교문화권뿐만 아니라 범지구촌적인 보편적 가치 실현의 모델로 받아들여지는 것이라 평가할 수 있다.

이 자리 잡기도 하였는데, 이는 당시 제국주의와 식민주의적 세계관을 극복하면서 새로운 세계상을 열어주기도 하였다.

이러한 까닭에 중국 사회 일각에서도 한국이 현대 중국보다 더욱 전통적인 이미지로 유교 문화의 주도적인 영향력을 행사하고 있다는 말이 심심찮게 거론되었고, 사실상 동아시아에서 한류가 불붙은 곳이 중국 대륙이었다는 사실도 의미심장하다. 이런 점에서 동아시아 문화권 내에서 일기 시작한 한류의 문화적인 현상은, 일회성으로 그치는 것이 아니라 나름대로 일정한 흐름을 지니고 있음을 확인하게 된다. 이러한 맥락에서 이번에 유교의 해석학적 흐름의 또 다른 단면으로 '보스톤식 유교'를 펴낸 네빌의 작업을 살피는 것은 매우 시의적절한 일이 아닐 수 없다. 논자는 그의 책 『보스톤 유교-후기현대사회를 사는 접붙이 문화전통』(SUNY Press, 2000)[3] 1-5장을 중심으로 하여 이러한 발걸음을 짚어보고 나름대로 그 의미를 평가해 보려고 한다.

2. 보스톤 유교의 첫걸음과 주요한 논점들

보스톤 유교의 탄생은 1994년 중국의 변화에 대한 연구 모임에서 네빌이 기고한 "A Short Happy Life of Boston Confucian"이라는 논문에서 비롯되었다. 본 책의 서문에서도 뚜웨이밍은, 몇 가지 문제점들을 지적하긴 했지만 이 용어의 타당성에 대해 논자의 서론과 비슷한 맥락에서

---

[3] Robert C. Neville, *Boston Confucianism: Portable Tradition in the Late-Mordern World*, SUNY Press, 2000. (이후 *BC*.로 약칭)

의미 있는 출발점이었음을 밝히고 있다. 그러나 이러한 유의 작업이 그리 녹록치만은 않은 법이다. 뚜웨이밍(杜維明)은 이러한 논지를 처음부터 뚜렷하게 드러낸다. 다시말해 오늘날 살아 있는 전통으로서 유교를 비교문화라는 시각에서 접근하는 것은 해석학적으로 볼 때 자신에게 엄청난 두려움이라는 고백을 감추지 않았기 때문이다.[4]

그럼에도 정작 '보스톤 유교'를 책으로 펴낸 당사자 네빌의 경우에는 이 문제가 그리 심각하지 않다. 서구의 그리스 전통이나 원어를 접하지 못해도 오늘날 그리스 철학과 문화의 주인공이 되는 것이 그리 어렵지 않다고 여기기 때문이다. 까닭에 네빌은 거리낌없이 뚜웨이밍을 비롯한 여러 중국 전문가들의 손을 빌리면서도 무사태평이다. 무엇보다도 이러한 모습은 보스톤 유교의 틀을 다짐에 있어 가장 눈에 띄는 문제점으로 드러난다. 그리스 전통이나 언어와는 달리 동아시아 문명과 언어는 수천 년을 거쳐 내려오면서 연속성을 잃지 않았고 여전히 오늘날에 이르기까지 일상의 삶에서 살아 있는 유기적 문화와 언어의 형태로 이어져왔기 때문이다. 이같이 한 문명과 언어가 오랫동안 이어져 온 깊은 연륜의 해석학적 과정을 간과했다는 점에서, 네빌 식의 논조에 선뜻 손을 들어주기가 꺼려진다.

그럼에도 일찍이 1991년 버클리에서 열렸던 2차 유교-기독교 대화모임에서 보스톤 유교학파라는 이름으로 생뚱맞게 시작되었던 조용한 물결은, 위와같은 네빌의 생각이 구체화되면서 하나의 물줄기를 이루게 되었다. 버클리에서의 논의에서 보듯이, 원시유교의 구성과는 다르

---

4 *BC.* p. xii

게 진秦·한漢 시대의 방사放士와 유생儒生이 결합하는 통일시대를 겪으면서 일종의 도교와 유교의 변증법적 과정이 존재하였다는 점은 무엇보다도 의미심장하다. 이러한 방식은, 오늘날 동아시아라는 공간의 한계를 뛰어넘는 맥락에서의 유교적 해석학의 지평을 보스톤 사람들에게도 마련해주기 때문이다. 이런 가운데 동아시아에서 이상향으로 회자되는 학자관료(scholar-officials)의 요건을 갖추고 있던 일련의 구성원들(Judith Berling, John Berthrong, William Theodore de Bary, Rodney Taylor)은 자연스레 의기투합하게 되었다.[5]

이러한 배경 하에서 이 책은 여러 가지 관점을 통해 보스톤 유교의 지평을 마련해 보려는 시도를 보여준다. 우선 1장에서는 세계철학의 형태로서 유교의 기본적 틀을 모색하고 있고, 2장에서는 유교 경전을 중심으로 한 중국의 고전과 문화철학 및 유교의 이식에 있어 문제점을 짚어 보고 있다. 3장에서는 보스톤식 유교의 맥락에서 유교철학의 현실적 상황을 논의하고 있으며, 4장에서는 다원화된 종교 정체성의 측면에서 실존적으로 부닥치게되는 유교 영성의 차원을 다루는데, 여기에서는 송나라 때 유교와 불교 그리고 도교가 새로운 정체성을 덧입는

---

[5] BC, p. xxviii, 일찍이 19세기 이래로 역사 흐름선상에서 태평양상에 존재하는 미소의 팽창정책과 중국-인도-서양을 연결하는 무역 구조 그리고 오늘날 아시아의 급증하는 인구와 경제적 폭발력 및 핵의 확산으로 말미암아 새로운 세계질서에 걸맞는 지구촌의 평화철학적 근거를 요청하는 시간이 도래하게 된 것도 하나의 원인이다. 특히 1919년 중국의 5.4운동 이래로 일단의 중국사상가들이 외국으로 쫓겨나게 되면서 중국과 서구의 철학적 교섭은 가속되었고, 이후로는 동아시아 및 서구의 대학에서 교육과정을 마친 전문가 그룹(Roger T. Ames, Anne Birdwhistell, Irene Bloom, P.J. Ivanhoe, Rodney Taylor, Mary Evelyn Tucker, Herbert Fingarette, David L. Hall, Lee Yearley)이 등장하게 되었다.

과정에 주목하여 나름대로 보스톤 유교의 종교 지형을 모색한다. 그리고 5장에서는 오늘날 보스톤 유교의 중심에 서 있는 뚜웨이밍에 의지하여 이전의 논의들을 다듬어가고 있다.

3. 보스톤 유교의 삶과 세계

소위 '보스톤 유교'의 의미는 두 가지 형태로 정리할 수가 있다. 하나는 세계 문화의 창조라는 시각에서 여타 세계 문명의 전통 안에 유교의 전통을 합류시키려는 복안이다. 이는 주로 유교 사상을 세계의 철학과 대화하는 장으로 이끌어내려는 의도를 담고 있다. 이를 위해 유교가 단순히 동아시아의 종족 배경을 넘어서서 보편적 세계관의 형태로 오늘날 유용하고 의미 있는 존재임을 밝히려 한다.

둘째로, '보스톤 유교'는 뚜웨이밍을 비롯한 보스톤 일대의 학자들을 중심으로 이루어지고 있다. 첫 번째 의미보다는 좀 더 국지적인 의미를 지니긴 하지만, 이는 동아시아 종족 문화의 형태를 벗어나 전혀 다른 장소에서 낯설은 집단들에 의해서 이루어지는 유교의 해석학적 작업이라는 점에서 의미를 가진다. 이러한 문화 간 이식에서 의미 물음의 틀로서 주요하게 다루어지는 방법은, 서구 철학에서의 실용주의적 관점에 빗대어 유교에서 말하는 예(禮, ritual propriety)를 현대적으로 재해석하는 형태이다.

우선 보스톤 학파에 의해서 이루어지는 유교의 해석학적 작업은, 유교 자체에 대한 비판적인 검증과 함께 12세기 주희에 의해 이루어진 신유교의 중심 경전(四書)에 대한 물음도 다루고 있다. 우선 경전과 관련해서 1차 자료들, 2차 자료들 그리고 기타 해석학적 요소 등이 다루어진다. 1차 자료에는 남송시대의 주희가 채택한 『논어』· 『중용』· 『대학』· 『맹자』와 아울러 『순자』가 포함된다. 2차 자료로는 송·원·명·청 시대의 주요한 신유교의 자료들, 즉 주돈이·장재·소옹·정호·정이·육상산·주희·왕양명·왕부지·대진 등의 저술이 망라된다. 기타 해석학적 요소들로서 1, 2차 자료들의 형성과 관련된 역사적이고 논쟁적인 자료들이 있는데, 중국을 비롯한 한국과 일본 역사와 역경, 도가, 묵가, 법가의 저작들을 비롯해 중국불교의 영성 및 사회적 자료들이 그것이다.[6]

우선 1차 자료들에 있어서는 분서갱유焚書坑儒의 중국 역사에서 보듯이, 언제나 해석의 다기성으로 인한 경전의 진정성 논란이 존재한다. 그럼에도 『논어』의 중요성을 외면할 수 없다. 이는 유교에서의 중심개념인 '인仁'과 '예禮', '의義', '효孝', '학學', '서恕' 등의 주요한 이해들을 조망할 수 있게 해 주기 때문이다. 또한 '성인'의 개념을 비롯해 여타 사회적 양태들에 대한 보다 폭넓은 이해를 제공해 준다. 이는 보스톤 유교에 있어 플라톤과 버금가는 공자의 해석학적 위상을 보여준다.

『중용』의 경우는, 대극적 양태로 전개되는 자아 이해를 삼라만상에까지 확장시키는 세계관이 반영되어 있는 까닭에 유교 세계관의 모형을 제공해준다는 점에서 중요하다. 『대학』의 경우는, 배움이라는 작업이 한 개인의 자아에 국한되지 않고 그 사회적 의미와 구조, 공동체 및 세계관과 정치적 구조에 어떻게 관계를 맺고 있는가의 문제를 의미 있

---

6 *BC*, p. 3

는 주제로 다루고 있다. 『맹자』의 중요성은 '사단四端'의 의미를 밝혔다는 점에서 인간 심성에 대한 신기원으로 이해되고 있다. 그런 까닭에 유교에 있어서 교육이라는 주제에 대한 방향을 설정해 주는 틀이다.

『순자荀子』의 경우는, 주희에게 있어서 1차 자료에 채택되지 않았지만 보스톤 유교의 입장에서 볼 때 인간의 심성과 관련한 인습이나 타락의 문제를 다룬다는 점에서 빼놓을 수 없는 1차 자료이다. 인간의 이기심과 왜곡되고 이지러진 모습에 주목하는 순자가 '예'의 지평에서 그 규정적이고 관습적인 형태가 회복될 때 비로소 온전한 유교적 인간상이 드러난다고 말하는 점에서, 보스톤 유교의 교육적 의미와 세계관의 지평을 열어주기 때문이다.[7]

1차 자료들에 관한 고찰과는 달리 2차 자료에 있어서는 구체적인 저작들을 특정하지는 않는다. 비록 이들이 주희나 왕양명, 주돈이의 입장에 기반하지는 않지만, 여전히 여기서 다루어지는 논의들의 초점을 중요하게 받아들인다. 이는 마치 데가르트나 홉스, 로크와 흄, 스피노자와 칸트를 추종하지는 않지만 2차 자료로 수용하는 방식과 동일하다. 또한 이 시대의 자료들에 대한 원전을 고찰하는 형태가 아니라, 일반적으로 시대상에 반영된 삶의 전개 방식에 대해 문제점들을 공유하는 형태를 취하고 있다.

마지막으로 경전의 해석학 문제에 있어서는 더 많은 어려움이 존재

---

7 *BC*, p. 6-7. 이런 까닭에 해석학석인 측면에서 '예'의 중요성이 사라지기 시작하는 송·명시대에서는 그 비중이 축소되었다고 네빌은 판단한다. 이런 점에서 보스톤 유교는 유교전통에서의 '예'의 회복을 통해 지평의 만남을 추구하는 아메리카의 상황을 반영한다.

한다. 더구나 서구문화 전통의 경우에 있어서도 이제 그리스나 중세 기독교에 접근하는 일은 벅찬 일이 되어 버렸기 때문에, 동양 전통에 대한 접근은 서구인들에게 더 말할 나위가 없다. 이러한 상황 인식 아래 일정하게 그들의 해석학적인 작업의 선이 그어진다고 봐야 할 것이다.

사상적으로 볼 때, 유교에서의 '예'에 대한 이해는 '인'(humanity) 이해와 함께 중요한 두 축을 이루고 있다. 서구에서의 철학적 인식론에서 '인'은 기독교의 사랑이라든지 하이데거적인 '진정성'(authenticity)과 같은 형태로 광범위하게 다루어지고 있다. 그러나 '예'라는 것은 서구인들에게 있어서 접근하기 어려운 난해한 측면이 있다. 보통 바람직한 자세나 점잖은 몸가짐 정도로 이해되는 이 개념은, 실제로 서구에서는 알맞은 개념을 찾기 어려울 정도로 동아시아의 독특한 냄새를 담고 있다.

네빌의 경우는, 이 '예'에서 '문화' 그리고 '관습적인 것', '특정한 조화'라는 세 가지 지평을 바라본다.[8] 특히 공자나 순자의 경우는 예의 실천에 있어 탁월한 통찰을 제시하였다고 본다. 즉 인간과 사회의 존재 방식에 있어 문화의 실현 정도가 바람직한 세상(웰빙)을 추구하는 '예'의 구현을 적나라하게 반영한다는 관점을 일컫는 것이다. 그리고 이 '예'의 세계는 관습적인 형태를 지니고 있기 때문에, 이러한 관습의 기준 하에서 올바른 언어와 행위의 틀이 실천의 해석학을 이루게 된다. 아울러 유교 세계관은 특정한 조화의 양식을 산출해 내는 '예'의 세계를 지향하는 바, 이는 어떤 특정한 도덕적 규율이나 선악의 개념보다는 '상상력과 미학의 세계가 혼재하는 우주의 조화'로 나타난다.[9]

---

[8] *BC*, p. 9

무엇보다도 네빌은, 유교에서나 실용주의자들 모두가 공통적으로 해석자에게서 나타나는 '구체적이고 비언어적인 기능'을 중요하게 인식한다는 점에 주목한다.[10] 특히 원시유교에서는 기호체계가 '예'의 기능을 수행한다고 보기보다는, '문화'라는 것이 그와 같은 기능을 하는 일련의 기호체계라고 보았다.[11] 물론 이러한 의례들이 가식적으로 쓰여질 수도 있고, 해석이라는 것 역시 공수표가 될 가능성은 언제나 도사리고 있다. 그렇지만 이러한 틀마저 무너져 버린다면 이상적인 문명의 형성은 현실적으로 불가능한 셈이다.

---

9 BC, p.10-11, 이러한 점에서 서구의 실용주의가 보여주는 '상징(signs)'과 '기호들(semiotic)'은 이러한 유교 전통에서의 '예'를 해석하는 데 매우 친숙한 서구 철학적 자산으로 활용될 수 있는 셈이다. 이 실용주의에서 Charles S. Peirce와 Dewey의 이론을 발전시켜 Whitehead와 연결시키고 Paul Weiss에게서 발전되어 나가는 흐름이, 유교적 '예'와 관련하여 다양한 가능성을 부여주고 있다. Peirce에게 있어서 중요한 점은 이것이다. 표상과 그 대상의 관계에는, 방법을 인식함에 있어 상호작용을 이끄는 것과 관련된 특정한 인과관계 같은 것이 있다는 말이다. 그저 심리적인 의도성(intentionality)의 차원에 그치는 것을 넘어서 마음과 알지 못하는 외적인 대상 사이에 인과관계 같은 것이 있고, 실용주의는 이 의도성을 목적의식을 가진 상호작용의 형태로 특정한 양식의 인과관계를 보았다는 말이다.

10 BC, p.12, 예를 들어 이러한 인식은, 유대교 전통의 해석학적 전통에 있어 앎과 사유의 틀 안에서 성서 해석의 주안점을 두는 하가다(haggada) 전통과는 달리 행위와 관련된 성서해석에 주안점을 둠으로써 개개의 삶의 정황에 따라 다양한 양태를 보이는 할라카(halacha) 전통과 유비적으로 맞닿아 있다. 장호광, 「프리드리히 빌헬름 마르크봐르트의 신학에서 나타난 유대교의 의미」, 『한국조직신학논총』 17집, 2006년, 71~3쪽 참조.

11 BC, p.15, 그러기에 원시 유교에서는 도가의 주장과는 달리, 의례상의 행위보다 고차원적 상징이 부지불식간에 더 근원적 기초를 이루는 것이라는 입장을 받아들이지 않는다.

일반적으로 원시유교에서는 종족·인종적으로 그리고 종교적인 양태에서 동질적인 기반을 구성하기에, 부부의 문제, 혈육의 문제, 형제의 문제들은 유교의 가치관을 적나라하게 보여주는 모체이다. 이렇듯 서구적 시각에서 볼 때 낯선 가족주의적이고 혈연주의적인 모델은, 현대 산업주의 사회에서는 매우 생뚱맞은 것일 수도 있다. 하지만, 해체의 극단을 달리는 서구사회에서 있어서도 이 같은 가족주의 개념이 아주 낯선 것만은 아니다. 이스라엘의 예언 전통에서 보이는 보호 공동체로서의 가족 개념이나 기독교에서 약자와 소외자들에 대한 공동체 개념은 사회적 울타리로서의 가족이란 모습에서 그리 멀지 않기 때문이다.

그러므로 네빌은 동아시아에서 2500년 간 장구한 세월을 지내면서 이루어진 유산을 공동의 자산으로 받아들임으로써, 서구사회와 보스턴에 알맞은 창조적인 미래를 열어보려는 보스턴 유교의 기본적인 자리를 모색한다. 이는 이전의 신유교가 송명(宋·明) 시대에 불교와 도교를 창조적으로 습합해 나갔던 것처럼, 해석의 재료로서 『역경』뿐만 아니라 플라톤의 『공화국』과 같은 전통들을 폭넓게 다루면서 나름대로의 창조적 세계를 다잡아 가려는 것을 보여준다.[12]

창조적인 그들의 발상과 아울러 실제로 이러한 야무진 꿈을 이루기 위해서는, 이 작업의 전면에 나설 수 있도록 보스턴 유생들이 동양학에 보다 진지하고 듬직하게 다가서야 할 필요가 있다. 이미 오래 전에 동아시아에서 비슷한 발걸음을 내딛었던 '격의(格義)불교'의 세계는, 수없는 구도자들 그리고 지난한 학문적 작업이 삶의 종교적 지평과 어우러

---

12 *BC*, p.21

져 동아시아 일대의 사상적 거름들과 끊임없는 교호 과정을 통해 열매 맺는 발자욱이 숨어 있었음을 간과해서는 안 되기 때문이다.

진정으로 보스톤 유교가 이러한 창조적인 작업을 이루어내기 위해서는, 아시아의 수다한 언어들이 살아 숨쉬어 왔던 바다, 즉 종교 문화적 다양성(불교, 도교, 신도, 샤마니즘)의 세계를 그냥 지나칠 수 없는 법이다. 만에 하나 그렇게 한다면 보스톤 유교의 작업은 한낱 지나는 앵무새의 너스레쯤이 되고 말 것이기 때문이다. 물론 이러한 숱한 어려움이 유교와 기독교의 만남에 밑거름을 이루는 것임은 이미 보스톤 유교도 스스로 인정하는 바다. 결국 이것은 보스톤 유교에게 있어서 문화 지평에 대한 해석학적인 든든한 징검다리가 가장 절실한 문제임을 보여준다.

4. 문화라는 틀에서 보는 유교

일반적으로 유교 문화에 대한 이해는 기나긴 전통 속에서 입을 모아 우러르는 것으로서의 이상적인 문화와 예술, 언어 등의 의미를 함축하고 있는 문文이라는 개념에 우선 반영되어 있고, 아울러 지금까지 다루어온 예禮라는 개념에도 응축되어 있다. 네빌의 경우에는 앞서 언급되었던 방식대로 '학습이라는 차원'과 '관습이라는 것' 그리고 '기호학적으로 형성된 행동양식'이라는 틀을 가지고 유교를 바라보고 있다.[13]

---

13 BC, p.26, 네빌은 특별히 순자에게서 나타나는 본성에 관련된 문화적 이해를 중시하여 우선적으로 다룬다. 둘째로는 유교적 형태와 대비되는 도교와 법가, 묵가 및 중국불교에서의 문화 이해 구조를 살펴보고, 셋째로는 원시유교, 즉 공

이러한 관점에서 볼 때, 일반적으로 맹자에게 의미를 두는 동양에서와는 달리 네빌을 비롯한 보스톤 유교에서는 순자荀子(약 310-210 B.C.)의 사상에 많은 관심을 기울이게 마련이다. 순자는 도교 및 묵가 그리고 초기 법가와 관련하여 유교적 가치관을 천명함으로써 독특한 모습을 보여주는 사상가인데, 그의 『천론天論』에서는 천天, 지地, 인人의 상관관계에 대해 여타 학파에서 거론하였던 내용들을 종합하는 모습이 잘 드러난다.14 이러한 순자 및 초기 유교 사상가들에게 있어서는 일련의 생활 양식으로부터 법률적인 차원에 이르기까지 모든 양태의 '예'라는 것은 이렇듯 관습들을 총칭하는 것으로 나타난다.

일반적으로 이와 대조되는 흐름으로서 도교라든지 법가나 묵가 또는 불교의 지평에 대한 이해도 함께 짚어볼 필요가 있는데, 우선 도가에서는 유가의 인위적인 형태의 문화 이해와는 다른 입장을 가진다. 그러기에 자연의 도를 가로막는 인위적인 형태를 경계하며, 고상한 차원에서 다루어진 성교하고도 세심한 덕목들의 세계가 오히려 자연적 삶의 흐름을 변형시키고 왜곡시킬 수 있는 가능성을 경고한다. 게다가 상자의 경우는 오히려 인위적 작업들로 인하여 더 큰 혼란과 술수와 모호

자와 맹자 순자의 세계를 다루며, 마지막으로는 오늘날의 세계철학적 위상과 관련하여 중국철학에서의 문화적 의의를 차례대로 짚어 보고 있다.
14 *BC*, p.29 이하, 특히 그는 인간 존재의 이해에 있어서 4가지 형태의 천부적인 생물학적 위계 과정에 대해서 기술하고 있다. 4가지 형태로 주어지는 자연적 체계들은 하늘과 땅의 조화로움을 수반하지 않으면 결코 성취될 수 없는 바, 인간에게 있어서 '도'의 온전한 성취는 바람직한 문화 이해를 수반하고 있다. 결국 문화란 인간 세계를 온전히 구현하기 위해 천부적으로 부여된 관습들의 총류인 셈이다.

성에 빠지곤 하는 위험을 지적한다. 때로 원시도교에 있어서는 유교적 관점과 같은 맥락에서 깊고 심오한 세계를 논하기는 하지만, 유교에서는 여전히 우주 조화 속에서의 인간 이해에 치중하는 반면 도교는 다분히 우주 조화에 우선하는 모습이다. 때문에 서구에서는 유교적 성인의 삶보다는 도교적 명상의 세계를 동양 문화의 요체로 이해하기도 한다.

한편 한비자로 대표되는 법가 철학에서는 '예'의 형태로 자리하는 문화의 다른 모습을 보여준다. 법가의 경우에는 유교적 문화 양태라든지 도교적 자연주의 색채에서 보이는 미학적 의미를 불식하고 명료한 법적 진술의 형태와 상벌의 엄정한 집행을 통한 세계를 그리게 마련이다. 네빌에게 있어 이러한 법가적 태도는 사회 평등의 진작과 실용적 합리주의라는 문화적 지평을 확장한다는 점에서 오늘날 나름대로 의미를 갖는다. 또한 묵가가 번잡한 장례 예식이나 추도의식 그리고 예술과 같은 형태의 고도의 문화적 심미주의를 거부하고 '사회적 공익'이라든지 '정의와 사랑' 같은 가치를 추구하는 모습도 마찬가지이다.[15]

원시 유교에서의 공자와 맹자, 순자와 관련된 사회적 상황의 이해에 있어, 네빌의 경우는 이를 서구에서의 토마스 홉스가 말한 '사회적 혼란'과 비슷한 것으로 받아들이면서 『논어』를 통해 다음 몇가지 사실을 추려내었다.[16] 첫째는 히브리 예언자의 유형인데, 이는 예레미야의 통렬한 상황 인식이나 고도의 정화된 예언자 의식과 비슷한 모습을 보여주기 때문이다. 둘째로는 공자의 문화 철학은 '예'로 대표되는 이상적

---

15 *BC*, p.32, 네빌은 이 같은 모습이 유교의 전통적인 문화양식에서는 좀처럼 거론되지 않는 형태로서 밑바닥에 자리한 아시아 민중정서를 담아냈다고 평가한다.
16 *BC*, p.35.

인 문화 개념이라는 점이다. 공자는 도교에서 흔히 말하는 우주적 도에 대한 형이상학적 인식이나 작업을 보여주진 않지만, 그럼에도 여전히 우주와 조화된 인간의 자세를 잊지 않는다. 세 번째로 공자의 문화 철학과 성인 혹은 이상적인 군자의 개념이다. 이는 '인'의 개념에서 잘 구현되고 있는데, 무엇보다도 부모와 자녀 간의 사랑은 이러한 '인'의 모습을 드러내는 가장 근원적인 개념이다.

맹자는 이러한 '인'의 세계를 주목하고 인간 존재에게 있어 '성선性善'의 세계를 천명해 낸 인물이다. 다만 그가 무엇보다도 파괴적인 사회적 요소들을 제거하는 안목과 천부적인 덕목, 특히 인간성의 상실을 경계하는 데 진력하기 때문에, '예'의 학습의 중요성에 그다지 관심을 두지 않았다고 네빌은 이해한다.[17] 이러한 측면에서 인간성을 함양하기 위한 사회적 제반 조건에 대해 더 많이 언급했고, 이를 바탕으로 덕목을 상실한 황제에 대해서는 '권위의 박탈'과 '역성혁명'의 정당성을 주장하는 것이라고 보았다.

순자의 경우는, 인간의 이기심에 주목하였기 때문에 적절하게 표출된 사회의 제도적 견제 장치가 없다면 인간의 가치관에 대한 이해가 조성될 수 없다고 보았던 점이 부각된다. 고로 덕성이란 선천적으로 주어지는 것이라기보다는 이런 성품을 함양하는 행위들에 의해 수반된다는 순자의 주장은, 네빌에게는 매우 귀중한 가르침으로 수용된다.[18]

---

17 BC, p.36, 일찍이 공자는 인간에게 부여된 하늘의 도의 세계를 보여주었고, 『중용』에서는 이를 天命之謂性, 率性之謂道, 修道之謂敎라고 정리하였다. 맹자의 경우 이러한 인식을 四端의 세계라는 이해로 풀이해 내는데, 이는 깊은 문화적 함의를 거치면서 仁義禮智라는 심오한 덕목의 세계로 이어진다

이러한 맥락에서 네빌은 원시유교의 가르침이 보스톤 유교에게 주는 의미를 다음 4가지 형태로 정리하고 있다.[19] 우선 '윤리학적 기호론'을 들 수 있다. 이는 보스톤 유교가 단순히 언어를 수반한 상징체계로 자리잡아 가는 형태에 머무르지 않고 제도와 행위 양식들의 구현이 문화 형성에 이바지한다는 관점을 유교의 전통으로부터 배울 수 있음을 보여준다. 둘째로 도가적 양식과 유교적 양식을 포함하는 전통에서 보여지는 문화의 미학적 이해는, 진보만을 강조하는 계몽주의나 현대 서구의 문화 도구주의적 선입견을 보정하고 보충하는 역할을 할 수 있다는 것이다. 셋째로 도교와 유교의 이상적인 성인상에서도 보여지듯이 인격적인 문화 함양의 계기가 모든 이들에게 열려 있다는 점이 두드러진다. 만일 여기에서 일련의 귀족주의적 요소만 경계한다면, 사실 기독교의 성화 개념과도 상응하는 좋은 양식이 될 수 있는 셈이다. 마지막으로는 관습의 이중성에 대한 문제가 있다. 이는, 도교와 유교의 긴장관계에서도 보이듯이 제의라는 것이 그 입법 취지로서의 '인간성'의 자리를 외면하게 될 때 생기는 일련의 율법주의와 화석화의 모순을 일깨워 준다.

---

18 이후 19세기에 서구사상이 유입되고, 마르크시즘에 이르기까지 전통적인 문화 의례에 대한 이해는 점차 빛이 바래게 되었다. 그럼에도, 순자의 관점에서 본다면, 존 듀이의 인간성과 관련된 사회 문화 형성 이해는 원시 유교의 주제들과 놀랄 만큼 일치되는 흐름을 보여준다고 네빌은 평가한다. *BC*, p.38
19 *BC*, p.39

5. 보스톤 유교의 여러 가지 모습들

일찍이 마르코폴로 이래로 동양 선교사들의 저작들을 접한 라이프니쯔 같은 철학자들이 간간이 중국에 관한 저술을 남기기도 하였지만, 무엇보다도 서구 세계에서 중국 철학의 이해가 가능하도록 비판적인 경전 번역과 학문적 업적을 이룩한 것을 꼽는다면 진영서陳榮捷(Wing-tsit Chan)의 『A Source Book in Chinese Philosophy, 1963』를 빠뜨릴 수 없다.[20] 이 밖에도 일반적으로 오늘날 영어문화권에서 이루어지고 있는 동아시아 사상에 관한 작업들은 크게 세 가지로 나누어볼 수 있다.

첫째는 번역과 해석의 작업을 하는 철학자들로서, 이들은 서구인들에게 길을 열어주려는 목표를 가진다. 둘째로는 서구의 철학적 이념들을 비교 연구함으로써 대화의 통로를 열어주는 부류이다. 셋째는 번역이라든지 비교 작업보다는 분명한 자신의 목소리를 가지고 오늘날의 철학적 문제를 담아 내려고 하는 독창적인 작업들이다.

번역 분야에 있어서 유교 자료보다도 비교 우위를 점하고 있는 것은 단연 도교 전통이다.[21] 그리고 일반적인 해석 작업과 아울러 직접 비교 작업에까지 손을 대는 일련의 '가교적' 역할을 해 내는 손색이 없는 사

---

20 BC, p.42, 이는 엄정한 번역과 아울러 정확한 주석작업들을 통하여 『논어』, 『맹자』, 『중용』, 『대학』 등과 순자와 노자, 장자, 묵자, 명가학파와 음양학파, 법가, 동중서등의 고대자료들로부터 신유교와 근세의 현대 신유교에 이르는 생존 사상가들의 저작까지를 포함하는 광범위한 형태의 총서이다.
21 BC, p.44, 이미 『도덕경』 같은 경우는 어느 유교 경전보다도 많은 영어 번역이 이루어졌고, 특히 장자의 경우는 미학적인 번역본이 수두룩하다.

상가들이 눈에 띈다.22 일반적으로 번역 작업과 가교 역할의 구분은 그리 명확하지가 않지만, 반면 독창적인 작업을 수행하는 사상가들의 흐름은 확연히 드러난다. 왜냐하면 주석적인 작업을 통하여 역사적이고 비판적인 작업을 하는 경우와 철학적인 작업을 진행해 나가는 경우는 뚜렷한 대비를 보여주기 때문이다. 주목할 만한 인물로는 Roger T. Ames 와 David L. Hall, Cheng Chungying 그리고 Wu Kuangming 등이 두드러진다.

공동작업을 즐겨 해 내는 Ames와 Hall의 경우는,23 서양과 동양사상이 각각 중심점을 가지고 있는 사항을 일반화하여 전체적으로 대조시키는 방법을 사용한다. 대개 서구 문화는 그리스와 셈족의 전통에 기원을 두고 구라파에서 꽃을 피우게 되었다. 신과 세계의 조화로운 관계 속에서 의미를 구현해 내는 형이상학적이고 과학적인 해설 구조를 지닌다고 보는 것이다. 대조적으로 동양의 문화적 양태는 일련의 상호적 긴장관계로서 '상관적 사유방식'을 보여주는데, 음양이라는 대극구조 하에서 팔방八方의 형태라든지 오행五行적 사유방식이 특징으로 나타난다. 이러한 상관적 세계관 때문에 미학적인 형태가 줄기를 이루고 있으

---

22 Herbert Fingarett의 *The Secular as Sacred*, 1972는 우리나라에서도 『공자의 철학』(시광사, 1993)으로 번역되어 소개되었으며, 이 분야에서 단연 두각을 보여주는 작품이다. 그는 예리한 필체로 기존의 관점을 벗어나 서양의 눈으로 동양의 전통을 조리 있게 분석해 냄으로써 동서 문화 이해에 있어 가교 역할을 하는 대표적 인물로 자리잡고 있다.
23 BC, p.48, 초월적인 구조를 지닌 윤리 이해를 모색하고, 보편적 원칙과 선행하는 인과관계들을 학문적으로 궁구해 내는 구조로 인해 직선적인 유형을 가지게 마련이다. 때문에 구체성의 형태보다는 추상적인 특성이 드러나며 지배와 복종의 구조를 정착시키는 문화적 양태를 가진다.

며, 조화의 세계를 깊이있게 다루게 마련이다.

 Cheng Chungying는[24] 독특하게 중국의 전통으로부터 현대적인 형이상학과 윤리학의 세계를 이끌어내는 작업을 보여준다. 까닭에 그가 말하는 존재의 개념이라든지 인과율, 해설, 마음, 도덕, 지식, 예술 등의 주제는 서구 철학자들에게 전혀 낯설지 않다. 그럼에도 일차적인 지향점은 중국철학의 주요 요소들을 철학적인 체계로 이끌어내는 작업으로 일관되어 있다. 특히 『역경易經』같은 고대 문헌들의 독자적이고도 철학적인 정체성을 서구 철학의 전통 내에서 읽어내기도 한다. 신유교가 중국 문화의 영역 내에서 불교와 도교의 사상을 섭렵해 낸 것이라면, 그는 플라톤과 아리스토틀, 그리고 화이트헤드와 하이데거에 이르는 거대한 서구 전통과 씨름하는 셈이다.

 Wu Kuangming의 경우는 타이완에서 출생하여 예일대 등에서 칸트를 비롯한 키에르케고르 등을 연구한 이력을 가졌고, 중국과 서양의 문화에 깊은 조예를 시닌 칠학지이다. 그는 앞서 살펴본 Ames와 Hall의 경우처럼, 여러 가지 설화들과 유비 및 은유 등에 나타난 구체적 자료들을 통해 상이점을 검색해 나가고 있다.[25] 그의 기본 입장은 세상의 구체적 모습을 그려내는 것에서 출발하는데, 이는 동아시아의 표상 방

---

24 *BC*, p.50, 그는 미주의 실용주의를 구축한 Charles Peirce을 전공한 학자답게, 중국의 청조시대 戴震의 사상과 아울러 흄의 사상등을 섭렵하고 있다. 그리고 중국과 서구철학의 차이와 벽을 강조하기보다는 중국철학을 세계의 철학적 사조와 대화하는 마당에로 이끌어내기 위해 개념을 재구성하는 시도를 보여주었다.
25 *BC*, p.53, 직접적인 형태의 진술 등은 자칫 본의를 왜곡하거나 벗어나는 경우가 많은 까닭에 이렇듯 간접적이고 자기비판적인 모순의 형태를 택하는 것인데, 이러한 모습은 특히 그의 장자 연구에 잘 드러나 있다.

법이 추상적인 진술을 제시하기보다는 일자가 유비적으로 자신의 정황을 표현해 내는 이해의 방법, 즉 이야기를 선호하는 방법으로 소통하는 특징을 보이기 때문이다.

6. 유교적 영성의 세계: 뚜웨이밍의 경우를 중심으로

일반적으로 논란의 여지가 많은 유교의 종교성 문제를 다루는 데 있어서, 네빌에게는 뚜웨이밍이 언제나 유익한 동반자이다. 뚜웨이밍의 견해에 따르면, 성인의 길이라든지 내재적 초월에 의거한 인격적 변혁의 지평에는 언제나 '종교적 차원'이 뒤따르고 있다.[26] 그러므로 서구 문화의 시각에 입각하여 풀어내는 종교와 철학의 사유방식으로는 유교의 세계가 쉽게 열릴 수 없는 셈이다. 이런 관점에서 네빌은 종교와 철학을 명확하게 구분하는 유럽의 계몽주의적 틀을 벗어나 종교라는 것을 대략 다음 세 가지 형태로 정리한다.[27]

1) 제의적 삶이다. 이러한 양태에는 통과제의를 비롯하여 다양한 인류학적 개념들이 포함될 수 있다. 게다가 유교적 형태에서 본다면 이 제의적 삶조차도 지극히 일부분에 지나지 않는 것으로 나타난다. 2) 신화적이고 우주론적이며 철학적 개념들이다. 이는 인간이 살아가면서

---

26 *BC*, p.58. 그로 각각의 문화들은 기본적 세계관의 형성을 포함하여 다기한 형태로 복합적이고, 전체적이며, 실제적인 형태의 '삶의 방식들'을 가지고 있다고 본다.

27 *BC*, p.61.

지니는 기본적인 개념이나 세계관에 대한 고찰과 전제를 포괄한다. 3) 인간들이 궁극적으로 받아들이는 것으로서 개인적이면서도 공동체적이고 영적인 생활들이다. 유교적 형태로는 성인의 경우를 들 수 있다. 이 밖에도 주요 인물들과 중심되는 경전, 동기들, 제의적 실천을 위한 각종 제도, 전승의 승계, 초월에 관련된 인간 이해 개념들, 여러 가지 의미를 담은 용어를 사용하는 공동체 결사 등도 함께 다루어진다.[28]

오늘날 급변하는 사회 속에서 다양한 문화들과 다기한 인종들이 종국적으로 요청하고 있는 가치의 문제는, 보다 폭넓은 형태의 문화 다양성으로 사회적 공존 양식 안에서 자리잡을 수 있는 새로운 틀을 요구한다. 이는 그리 간단히 해결할 수 있는 문제가 아니기에, 이러한 상황을 가리켜 '문명충돌(clash of civilizations)'이라는 형식으로 바라보는 사람도 있다. 동아시아에서 오랫동안 이어져 온 유교의 기나긴 발자취는, 나름대로 관습적이면서도 규정적인 형태를 갖춘 여러 가지 존재 양태를 보여주고 있다. 하지만, 과거와는 판이하게 다른 상황으로 말미암아 오늘

---

[28] *BC*, pp.65-7, 동아시아에 있어 우주론적이며 존재론적인 이해는 주돈이의 『太極圖說』에서 대표적인 명제로 삼는 無極과 太極의 상관관계를 꼽을 수 있다. 가장 궁극적이고 긍정적인 형태의 진술의 기초는 온전한 부정의 형태와 상관되는 이해에서 비롯하며(無極而太極), 여기에서 비롯된 태극은 動靜의 계기를 반복하며 陰陽을 이루고 연속적인 순환고리를 가지면서 삼라만상의 세계관을 형성한다. 『중용』에서는 또 다른 형태의 유한과 무한의 대극적 전개가 이루어지는바, 이는 "하늘이 인간에게 내리는 인간본성의 세계와, 그 본성에 충실히 따르는 '도'의 세계, 그리고 그 도의 세계를 이루어내는 '교'의 차원"으로 구성된다. 아울러 장재 같은 경우는 하늘과 땅의 세계가 가족 간의 형태로 그려지기도 하는데, 이는 배우자와의 상호관계성으로 설정되면서 인간과 세계의 유비적 상상력으로 연결된다.

의 유교는 새로운 형태의 지구적 사회 구조와 동력을 지닌 변화를 요청받고 있다. 이런 점에서 유교 영성을 새롭게 다져나가는 보스톤의 네빌에게는 '의'와 '인'이라는 것이 오늘날에 걸맞는 균형감각을 가지고 재정위되어야 할 것으로 다가온다. 물론 이러한 작업의 주요한 축 역시 뚜웨이밍이다.

오늘날 유교 혹은 신유교의 세계를 종교라는 차원에서 새롭게 재해석하는 뚜웨이밍은, 아메리카라는 마당에서 대화의 세계로 유교 지성을 이끌어 내려는 시도를 보여준다. 이 가운데서 주요하게 다루어지는 것은 '자아의 본성에 대한 것'과 '성인에로 나아가는 실존적인 과정'이다.[29] 그가 말하는 자기 수양의 세계에서는 실존적 결단의 세계가 키에르케고르적인 의미를 빌어 전개된다. 이때의 결단(Decision)은 사실상 '회개(conversion)'의 성격과 크게 다르지 않다.[30] 이는 외면적 형태보

---

[29] BC, p. 85, 여기에서는 공자뿐만 아니라, 주돈이와 왕양명의 세계까지 폭넓게 다루어지고 있다. 무엇보다도 '인' 이해를 첫걸음으로 생각하는 그는, '성인'(聖人)이란 단순히 인격적인 수양만으로는 성립될 수 없고 반드시 타자와의 관계에서 이루어지는 것임을 강조한다. "그럼에도 여전히 자아의 완성이 사회적 유대보다 우선하는 관점은 변함이 없다."

[30] BC, p.86, 그는 이를 "존재론적으로 마음은 하늘 이치의 의미 있는 체현이고, 하늘의 이치는 마음의 근원적인 실체"로 규정한다. 이는 전통적인 體用의 관계이고, 실체와 기능의 구조이기도 하다. 그리고 이러한 과정에서 고착현상 일어나면 이는 '物化'의 단계를 거치면서 天理가 중성화하여 자아실현의 창조적인 중심이 기력을 상하고 마음이 死藏되기에 이른다. 이러한 고착은 유교 전통에서 "사사로운 욕구"로 해석된다. 그는 욕구에서 "사사로운 욕구"로 전화하는 과정에서 근본적 형태에서 벗어나 소외되는 마음의 실존적 상태를 주목한다. 이 소외 상태에서는 성인이 되려는 발버둥은 물거품이 되고 만다. 오히려 이 소외 현상 그 자체는 전회를 요청하는데, 여기서 그는 왕양명에 의지하면서 소

다는 인간 본성의 내면적 형태로 영혼이 다루어지는 것을 말하며, 온전한 모습을 갖추게 되면 마치 왕양명이 언급하는 것과 같은 자기 수양의 과정을 이루게 된다.

다만 여기서 말하는 전회는 '이것이냐 저것이냐'의 구조보다는 '더불어(both-and)'의 형태이다. 그가 말하는 방식은 기본적으로 『중용』에서의 천天=성性=도道=교敎의 구조를 배경으로 한다. 이런 측면에서 어거스틴의 "우리 스스로보다 더 가까이 계신 분"이라는 이해는 나란하게 상응구조를 가질 수 있다.[31] 비슷하게 뚜웨이밍은 '인'의 세계에 있어, 창조적인 가능성을 강조하면서 자기 수양의 방법에 도움을 얻는다. 그리고 이 '인'의 세계는 생물학적인 유비로서 '효'의 개념과 관련되면서 그 지평을 확장하게 된다.[32]

그러므로 유교에 있어서 '인'을 설명할 때에는 언제나 '생물학적이고 자연적이며 혈연적 관계의 사랑'[33]에 주목하는 것을 잊어서는 안 된

외의 극복을 위한 처방을 마련하고 있다. 인간적인 형태에 의지한 사사로운 욕망에 대해 온전히 근절하려는 과정 그리고 내면적으로 하늘의 원리에로 돌아서는 즉각적 의도의 전환이다. 이는 왕양명의 '양지'의 인식과 동일한데, 원리의 회복인 동시에 진실하게 뜻을 이룬다는 구조를 지니고 있다.

31 BC, p. 89-91, 이 점에서 'Imago Dei'와 '양지'의 세계는 매우 유사한 사유구조를 지니고 있는 셈이다. 이는 '그리스도를 덧입는' 형태의 타력적인 모습을 지니는데, 이와 얽혀 있는 '선행은총'의 문제로 바꾸어 말할 수 있다.

32 BC, p.97, 여기서 '인'이라는 개념은 유교에 있어서 시종일관 중심 개념이긴 하지만, 그 의미가 너무 광범위하기에 뚜웨이밍의 경우는 존재론적인 개념을 사용한 Chan의 개념을 빌려와 이를 『중용』에 연결시키고 있다. 즉 "불편부당하고, 만물을 잉태하며, 하늘과 땅의 만물을 낳는", '사랑의 세계와 마음'의 원리로 풀이하고 있다. 이같은 모습은 기독교 신약성서에서도 자주 다루는 형식이기에 그리 낯설지 않고 친숙하다.

다. 일반적으로 동아시아 유교 문화에서는, 아이들이 자라나면서 그들의 부모에게 혈연적 의무를 감당하는 것이 자연스럽게 받아들여진다. 그러므로 어떻게 사랑을 이루어 나가는가 하는 것은 부모가 되어 보는 것과 다르지 않은 셈이다. 자녀를 키우면서 책임감이라는 가장 큰 덕목을 익히기 까닭이다.

아울러 이러한 사랑의 유비는, 가족이라는 울타리에 국한되는 것이 아니라 사회 정치적으로 확장되어 사해동포주의에로 퍼져나간다. 이런 점에서 뚜웨이밍은, 바람직한 신뢰의 공동체라는 것이 '계약'이라는 형식보다는 '상호적 호응과 가족적 사랑의 호혜성에 기초한 관계'를 바라보는 것이라고 주장한다.[34] 그리고 이는 황제로부터 무지렁이 촌부들에 이르기까지 모두가 대가족이라는 사유구조를 지니고 있다.

기독교의 경우에도 자녀에 대한 사랑이라든지 예수의 사랑은 같은 구조를 가지고 있다. 특별히 유목종교에 있어서 고아와 과부들 그리고 허물어진 가족관계에 대한 배려는 가히 절대적이다.[35] 이처럼 하나님

---

[33] BC, p. 99. 이는 플라톤이 다루는 '에로스'와는 모두 거리가 있는데, 오히려 부모의 사랑에 대한 유비에서 상관성이 엿보인다. 이는 또한 사랑의 점진적인 성장을 보여준다는 점에서 주목할 만하다. 즉 아이가 성장함에 따라 부모는 이전과는 다른 양식의 오묘한 교호관계를 가지며 사랑을 주고 받기 때문이다. 그리고 발달심리 현상에 따른 이러한 사랑의 변이과정은 자연스레 사랑의 상호작용을 통하여 책임의식에로 이끌어진다. 뚜웨이밍은 이러한 혈연적 가치란 단순히 부모에 대한 봉양의 의무로 그치는 것이 아니라, 원숙한 인간성에로의 확장된 영역에까지 이르도록 진행되는 것으로 보았다. 즉 바람직한 사람이 된다는 것은 사랑을 배워가는 것이고 하늘의 도와 인간의 나아가야 할 바를 이루는 것이다.
[34] BC, p.100.
[35] 예수의 비유에서는, 자연에서의 피조물들과 자식에 대한 무조건적인 부모애

의 형상을 지극하게 실천해 내는 인간 존재의 본성을 규정하면서 하늘 아버지에 대한 사랑의 책임을 천명하는 기독교의 방식은 유교 전통에서의 대동세계를 지향하는 하늘가족으로서의 공동체 의식과 상당히 맞닿아 있다. 이 점에서 일찍이 효의 세계를 통해 아시아 신학의 길을 열어놓았던 한국의 해천 윤성범의 신학적 발걸음은, 보스톤 유교와 서로의 지평을 넓히는 좋은 길벗이 될 수 있으리라고 본다.36

   그러나 인간 존재에게는 궁극적으로 따라 다니는 물음이 있다. 하나님이 어버이 되시고 모든 인류가 사해동포인데도 불구하고 어째서 세상은 이 모양 이 꼴인가 하는 문제이다. 그러므로 기독교와 유교는 양자가 공히 이 물음에서 벗어날 수가 없다. 그리고 씨름하고 있는 물음에 대한 전략적 유비의 형태도 어느 정도 분명히 나누어진다. 즉 기독교의 경우 대부분 신인동형론적인 심원한 상징을 통하여 인격화된 하나님이 임재하시는 형태로 나타나지만, 유교 특히 신유교에서는 알 수 없는 싸늘한 원리만이 댕그러니 남아 있는 느낌이다.

   이런 점에서 원시유교에서의 초월이라는 지평을 이끌어낸 일단의

   (눅 12:22-34), 탕자에 대한 비유(눅 15:11-32) 등을 통해 하나님의 사랑에 대한 유비를 부모애에서 확인시킨다.

36 역으로 부모에 대한 자녀들의 공경과 신뢰 역시 동아시아 유교적 사고에서는 늘 호혜적인 관계를 형성하고 있다. 이에 관한 자세한 내용으로는 일찍이 '효와 성'의 한국적 사고를 기초로 신학을 전개하였던 해천 윤성범의 경우가 대표적이다. 윤성범은 주로 하나님을 빙자하여 육신의 부모를 '고르반하면 안 된다'라는 막 7;11-3의 본문을 통해 그의 효의 신학적 기초를 삼고 있다. 윤성범, 『윤성범 전집 2권:한국유교와 한국적 신학』, 도서출판 감신, 1998, 419-57면, 졸저, 『목사님 신학공부 어떻게 할까요』, 기독교대한감리회홍보출판, 2004, 104쪽 이하 참조.

조선조 실학자들과 여기에서 비롯된 천주교 신앙은, 동아시아에서의 '기독교적 유교'에 대한 가능성을 열어준 의미 있는 발걸음이라 하겠다. 아울러 오늘날 한국의 토착화 신학에서 일궈온 해천 윤성범의 소위 '기독교적 유교'[37]의 지평은, 이미 한반도에서 보스톤 유교가 지향하는 방향을 선구적으로 뿌리내린 발걸음이 되는 셈이다.

기계와 문명, 과학 사회와 문화적 회의주의가 휘감고 도는 오늘날에 있어, 서구 기독교의 인격화된 하나님은 오히려 출구를 찾기 어려운 위기에 봉착해 있는 실정이다. 과연 보스톤 유교의 발걸음은 이러한 상황에서 선뜻 삶의 한부분으로 다가온 실존적 불쏘시개를 가지고 사사로운 마음 없이 서구사회와 지구촌을 짊어지고 이 난관을 헤쳐나갈 수 있는가의 숙제가 남아 있다.

7. 문화다양성조약을 거부한 미국과 보스톤 유교의 앞날

일찍이 문화적 측면에서 종교의 세계를 다루려고 했던 R. Panikkar는 그의 해석학을 통해 '통체적 해석학'(diatopical H.)의 길을 열어놓았다.[38] 이는 서구 해석학에서 주요한 수제로 다루어 왔던 '공시적 해석학(synchronic H.)'이나 '통시적 해석학'(diachronic H.)을 넘어서 시간의 문제

---

37 Yun, Sung Bum, "Christian Confucianism as an attempt at a Korean Indigenous Theology", *Northeast Journal of Theolog*, March-September, 1980
38 R. Panikkar, *Myth, Faith & Hermeneutics*, Paulist Press, p. 9

와 공간의 문제를 함께 더불어 살펴보려는 새로운 문화적 해석학을 말한다. 사실 파니카는 힌두교와 기독교라는 이중의 문화 전통이 담긴 가족 공동체에서 성장하였기 때문에, 이 같은 물음은 실존적으로도 절실하게 해결되어야 하는 당위성을 지니고 있다.

이러한 배경 하에서 파니카는 기존의 해석학적 인식을 뛰어넘어 전혀 새로운 틀과 개념을 열어나간다. 여기에서는 흔히 다루어지는 '종교간의 대화'(interreligious dialogue)보다는 '접붙이믿음살이'(intrareligious dialogue)라는 새로운 방법론적 틀을 내세우기 때문이다. 일반적으로 그의 해석학은 기존의 주류와 비주류, 본문과 상황, 주관과 객관, 중심과 주변, 중화와 오랑캐라는 전통적 도식을 근본적으로 무너뜨린다. 아울러 권력 지향이라는 측면에서의 대극도식으로서 서양과 동양, 유물과 유심, 실재와 유명론이라는 식의 철학적 도식도 그 기반을 상실하고 만다.

보스톤 유교를 말하는 네빌 역시, 현대 이후를 사는 지구촌의 인생들에게 새로운 인식과 철학을 가능하게 하는 이러한 해석학의 틀이 절실하다고 느끼는 듯하다. 그럼에도 현실은 그리 간단하지가 않다. 이미 알려진 바대로, 유엔교육과학문화기구(유네스코)는 미국의 강력한 반대 속에 2005년 10월 20일 어렵사리 〈문화 콘텐츠와 예술적 표현의 다양성 보호협약(문화다양성협약)〉을 채택하였기 때문이다. 이 협약은 문화적 측면에서 다양한 지역, 토착, 특성적 문화들을 국제법 차원으로 보호할 수 있는 범세계적 합의 규정이라는 점에서 의미를 가진다.

그러기에 보스톤 유교가 말하고자 하는 바를 논자는 예의주시하지 않을 수 없다. 과연 세계 역사에서 끊임없이 되풀이되어 왔던 강대국 패권주의라는 또 하나의 전철을 되풀이하여 오늘날의 세계 이해를 추구하려는 것인가, 아니면 중심과 주변이 해체되는 포스트 모더니즘의 새로운 출구로서 지구촌에 대해 '더불어 숲'의 모색을 도모하는 것인가에 대한 의구심을 불러일으키기 때문이다. 네빌은 이 책에서 자신이 모색하는 바가 헌팅톤 식의 '문명충돌'(clash of civilizations)이라는 틀로 전개되는 것이 아니라는 점을 분명히 천명하고 있다.[39]

그러나 찬찬히 들여다보면, 동아시아에 대한 서양의 관심은 유교의 종교적 영향과 경제적 발전의 상관관계에 대한 역학관계에서 비롯되었음은 숨길 수 없다. Winston Davis 같은 이들의 연구는[40] 이러한 측면을 잘 보여준다. 그는 동아시아에서 유교라는 종교가 자본주의의 발흥을 저해하였다는 베버의 오리엔탈리즘적인 사유방식에 대해 의문을 품었다. 그리고 서구 자본주의에 뒤지지 않는 일본의 경제적 발전에 눈을 돌려, 그 배후에 종교적인 배경이 있음을 확증하는 그의 사회학적 연구를 이어나갔다. 그리고 한 걸음 더 나아가 같은 유교 문화권 내에 있던 '한국과 홍콩, 대만 및 싱가포르 등' 이른바 네 마리 용이라 불리는 공동체들이 여타 아시아 지역보다 월등한 경제적 성장을 이루고 있음에 주목하면서, 결론적으로 이를 유교의 문화적 요인과 상관시켜 근대화와 경제 개발의 숨은 밑바탕이었음을 밝혀내기에 이르렀다.[41]

---

[39] BC, p. xxvi.; S. 헌팅톤의 경우도 『문명충돌론』 초판과는 달리 재판에서는 문명충돌론의 시각과 아울러 대화의 문제가 중요함을 일깨우며 이를 진지하게 다루고 있다. 이에 대해서는 Tu, Weiming, 『문명들의 대화, 동아시아문명은 세계에 어떤 비전을 제시할 수 있는가』, 김해성 옮김, 휴머니스트, 2006, 참조하라.

[40] Winston Davis, "Reiligion & Developement:Weber & the East Asian Experience", *Understanding Political Development*, (eds. Myron Weiner, Samuel P. Huntinton), Little, Brown & Company, 1987, p.222.

[41] 위의 책, 234쪽.

실제로 네빌이 말하는 '보스톤 유교'라는 것의 출발점도 이러한 틀에서 크게 벗어나지 않는다. 당시 미주지역 내의 동아시아 이민자들이 경제적 구성에서 나름대로 독자적인 입지를 구축하고 영향력을 갖게 되자, 자연 이들의 삶의 양식에 대해 들여다보지 않을 수 없게 되었던 터줏대감들의 사정을 담고 있기 때문이다.

이러한 과정에서 이전에는 심드렁하게 지나쳤던 유교의 가족주의적 가치관과 사해동포주의적 세계관이, 시행착오를 거듭해 온 서구 자본주의 세계관과는 다른 각도에서 세계사적인 새로운 대안으로 주어질 수 있는 가능성을 보는 동시에 이러한 대동세계에 차츰차츰 눈을 떠가는 발걸음일 수 있다. '보스톤 유교'라는 것이 오랫동안 동서양의 문화적 교류에도 불구하고 최근에서야 비중 있게 취급되기 시작하였고, 폭넓은 문화적 접근이라기보다는 주로 극소수의 전문가들에 의해서 해석된 양식에 거의 전적으로 의존해 있다는 사실도 이를 뒷받침한다.

이러한 몇 가지 한계에도 불구하고 네빌의 시도가 의미 있는 것은, 이 '보스톤 유교'라는 것이 지구촌화되어 가는 오늘에 있어 나름대로 일정한 해석학적 위상을 가질 수 있다고 보기 때문이다. 오늘날 동아시아문화권이 지구촌 시대의 새로운 틀거리를 위한 밑거름으로 이바지할 수 있는 길은 무엇일까. 중국과 같이 부수어 버렸던 공자상을 되살리고, 그를 기리는 종교적 제의를 부활한다든지, 각국에 '공자학교'를 세워 중국어와 중국 문화를 보급하는 식의 전략적이고 독선적 방식으로는 아무래도 그 설득력이 떨어지게 마련이다.

오히려 유교사상의 근저에 담겨 있는 인간성 회복과 사해동포주의라는 대동세계의 실현을 이루고, 21세기 지구촌에서 문화적 다양성의 보편적 실천이라는 차원을 담아낼 수 있는 틀을 짜는 것이 무엇보다 중요할 것이다. 이로써 보스톤 유교를 비롯하여 다양한 문화의 해석학들이 유교의 발전적이고 바람직한 미래를 함께 열어줄 수 있을 것이다.

이런 점에서 오늘날 나름대로의 시대와 역사 속에서 유교적 변용을 실천하였고, 후기 산업사회에 이르러서도 여전히 그 저력을 발휘하게 된 '한류'의 '대장금'이 누리는 문화적 보편성의 사례는, 논문의 머릿글에서 확인되듯이 눈여겨볼 필요가 있다. 아울러 '보스톤 유교'를 내걸고 네빌 등이 시도하는 일련의 작업이, 은폐된 '범아메리카주의'를 불식하는 동시에 온 세계가 추구하는 문화 다양성의 지평과 다르지 않으며 진실로 '어울림의 문화'(entanglement of civilizations)[42]를 바라보는 것이라면, 논자가 이에 구구절절이 덧붙여 말할 나위가 없을 것이다.

---

[42] BC, p. xxvi

보스톤 학파의 유교 이해

장왕식 (감신대)

1. 들어가는 말

로버트 네빌(Robert Neville)은 오랫동안 다양한 저서들을 통하여 동서 간의 종교철학적 대화에 앞장서 온 인물 중의 하나이다. 동아시아의 불교에 관한 그의 평가가 담겨 있는 『노道와 수호신 The Tao and the Daimon』을 필두로 하여, 궁극적 실재에 관한 동서의 비교철학을 다룬 『궁극적 실재들 Ultimate Realities』이라는 책도 발간한 바 있다.[1] 『보스톤 유교 Boston Confucianism』역시 일종의 동서를 비교하는 종교철학 책이다.[2] 서구 기독교 철학자의 입장에서 동아시아의 유교에 대해 평가하고 있기 때문이다.

---

1 *The Tao and the Daimon* (Albany: State University of New York Press, 1982), Ultimate Realities (Albany: State University of New York Press, 2000).
2 *Boston Confucianism: Portable Tradition in the Late-Modern World* (Albany: State University of New York Press, 2000).

보스톤 유교는 보통 사이즈의 책이지만, 그것이 다루는 주제는 매우 다양하다. 비교철학의 방법론은 물론 상징, 실재, 문화, 영성, 초월자, 자아, 다원주의 등등 여러 가지 문제들을 다루고 있다. 본 소논문에서는 지면 관계상 그 모든 문제를 다루지는 않겠고, 단지 '주제 분석 방법론'과 '존재론'이라는 두 가지 문제에만 논점을 국한시키겠다. 필자의 생각에 이 두 가지 문제는 네빌이 그의 책에서 시도하는 핵심 사상을 일관성 있게 잘 드러내 주고 있다. 또한 필자의 입장에서 볼 때, 이 두 가지 문제는 바로 네빌의 저서가 어떻게 하나의 비교종교철학으로서 학계에 공헌할 수 있는지를 잘 보여주고 있다. 왜냐하면 그 두 문제를 통하여, 네빌은 동아시아 철학과 서구의 철학이 철저하게 대조될 수 있다는 하나의 분명한 사례를 제시한다고 보기 때문이다.

그렇다면 먼저 '주제 분석'이라는 말로서 그가 의미하는 바는 무엇인가? '주제 분석'이라는 용어에서, '주제'란 영어 motif의 번역어로서, 사실 이 용어는 문학과 예술에서 사용되는 용어이다. 네빌이 이런 문예비평의 언어를 사용하는 이유는 우선 그의 책이 문명과 문화의 문제를 다루고 있기 때문이다. 그는 '주제'라는 말로서, 고대로부터 이어져 내려오는 한 문명의 관념(idea), 실천(practice), 사건(event)들이 그 고대의 방식으로 언표(verbal articulation)된 것을 지칭하려고 한다. 한마디로 말해서 언어로 명료화된 문화적 관념이 바로 주제라는 것이다.[3] 이하에서 우리는 그가 왜 주제 분석의 방법을 통해서 동서를 비교하는 철학을 만들어 내려 시도하는지 살펴볼 것이며, 그런 주제 분석 방법론이 각

---

[3] *Boston Confucianism*, 118.

문명들은 물론, 특히 동아시아의 유교 문명을 어떻게 구체적으로 분석해 내는지를 살펴볼 것이다.

이 책에서 네빌이 다루는 또 하나의 문제는 존재론이다. 사실 존재론은 그가 젊은 시절에 쓴 초기 저작들부터 시작해, 이제까지 출간된 그의 모든 저서를 일관하는 주제이기도 한데, 그는 유교에 대한 평가서인 본 책에서도 하나의 존재론을 분석의 틀로 사용하고 있다. 물론 그가 여기서 말하는 존재론은 서구 철학 전통 내에서 논의되어 온 '존재'에 관한 이론(ontology)의 하나이지만, 그렇다고 그것이 아퀴나스의 중세 존재론이나 혹은 후설과 하이데거 등에서 나타나는 현대 서구철학의 존재론이 제기하는 이론적 문제들을 전부 다루고 있는 것은 아니다. 하지만 그의 존재론 역시 서구인들이 즐기는 존재 사유의 방법론에 기초하고 있으며, 그가 이런 존재 사유의 입장에서 동아시아 유교를 비교철학적으로 바라보는 것을 읽어 내는 작업은 매우 흥미로운 일이라 아니할 수 없다.

논자는 첫 두 장에서 네빌이 주장하는 주제 분석 방법과 존재론을 통하여 그가 어떻게 유교의 공과를 설명하는지 먼저 살펴볼 것이며, 세 번째 장에서는 네빌이 주장하는 바, 유교가 서구에 공헌할 수 있는 점들을 요약해 보이겠다. 그리고 최종적으로 결론의 장에서 논자는 네빌의 유교 해석에 대한 간략한 평가를 시도할 것이다.

2. 주제 분석 방법의 특징과 의미

주제 분석 방법이란 미국의 종교철학자인 David Hall과 Roger Ames의 저서들에 맞서기 위해 네빌이 제시하는 방법론이다. 잘 알려져 있다시피 홀과 에임즈는 동아시아 철학에 관한 일련의 연작 시리즈를 내어서 유명해졌는데,4 홀과 에임즈의 방법론은 유교를 분석하는데 있어서 일종의 문화철학에 의존하고 있다. 여기서 말하는 '문화철학'이란, 하나의 문화-종교철학으로서 유교를 분석하면서, 중국과 동아시아에서 활동한 전통적인 사상가들에 대한 개별적이고 세밀한 분석보다는, 그들의 사상 체계들을 일종의 패턴을 따라서 하나의 문화적인 일반화(cultural generalization)를 만들어 내려는 시도를 말한다. 즉 중국의 사상들은 다른 사상과 마찬가지로 전통적인 사상가들 및 그들이 만들어낸 사상적 조류를 일관하는 연속성에서 이루어져 왔는데, 아무리 이런 사상들이 다양하더라도 하나의 일정한 일반화를 통해 통일성 있게 분석할 수 있다는 것이 홀과 에임즈의 주장이었다. 예를 들어 공자가 시작했고 맹자가 계승하여 발전시킨 유교의 사상은 묵자, 순자 등의 사상과 엇갈리거나 어울리면서 하나의 큰 사상적 조류를 만들어내었다. 그런데 이런 사상가들과 그들이 만들어낸 조류들을 일맥상통하고 일반화시키는

---

4 Roger Amez and David L. Hall, *Thinking Through Confucius*(Albany: SUNY Press, 1987), *Anticipating China: Thinking Through the Narratives of Chinese and Western Culture*(Albany: SUNY Press, 1995), *Thinking from the Han: Self, Truth, and Transcendence in Chinese and Western Culture* (Albany: SUNY Press, 1998).

문화철학적 패러다임이 있으니, 그것이 바로 전일적(holistic)이고 상관적(correlational)인 사고방식이라고 홀과 에임즈는 주장한다.

여기서 전일적이고 상관적이라는 말은, 우주 내에 존재하는 모든 사물의 현상을 설명하는 데 있어서 하나의 초월적 신성(deity)이나 추상적 원리를 상정하지 않고, 단지 우주 내의 모든 사물들 자체 안에 있는 내재적 구체화의 원리로써 현상을 설명하려는 시도를 말한다. 다시 말해서 이제까지 서구철학에서 주류를 차지해 온 설명의 도구는 신이나 아니면 그 밖의 초월적이고 추상적인 아르케였지만, 그런 추상적 개념들이나 존재의 범주를 빌리지 않고 그저 우주 자체 사건들의 자체적인 내적 관계를 설명의 도구로 사용하려는 시도를 말한다. 전일적 사고방식이란 우주 내에서 만들어지는 그런 모든 사건과 그들의 관계들을 하나의 전체적 개념을 통해 묶어 해석해 보려는 입장이며, 도나 천 같은 것이 바로 그런 개념이다. 한편, 상관적 사고방식이란 그런 관계들 안에서 작동하는 하나의 법칙을 말하는데, 이를테면 음양의 사고방식이 대표적이다.

네빌은 주장하기를 홀과 에임즈의 유교의 분석은 나름대로 매우 풍부한 논증을 사용하고 있으며 많은 논쟁점들을 제공하고 있기에 후학들을 많이 자극해 온 긍정적인 면을 인정하지 않을 수 없다고 한다. 하지만 네빌의 입장에서 볼 때 그들의 분석은 단점도 많은데, 우선 지적될 수 있는 가장 큰 하나의 단점은 대개의 일반화가 갖게 되는 단점과 다르지 않다고 한다. 즉 일반화란 특수한 개별적인 사실들을 하나의 보편적 원리를 따라서 묶어 설명하려는 시도인데, 이런 경우 대개 예외적인 특수 사례를 놓치는 경우가 많다는 것이다. 그리고 그렇게 간과된 특수 사례들이 하나의 문화를 이해하는 데 있어서 아주 중요한 핵심일 때에는 더욱 문제가 된다고 본다.

중국적 사고틀 안에서는 직선적 인과율과 직선적 역사관이 발견되지 않는다고 주장하는 것이 홀과 에임즈의 주장인데, 사실 중국적 사고 안에서는 그런 결여된 면들이 없지는 않지만 그렇다고 해서 그런 것들이 전혀 중국적 사유의 주류에 속할 수 없다고 말하는 것은 과잉 주장이라는 것이 네빌의 비판이다. 왜냐하면 네빌의 입장에서 볼 때, 직선적 인과율과 직선적 사관은 어느 사고 체계 안에서나 무의적으로 상정되지 않을 수 없는 것이기 때문이다.5 이런 네빌의 분석은 초월자에 대한 사유에도 적용된다. 홀과 에임즈는, 중국적 사고 안에서는 초월자에 대한 사유도 발견되지 않는다고 주장했었는데, 이것 역시 과잉 주장이라는 것이다.6 홀과 에임즈의 주장과 달리, 네빌은 서구는 물론 동아시아에서도 초월자에 대한 사유가 발견되는 것이 사실이며, 그럼에도 불구하고 그런 것들이 두드러지지 않은 이유는 단지 초월자에 대한 기호가 다를 뿐이기 때문이라 말한다. 여기서 네빌이 어떤 근거에서 이러한 주장을 할 수 있는지를 이해하기 위해서는 그가 제안하는 주제 분석의 방법을 선이해하여야만 한다.

---

5 이런 것에 대한 또 다른 분석으로서 다음을 보라. David R. Griffin, *Reenchantment without Supernaturalism: A Process Philosophy of Religion* (Ithaca and London: Cornell University Press, 2001) 이 책은 논자에 의해서 *화이트헤드와 자연유신론* (서울: 동과서, 2004)이라는 제목으로 번역 출간되었다.
6 홀과 에임즈의 초월자 이론에 대한 비판으로는 그리핀이 편집한 책에 실린 필자의 졸고 "An Asian Christian Approach to Religious Pluralism"을 보라. David R. Griffin, *Deep Religious Pluralism* (Louisville: Westminster John Knox Press, 2005)의 11장에 실려 있다.

네빌이 비교 철학적 방법의 이상적 모델로 추천하는 하나의 방법으로서의 주제 분석 방법은, 문자 그대로 주제(motif)에 의존하는 것이다. 여기서 하나의 주제란, 모든 문명이 만들어낸 핵심 텍스트들에 내재해 있는 관념으로서, 전통 안에서 늘 계승되면서 후학들에 의해서 주석되는 하나의 지속적 관념을 말한다. 즉 비록 상이한 문명들이 보여주는 주제들은 서로 다르게 나타나고 다양하게 보일지라도 사실 그것은 사실 동일한 사물과 대상에 대해서 말하고 있다는 것이다. 물론 이렇게 동일한 사물에 대해서 말하고 있다는 사실이 그것이 언표되는 방식마저 똑같다는 것을 의미하는 것은 아니다. 비록 그 다양한 주제들이 동일한 사물에 대해 말할지라도 그것들이 언설되는 방식은 다르며, 그들이 사물을 표현하는 방식도 은유적이기에 해석적으로 다양한 결과를 만들어낸다는 것을 네빌은 인정한다. 다시 말해서 하나의 전통은 하나의 역사적 흐름인데, 그 안에서 핵심 텍스트들과 주제들은 각기 다른 변화무쌍한 역사적 상황에 직면하여 주석되고 해석되고 재건되게 된다고 본다. 예를 들어서 신유학이 송명대의 상황에서 나온 것처럼, 신유교(New Confucianism)와 그것의 한 갈래로서의 '보스톤 유교'도 오늘날의 후기-모던적 문화의 상황에 적합한 실천적 의미 체계를 확보하기 위해서 사서오경을 재해석하고 재건하려는 시도라는 것이다.[7] 따라서 이런 주제 분석의 방식을 따르게 되면, 우리는 일반화를 시도할 필요가 없고 오히려 주제들을 해석하는 데 있어서의 불연속성을 통해서 연속성을 추구하게 된다고 네빌은 주장한다.

---

[7] 네빌은 언제나 포스트-모던이라는 말을 사용하지 않고 후기 모던적이란 말을 사용하고 있는데, 영어의 표현은 Late-Modernity이다.

논자 입장에서 볼 때, 네빌의 방법은 홀과 에임즈가 범하기 쉬운 약점들을 피할 수 있는 장점, 즉 예외적인 사례들까지 어느 정도는 남김없이 취급할 수 있는 장점을 지니는 것 같다. 물론 네빌이 택한 '주제(motif)'도 일종의 일반관념이긴 하지만, 하나의 문화철학 안에서 문명 전체를 통전하는 일반화를 꾀하려는 방법보다는, 주제라는 관념이 더욱 구체와 특수를 잘 다룰 수 있는 있는 것으로 보인다는 그의 주장을 받아들이는 한도 내에서 그렇다는 말이다. 예를 들어 네빌에 따르면, 그의 '주제 중심의 분석 방법'은 홀과 에임즈가 애써 무시하려고 하는 초월자 관념을 정직하게 마주하도록 해 주는 장점을 지니며, 일단 한 문화적 전통, 즉 유교 전통 안에 있는 긍정적인 것과 부정적인 것을 모두 다루는 장점이 있는 것으로 보인다.

　그러나 홀과 에임즈의 방법론과 비교하여 네빌의 주제 분석 방법이 보여주는 가장 큰 장점은 사실은 다른 데에 있다. 즉 홀과 에임즈의 방법론은 동서의 문화철학이 서로 상이하다는 것을 전제로 놓고서 진행된다. 동양과 서양의 철학은 서로 공약 불가능한 체계라는 것을 전제한다는 말이다. 그러나 이런 방법의 약점은 그런 비교가 어떻게 가능한가 하는 이유를 설명하는 데 있어서 취약하다는 것이다. 하나의 비교는 대개 그 비교가 대상으로 하는 것들 사이에 서로 공통분모가 존재할 때 적확한 비교가 가능하게 된다. 예를 들어 사과와 대나무를 비교하는 것은 사과와 귤을 비교하는 것과 다르다. 사과와 귤은 공약이 가능한 점들, 즉 서로가 과일이라는 공통분모가 있지만 사과와 대나무는 하나의 식물이라는 아주 일반적인 특징만이 공통적이므로 사실 비교가 불가능하다. 홀과 에임즈에 따르면 동양과 서양은 상호 정의(interdefinable)가 불가능한 아주 다른 기호체계를 가지고 있는 것으로 주장된다.

그러나 네빌의 주제 분석에 근거한 비교철학의 방법론은 이것과는 다른 주장을 펼칠 수 있게 된다. 즉 그의 주제 분석적 방법론은, 주제들과 관념들이 해석자와 해석 공동체들에 의해서 실재(reality)에 어떻게 관여(engage)하고 있는지를 보는 데 집중한다. 물론 여기서 해석자와 해석 공동체에 의해서 차용되는 관념들은 부분적으로 그것들의 기호체계 속에서 정의되므로 서로 다르게 보일 수 있다. 그러나 네빌에 따르면 비록 그들이 서로 다르게 보일지라도, 사실은 같은 실재에 적용되어 다르게 보이는 것이지 근본적으로 서로 다르지는 않다고 한다. 즉 우리는 다양한 관념들을 서로 비교할 때 그것들이 해석에 관여하면서 어떻게 다르게 작동하는지를 보아야 하는데, 이때 그들이 서로 다르게 보이는 이유를 하나의 해석학적인 차이로 볼 수도 있다는 말이다.

네빌은 이를 자동차 운전의 예를 들어 설명하고 있다. 그의 설명에 따르면, 자동차를 운전하면서 한 사람은 중국어로 된 안내서와 도로 표지판을 가지고 운전하고 반면에 한 사람은 영어로 된 것을 가지고 운전하지만, 그들은 북경이나 보스톤에서 모여 함께 운전하면서 그들의 차와 운전 행위에 대해서 서로 비교해 볼 수도 있다. 이때 우리가 관심해야 할 문제는 안내서와 표지판, 즉 기호가 아니라, 운전과 자동차, 즉 말하자면 실재이다. 이런 이유로 기호는 다르지만 실재는 같다고 말할 수 있다는 것이다.

하나의 비교철학은 실재에 관여하는 방법으로서의 상이한 기호와 상징을 비교하는 것이어야 한다는 네빌의 주장은 바로 이런 해석에 기인한다. 많은 경우 대부분의 해석자들은, 자신의 문화적 개념을 사용해 자신들의 종교적이고 철학적인 대상을 해석하게 되는데, 이때 그 대상에서 중요하다고 간주되는 것을 부각시키는 동시에 실용적 목적과 고려를 따라 그 부각된 것을 실재론적으로 더욱 강화시키는 경향이 있다. 홀과 에임즈가 중국에는 초월이 없다고 주장할 때, 우리는 그들의 주장도 이런 빛에서 보아야 한다는 것이 네빌의 분석이다. 즉 홀과 에임즈가 무시하려고 하는 초월은 그들의 이론화 단계에서 나타난 것으로서, 모호한 범주가 특수화되어 나타난 사례 중의 하나일 뿐이다. 그러기에 네빌의 입장에서 보면 그들이 무시하는 현상으로서의 초월자는 다른 문화들에게는 다르게 나타날 수 있다. 실제로 서양과 인도 그리고 후기 중국철학에서는 분명히 궁극적 실재가 초월의 범주에 의해서 특수화되어 표현되고 있는 것을 확인할 수 있다고 네빌은 주장한다.

한마디로 네빌에 따르면, 실재를 해석하는 데 있어서 홀과 에임즈는 비초월적 범주를 사용했던 것이고 서구와 인도 및 후기 중국철학에서는 초월적 범주를 사용했던 것이 상이한 점이라는 것이다. 따라서 비록 기호는 다르게 사용되었을지라도 그 기호가 지칭하는 대상과 실재는 동일하다고 보아야 한다는 말이다. 또한 네빌에 따르면, 물론 이런 자신의 이론은 다른 문명을 해석하는 데에도 그대로 적용될 수 있다고 한다. 따라서 이하에서 논자는 네빌의 주제 분석 방법이 제시하는 각 문명의 특징들을 열거해 보려 한다. 지면 관계상 짧은 요약에 그칠 수밖에 없지만, 네빌의 주제 분석 방법은 각 문명권들의 특징을 잘 분석해 내고 있는 것으로 보며, 특히 동아시아 문명과 관련하여 펼쳐지는 그의 분석은 우리의 흥미를 끌기에 충분하다.

첫째로, 서아시아, 즉 유대 문명의 경우는 물리적 우주의 창조 행위와 인간의 삶을 위한 규범(decree)—법령의 형태를 지닌—이 중심적인 주제라고 한다. 즉 인간의 삶을 위한 규범은 하나의 법령과 유사한 모습으로 나타나는데, 이런 주제들은 서구 문명에 영향을 끼쳐서 목표, 정책, 법전, 덕 등의 규범으로 표현되었으며, 나중에는 신의 법령, 혹은 왕의 법령 같은 것들로 발전되었다. 이 두 주제는 서구인들로 하여금 인간의 우연적인 존재성에도 불구하고 그 존재성에 대해 감사하게 만들고, 인간의 승리와 성취의 개념들을 도덕적으로 승인하도록 만들어 주었다.[8]

둘째로, 남아시아, 즉 인도 문명권도 어떤 면에서 볼 때, 서아시아와 비슷한 주제를 가지고 있다고 네빌은 본다. 예를 들어 우주의 창조와 왕의 통치가 그것이다. 하지만 거기에 덧붙여 참 자아와 직접적 동일성(Immediate Identity)에 대한 주제가 강조되는 것이 서아시아 문명권의 특징이다. 예를 들어 인도의 쌍키아 경전들에서는 미혹된 자아의 유혹을 넘어서서 참 자아를 얻는 것에 주로 관심한다. 자연의 일부분으로서의 신체나 행운 등과 하나가 되는 것이 아니라 그것들에서 초연해지는 것에 관심한다는 말이다. 여기서 직접적 동일성이라는 개념은 여러 경전들에서 나타나지만, 특히 『바가바드기타』에서도 보인다고 한다. 한마디로, 행위의 동기가 열매보다는 행위 자체에 있어야 한다는 것이 주요한 입장인데, 예를 들어 아르주나를 위한 크리슈나의 가르침도, 주체성과 가치는 인간이 의무를 기술적으로 수행하는 것과 성취하는 것에서 구성되는 것이지 동기나 결과와는 상관없다는 것이 특징적인 주장이라고 한다. 이런 것을 통해서 아트만이 브라만이 되는 직접적인 동일성이 가능하다는 주장이 성립된다고 한다.[9]

그렇다면 정작 여기서 홀과 에임즈의 주장과 대비되는 대상으로서

---

8 *Boston Confucianism*, 116.
9 *Ibid.*, 117.

의 동아시아의 주제적 특징은 무엇인가? 네빌에 따르면, 동아시아의 핵심적 주제는 음양 우주론과 자연성(nature)의 인간적 완성으로 집약된다고 한다. 음양 우주론에서 양陽은 적극성(activity)과 외연적 확장(extension), 음陰은 긴장완화(relaxation)와 휴식처(home)로서 해석될 수 있는데, 중요한 점은 이 둘이 서로 조화와 균형 속에 있어야 한다는 것이 동아시아의 특징적 사고라고 본다. 즉 너무 양陽이 과하면 홈(home, 휴식처)으로 돌아갈 수 없다고 보는 것이 동아시아 사고의 특징이다. 반대로 음이 과하면 적극성을 잃어서 아무것도 창조적인 것이 생겨나지 않는다. 그러므로 동아시아 전통에서는 자연성의 인간적 완성에 두 가지 길이 있다고 보는 셈이다. 그 하나의 축으로서 존재해 온 것이 도가道家로서, 이 전통에서는 음의 방법을 써서 인위적인 의례와 관습에서 벗어나려 하였으니, 그것의 극치가 바로 무위자연설無爲自然說로 표현되었다. 이와 대조적으로 유가는 양의 방법을 써서 관습과 의례를 강조하는데, 즉 천지가 인간에게 준 것은 단지 생물학적·심리학적 잠재성뿐이므로 그것을 완성하기 위해서는 관습과 의례를 통한 훈련과 통제가 필요하다고 주장하였다.[10]

여기서 네빌이 관심하는 동아시아의 주제적 특징 중의 하나는 창조에 관한 것이다. 왜냐하면 홀과 에임즈의 핵심 주장이 바로 동아시아에서 바로 이런 면이 발견되지 않는다는 것이었기 때문이다. 물론 네빌 역시, 동아시아의 문명에서는 서구나 남아시아에서 발견되는 세계의 '창조 행위'에 대한 강조가 결여되어 있다는 점에 동의한다. 하지만 서

---

[10] *Boston Confucianism*, 119-121.

구문명이나 남아시아에서처럼, 동아시아도 법령에 의한 규범의 주제를 다양한 방법으로 표현하고 있는데 천명의 사상이나 군주가 선포하는 예에 근거한 지침 등이 이것이 속하며, 이는 어떤 면에서 볼 때 세계를 창조하는 행위의 연장이기도 하다. 그러나 여기에는 한 가지 서구와 분명히 다른 점이 있는데, 서구에서는 그런 법령화된 규범이 인간의 내적 본성과 성향에 외면적이라고 보는 데 반해, 동아시아에서는 그 규범들이 인간의 내적인 도에 일치하는 데서 성취된다고 본다. 규범을 통한 세계의 창조가 외면적인 원인과의 관계 하에서 이루어지고 있다는 말이다. 하지만 동아시아에서는 세계와 자연이 서로 연관된 과정들로 구성되어 있지 개별적 실체로 구성되어 있지 않으며, 또한 그 자연의 과정들이 참 자아에 이질적이라거나 가공적(illusory), 즉 마야라고 간주하지 않고 오히려 그것들이 자아의 가장 중요한 구성요소가 된다고 본다는 점이 남아시아와 다른 점이라고 한다.[11]

그렇다면 마지막으로 서구 문명의 주제적 특징은 무엇인가? 네빌은 그것을 성서에서 찾는다. 창세기의 창조 설화, 특히 1장에 나오는 설화는 신약의 요한복음의 서문에서 윤색되었으며 다른 모든 복음서에서도 새로운 방식으로 표현된다(예를 들면 하나의 새로운 존재를 창조하기 위해 동원되는 물, 성령, 말씀 등이 그것이라 한다). 이런 창조 주제는 물리적 우주를 객관화했으며 그로써 서구에서 객관적 과학이 발달하도록 중요성을 부여했다고 본다. 법령으로서의 규범에 관한 주제도 여러 가지 방식으로 표현되면서 서구의 법 시스템에 영향을 끼쳤다. 법령을 공표하는 제왕이

---

11 *Ibid.*, 118.

타자들을 자기 영역의 시민으로 간주하는 한, 그 왕의 법 앞에서도 시민들은 동등한 인간성을 갖는다고 보는 평등사상이 발달한 것이다. 법령을 신이 부여한 계약으로 보는 것도 서구의 특징인데, 이것이 나중에는 사회계약이론으로 발달했다고 한다.

물론 네빌에 따르면 근대의 서구인들이 창조 주제에 관해서 가지게 된 흥미로운 점은, 창조자-신이 인격적 의지를 가지고 있다는 것에 대해 강한 거부감을 갖게 되었다는 사실이다. 후기-근대의 서구 지성인들은 그저 세계가 하나의 맹목적이고 소외된 사실(a brute and alien fact)이라고 보아 왔다. 그러나 다른 많은 서구인들은 창조자-신을 비인격적이고 비개별적인 존재의 근거로 다시 확립하기도 했다.12 인격적인 신을 믿는 서구인들은 창조된 세계가 가지고 있는 비인격적인 모습들을 보면서 신정론의 문제를 제기하게 되었다. 한편 서구에서는, 인격적인 성격을 가지고 있는 신을 상실하게 되자 그가 공포한 것으로 여겨지는 규범이 법령이라는 서구의 변함없는 주제도 위협을 받게 되었다. 오늘날 서구의 많은 사람들은 하나의 법령이 존재한다는 것을 신뢰하지 않고 그저 그것이 임의적인 것이라고 보게 되었다고 네빌은 주장한다. 이것이 이른바 상대주의가 발달하게 된 이유라 한다.

여기서 한 가지 흥미로운 점은, 서구의 지성인들 중에서 이런 문제점들을 새롭게 극복하기 위해서 힘쓰는 이들이 생겨났다는 것을 지적한다는 것이다. 예를 들어 네빌은 화이트헤드와 듀이를 그 대표적인 인물로 꼽고 있는데, 그들은 여전히 규범을 위한 객관적 근거를 찾으려 시

---

12 네빌은 틸리히가 이런 사유의 대표적인 인물이라 본다.

도하면서도, 동시에 그것을 미학적인 주제와 연관시켜서 해결하려 했는데, 이런 시도는 전통적인 서구의 시도와 다르며 오히려 기존의 동아시아의 모델과 비슷하게 된 셈이라고 네빌은 해석한다.[13]

3. 존재에 관한 주제

사람들은 대개 존재론적 주제가 유교에는 존재하지 않는다고 본다. 홀과 에임즈가 그런 주장을 펼치는 대표적인 인물들이다. 그러나 네빌은 이런 홀과 에임즈의 입장에 유보적인 입장을 취한다. 네빌의 입장에서 볼 때, 물론 동아시아에는 서구 철학에서 보이는 존재론적인 철학 논쟁이 존재하지 않는다. 하지만 유교 안에서도 존재론적인 사유는 발견되며, 더 나아가 유교가 세계와 더불어 철학적인 대화를 나누기 위해서는 존재에 관한 주제들을 다루어야 한다고 보는 것이 네빌의 입장이다. 따라서 존재에 관한 주제들, 즉 존재·가치·진리 들이 유교 전통의 바깥에 위치하고 있었다는 홀과 에임즈의 주장은 일리가 있다고 네빌은 우선 수긍하면서도, 그러나 네빌의 입장에서 보면 단지 수사학적인 방법이 다를 뿐이지 유교 안에서도 존재론적인 질문과 문제의식은 동일하게 취급되고 있고 또 그럴 수밖에 없다고 주장한다.

네빌의 분석에 따르면, 존재에 관한 주장이 중국적 사고 안에 없다는 홀과 에임즈의 주장은 다음과 같은 가정에 근거한다. 동양은 물론 서양

---

[13] *Boston Confucianism*, 119-121.

에서도, 존재에 관한 주제를 말하는 개념틀과 그것에 근거한 지각(perception)은 전혀 직관에 근거한 것이 아니고 단지 관습적 상징체계에서 만들어진 표현(conventional symbol systems)이라는 가정이다. 네빌도 이런 주장에는 일면 동의한다. 그러나 네빌에 따르면 이런 주장의 약점은 상대주의와 부재적 유명론(default nominalism)을 결과한다는 것이다. 즉 네빌은 분석하기를, 흄과 같은 철학자들과 데이비드 홀에게서는, 기호 자체가 지시하는 대상들 모두가 기호 체계 내의 다른 기호(signs)들에 의해서 표현될 수 있기 때문에 외부 실재를 상정할 필요가 없다고 가정되며, 따라서 실재는 없다고 보게 되는데 이것이 바로 문제라고 네빌은 지적한다. 흄과 홀은 단지 기호 안에는 기호체계만이 있을 뿐이라고 주장하는데 이것이 문제라는 것이다.

이런 흄과 홀의 가정에서, 네빌은 외연주의外延主義의 오류(extentsionalist fallacy)를 읽는다. 즉 그들의 해석에서는 해석의 대상으로서의 실재와 기호의 외연적 부호를 혼동하는 잘못이 발견되고 있으니, 즉 그 부호(code)의 구조가 해석을 형성하는 그런 부호와 그 부호의 해석 대상인 실재를 혼동하는 것이다. 네빌에 따르면, 이런 혼동은 명백한 오류라고 할 수 있는데, 왜냐하면 하나의 진리란 해석의 목적(개념, 혹은 내포)이 실재에 관여하기 위해 기호의 외연적 구조를 사용하는 것인데, 여기서 해당 실재는 그 기호 체계 내의 일부분이 아닐 수 있기 때문이다. 실재란 코드화된 문화적 상징들의 구조 이상이며, 이런 상징들이 하는 역할은 단지 관여로 인도하는 것뿐이라고 한다.[14]

---

14 *Boston Confucianism*, 132-133.

홀과 에임즈의 오류를 피하기 위해서는, 하나의 기호란 외연적이면서 동시에 목적적인 지시체를 갖는다고 보아야 한다고 네빌은 주장한다. 여기서 외연적인 지시체란 그 기호체계 안에 있는 다른 기호들을 말하는 것으로서 그 다른 기호들은 의미기호에 의해서 지시되도록 부호화되며 그 지시체들은 그 다른 기호들에게 한정적 형태를 제공한다. 네빌에 따르면, 하나의 목적적인(intentional) 지시체란 그 의미기호를 가지고 해석자가 지시하는 실재적 대상을 말하는 것이다. 그리고 외연적인 지시체들은 통상적으로 목적적인 지시체들을 명명하는 데 사용된다. 그러므로 목적적인 해석은 실재를 해석하는 데 있어서 그 기호 자체를 사용하지 않고 오히려 상징화된 부호를 가지고 그 기호를 사용하게 된다고 한다. 그리고 목적적인 해석은 실재를 부호 자체로서의 구조처럼 취급한다. 여기서 하나의 상징체계로서의 부호는 실재의 부분적인 상(像, icon)처럼 취급된다. 그러나 그런 상으로 만들어진 구조는 오로지 부분적이라고 말해야만 하는데, 왜냐하면 실재가 우리의 기호체계를 지속적으로 수정한다는 사실을 우리는 잘 알고 있기 때문이다.

한마디로 네빌의 입장에 볼 때, 기호·아이콘·코드·상징 등이 실재를 좌우하지 못한다는 것(좌우하더라도 부분적으로만 한다는 것)은 분명하니, 왜냐하면 실재가 지속적으로 상징체계를 교정했다는 것이 사실이기 때문이다.[15] 한마디로, 네빌의 입장에서 보면 상징 없이는 관여도 없다. 왜냐하면 모든 문화의 개념 틀은 실재와 관련되는 방식을 규정하며 철학이란 실재 관련의 방법에 대한 학문이기 때문이다. 따라서 남아

---

15 *Boston confucianism*, 133.

시아와 동아시아 모두에도 존재의 변증법(dialectics of beings)이 있다고 보아야 한다고 네빌은 주장한다.16

존재론을 통해 유교를 평가하는 자신의 입장을 강화하기 위해서, 네빌은 서구의 존재론에 대해서도 그 핵심적 특징을 언급하는데, 이는 우리 논의를 위해서 매우 중요하므로 여기서 잠시 언급할 필요가 있다.

서구 사상에 있어서 존재의 변증법을 위한 고대의 주제는 주로 희랍철학과 히브리 종교 전통에서 그 연원을 찾는다고 네빌은 본다. 희랍철학은 일자와 다자의 문제 및 시간과 영원의 문제 그리고 근접 원인이 인과율의 조건으로 어떤 관계를 맺는가 하는 문제를 가지고 존재의 변증법을 다루어 왔다는 것이다. 네빌에 따르면, 히브리 전통은 이런 희랍 전통과 만나면서 기독교 사상을 만들어 왔는데, 우선 신을 세계의 창조자로 보고 또한 신을 지고의 거룩한 존재로 이해하기 시작했다. 네빌에 따르면, 이런 이해는 신인동형론적 이해로부터 초월적이고 보편적인 표현으로 옮겨가는 역사적 발전의 견지에서 이해해야 하는데, 즉 신은 처음에는 군사적 이익을 이스라엘에 가져다 주는 강한 폭풍의 창조자로 이해되었으나 나중에는 그것이 전 우주의 창조자로 이해되었다는 것이다. 또한 여기서 신은 초기에는 이집트 왕들보다 거룩하고 성스러운 존재로 이해되었으나 후기에는 존재하는 모든 것보다 거룩하고 위대한 신으로 이해되었다고 한다. 우상숭배란 초기에는 신 이외의 것을 예배하는 것이었지만, 후기에는 하나님과 유한한 것을 동일시하는 행위로 새롭게 이해되었다고 해석한다.

---

16 *Ibid.*.

네빌의 생각에 이런 모든 희랍과 히브리의 사상은 발전을 거듭하면서 결국 존재의 변증법을 다음과 같은 문제들을 따라 이해하게 되었는데, 즉 세계의 창조자로서의 존재 문제와, 유한한 정체성(identity, 동일성)을 가지고 존재하는 모든 것은 창조된다는 것이라는 문제, 이 두 개의 형태로 진행되었다고 본다. 따라서 네빌의 입장에서 볼 때, 하나의 형이상학이란 다름 아니라, 사물을 결정적(determinate) 존재로 만드는 원칙과 구조에 대해서 다루는 학문이라고 정의한다. 즉 결정성(determinateness)이란 정체성 혹은 동일성을 획득하는 것인데, 형이상학은 이 문제를 두 가지 면에서 다룬다고 한다. 하나는 본질적인(essential) 측면으로서, 여기서는 타자에 결정을 주는 면이고, 다른 하나는 조건적인(conditional) 측면으로서 여기서는 타자에게 결정되는 면을 다루는 것이다. 여기서 조건적 측면은 인과율, 시간적·공간적 관계 등을 통하여 관계적으로 사물의 존재성을 다루는 것이다. 다른 한편 본질적(essential) 측면이란, 사물이 다른 사물의 조건의 연합 속에서도 어떻게 그것들과 달리 새것으로 창조되는가 하는 면을 다루는 것으로서 그것은 사물이 타자의 영향 밖에 있게 되는 측면을 다루는 것이다. 즉 사물들은 그 각각이 본질적 측면을 가짐으로써만이 타자의 영향을 넘어설 수 있다는 것이다.[17]

네빌은 한 사물이나 종(species), 객체 등은 모두 존재론의 핵심에 있지 못하고 존재론의 주변 맥락(context)에 있기 때문에 본질적 측면을 설명하는데 그들은 진정한 답을 줄 수 없다고 본다. 따라서 존재의 본질적 측면을 설명하기 위해서 네빌은 다른 해석을 제시하는데, 즉 모든 결정

---

17 *Boston Confucianism*, 135-139.

적 사물을 '창조하는 행위(the act of creation)'가 이런 본질적 측면에 대해서 설명할 수 있다고 본다. 즉 '창조행위'의 근거 그 자체는 비결정적이며 결정되지 않는다고 주장하는 것이다. 창조 행위를 결정되는 것으로 보는 한 그것은 결정하는 행위라고 볼 수는 없기 때문이다. 네빌은 결정–결정하는 자–결정되는 자 등의 인과율적 도식과 그것 안에 전제되어 있는 행위 개념의 철학적 도식을 통해서 존재론의 문제를 풀어가고자 하는 것이다. 이로서 네빌은 서구의 정통 존재론적 전통, 즉 인과율적인 존재론에 근거한 유신론적 전통, 말하자면 아퀴나스-틸리히의 전통에 굳게 서 있는 셈이다.

그러나 네빌의 존재론은 또 다른 한 가지를 이해해야 완전히 파악할 수 있다. 즉 그의 입장에서 볼 때, 서구 기독교 철학의 핵심이라고 말할 수 있는 무로부터의 창조론을 이해하기 전까지는 서구의 존재론은 충분히 파악되지 못한다. 네빌은 서구 철학의 존재론이 기독교의 무로부터의 창조론에서 철학적인 아이디어를 얻어왔다고 믿고 있는데, 따라서 그는 그의 책에서 '무로부터의 창조론'을 새롭게 변호하려 시도한다.

여기서 그는 무의 철학을 부정하는 영원의 철학이 시도하는 비판은 물론, 무로부터의 창조론에 반대하는 현대의 진화론과 과정사상의 비판적 입장을 염두에 두고 있는 듯하다. 그는 화이트헤드적 과정철학이 무로부터의 창조론에 대해 제기하는 비판을 예견한 듯 다음과 같이 자신의 무의 창조론을 변호한다.

우선 네빌은 과정사상을 따라서, 다음과 같은 인과율적 과정까지는 과정사상과 입장을 같이한다. 즉 현재 발생하고 있는 변화의 과정들이, 이미 과거에 존재했던 선행 사건들을 새롭게 재편성한 것에 지나지 않는다는 관점에서 보면 무로부터의 창조론은 어불성설일지 모른다고 인정할 수 있다는 것이다. 그러나 네빌은 주장하기를, 하나의 사물이 이전 것과 다른 것이 되기 위해서는 거기에 과거의 것과는 다른 어떤 것이 새롭게 추가되어야만 한다고 주장한다. 이 다른 것은 이전에 없었던 새 것이고, 이런 새 것의 입장에서 보면 이전에는 무가 있었다고 가정해야 한다는 것이다.[18]

결국 네빌은 동아시아에는 존재론적인 관심이 없었다는 일반적인 해석에 맞서서 다음과 같이 서구의 존재론의 변증법에 해당하는 동아시아의 존재론을 긍정하는 셈이다.[19] 예를 들어서 도道의 철학이 바로 그것이라고 네빌은 본다. 네빌에 따르면, 유교적으로 해석된 도의 철학은 세 가지 논제를 중심으로 해서 존재의 변증법을 말하는데, 하나는 자연의 개념이며, 다른 하나는 존재와 비존재(유와 무)의 관계이고, 마지막으로 생산(창조)의 개념 등이다. 여기서 자연의 개념에 관해서는 순자의 천天 개념이 흥미롭다고 한다. 순자는 한대 이전의 사상가로서 도덕경과 장자에서 영향을 받았다는 것이다. 즉 자연은 천지의 산물이며 특히 하늘은 사물을 질서 잡는 원리로 기능하고 있다고 본다. 하늘은 자신의 도로서 세계 안에 질서를 부여하는 것으로 기술된다는 것이다. 대조적으로 땅은 물리적 질서와 무의 원리이며 그것의 도는 질서를 획득하려는 것으로 기술된다. 이렇게 자연은 규칙성과 비규칙성을 동시에 가지고 있는 과정들이다. 별과 행성으로 가득한 하늘의 규칙성은 천의 표징이고, 땅의 생산력은 지地의 질서를 보여주는 원칙이다. 인간의 도는 자연의 다른 생산물, 즉 동식물과 날씨 등에 나타나 있는 도에 통합

---

[18] *Boston Confucianism*, 138.
[19] *Boston Confucianism*, 139-145.

되고 조화되어야 한다. 모든 과정들과 사건들의 조화를 이루려는 것이 유교가 바라보는 우주의 도이며 이 덕택에 사물들이 존재한다는 것이다. 반면에 어리석고 사악한 사람들은 그 도와 마찰을 일으키며 악을 발생시킨다.

  존재의 변증법과 관련하여 네빌이 볼 때, 유교가 말하는 자연 안의 모든 존재는 하늘과 땅의 조화, 즉 천지 조화의 피조물이다. 네빌에 따르면, 유교의 이런 주장은 일종의 자연주의라고 볼 수 있는데, 모든 관찰 가능한 과정들이 천지 안에서 자신의 기원을 발견하는 것으로 주장되기 때문이다. 따라서 네빌의 해석에 따르면, 유교의 천과 지 자체는 무無라고 할 수 있다는 것이다. 이 점에서 서구와 동아시아는 같다고 네빌은 주장한다. 왜냐하면 자연 안의 결정된 사물들은 만일 그것이 자연의 도를 반영하지 못한다면 무로 화할 수 있는 어떤 것의 산물이라는 점에서 그렇다고 보기 때문이다. 그러나 유교에 다른 점이 있다면, 유일신론에서 영향 받은 서구의 존재의 변증법과 다르게, 유교에서는 하나가 아니라 두 개의 초월적인 원천을, 즉 천과 지를 가정한다는 것이다. 그러나 네빌에 따르면, 이것은 모순적으로 보일 수 있다고 한다. 왜냐하면 둘이 조화해서 자연을 생산해 낸다는 점을 제외하고서, 그 천과 지 모두는 무로서 존재한다는 점과 결정성이 없는 잠재태라는 점에서 서로 다르지 않기 때문이다. 여기서 또 다시 네빌은 자신의 존재론, 즉 하나의 실재적인 창조자의 개념이 없는 존재론은 진정한 우주론의 역할을 할 수 없다는 입장에서 유교의 한계점을 지적하는 셈이다.

4. 서구에 대한 유교의 공헌점

네빌의 입장에서 볼 때, 유교는 결코 낡은 전근대적 패러다임에 근거한 한물간 철학이 아니다. 유교는 얼마든지 포스트-모던 시대에서도 하나의 문화-규범적 패러다임으로 적용될 수 있으리라는 것이 네빌의 입장이며, 그가 '보스톤 유교'라는 말을 통해서 목적하는 것도 유교가 보스톤으로 대표되는 현대의 서구 지성인들의 사회적 맥락에 얼마든지 적용 가능한 문화-종교적 철학이라는 자기 확신을 드러내는 것이다. 유교를 현대 서구의 사회적 맥락에 이식시키려 시도할 때, 다음과 같은 덕목들이 공헌점으로 부각된다고 네빌은 지적한다.

첫째는 성스러운 의무로서의 효(孝, Finial Piety)가 우선적으로 서구인들이 관심을 가져야 할 개념이다. 네빌에 따르면, 효란 그저 가족관계에만 해당되는 말이 아니며, 원칙적으로는 자신을 존재하게 한 사람들에 대한 진정한 존경심이 효이다. 따라서 유교에서 나타나는 효의 원칙은 부모뿐만 아니라 스승에 대한 존경에서도 발견된다고 본다.

물론 효가 서구인들에게 가져다 줄 수 있는 가장 큰 공헌은 가족관계의 회복이다. 잘 알려져 있다시피 서구 사회의 가장 현저한 특징은 핵가족화에 따른 가족제도의 붕괴와 효의 분실이다. 물론 본래부터 서구가 이런 위기에 처하게 된 것은 아니며, 사실 서구 사회의 근간 역시 효에 근거한 것이었다는 것이 네빌의 해석이다. 예를 들어 효는 기독교의 십계명 중 다섯 번째 계명에서 언급된다. 유교의 효 사상이 가르치는 것과 마찬가지로 기독교에서도 삶은 조상에게서 물려받은 선물이며 은총인데, 이는 가정이라는 하나의 단위로서 주어진다. 따라서 부모와 가정을 경외하는 것은 곧 삶을 경외하는 것이다. 그러므로 유교의 효는 오늘날 서구에서 잊혀가는 본래적인 기독교 정신의 회복에 도움을 준다.

서구인들이 배울 수 있는 유교적 효의 장점은 여기서 그치지 않는다는 것이 네빌의 통찰이다. 즉 효의 두 번째 특징은 어른을 존경하는 것인데, 이는 유교가 뿌리 내린 사회에서 발견되는 전반적인 특징이다. 그러나 네빌에 따르면 이런 효, 즉 어른에 대한 존경으로서의 효는 잘 적용되지 않으면 오히려 역효과가 날 수 있는 덕목이 될 수도 있다고 갈파한다. 즉 현대의 잘 발달된 은퇴 보장 프로그램, 같은 또래 그룹과의 공동체 모임의 발달, 보험과 연금제도의 발달 그리고 현대 의학의 발달 등은 어른에 대한 존경으로서의 효를 실현하는 방법이 다양하다는 것을 보여주고 있으며, 따라서 반드시 대가족제를 통해서 노인들을 공경하는 것만이 최고의 덕이라는 일부 동아시아인들의 생각이 반드시 옳은 것은 아니라고 꼬집는다. 자식에게서 노후에 돌봄을 받는 것은 다양한 노후 보장제도 중에서 단지 하나의 방법일 뿐이며, 오히려 그것은 잘못 시행되면 자식들은 물론 부모 자신들에게도 불편을 가중시킬 수 있기 때문이다.[20]

네빌이 보는 또 하나 효의 특징은, 효가 인간의 복잡한 상호관계성을 배우고 실천하는 제도라는 것이다. 효를 통해서 인간은 사랑하는 법, 즉 인仁을 통한 인간화의 방법을 배운다. 예를 들면 유아에게 정성을 다하는 부모의 무조건적인 내리사랑이, 나중에는 자식 편에서 효를 발전시키게 되는데, 따라서 이런 관점에서 보는 내리사랑으로서의 효는

---

20 *Boston Confucianism*, 195.

동아시아에서 자식이 말썽을 일으키는 경우에서조차 적용되어야 하는 사상으로 발전되었다고 본다. 즉 말썽꾼 자식으로 인해 가정이 피해를 입고 원만하지 않을 때에도, 내리사랑으로서의 효를 통해서 사람들은 가정을 유지시키는 의무를 다해야 한다는 생각으로 발전된 것이 효 사상의 특징이며 이는 서구가 배울 만한 덕목이라고 지적하는 것이다. 네빌은 효가 반드시 상향적인 것만이 아니라 수평적이고 하향적일 수도 있음을 갈파하고 있는 것이다.

물론 이런 식으로 효의 수평적이고 하향적인 면에 대해서 어떤 사람들은 다르게 평가할 수도 있다는 것을 네빌은 인정한다. 예를 들어, 네빌에 따르면, 기독교인들이 가지고 있는 '사랑' 개념의 특징은 분별 있는 사랑(Love with distinctions)에 있는데, 이런 사랑의 개념을 실천하는 근거가 기독교에서는 단지 가족의 혈연관계에 의존하지 않는다. 기독교인들에게는 교회라는 새로운 가족 공동체가 있기 때문이다. 여기서 그들은 다양성에 입각한 분별 있는 사랑을 배운다고 한다. 즉 교회 공동체에서는 부자와 빈자, 지식인과 무식층, 노예와 자유인, 남성과 여성 등이 서로를 하나의 '가족' 처럼 여기고 그들 각각이 사회적 삶의 조직의 일환으로서 서로를 경외하게 된다. 이런 식으로 기독교인들의 분별 있는 사랑은 기독교인들로 하여금 자기 공동체 안에 존재하는 모든 사람들의 다양성을 인정하면서도 그들을 차별 없이 소외시키지 않고 돌보게 만드는 힘이 된다고 본다.(로마서 8:29에 나오는 바울의 분석, 즉 예수는 맏아들이요 다른 이들은 형제로서 그 모두가 하나님의 자녀라는 표현이 그 예이다.)[21] 물론 이

---

[21] *Boston Confucianism*, 198

기서조차 기독교인들은 유교의 교훈에서 배울 것이 있다고 네빌은 말한다. 인과 사랑을 실천할 수 있는 모델의 발견이 반드시 예수라는 한 성인에게만 발견되는 것이 아니라, 부모와 가족 공동체, 교회 공동체 등에서도 발견된다는 점을 깨달을 수 있다는 것이다.

　네빌이 유교에서 배우는 효의 마지막 특징은 그것이 조상의 덕을 이어받는다는 점을 강조한다는 데 있다. 즉 유교에서 한 사람이 효심이 가득한 인간이 된다는 것은 바로 그의 부모에게서 그들의 좋은 점과 강점을 배우는 사람이라는 것을 의미한다는 것이다. 즉 네빌은, 효를 가장 온전하게 성취한 인간은 너무나 덕이 넘치게 되어, 자신들의 부모가 그 자식들을 덕스럽게 만드는 의무에서 자유롭게 만드는 사람이라는 재미있는 해석을 내린다. 다시 말해서, 만일 우리가 조상의 덕으로 인해 인덕이 풍부한 온전한 인간이 되어서 인의예지신이 넘치게 되면 우리 부모는 우리를 그런 사람으로 만들기 위해서 시간을 낭비할 필요가 없을 것이라는 말이다. 그러나 이런 원칙은 조상에게서 덕을 물려받은 행운아보다는 그렇지 못한 사람들에게 적용될 때 더 효과를 발휘한다고 한다. 즉 효심이 없는 자는 자신의 삶에서 실패한 부모를 만나게 된 셈이지만, 그 경우 유교인은 이를 적극적 사고방식을 통해서 얼마든지 긍정적으로 해석할 수 있다고 한다. 예를 들어, 못난 부모들을 만날 경우 유교인은, 자신의 부모보다 더 거슬러 올라간 조상으로부터 덕을 배우라고 가르칠 수 있으며, 물론 그 조상의 끝은 주나라와 요순우탕의 성군들이 될 수 있다고 한다.

　그러나 기독교 철학자인 네빌은 여기서조차 기독교 안에 이런 비슷한 전통이 있음을 지적하면서 기독교인에게 위안을 제공하려 시도한다. 즉 기독교인들은 기독교 전통 내에서 유교와 비슷한 유산을 발견할 수 있는데, 바로 그리스도가 그 역할을 하고 있다고 본다. 즉 기독교인들에게는 요순우탕 같은 조상의 자리에 그 대신 그리스도가 있는 점이 차이일 뿐이라는 말이다. 따라서 그리스도를 닮아가는 삶을 통해서 기독교인들은 가족과 사회에 존재한 불평등의 문제를 해결할 수 있다는 뜻이다. 어쨌든 이런 해석을 통해서 네빌이 하려는 주장은, 유교와 기독교 간의 공통점은 바로 양자 모두가 과거 속에 존재하고 있는 적합한 완전성을 가정하고 있다는 점이다. 유교와 기독교인 모두에게 과거 안에 존재하는 완전성은, 그것이 주나라가 되든지, 요순우탕이 되든지, 아니면 예수가 되든지, 바울이 되든지 할 터인데, 이때 그런 완전성은 개인은 물론 타자들과 그들이 살아가는 사회제도 그리고 심지어 자연과 적합한 관계를 맺도록 만들어 주는 계기가 된다고 해석한다. 여기서 단지 기독교인과 유교도 사이에 존재하는 하나의 차이가 있다면, 기독교인은 드라마틱한 회개를 강조하는 반면에 유교인들은 인仁과의 만남에 의해서, 혹은 부모의 사랑을 통해서, 혹은 예에 참여함을 통해서 그런 사랑의 행위가 가능하다고 보는 점이라고 지적한다.

그 다음 네빌이 발견하는 유교의 중요한 덕목은 예(禮, ritual propriety)[22]이다. 네빌은 우선 서구인들에게 예를 이해시키기 위해서 그것을 관례(convention)라는 개념으로 푼다.[23] 이렇게 보면 서구에서도 이미 예의 개

---

[22] 네빌에게서 예는 아주 광의의 뜻을 갖는다. ritual propriety의 사전적인 의미는 의례에 따른 예의범절이다. 이런 해석에서 볼 때, 우선 예는 개인적인 덕스러운 습관(habit)과 그것이 확장된 관습(convention)이다. 또한 이런 관습은 관례로 표현되기도 하지만, 동시에 사회적 규율에 순응하는 윤리적 행위도 포함한다.

[23] *Boston Confucianism*, 201

념이 오래 전부터 존재해 있었다고 네빌은 보는데, 예를 들어 기독교의 창조 설화에서 보듯이 인간의 타락과 죄는 하나님과의 계약을 깨는 것, 즉 관례와 협정을 깨는 것에 기인한다. 이렇게 볼 때, 기독교인에게 있어서 예란 자연의 본성에서 사회적 삶의 실재를 찾는 것이 아니라, 야훼와 인위적으로 맺는 협정 속에 발견되는 것을 의미한다. 이런 예의 개념은 선악과 이야기에서도 보이는데, 그 이야기에서 우리는 신성의 대리자로서의 야훼와 자연적 본성의 상징적 대리자로서의 뱀, 그리고 신과의 제도적 협정 속에서 선하게 살아가도록 부름을 받은 덕행의 대리자로서의 두 인간(아담과 이브)을 만나게 된다. 이 설화가 주는 교훈은, 인간은 계약적인·관례적인·제도적인 부름을 망각하고 은혜에서 떨어져 나올 때, 결국 타락과 죄에 빠진다는 것이다.

이미 말했듯이 이런 해석은 네빌로 하여금 어떻게 서구인들이 자신의 전통 속에서 유교의 예 정신을 회복할 수 있는가를 가르쳐 준다. 네빌에 따르면, 인간이 참인간이 되는 것은 하늘과 장소의 원리, 혹은 땅과 자연의 원리, 혹은 이 둘의 합주만으로는 안 되고 예로 상징되는 제도와 관습의 도움이 있어야 한다는 것이다. 인간의 도는 자연적으로 주어진 것에 창의성과 문화를 더하여 완성된다. 순자가 말하는 바 천지는 물론, 예로 형성된 인간, 즉 천지인 삼위일체의 합작을 유교가 강조하는 이유가 여기에 있다고 본다.[24]

네빌은 기독교의 선악과 이야기를 통해서 예에 관한 또 다른 해석을 시도한다. 즉 기독교의 선악과 이야기를 유교의 예 개념과 연결시키면

---

24 *Boston Confucianism*, 204.

다음과 같은 또 다른 공통점이 발견된다는 것이다. 즉 인간은 뱀의 본성을 넘어서서 관습의 기술적 숙련(artifice) 상태로까지 나아가지 않으면 결코 자기 본성을 완성할 수 없다는 것이다. 다시 말해서, 예의 행위(rituals, 의례) 자체는 우리의 목적론적 행위를 지도하지 못한다는 것이 네빌의 분석이다. 예의 행위 자체는 우리가 어떤 정치적 행로를 추구해야 하는지를 말하지 않으며, 어떻게 도덕적 문제를 해결해야 하는지를 말하지 못하며, 우리가 어떻게 생을 즐기고 홍수와 기근의 문제를 해결해야하는지에 대해서도 가르쳐 주지 않는다. 그러나 반면 예의 행위는 사회적·개인적 삶의 방식의 수단이 되는데, 따라서 모든 중요한 기호 형태의 행위와 의미는 모두 예에 의해서 형태가 잡힌다고 해석한다. 네빌은, 공자와 맹자와 순자가 모두 군국주의, 강도 행위, 야만적 지배 등에 대해 비판했던 것이 바로 그 모두가 예에 반대된다고 보았기에 때문이라고 주장한다.

　네빌은 더 나아가서, 이런 면들을 고려해 볼 때 고대 유교가 보수적 종교라고 보는 태도는 옳지 않다고 한다.[25] 사실상 역사적으로 유교인들은 급진적 사회 비판가였으며, 혁명과 개혁의 가장 효과적인 수단은 군사적 힘이 아니라 예의 행위라고 믿었다는 것이다. 물론 여기서조차 네빌은 기독교와 유교 사이에 존재하는 약간의 차이를 발견한다. 가장 중요한 차이는 우주론에서 기인하는 차이인데, 즉 유교에 있어서 자연은 하늘과 땅의 도의 합작품이지만, 기독교에 있어서 인간의 본성을 포함한 자연은 하나님의 산물이라고 보는 것이 차이라고 한다.

---

25 *Boston Confucianism*, 203.

그러나 비록 기독교 안에서 하나님의 활동에 대한 강조가 발견되기는 하지만, 사실은 그 하나님의 활동도 엄밀히 말하면, 인간이 자연을 문화로 만드는 과정을 통해서 인간을 완성하기 위해 하나님이 활동하시는 것으로 해석할 수 있으며, 따라서 이 점에서는 유교와 기독교가 같다고 해석할 수 있다고 한다. 결국 예의 개념을 통해서 우리는 기독교나 유교나 모두 다음의 사실에서 일치한다는 것을 배울 수 있다. 즉 인간이 본래의 완전에서 타락하게 되는 것은 다름 아니라 바로 고급 문명적 예를 무시할 때 나타나는 것이며, 또한 성인이 되고 성화된다는 것은 그런 예를 다시 회복하고 실천하는 것에 있다는 점이다. 이런 방식으로 기독교에서 말하는 완전과 성화, 그리고 타락과 죄의 개념이 유교적 예의 개념으로 재해석될 수 있다고 보는 것이 네빌의 견해이다.[26]

마지막으로 서구인들이 유교에서 배울 수 있는 덕목으로 네빌이 꼽는 것은 인仁이다. 네빌의 견해에 따르면, 인은 예와의 관계 속에 보다 명확하게 그 본래 의미가 드러난다고 한다. 네빌이 유교에서 배운 바에 따르면, 예의 달성은 물론 오랜 시간이 걸려야 나타나는 결과다. 세련되고 성숙한 예의 행위만이 인간의 참 성숙함을 가져온다고 유교는 가르치는데, 문제는 인仁 없이 도달하는 예가 문제라는 것이 유교의 또 다른 가르침이라 한다. 인이 동반되지 않는 경우 예는 공허해지기 때문이다. 공자가 『논어』 3.3에서도 말했듯이, 만일 인간이 어질지 못하다면 예와 악樂은 아무 소용도 없다. 기껏해야 인간은 그것을 자기의 이익을 위해서 사용할 것이기 때문이다.

---

26 *Boston Confucianism*, 204.

그렇다면 유교인들에게 인仁은 어떻게 획득되는가? 네빌이 분석하는 바 논어에 따르면, 예는 노력하고 공을 들이면 되지만, 인은 그럴 필요가 없고 단지 원하면 된다는 것이 공자의 가르침이었다고 한다.(논어 7.29) 그러나 네빌의 통찰에 따르면, 소인들은 인을 원하지 않는다는 것이 문제라는 것이다. 그리고 이는 예가 잘 발달된 어른들의 경우에도 마찬가지이니, 왜냐하면 그들이 바라는 것들은 사실 모두 이기적인 자기 욕망에만 연결되어 있기 때문이다.[27] 물론 인은 가정이든, 교회이든 어느 곳에서도 이해되고 가르쳐질 수 있는 덕목이라는 것에 네빌도 동의한다. 그러나 인이 이해되고 가르쳐지는 때조차도 우리가 제기할 수 있는 문제는 정말 사람들이 그것을 행하기를 원하는가 하는 문제라고 네빌은 말한다. 물론 사람들이 원한다면 사람들은 그들의 이해력의 정도에 따라서 인을 즉시 소유할 수 있다. 하지만 참으로 어진 인간으로 살아간다는 것을 진지하게 생각하는 행위는, 단지 그렇게 살기 위해서 우리가 도덕적 예와 문명적 삶, 그리고 가정과 공동체와 친구들과의 관계를 완전하게 만들기 위해 헌신하는 것을 작정하는 한도 내에서만 가능하게 된다고 네빌은 해석한다.

우리가 이런 식으로 인과 예의 관계를 해석하게 되면 여기서도 기독교와 유교는 유사한 것이 드러난다는 것이 네빌의 견해이다. 기독교에서는 죄에서의 해방과 사랑의 도가 타자에게서 하나님의 사랑을 발견하는 것을 통해 이루어진다. 이것이 의인(justification)이며 성화이다. 그러나 이것은 특히 예수의 삶과 행위에 대해서 말하고 그것을 닮아가는 것

---

[27] *Boston Confucianism*, 205.

에서 이루어진다. 거룩하게 된다는 것은 예가 사라져가는 시대에 예를 배우고 실천하는 것을 의미한다. 그리고 이것은 예수의 삶과 행위의 모델을 닮는 것을 통해 이루어진다고 본다. 한마디로 기독교인들에게서 예수는 예와 인을 동시에 완성할 수 있는 모델이라는 것이다.

이렇게 서구인들에게는 예수가 예와 인의 모델이 된다는 해석을 통해서 유교와 기독교의 비교철학을 마무리하면서, 네빌은 마지막으로 기독교 중심적 사고를 벗어나기 위한 시도를 감행한다. 즉 예수의 역할에 대해 무조건적이고 절대적인 가치를 부여하는 기독교인들의 입장에 대한 유교인의 비판을 예상하면서, 네빌은 다음과 같은 다원주의적 질문을 제기한다. 즉 우리는 어떻게 기독교인이면서 동시에 타종교인의 입장을 포용할 수 있는가? 네빌은 한 발자국 더 나아가, 보다 급진적인 방식으로 하나의 다원주의적인 질문을 던진다. 즉 우리는 어떻게 기독교인이면서 동시에 유교도가 될 수 있는가?

네빌은 종교적 멤버십(membership)의 개념으로 이 문제를 풀어나가고 제안한다.[28] 네빌에 따르면, 하나의 종교인은 그가 자기 종교의 멤버십을 의도적으로 긍정하고 그 전통의 경전들과 그 경전 안의 주제들이 말하는 상징과 기호에 의해서 지도를 받으며 영성을 실천함으로써 한 종교 전통의 일원이 된다. 물론 그 전통 안의 다른 멤버들이 그 사람의 멤버십을 이단으로 정죄하지 않고 인정해 주는 한도 내에서만 그렇다. 네빌에 따르면, 이렇게 멤버십 개념의 입장에서 다원주의의 문제를 보면, 위에서 제기된 곤란한 질문에 쉽게 답할 수 있다.

---

28 *Boston Confucianism*, 207.

네빌은 우선, 통상적으로 배타적 기독교인들은 유교적 영성에 대해 반대할 수도 있다는 점을 인정한다. 그러나 기독교에 대한 유교인들의 입장은 다를 것이라고 네빌은 본다. 물론 유교인들도 한때는 타종교에 대해서 배타적인 입장을 강조한 시기가 있기는 했으나(송명대에 불교와 도교에 대한 신유학의 배타주의가 그 예다), 엄밀히 말해서 그들이 배타시했던 것은 다른 종교와의 교리적 차이가 아니라, 개인과 가정과 공적 삶에 대해서 다른 종교들이 보여주는 실천 방식의 무리함이었다고 네빌은 해석한다. 정확히 말해서 유교도가 관심하고 있는 것은 한 사람이 자신의 종교 운동 안에 있느냐 밖에 있느냐 하는 것이 아니라 그가 그 운동을 얼마나 잘 실천하고 있느냐 하는 것이었다는 것이다. 우리가 문제를 이런 식으로 보면, 적어도 사회적 차원에서는 유교 운동과 기독교 운동에 동시에 참여하는 것이 문제가 되지는 않는다고 한다.

물론 기독교 운동과 유교 운동은 영성적 차원에서는 다를 수 있다는 것을 네빌도 인정한다. 기독교인들은 유교도와 다른 상징체계를 사용하기 때문이다. 즉 유교인은 신의 목적에 대해서 단지 약하게 강조하지만, 기독교인들은 신의 목적성에 대해 강하게 강조하는 성향이 있다.[29] 기독교인도 유교인들처럼 명상하고 예배하고 영적 실천을 할 수 있지만 조상보다는 예수에게, 혹은 다른 어떤 것보다 하나님에게 기도하기 때문이다. 여기서 우리는 다원적 정체성을 긍정하는 것이 반드시 일치와 보충으로 나아가지는 않더라도 최소한 양립성(compatibility)을 인정하는 것으로는 발전되어야 한다고 네빌은 주장한다.

---

29 *Boston Confucianism*, 208.

네빌에 따르면, 만일 기독교인들이 이런 멤버십 원칙을 자신의 삶에 잘 적용하면 그들도 자신과 같이 유교의 장점을 받아들이면서 동시에 기독교인이 될 수 있다고 한다. 즉 유교의 정신을 자신의 기독교적인 삶에 내면화시키려 시도하는 소위 '보스톤 유교인'은 자신처럼 현재 주로 기독교인들로 이루어져 있지만, 그와 동시에 다원적으로 종교의 정체성을 해석하면서 그런 자신의 정체에 깊이 헌신하게 되며, 동시에 후기 근대의 문제를 해결하는데 있어서 자신의 종교적 정체성이 갖고 있는 한계가 무엇인지 테스트 해 보기 위해서 유교를 비롯한 타종교들과 진지하고 성실한 대화를 감행해 나가려 한다는 것이다. 이것이 바로 하나의 종교인이 참으로 자신의 정체성을 유지하면서도 다원주의적일 수 있는 이유라고 네빌은 주장한다.

5. 평가와 결론

2001년 여름 나는 미국 동부의 클레어몬트에서 여름방학을 보내고 있었는데, 그때 로버트 네빌의 『보스톤 유교(Boston Confucianism)』라는 책을 접하게 되었다. 물론 나는 그때 그책을 구입하자마자 단숨에 읽었다. 우선은 당대 최고의 서구 종교철학자인 네빌이 유교에 대해서 본격적인 저작을 만들어냈다는 사실 자체가 나에게는 하나의 흥미로움을 넘어서 감사함으로 다가왔기 때문이다. 보스톤 유교? 베이징이나 서울의 유교가 아니라, 보스톤 유교라니 너무나 도발적이지 않는가? 물론 나는 네빌의 이 도발적인 유교 해석을 읽어 내려가면서 때때로 서양학자가 빚어내는 어쩔 수 없는 논리적 무리함을 종종 발견하기도 했지만,

사실은 얻은 것이 더 많다는 것이 솔직한 고백이다.

물론 방금 지적했듯이 네빌이 제시하는 보스톤 유교는 그야말로 서구적인 유교 해석이다. 그러기에 나름대로 문화적이고 논리적인 한계점을 노출하고 있는 것이다. 그러나 이는 어찌 보면 불가피한 것이며, 이로 인해서 생겨나는 단점은 때때로 구제가 거의 불가능한 것으로 다가올 수도 있지만, 동시에 바로 그 이유 때문에 네빌의 책은 강한 장점도 갖게 되는 것이다. 동양인들이 발견하지 못한 유교 해석의 영역을 네빌만이 개척한 부분도 분명히 존재하기 때문이다. 더욱이 그의 유교에 대한 분석은 전통적인 서구철학은 물론, 듀이, 화이트헤드, 그리고 틸리히 등과 같은 현대 서구의 철학과도 만나서 하나의 이상적인 비교 종교철학을 구성하고 있기에 어떤 현대의 동아시아 지성인들에게는 오히려 호소력이 있고 탄탄하게 보일 수도 있다.

보스톤에서 살아가는 서구인으로서의 네빌이 유교에게서 배운 점들에 대해서는 이미 논자가 위에서 틈틈이 열거하였으므로 여기서 다시 재론할 필요가 없다. 따라서 이하에서는 지면 관계상 단지 네빌의 유교 해석에 대해서 논자가 느끼는 한계점만을 몇 가지 지적하기로 한다.

첫째 지적하지 않을 수 없는 것은 그의 '주제 분석 방법론'이다. 그는 주제 분석 방법을 제안하면서 그 이유를 홀과 에임즈가 빚어낸 일반화의 오류를 피하기 위해서라 한다. 일반화를 사용한 해석은 다양한 문화 현상을 하나의 개념으로 묶는 데에는 장점이 있지만, 사실 그러다 보니 하나의 문화 속에서 발견되는 여러 가지 예외적인 사례들을 무시하는 경우가 있다는 것이다. 이미 보았듯이 이런 약점을 해소하기 위해서 네빌이 제시한 것이 주제 분석 방법이다. 그러나 그의 방법론에 대해 그가 변호하는 주장을 접하자마자 당장 제기되는 질문이 있으니, 즉 그가 제시하는 주제 분석 방법은 과연 얼마나 일반화에서 자유로운가 하는 점이다. 네빌은, 주제 분석이 일반화보다는 덜 추상적인 개념을 사용하기 때문에 예외를 적게 허락하는 효과가 있다고 보는 것 같다. 그러나 논자의 입장에서 볼 때, 일반화와 주제 사이에서 명확한 경계를 긋는 것은 매우 어려운 작업처럼 보인다. 주제도 결국은 하나의 일반화의 산물임을 피할 수 없기 때문이다.

물론 네빌이 주장하는 것을 다음과 같이 이해해 줄 수도 있다. 즉 우리는 언제나 어떤 주제를 통해서 하나의 문명을 해석할 때, 되도록 예외가 적게 발견되는 일반화를 택해야 한다는 주장으로 그것을 받아들이면 된다. 그러나 사실 이렇게 말하는 것은 사실은 엄밀히 말해서 너무나도 당연한 동어반복적인 언명이라 아니할 수 없다. 어떤 철학자가 일반화를 시도한다고 할 때 그들도 되도록이면 항상 예외가 적게 발견되는 개념을 시도하려 노력하는 것이며, 이와 대조적으로 어떤 철학자가 주제를 사용한다고 해서 그들이 전혀 예외 없는 개념을 찾아낼 수 있는 것도 아니다. 어떤 것을 택하든 가능한 한 예외를 줄여가는 일반화를 시도한다는 점에서는 양자 사이에 차이가 있을 수 없기 때문이다.

주제 분석의 방법론이 가지고 있는 이런 식의 난점까지는 그래도 그런대로 긍정적으로 보아 줄 수 있다. 사실상 일반화의 문제는 형이상학 내에서 언제나 가장 풀기 어려운 난점 중의 하나이기 때문이다. 하지만 논자가 발견하는 치명적인 네빌의 결함은 그의 존재론이다. 그는 젊은 시절부터 존재론적인 철학에 고집스런 집착을 보여 왔다. 그가 30대의 젊은 시절 과정신학을 비판하면서 신학자로서 유명해졌을 때부터, 이미 그는 과정신학이 가지고 있는 존재론적인 결함을 지적하였던 것이다.

물론 하나의 존재론은 서구철학의 입장에서 볼 때 나름대로 의미 있는 철학적 사유 방법이며, 따라서 때로는 여전히 학인들의 흥미를 끌 수 있다. 존재론은 서구 철학이 발견한 하나의 궁극적인 사유방식이며 그런 점에서 서구 철학의 독특한 방법론이라는 점에 이의를 달 사람은 없다고 본다. 더욱이 네빌이 사용하는 존재론적인 해석법, 즉 결정자와 결정되는 자의 변증법적 관계를 해석하는 것을 통해, 모든 사유 대상의 의미를 분석하려는 존재론적 시도는 나름대로 서구 철학사 안에서 많은 통찰을 제공해 왔다. 또한 동아시아적 사유의 체계 안에서 철학하는 논자와 같은 철학도의 입장에서 볼 때, 하나의 철학은 그것이 인과율의 법칙에 근거하는 한, 결정자와 결정되는 자를 구분하는 일종의 '존재론'적 사유방식을 피할 수 없다고 보며, 이런 점에서 동아시아에는 존재론적인 사유가 없다는 홀과 에임즈의 주장은 오류라 하지 않을 수 없다.

하지만 네빌이 주창하는 이런 식의 존재론에도 약점은 있다. 즉 오래 전에 러셀이 질문했듯이 어떤 사물의 존재성을 질문하는 질문은 마치 육각수의 존재를 질문하는 것과 마찬가지며, 이에 대한 해답은 질문자의 입장에 따라서 얼마든지 달라질 수 있기 때문이다. 네빌의 존재론의 약점은 그의 철학이 낡은 패러다임에 여전히 기초하고 있다는 것이다. 즉 그의 결정자-피결정자의 존재론은 결국 서구 기독교 철학의 '무로부터의 창조론'에 빚지고 있다. 논자의 입장에서 볼 때 이런 무로부터의 창조론에 기초한 존재론이 갖는 하나의 문제는 다음과 같다.

결정자와 결정되는 것의 관계를 선명히 하기 위해서, 네빌은 선행하는 과거의 사건과 그것을 통합하는 현재의 사건을 구분하는 것을 즐긴다. 그런데 선행하는 모든 사건들을 하나의 현재 사건, 즉 새로운 사건의 빛에서 볼 때만 하나의 결정자가 탄생될 수 있다는 네빌의 주장은 우선 너무 작위적인 것으로 보인다. 이런 관점은 과거 역사의 중요성을 망각하는 행위가 될 수도 있기 때문이다. 엄밀히 말해, 우리는 하나의 과거가 그 과거 당시에는 새것이었다고 인정해야 한다. 그것은 그 과거의 시점에서는 무가 아니었다는 말이다. 혹시 무라고 인정하더라도 그것은 상대무였지 절대무는 아니었다. 그러기에 과거의 것을 무로 보고, 현재가 그것을 통합해 새것을 창조해 내기 때문에 존재론적으로 결정자의 구실을 한다는 것은 현재 위주의 편향된 해석이다. 과거도 얼마든지 결정자의 구실을 할 수 있기 때문이다. 그러기에 과거는 무가 아닐 수도 있다.

그러나 만일 네빌이 이런 비판을 염두에 두고서 그가 절대무는 부정할지라도 상대무로서의 과거의 존재는 인정한다고 말한다면, 이는 그의 현재까지의 철학적 입장을 고려해 볼 때 혁명적인 전환이 될 것이지만 동시에 네빌을 곤란한 딜레마에 빠뜨리게 될 것이다. 왜냐하면 그를 유명하게 만든 과정철학에 대한 그의 비판은 과정철학이 무로부터의 창조를 부정한다는 것이었는데, 그러나 과정신학이 비판하려는 무로부터의 창조론도 사실은 절대무로부터의 창조를 비판하는 것이지 상대적 무로부터의 창조까지 비판하는 것은 아니기 때문이다. 만일 네빌이 결정자-결정되는 자의 존재론을 통해서 자신이 부정하는 과거의 무가 절대무이지 상대무는 아니라고 발뺌한다면, 그때 그를 유명하게 만든 과정신학에 대한 과거의 비판은 허위가 된다. 상대무를 인정하는 데 있어서는 과정 사상도 동일하기 때문이다. 그러므로 논자의 입장에서 볼 때, 그의 결정자-피결정자 구도를 통한 존재론은 그것이 무로부터의 창조론에 기인하는 한 치명적인 논리적 결함을 피할 수 없다.

그러므로 무로부터의 창조론에 기초한 존재론이 갖는 진정한 문제는 그것이 진화론이나 영원의 철학이 주장하는 것과 모순된다는 것이다. 진화론과 영원의 철학이 주장하는 바, 무로부터는 유가 나올 수 없다는 명제는 절대무가 존재하지 않는다는 뜻이다. 따라서 앞의 사건이 있음으로 인해서 새로운 후속 사건이 있다고 주장하는 네빌의 입장은 결국 앞의 사건, 즉 과거 사건의 존재를 인정하는 것으로서 이는 궁극적으로는 네빌의 철학으로 하여금 무로부터의 창조를 말할 수 없게 만드는 것으로 보인다.

네빌이 하나의 서구 기독교인으로서 무로부터의 창조설을 말하기 위해서 '새것의 창조' 개념을 끌어들이는 것은 이해가 가지만, 그런 새것의 창조나 혹은 그것에 입각한 창조론은 굳이 무로부터의 창조를 전제하지 않아도 얼마든지 말할 수 있다는 것이 오늘날의 과학적 신학자들이 말하는 바가 아닌가? 무로부터의 창조론과 같은 낡은 이론을 계속 말하게 되면 이는 결국 진화론과의 통합이 요원하다는 말이 되는데, 이는 일부 보수적 기독교인들에게는 환영을 받을지 모르지만 세속 과학도로부터는 응원을 얻기 힘들게 만들 것이다.

마지막으로 한 가지만 더 지적하지 않을 수 없는 것은 그의 효에 대한 해석이다. 우리는 여기서 네빌의 효 해석의 핵심을 다음과 같이 정리할 수 있다. 즉 유교의 효는 반드시 부모와의 관련 하에서 사유될 필요가 없고 타인을 포함한 모든 여타 인간과 관련하여 해석될 수 있다는 것이다. 특히 만일 그 타인이 조상이라면 그들과 맺는 인仁의 관점에서 효를 해석하자는 것이 네빌의 논점이다.

이런 논리를 따라서 네빌은 유교의 효 개념에서 기독교는 새로운 통찰을 배울 수 있다고 한다. 즉 인과 사랑을 실천할 수 있는 모델의 발견이 반드시 예수라는 한 성인에게만 발견되는 것이 아니라, 부모와 가족 공동체, 교회 공동체 등에서도 발견된다는 점을 깨달을 수 있다는 것이다. 예수와의 관련 하에서 얻을 수 있는 덕목은 얼마든지 조상과의 관련 하에서도 얻을 수 있는 것들이라고 전제하는 것이다.

그러나 논자의 입장에서 볼 때, 네빌은 여기서 조상과 그리스도가 하는 서로의 역할을 혼동하고 있다. 물론 조상은 그가 지적한 대로 인간의 덕의 근원이 될 수 있다. 사람들은 자신의 장점이 바로 조상에게서 물려받은 것이라 해석할 수도 있다. 하지만 그렇다고 해서 조상이 하는 이런 역할이 그리스도의 역할과 동일하게 해석될 필요는 없다. 엄격히 말하면, 조상이 그의 후손 속에서 하는 역할은 그리스도가 하는 역할과 구별되어야 마땅하다. 즉 조상이 후손 속에서 하는 긍정적인 역할을 현대 과학적으로 풀어보면, 소위 한 인간의 DNA 속에서 작동하고 있는 기질들로 구성된 긍정적인 삶에의 힘이라 말할 수 있다. 그러나 잘 알다시피 내 안에서 작동하는 DNA의 영향력은 그것이 우리의 기질과 성격을 구성할 때 선하게 작동할 수도 있고 부정적으로 작동할 수도 있다. 한마디로 그것은 가치중립적이다. 따라서 후손 안에서 작동하는 조상의 영향력은 아직은 선과 악의 판단 기준 이전이며, 문제는 그것이 어떻게 선한 방향으로 작동 될 수 있도록 우리의 의지를 작동시키느냐 하는 것이다.

여기에 모델로서의 예수의 역할이 있다. 예수의 역할이 조상의 그것에서 구별되어야 한다면, 그것은 우리 안에서 작동되는 조상의 역할이 부정적일 때 그것을 반전시켜 긍정적이고 선한 것으로 작동할 수 있도록 전환과 돌변의 힘을 제공하는 것이 예수의 역할이라는 것이다. 아무리 효의 외연을 넓게 해석할 수 있어도 효를 가족적 모델(조상)과의 관련 하에서 해석하는 것과 종교적 모델 (성인으로서의 예수)과의 관련 하에서 해석하는 것은 구분해야만 할 것이다.

제3부

동학과 기독교의 만남

223 | 수양론적 시각에서 바라본 동학의 신이해 __ 이길용

255 | 동학-에코페미니즘의 인식과 실천의 역동적 일치 __ 전현식

287 | 한국 페미니스트 신학자의 동학 읽기 __ 이은선

317 | 기독교와 동학의 만남: 영과 지기를 중심으로 __ 권진관

357 | 동학·천도교의 수행론
   : 주문, 성경신, 오관을 중심으로 __ 오문환

397 | '개벽' 과 '개화' 의 이중주 __ 성백걸

수양론적 시각에서 바라본 동학의 신 이해

이길용 (서강대)

1. 여는 글

특정한 종교 전통에서 신앙하는 신관에 대하여 언급한다는 것은 신의 정체를 구체적이고도 명석하게 증명한다는 것을 말하지는 않는다. 보통 신에 대한 언급은 신앙 대상에 대한 직접적인 규명 작업이라기보다는 해당하는 신에 대한 인간 인식의 통로와 역사, 그리고 그 논리적 결과물을 제시하는 것으로 그 작업을 정리한다. 그러므로 어떤 종교이든 신에 대한 언급은 이미 시작부터 제한적일 수밖에 없다.

다양한 명칭으로 불리기는 하지만, 개별 종교 전통에서 언급되는 신이라는 존재는 '존재의 근거', 혹은 '존재 자체', 때로는 '절대적 진리'를 아우르는 말로 이해할 수 있다. 그리고 우리는 이러한 신적 존재의 유형을 이해하기 위하여 많은 용어들을 생산해 냈다. 다신론polytheism, 단신론henotheism[1], 일신숭배monolarty, 유일신론monotheism, 범신론pantheism, 범재신론panentheism 등 인류의 역사에 명멸했던 여러 신관의 유형들을 묶어 내며 각자 신앙하고 있는 신적 존재, 혹은 절대적 진리를 설명하기 위한 경주에 매진해 왔다.

하지만 이러한 신관 구분은 대부분 서구권 학자들에 의한 작업이었고, 또 그것은 그들 입장에서는 무엇보다도 익숙한 그리스도교적 전통을 기준으로 한 편의적 구분이었다고 볼 수 있다. 이와 같은 편의적, 혹은 방편적 구분은 많은 서구 학자들의 연구 속에 등장하는데 종교학자인 요아킴 바흐Joachim Wach(1898~1955)의 구분을 하나의 대표적인 사례로 꼽을 수 있다. 바흐는 세계의 종교를 다신론과 (유일신론을 포함한) 일신론, 그리고 인격신과 비인격신이라는 범주를 사용하여 구분하고 있다.[2] 비단 바흐뿐만 아니라 많은 수의 학자들이, 심지어 동아시아의 학자들조차도 이런 유의 구분을 큰 거부감 없이 수용하고 있다. 이론적으로 이와 같은 구분을 이용하면, 다신론적인 종교로는 여러 자연종교Natural Religion들과 힌두의 종교 전통들, 그리고 유일신 종교로는 유대교-그리스도교-이슬람교 등이 거론된다. 또한 인격신을 신앙하는 종교로 앞서 언급한 유대교, 그리스도교, 이슬람교, 조로아스터교 등을 꼽게 되며, 궁극적 실재로서 인격신을 인정하지 않는 종교로는 불교가 있다.

---

1 다신교적인 환경 속에서 집중적으로 하나의 신에 대한 믿음이 생겨났을 때 그것을 지칭하는 용어로 사용하기 시작하였다. 이와 유사한 개념으로 교체신교(交替神敎, Kathenotheism)가 있는데 이는 최근에는 거의 사용되지 않고 있다.

2 Joachim Wach, *The Comparative Study of Religions* (New York: Columbia Univ. Press, 1958), 여기서 사용한 것은 김종서에 의해 번역된 한역본이다. 『비교종교학』, 서울: 민음사, 1988, 142~151쪽. 참조. 바흐는 이 항목에서 종교 경험의 사상적 표현의 하나로서 신론에 대하여 상술하고 있다. 바흐는 종교에 있어서 가장 본질적인 것은 경험적 요소라 본다. 그리고 그 종교체험은 사상, 행위, 공동체적으로 표현된다고 보았다.

과연 이렇게 신관, 혹은 신론을 중심으로 이루어지는 종교 전통들에 대한 구분은 정밀한 것이며 또 타당한 것인가? 그러나 구체적인 역사 현장 속에서 만나게 되는 개별 종교 전통들의 신관은 앞서 열거한 구분에 정확히 들어맞는 경우가 놀랍게도 흔한 편은 또 아니다. 예를 들어 대표적인 유일 인격신 종교라 여겨지는 그리스도교 내에서도 우리는 범재신론적인 성향이 농후한 마이스터 에크하르트Meister Eckhart(1260~1327년경)[3]나 토마스 뮌처Thomas Munczer(1488년경~1525)[4] 같은 사례를 찾아낼 수 있기 때문이다. 아울러 틸리히 같은 신학자는 종교개혁가 깔뱅의 섭리론을 통해 비춰지고 있는 신관마저 범재신론에 가깝다는 진단을 내리고 있다.[5] 게다가 그리스도교보다 더 엄격한 유일신 사상을 내세우며 인간과는 질적으로 다른 절대적 타자로서 알라를 숭앙하는 이슬람교 내에서도 신과의 합일을 최고의 가치로 내세우는 수피 전통[6]이 등장하고 있다는 사실 또한 지적하지 않을 수 없다. 비단 인격적인 유일신교 전통 에서뿐만 아니라, 비인격적이고 자율적인 성격이 농후하다

---

3 길희성, 『마이스터 엑카르트의 영성사상』, 왜관: 분도출판사, 2003, 31쪽.
4 Klaus Ebert, *Thomas Müntzer: Von Eigensinn und Widerspruch* (Frankfur a. M.: Athenäum, 1987) 한국어 역본은 다음과 같다. 오희천(역), 『토마스 뮌처: 독일 농민 혁명가의 삶과 사상』, 서울: 한국신학연구소, 1994, 59~65쪽.
5 Paul Tillich/송기득 역, 『그리스도교 사상사』, 서울: 한국신학연구소, 1983, 333쪽.
6 수피(sufi)라는 단어는 '양털'을 의미한다. 금욕주의적 수련생활을 하는 털로 만든 조야한 옷을 입은 이들을 일컫는 말이다. 이들은 초기에는 동방정교회의 금욕주의적 영향을 받았으나 후에는 정통 이슬람의 틀 안에서 신비주의적 신앙수련에 정진하였다. 수피즘에 대해서는 다음 책을 참조하라. Toshihiko Izutsu, *Sufism and Taoism: A Comparative Study of Key Philosophical Concepts* (Berkeley: Univ. of Califonia Press, 1983)

고 평가되는 불교 전통 내에서도 타율적 신앙을 통한 구원을 주창하는 아미타 불교[7]가 파생했다는 사실은 앞서 제시된 신론 중심의 종교 구분이 얼마나 개별종교의 역사적 현실과 유리된 것인가를 새삼 일깨워 준다. 이런 점에서 신의 인격적 개념과 초인격적인 개념을 분리시키거나 서로 모순되는 것으로 보려고 하는 태도는 실제적인 종교 현상으로부터는 일탈한 것임을 지적한 종교학자 칼만John Carman교수의 입장[8]은 경청할 만한 것이다.

사실 다신-유일신, 인격-비인격 등으로 종교 전통들의 신관을 구분하는 것은 지리상의 발견 이후 서구인들이 다양한 비그리스도적인 종교들을 접한 후 그것들을 자신들이 이해하는 방식에 따라 구별 짓기 위해 만든 방편적인 틀일 뿐이다. 따라서 동학을 위시한 동아시아 종교들의 신관을 언급하면서 자꾸 기존 서구의 모델과 구분에 따라 설명하려고 하는 태도는 이제 지양해야 할 때가 되지 않았나 생각한다.

동학의 신관을 언급하면서 지금까지는 주로 서구의 유기체 철학, 즉 화이트헤드의 과정사상을 가지고 분석하며, 그 결과물로 동학의 신관은 '양극성적'이니 '범재신론적'이니 하는 설명을 애용해 왔다. 하지만 이런 유의 관점에 입각할 때 동학을 위시한 동아시아 종교에 대한 접근은 오히려 제한적이 될 수밖에 없다. 왜냐하면 동아시아에서는 나름대로 신적 존재, 혹은 절대적 진리로 접근하기 위한 방법과 문법을

---

7 Hans-Martin Barth, *Dogmatik: Evangekischer Glaube im Kontext der Weltreligionen*, Gütersloher, 2001, 390쪽.
8 John B. Carman, "Conceiving Hindu Bhakti as Theistic Mysticism" in *Mysticism and Religions Tradition*, ed. by Steven Katz, Oxford Univ. Press, 1983, 191~221쪽.

기왕에 지니고 있기 때문이다. 따라서 유신론적 인격신이라는 한계 영역을 극복하고자 서구의 학자들이 화이트헤드의 과정철학을 도입하는 것은 이해가 되지만, 이미 기존하는 고유한 사유 문법과 방식에 따라 절대적 가치를 논구하고 있는 동아시아인들의 신관 혹은 진리관을 굳이 이질적인 서구의 세계 이해를 도입하여 격의格義할 필요는 없다고 본다. 따라서 동학을 위시한 동아시아의 신관, 혹은 존재 이해를 살피기 위해서는 무엇보다도 차분히 동아시아에서 논구되던 문법을 추적해야 할 것이다.9

앞서도 언급했듯이 신에 대한 논의는 신 그 자체의 정체를 운운하는 것이라기보다는, 신앙의 대상에 대한 신앙인들의 '자기 이해'를 논하는 것이라 볼 수 있다. 그리고 그러한 신앙인들의 이해는 어쩔 수 없이 역사와 문화라는 환경을 떠나서 생각할 수는 없다. 이는 신에 대한 다양한 호칭에서도 고스란히 등장한다. 각각의 종교 전통은 그들이 생각하는 영역 내에서 최고신, 혹은 절대적 진리의 모습을 묘사하고 또 호칭했다. 우선 대표적인 유일신 종교를 인류에게 선사한 유대인들은 자신들의 신을 엘El이라는 히브리어로 불렀는데, 이 단어는 '강함', '힘'

---

9 동학 역시 동아시아의 종교이며, 수운 역시 이를 분명히 선포하고 있다(『동경대전』「논학문」: "吾亦生於東 受於東 道雖天道 學則東學"). 그리고 동아시아인들은 그들 나름대로 세계를 이해하기 위한 방식과 문법을 이미 지니고 있다. 따라서 자꾸 현대 신학이나 종교철학에서 제시하는 신론에 대한 구분 방법을 가지고 동아시아의 종교에서 언급되는 신이나 존재 자체를 분석하려는 자세는 이제 어느 정도 지양해야 할 것이다. 이에 대해서는 아래 졸고를 참조 바람. 이길용, 「기독교에서 바라 본 동학」, 성공회대신학연구소(편), 『대화를 넘어 서로 배움으로: 종교 간의 만남을 위하여』, 서울: 맑은 울림, 2004, 503쪽. 특별히 각주 76.

이라는 뜻과 연관이 있다. 아마도 고대 근동 지역의 주민들은 그들이 신앙하는 최고신을 '힘의 드러남' Kratophany과 관련지어 생각했던 것 같다. 이와는 달리 인도 게르만 어족에서는 신을 테오스theos, 데우스deus, 데바deva 등으로 불렀다. 이들 단어들의 의미는 '빛', '섬광', '번쩍임'을 가리킨다.[10] 아마도 인도 게르만어를 사용하던 고대인들은 환히 빛나는 모습 속에서 신의 모습을 찾고 있었나 보다. 그리스 로마 신화에서 최고신의 위치를 차지하고 있는 제우스가 번개의 신이라는 것도 자못 의미심장한 설정이라고 볼 수 있다.

이처럼 초월적 존재, 혹은 내재적 절대 원리로서의 신적 존재에 대한 설명은 인간이 구성한 문화권만큼이나 다양하다. 그래서 동학의 신관을 살펴보기 전에 우리는 먼저 동학이 속했던 문화권, 즉 한반도에 기존해 있을 것이라 여겨지는 신관, 혹은 하느님 신앙에 대해서 개략적이나마 살펴보는 일은 피할 수 없는 작업이라 할 수 있겠다.

2. 한국인의 전통적인 신관

한국인의 신관에 대한 논의는 여전히 분분하다. 물론 사령신과 사직社稷신, 기타 무교와 민간신앙의 대상이 되는 다양한 하위 신들에 대한 설명은 어느 정도 정리가 되어 있고, 또 그 부분에 대해서는 이견의 여지가 크지 않다. 하지만 과연 '한국인에게 최고신이라는 개념이 있었

---

10 Hans-Martin Barth, *Dogmatik*, 226쪽.

고, 혹은 여전히 그러한 신관을 지니고 있는가? 라는 질문에는 학자들마다 의견이 다양하다. 이처럼 분분한 의견은 대략 두 갈래로 나눠진다. 우선 한국인에게는 정통적이고 오래된 지고신the high-god으로서의 하느님 개념이 존재한다고 보는 입장이 있다.[11] 그리고 이를 위해 적잖은 사료들이 증거로서 제시된다. 우선 이들은 〈단군신화〉와 『삼국지』의 「위지동이전魏志東夷傳」 등 고대의 사료 속에 나타나는 하늘신(天神) 신앙과 제천행사를 한국인의 오래된 하느님 신앙의 단서라 주장한다. 그리고 하늘에게 올리는 기우제와 다양한 제천의식들 그리고 삼국유사에 등장하는 인격적이고 주재적인 속성을 지닌 지고신에 대한 개념들이 모두 한국인이 소유한 오래된 지고신 개념의 흔적들이라 말한다.[12] 그리고 이와 같은 지고신적 천신 신앙, 혹은 하느님 신앙이 결국 서학과 동학이 한반도에 포교할 때 능동적으로 작동했다고 본다. 즉 최고신으로서의 상제 혹은 천주를 강조하는 이들 종교는 적잖은 민중들의 오래된 종교심을 자극했고, 그것이 실제적인 종교 생활 속에서도 어느 정도 유효한 결과를 가져왔다고 보는 것이다.

이와는 달리 여전히 한국인들의 종교적 심성 속에는 지고신적 개념이 미약하다고 지적하는 학자들도 있다. 그리고 그에 대한 강력한 증거

---

[11] 이런 입장에 있는 학자들로는 김승혜, 오지섭 박사와 이전 학자로는 최남선, 김경탁 등을 꼽을 수 있다. 김승혜, 「한국인의 하느님 개념: 개념 정의와 삼교 교섭의 관점에서」, 서강대 종교신학연구소(편), 『종교신학연구』No.8, 1995; 오지섭, 「창세신화를 통한 한국인의 하느님 신앙 이해」, 서강대 종교신학연구소(편), 『종교신학연구』No. 7, 1994.

[12] 이 외의 다양한 사료들에 대해서는 다음을 참조 바람. 김승혜, 앞의 「한국인의 하느님 개념: 개념 정의와 삼교 교섭의 관점에서」, 108~114쪽.

로는 만약 한국인들에게 오래도록 각인된 지고신 개념 혹은 신앙이 있었다면, 그것이 하나의 의례로서 토착화, 혹은 정착되었을 텐데 아쉽게도 그러한 지고신과 인간이 접촉을 유지할 수 있도록 보조하는 의례적 행위는 한국 전통에는 거의 전무하다는 사실을 지적한다. 따라서 이 입장에 선 학자들은 한국인들에게 지고신 개념이 있었다는 전제는 좀 과도한 주장이라고 본다.[13]

사실 양쪽의 주장은 여전히 팽팽하며 서로가 제시하는 사적 자료들 역시 나름대로의 전거와 호소력을 갖는다. 혹자는 이러한 혼란을 잠재우기 위해 분명한 한국인의 종교적 심성 속에 자리하고 있는 신 이해의 모습을 제시하고 싶어 하기도 할 것이다. 하지만 아쉽게도 그러한 작업을 하기에는 기존의 사료나 자료들이 너무 제한적이다. 극히 부족한 자료들을 가지고, 특수한 사건도 아닌 보편적인 한국인의 종교적 심성 속에 내재했다, 혹은 한다고 여겨지는 지고신 개념의 유무를 밝혀내는 것은 여간 곤란하고 당혹스러운 일이 아닐 수 없다. 따라서 어느 정도 이 작업은 추론적 성격을 지니며, 아울러 작업가설적일 수밖에 없다.

하지만 우리는 이 부분에 대한 수운의 입장에서 한 가지 단초를 발견해 낼 수 있기는 하다. 수운은 그가 남긴 경전에서 신에 대한 호칭으로 '상제', '천주', '하늘님'[14] 등과 같은 용어를 사용하였다. 동학의 경전

---

13 최준식, 「한국인의 신관: 기독교 신관과의 비교를 중심으로」, 서강대 종교신학연구소(편), 『종교신학연구』No.8, 1995, 134~135쪽.
14 초기 동학의 경전에는 천주가 'ᄒᆞ늘님'으로 표기되고 있다. 이는 현대어 '하늘님'에 대한 옛 표현이라고 볼 수 있다. 물론 최근에는 하늘님보다는 하느님을 더 많이 사용하고, 동학을 이은 천도교에서는 공식적으로 '한울님'이라는 명칭을 사용하고 있기는 하지만, 이 논문에서는 초기 동학의 표기법을 살리기 위

에는 이와 같은 호칭들이 수십 차례 언급되고 있긴 하지만, 당혹스럽게도 수운은 한 번도 이 용어들이 지칭하는 존재의 정체에 대하여서는 규명적인 언설을 남기고 있지 않다. 심지어 그가 새로운 가르침, 즉 동학의 근간으로 제시한 21자 주문에 대한 설명에도 주主에 대한 설명은 있지만, 천에 대한 설명은 생략되어 있다.[15] 이러한 수운의 태도가 의미하는 바는 무엇이겠는가? 개신교 신학자인 김경재는 이것을 수운의 '의도적인 누락'이라고 풀이한다. 수운이 그렇게 한 이유는 '천주라는 존재를 개념화하거나 정의할 수 없는 생존 그 자체'로 보았기 때문이라는 것이다.[16] 하지만 이런 유의 해석은 서구의 종교철학적 도식으로 동학을 주석한 전형적인 방식이라 할 수 있다. 김 교수는 이를 통하여 동학의 신관은 전통적인 그리스도교의 유신론과도 다른 화이트헤드의 과정철학에서 이야기하는 양극성적인 신관을 지니고 있고, 그러한 신관 속에 초월적이고 내재적인 속성 모두가 등장하는 매우 진일보된 신관을 가지고 있다는 결론을 도출하고 싶어 한다. 그리고 그 모든 과정을 수운은 직시하고 있었고, 때문에 의도적으로 천에 대한 설명을 배제했다고 읽을 수 있다는 것이다.

하지만 필자는 그것은 수운의 의도적인 누락이라기보다는 '무의식적 누락'이라고 보는 것이 더 적절하다고 생각 한다. 아니 의도적이든

해 '하늘님'이라는 용어를 사용하도록 하겠다. 아울러 이후 인용하는 천도교 경전의 '한울님' 부분도 '하늘님'으로 고쳐 사용할 것이다.
15 『동경대전』「논학문」, "侍者內有神靈 外有氣化 一世之人 各知不移者也 主者稱其尊而與父母 同事者也."
16 김경재, 『한국문화신학』, 서울: 한국신학연구소, 1983, 229쪽.

무의식적이든 애초에 수운은 천에 대해서는 따로 설명할 필요조차 못 느꼈을 수도 있다. 그만큼 수운에게 천이라는 존재는 익숙했고 또 물음이 필요없는 존재였다는 설명이 가능하다. 바로 이 점에서 우리는 자연스레 수운의 신관에 대해서 언급할 수 있는 기회를 얻게 된다. 이후로는 주로 동학의 3대 지도자인 수운-해월-의암의 신관을 따라가며 살피도록 하겠다. 그리고 가급적 서구적 시각이 아닌 초기 동학 지도자들의 시선을 따라 그들의 이해 속에 드러나는 신관의 모습을 추적해 보도록 하겠다.

3. 동학의 신관

1) 수운의 신관: 시천주

수운의 신관은 1860년에 있었던 종교체험에 큰 영향을 받고 있다. 강렬했던 수운의 종교체험은 인생의 전환점을 이루었을 뿐만 아니라, 세계를 이해하는 그의 해석학적 관점이 바뀌게 할 정도였다. 따라서 그의 사상적 전환점이 되었던 1860년의 득도 체험을 기준으로 전과 후, 과연 수운의 사상이 어떤 점이 변천되었는가를 꼼꼼히 따져볼 필요가 있다. 그러기에 앞서 염두에 두어야 할 몇 가지 전제들이 있는데, 그것은 바로 수운이 처했던 '삶의 자리' Sitz im Leben 에 대한 이해이다.

우선 신분상으로 수운은 양반의 후예였지만, 재가녀再嫁女의 자손[17]이었다. 수운의 부친인 최옥(1762~1840)은 이름 있는 유학자로서 그 지역에서는 다수의 제자들을 두었고,[18] 이러한 부친의 배려 하에 수운 역시

어릴 적부터 체계적인 유교 학습을 받을 수 있었다.[19] 이 점은 수운과 당시 지배 이념이었던 성리학과의 연관성을 이해하는 데 중요한 열쇠가 된다. 둘째, 그 당시 대다수 민중들과 마찬가지로 수운 역시 정부의 실정으로 인한 직접적인 피해자들 중 하나였다. 즉 수운은 생계를 위해 전국을 유랑하는 많은 유민流民들 중의 한사람이었다. 그의 전국 유랑은 득도를 위한 구도의 길이었다고 보기보다는 생존을 위한 뼈저린 고행 길이라고 보는 것이 더 타당할 것이다.[20] 이와 같은 유민 생활을 통하여 수운은 당시 한반도에 유행하던 다양한 사상들과 외세에 대한 소문들, 그리고 서학의 전파 과정 등을 직접 확인할 수 있는 좋은 기회를 얻었을 것이다. 아울러 이런 실존적인 정황은 수운으로 하여금 민중적

---

17 최옥은 이미 두 차례 혼인하였으나 모두 상처하였고, 그 밑으로는 후손이 없었다. 그러다 세 번째 부인을 맞이했는데 바로 수운의 생모인 한씨였다. 당시 과부였던 한씨는 최옥에게 재가하여 수운을 낳았다. 그러므로 수운은 재가한 과부에게서 태어나 신분적으로는 첩의 자손인 서자보다도 더 열등하였다. 표영삼,「수운대신사의 생애」, 한국사상연구회 (편),『한국사상』No. 20, 1985, 96쪽.
18 "父 최옥은 號를 近菴이라 稱하는데 더욱 道學이 높아 慶尙 一帶 士林의 師表가 되엿엇다.", 이돈화,『천도교 창건사』, 서울: 경인문화사, 1970, 1쪽.
19 『용담유사』의「몽중노소문답가」를 읽어 보면 수운은 자신의 학습 과정을 다음과 같이 회상하고 있다: "그러구러 지내나니 오류세 되었더라, 팔세에 入學해서 許多한 萬卷詩書, 無不通知 하여내니 生而知之 彷彿하다." 이상 수운의 일생에 대한 자세한 사항은 표영삼의 앞의 논문,「수운대신사의 생애」를 참조 바람.
20 수운의 나이 17세 때 부친이 돌아가시자 수운의 가세는 더욱 기울게 되었다. 거기에다 큰 화재까지 당하게 되어 급기야 수운은 고향을 버리고 전국을 방랑하게 된다. 이 화재에 대한 이야기는『동경대전』「수덕문」에 다음과 같이 기록되어 있다. "先考平生之事業 無痕於火中 子孫不肖之餘恨 落心於世間" 그리고 수운은 유민 생활 중에서는 돈을 벌기 위해 장사를 비롯하여 의술, 복술 따위의 잡술에도 손을 댔다고 한다. 류병덕(편),『동학·천도교』, 서울: 시인사, 1987, 171쪽.

인 의식을 갖게 만드는 주요한 외부적 요인도 되었을 것이다. 이는 그의 글 속에서 등장하는 현실 부정적인 역사관[21]을 통해서도 쉽게 알 수 있다. 세 번째로 지적해야 할 것은 동학이 창도되고 전파되었던 곳이 수운 자신의 고향이기도 한 경상도 경주라는 사실이다. 이는 당시 이 지역이 '추로지향'[22]이라고 불릴 정도로 성리학적 전통이 드세었던 곳임을 생각할 때 그 의미하는 바가 작지 않다. 황선명은 이렇게 주자학 전통이 강한 영남 지방에 동학이 최초로 출현할 수 있었던 까닭을 전통적인 유교 문화를 보호하기 위한 엄호 반응의 하나로 해석한다.[23] 즉 서학으로 대표되는 서양 세력들이 한반도 전역에 걸쳐 영향력을 얻어가는 것에 위기의식을 느낀 수운이 이에 대한 방어 체계로서 동학을 세웠다는 것이다. 이와 같은 황선명의 주장은 동학을 유교와 전혀 이질적인 종교운동이 아니라 오히려 서학에 대항하기 위한 '개량화된 유교'로도 해석할 수 있는 여지를 제공해 준다. 그리고 이는 『동경대전』과 『용담유사』의 여러 곳에서 수운이 보여주는 소중화, 척화, 척사 등으로 이해할 수 있는 여러 문장들[24]을 고려할 때 한 번쯤 세밀히 검토해야

---

21 "십이제국 괴질운수 다시 개벽 아닐런가 / 태평성세 다시 정해 국태민안 할 것이니 / 개탄지심 두지 말고 차차차차 지냈어라"(『용담유사』「몽중노소문답가」); "儒道 佛道 累千年에 運이 역시 다했던가"(『용담유사』「교훈가」).
22 공자와 맹자의 고향이 각각 노나라와 추나라이다. 따라서 추로지향(鄒魯之鄕)이라 함은 공자와 맹자의 고향이라는 의미로, 그만큼 유교의 뿌리에 대한 자긍심이 강한 표현이라고 볼 수 있다.
23 황선명, 『조선조 종교사회사 연구』, 서울: 일지사, 1985, 349쪽.
24 "天惡한 그 人物이 할 말이 바이 없어/西學이라 이름하고 온 동네 외는 말이", "개같은 倭賊놈아 너희 身命 돌보아라", "개같은 倭賊놈이 前世 壬辰 왔다가서", "개같은 倭賊놈을 하늘님께 造化받아 / 一夜에 滅하고서" (이상 『용담유사』「안

할 문제라고 생각한다.

이처럼 수운의 삶의 자리를 고려하면 그의 세계 이해에는 유교라는 사유체계가 적지 않은 선 이해로 작용하고 있음을 알 수 있다. 그리고 수운은 유교의 개념과 경전들에 대한 폭넓은 이해를 여러 글 속에서 피력하고 있기도 하다.

> "대학에 이른 도는 명명기덕 하여내어 지어지선 아닐런가
> 중용에 이른 말은 천명지위성이요 솔성지위도요
> 수도지 위교라 하여 성경이자 밝혀 두고
> 아동방 현인달사 도덕군자 이름하나
> 무지한 세상 사람 아는 바 천지라도
> 경외지심 없었으니 아는 것이 무엇이며…"[25]

> "다섯 황제 이후 싱인이 나시어 일월성신과 천지도수를 글로 적어내어 천도의 떳떳함을 정하여 일동일정과 일성일패를 천명에 부쳤으니, 이는 천명을 공경하고 천리를 따르는 것이니라. 그러므로 사람은 군자가 되고 학은 도덕을 이루었으니, 도는 천도요 덕은 천덕이라. 그 도를 밝히고 그 덕을 닦음으로 군자가 되어 지극한 성인에까지 이르렀으니 어찌 부러워 감탄하지 않으리오."[26]

심가」)
[25] 『용담유사』「도덕가」
[26] 『동경대전』「포덕문」, "自五帝之後 聖人以生 日月星辰 天地度數 成出文卷而以定 天道之常然 一動一靜 一盛一敗 付之於天命 是 敬天命而順天理者也 故 人成君子

위의 인용문에서도 이미 수운은 유교의 주요한 경전이 되는 사서와 또 유교의 역사적 사실들에 대해서도 상당한 정도의 지식과 정보를 소유하고 있음을 알 수 있다. 계속해서 수운의 이야기를 들어보자.

> "천지역시 귀신이오 귀신역시 음양인 줄
> 이같이 몰랐으니 경전 살펴 무엇하며
> 도와 덕을 몰랐으니 현인군자 어찌 알리."[27]

이 노래 속에서 수운은 귀신이라는 용어를 신유학적 세계관 속에서 이해하고 있음을 알 수 있다. 신유학적 세계관 속에서 귀신이란 우리가 흔히 알고 있는 '원귀'라는 개념이라기보다는 존재론적 논의 속에서 설명되는 모든 만물을 의미한다. 즉 귀신은 음양론의 연장 속에서 세계를 파악하는 하나의 방식으로 보아야 하는 것이다. 이러한 그의 귀신 이해는 주자의 그것과 큰 차이가 없다.[28] 수운과 주자 모두 귀신이라는 것을 초자연적인 영적 존재로 해석하고 있는 것이 아니라, 음양 사이의

學成道德 道則天道 德則天德 明其道而修其德 故 乃成君子 至於至聖 豈不欽歎哉."
27 『용담유사』「도덕가」
28 "귀신이라는 것은 음과 양의 흩어지고 모이는 것에 불과하다. 양육시키고 화육하는 것, 비바람과 어두움, 이 모든 것이 인간에게도 있다. 정은 백이고 백이라는 것은 귀 성한 것이요, 기는 혼이라 한다. 이 혼이라고 하는 것은 신이 성한 것이다. 정기가 모이어 사물이 되니 어떤 사물이 귀신 아닌 것이 있겠는가?" 『朱子語類』, 第三卷, "鬼神不過陰陽消長而已, 享毒化育, 風雨晦冥皆是在人, 則精是魄, 魄者鬼之盛也, 氣是魂, 魂者神之盛也, 精氣聚而爲物, 何物而無鬼神"

'창조적 작용'으로 이해하고 있음을 알 수 있다. 이처럼 수운은 신유학적 세계 이해에 기초하여 세계를 조망하고 있다.[29]

하지만 그렇다고 수운이 신유학 지식인으로만 머문 것은 아니다. 그리고 수운이 전한 동학의 가르침을 유교의 그것과 동일시할 수도 없다. 수운은 지속적으로 유교와 불교의 한계를 지적하고 있고, 또한 자신의 새로운 가르침과 유교의 그것이 같지 않음을 선포하고 있다.

"유도 불도 누천년에 운이 역시 다 했던가"[30]

"인의예지는 옛 성인의 가르침이요, '마음을 지키고 그 기운을 바르게 하는 법'은 오직 내가 새로이 정한 것이다."[31]

위 인용문을 참조한다면, 수운의 동학과 기존 유교의 차이는 다른 곳에 있는 것이 아니라 바로 '도를 깨우치는 방법'에 있다고 할 수 있다. 수운은 이것을 '수심정기'라 요약한다. 그렇다면 수심정기는 무엇인가? 그것은 일종의 '수양론'이다. 즉 깨달음을 얻기 위해 사람들은 수련을 해야 하는데, 바로 그 수련을 이끌어주는 방법론이 '수심정기'인 것이다. 따라서 수운의 수심정기는 기존 유교의 수양론이었던, '거경궁리居敬窮理'에 비견할 수 있는 그만의 독특한 수양법이라 할 수 있을 것이다. 그리고 그가 이런 수양법을 제시하게 된 것은 1860년의 강렬했

---

29 그 외에도 수운은 자신이 남긴 여러 글 속에서 삼강오륜과 충효 등 유교적 가치관이 배어 있는 용어들을 반복해서 사용하고 있다.
30 『용담유사』, 「교훈가」.
31 『동경대전』, 「수덕문」, "仁義禮智, 先聖之所敎, 守心正氣, 惟我之更定"

던 그의 득도 체험에 기인한다.

"뜻밖에도 그 해 사월에 마음이 떨리고 몸이 전율하여 어떤 병인지 증세를 알 수 없고 말로 표현하기 어려울 즈음에, 신선의 말씀과 같은 알 수 없는 소리가 문득 귀에 들려왔다. 깜짝 놀라 일어나서 캐어물으니, 곧 말씀하시기를 '두려워 말라, 겁내지 말라! 세상 사람들이 나를 상제라 하는데 너는 상제를 알지 못하느냐? 내가 묻기를 '무슨 까닭이십니까?' 하였다. 그러자 대답하기를 '내가 역시 아무런 공이 없는 까닭에 너를 세상에 태어나게 하여 사람들에게 이 법을 가르치게 하려하니 의심하지 말라!' 나는 다시 '그러면 서양의 도로써 사람들을 가르칩니까? 하고 물었다. 그러자 상제께서는 '그렇지 않다. 나에게 신령한 부적이 있으니 그 이름은 선약이요, 그 모양은 태극이다. 그리고 또 다른 형상은 궁궁이니 나의 이 영부를 받아 사람들의 병을 고쳐주고, 나의 주문을 받아 사람들을 가르쳐 나를 위하게 하면, 너는 곧 오래도록 살겠고, 온 세상에 덕을 펼칠 것이다.' 라고 말씀하셨다."[32]

위 수운의 보고에 따르면, 득도 체험 당시 그는 인격적인 존재로 판단할 수 있는 상제를 만난 것으로 이해할 수 있다. 왜냐하면 수운은 자

---

[32] 『동경대전』 「포덕문」, "不意四月, 心寒心戰, 疾不得執症, 言不得難狀之際, 有何仙語忽入耳中, 驚起探問, 則曰勿懼勿恐, 世人謂我上帝, 汝不知上帝耶, 問其所然, 曰余亦無功故, 生汝世間, 敎人此法, 勿疑勿疑, 曰然則西道以敎人乎, 曰不然, 吾有靈符, 其名僊藥, 其形太極, 又形弓弓, 受我此符, 濟人疾病, 受我呪文, 敎人爲我, 則汝亦長生, 布德天下矣"

신의 종교적 깨달음의 과정을 대화체로 풀고 있기 때문이다. 하지만 다른 글에서 수운은 유교적 세계관에 따라 세계를 설명한다. 즉 하늘, 땅, 그리고 만물은 음양의 창조적 작용의 결과로 생겨난 것으로 보고 있는 것이다.33 이런 점에서 수운의 신관은 초월과 내재를 동시에 포함하는 범재신론적 성격이 농후하다고 볼 수 있다. 그리고 지금까지 많은 연구가들이 동학의 신관을 이처럼 범재신론적으로 분석하고 있다.34

하지만 과연 그러한가? 여기에 필자는 다음과 같은 질문을 제기하고자 한다. 그렇게 수운의 신관을 '범재신론이다, 양극성적인 신관이다' 라고 규정하는 것은, 동아시아 전통에 대한 기본적인 이해와 배려 없이 서구적 잣대로만 동학의 사유체계를 헤아리고자 하는 일방적인 분석일 수도 있다는 것이다. 우리는 무엇보다도 수운이 남긴 글 어디에도 동학의 신앙 대상이라 할 수 있는 천주에 대한 진지한 물음이 없다는 사실의 의미를 잊지 말아야 한다. 수운에게 있어서 천주는 그 정체에 대한 물음이 필요 없는 당연한 존재였시, 새롭게 무언가를 물어서 그 속성을 파악하고 분석해야 할 낯선 대상은 아니었던 것이다. 따라서 수

---

33 『동경대전』 「논학문」, "故定三才之理, 出五行之數, 五行者何也, 天爲五行之綱, 地爲五行之質, 人爲五行之氣, 天地人三才之數, 於斯可見矣."
34 김경재, 김상일, 김지하 등 많은 동학 연구가들이 이와 같은 입장에 서 있다고 볼 수 있다. 따라서 그들은 동학을 이해하는 도구로서 서구의 유기체 철학인 화이트헤드(A. N. Whithehead)의 과정철학을 주로 사용한다. 다음 책들을 참조하라. 김경재, 『한국문화신학』, 서울: 한국신학연구소, 1983; 김경재, 『해석학과 종교신학』, 서울: 한국신학연구소, 1994; 김경재, 『이름없는 하느님』, 서울: 삼인, 2002; 김경재·김상일(편), 『과정철학과 과정신학』, 서울: 전망사, 1988; 김상일, 『한밝문명론』, 서울: 지식산업사, 1988; 김상일, 『동학과 신서학』, 서울: 지식과 산업사, 2000; 김상일, 『수운과 화이트헤드』, 서울: 지식과 산업사, 2001.

운은 이미 당시 한반도에 편재해 있던 천주관, 혹은 신관을 그대로 수용했다고 볼 수 있으며, 이는 그 신관의 내용이 무엇인가에 대해서 크게 고민하지 않았던 수운의 태도를 통해서 충분히 유추해 볼 수 있다.

수운의 관심이 집중되었던 것은 '그 신이 누구인가'가 아니라, **'어떻게 그 신을 내가 지금 여기에서 경험할 수 있는가'**(侍天主)였던 것이다. 따라서 그는 천주의 정체성보다는 '시천주의 방법과 그것의 의미'를 알리는 데 더 주력하였다. 이는 동학 수련 시 가장 중요한 21자 주문[35]에서도 잘 드러난다. 21자 본 주문의 시작은 '시천주'이다. 시천주라는 뜻은 '천주를 섬기라', 혹은 '네 안에 천주를 모시라'는 의미로 풀 수 있다. 수운은 이 '시'의 의미를 '내유신령, 외유기화'로 풀고 있다. 잠시 수운의 풀이를 살펴보도록 하자.

"시라는 것은 안에 신령이 있고 밖에 기화가 있어 온 세상 사람이 각각 알아서 옮기지 않는 것이요."[36]

지금까지 많은 연구가들은 이 '시'의 의미를 존재론적으로 풀어왔다. 그래서 안에 신령이 있다는 것을 '내재적 신'을 지칭하는 것으로, 그리고 외부에 있는 기의 조화란 '초월적 신'을 의미하는 것으로 풀었다. 이렇게 해서 인격적 유일신을 강조하는 그리스도교와는 달리 초월과 내재를 동시에 신앙하는 독특한 양극성적인 신관을 동학은 가지고

---

35 주문의 전체 문구는 다음과 같다. "至氣今至願爲大降, 侍天主 造化定 永世不忘 萬事知"
36 『동경대전』「논학문」, "侍者 內有神靈 外有氣化 一世之人 各知不移者也"

있다고 설명되곤 하였다. 물론 존재론적으로 동학의 신관을 보았을 때에는 범재신론적 설명이 가장 적당하며 또 적절하게 적용된다고 볼 수 있다. 하지만 수운의 시천주는 존재론적이 아니라, 수양론적으로 그 의미를 풀 때 좀 더 생동감 있고 분명한 해석을 얻을 수 있게 된다. 그렇게 수양론적 시각에서 수운의 설명을 풀어본다면, 내유신령이라 함은 내재적 신을 지칭하는 것이라기보다는 깨달음을 보존하는 상태의 내적 표현이라 볼 수 있다. 수운의 깨달음은 이성적 깨달음이 아니라, **'체험적인 깨달음'**이다. 따라서 안에 신령한 기운이 있다는 것은 그러한 종교적 깨달음, 혹은 절대적 진리인 천주를 체험하는 내적 상태를 표현한 것이라 볼 수 있다. 깨달음이 임할 때 경험자 내부에는 신령스러운 기운을 감지하게 된다. 바로 그러한 상태의 현상을 수운은 내유신령이라 풀이한 것이다. 그리고 외유기화라 함은 그러한 깨달음으로 인해 변화된 주변 환경에 대한 경험자의 인식에 대한 표현이라고 볼 수 있다. 다시 말해 수운이 설명하고 있는 '시'란 '종교적 경험', '진리 체험', 혹은 '신체험' 상태를 지칭하는 표현이라고 볼 수 있다.

이런 도식 속에서 수운의 시천주를 살펴본다면, 당연히 그것은 수양론적 용어이지 존재론적인 것이라고는 보기 힘들다. 이는 곧 이어 등장하는 주문에 대한 수운의 설명에서 신앙의 대상이라고 여겨지는 '천'이 빠져 있음을 통해서도 알 수 있다.[37] 천은 물음의 대상이 아니라, '경험의 대상'이다. 중요한 것은 천의 정체를 아는 것이 아니라, 그것이 내 몸에 있음을 경험하고 증득적으로 깨닫는 것이다. 따라서 수운의

---

37 수운은 시에 대한 설명을 마친 후 곧바로 천을 생략하고 주에 대한 설명으로 이어간다. "主者, 稱其尊而與父母同事者也"

신관을 '인격적이다, 비인격적이다', 혹은 '초월이다 내재적이다' 라고 진단하는 것은 올바른 평가라고 보기 곤란하다. 수운에게 있어서 중요했던 것은 그 신의 정체가 아니라, 그 신을 '체험' 하고, '유지' 하고, 영구히 '보존' 하는 것이다. 이런 점에서 수운은 막연하게나마 당시 일반적으로 보통 한국인들이 소유하고 있었던 하느님 신앙을 그대로 따르고 있었던 것으로 추론해 볼 수 있다.

2) 해월의 신관: 양천주

1860년의 종교체험이 수운의 사상 형성에 지대한 영향을 주고 있는 반면, 해월의 경우 종교체험에 대한 강조가 상대적으로 덜하다. 『해월선생문집』에는 그에 알맞은 좋은 일화가 있다. 여기서 잠시 그 내용을 소개하면 다음과 같다. 해월이 동학의 일원이 된 이후 그는 계속적으로 '하늘님의 소리' (天語)를 듣기 위한 수련에 정진한다. 다른 제자들은 저마다 천어를 들었다고 자랑하지만, 해월에게는 그것이 쉽게 들리지 않았다. 결국 해월은 더욱더 수련에 매진했고, 천어를 듣기 위해서라면 심지어 얼음물 속이라도 마다하지 않는 정성을 쏟았다. 대략 2개월 가까이 최선을 다해 노력했지만 해월은 어떠한 천어도 들을 수 없었다. 그러던 어느 날 불현듯 하늘로부터 한 소리가 들리는데, 그 내용은 다음과 같았다. "갑작스레 찬물에 들어가면 몸에 해롭다!" 당시 해월은 그 소리를 천어로 여겼고, 후에 이 일화를 수운에게 전하자 스승이 이를 듣고 그를 칭찬했다고 한다.[38]

그저 지나칠 수 있는 일화이지만, 이 이야기야말로 수운과 해월의 종교 사상이 가지는 차이를 분명히 보여준다고 할 수 있다. 그것은 바로

'종교체험에 대한 이해의 차이'이다. 1860년 수운의 체험은 비일상적인 것이었다. 그러나 해월의 경우는 체험이 있긴 했지만, 수운만큼 극적이지도, 신비하지도, 그리고 비일상적인 것도 아니었다. 해월이 들었다고 하는 천어는 '찬물에 들어가면 몸에 해롭다' 라는 일상적이고 상식적인 이야기에 불과하다. 하지만 이러한 일상적 경험을 해월은 스승 수운에게 하늘의 소리였다고 이야기한다. 해월은 이 경험을 어떻게 해석하였기에 그것을 천어로 이해하고 있는가? 이에 대한 표영삼의 설명은 다음과 같다.

> "이 천어의 체험을 통해서 해월신사는 참 가르침은 내 안에서 내려지는 것, 즉 내 자신의 결단을 내리는 결과라고 생각하게 되었다. 따라서 참된 가르침은 밖에서 구할 것이 아니라 나 자신의 결단에서 구해야 한다는 것이다. '나는 어떻게 살아야 할 것인가' 라는 물음에 대한 해답은 남이 주는 것도 아니요 밖에서 구할 수 있는 것도 아니다. 오로지 자신이 성·경·신을 다해 결단해야 한다는 뜻이다."39

표영삼은 해월에게 있어서 보다 중요한 의미를 지니는 것은 신비체험 그 자체가 아니라 그 체험이 주는 '진리의 내용' 이라고 보았다. 그리고 그 진리의 내용은 '하늘의 소리' 와 '나의 소리' 는 '하나' 이지 둘이 아니라는 것이다. 이렇게 해월은 수운의 진리 체험을 재해석하고 있다. 그리고 이것은 체험 위주의 수련에만 전념하는 동료들에 대한 해월의

---

38 『해월선생문집』, 1906, 『신인간』, 470~471호, 1989.
39 표영삼, 「해월신사와 금등골」, 『신인간』, 483호. 26쪽.

비판이었다고도 볼 수 있다. 그리고 천어에 대한 해월의 고백은 수련함에 있어서 무엇보다도 중요한 것은 체험 그 자체가 아니라, 그 체험이 가져오는 '깨달음'이라는 것을 강조한 것이라고도 볼 수 있다. 이런 점에서 해월은 수운의 시천주에 대하여 세속적인 이해를 하고 있다 할 수 있을 것이다. 그리고 이런 시천주에 대한 재해석 과정을 통해 해월은 수운을 넘어 자신만의 독특한 사상을 형성하고 있다. 해월은 그의 가르침을 설교할 때 가장 일상적인 것들을 예로 들며 시천주에 대한 그의 세속적 이해를 보여준다. 여기에 시(侍)에 대한 해월의 설명을 인용한다.

"하늘과 땅 사이에 모든 만물이 (하늘님을) 모시지(侍) 않은 것이 없습니다. 그러므로 우리 교인들은 생물을 죽이거나 인명을 다치게 하는, 그같이 생명을 죽이는 일은 절대 하지 말아야 합니다."[40]

이 문장에서도 해월은 모심(侍)을 신비한 체험의 상태로만 파악하지 않는다. 그보다는 오히려 (인간을 포함한) 모든 존재자 그 자체가 하늘님을 모시고 있다고 보고 있다. 즉 모든 만물이 하늘로 부터 나온 것이며, 그러기에 모든 존재자에는 하늘이 '담겨져 있다'(侍)라는 의미는 만물의 생성과 더불어 내재되는 생명을 하늘로 본 것이라 할 수 있다. 따라서 해월에게 딱히 하늘과 인간은 구별의 대상이 아니다. 모든 존재자가 하늘이기에, 따라서 인간은 서로를 하늘님처럼 섬겨야 한다(事人如天). 이렇게 해월에게서 '모심'은 '생명 그 자체'로 그 의미의 외연이 확대되

---

[40] 『理氣大全』, "天地間萬物, 莫非侍也, 是故, 道家 殺一生物, 損一人命, 切勿殺生"

고 있다. 수운의 모심이 모든 존재의 근거가 되는 지기至氣의 조화造化를 체험적으로 깨닫는다는 의미였다면, 해월의 경우는 '만물이 하늘님을 모시고 있는 존재인 줄 깨닫고, 그것들을 하늘님으로 알고 모실(事人如天) 때 비로소 모심(侍)이 완성 된다'는 의미로 해석될 수가 있다. 해월은 이 부분을 좀 더 발전시켜 '양천주養天主' 사상으로 나아간다.

"하늘이 내 마음 속에 있음이 마치 種子의 생명이 종자 속에 있음과 같으니, 종자를 땅에 심어 그 생명을 길러내는 것과 같이 사람의 마음은 도에 의하여 하늘을 기르게 되는 것이라."[41]

양천주 사상에 이르게 되면 해월의 신관은 수운의 그것과는 사뭇 다른 양상을 보이는 것처럼 읽혀진다. 즉 수운의 시천주에서 언급되는 하늘님은 인간과는 유리되는 대상적 존재인 것처럼 보이는데, 해월의 양천주는 인간 안에 이미 신적 자질이 내재되어 있는 것으로 해석되기 때문이다. 그리고 이와 같은 신적 자질은 인간만이 지닌 것이 아니라 모든 만물에게로 까지 확대된다. 즉 해월에게는 나무 하나 풀포기 하나라도 모두 '하늘을 모시고 있는 존재'(侍天主者)가 되는 셈이다. 이렇게 만물 속에서 '신적 본질'을 발견하는 해월의 시각은 다음과 같은 설법에서 다시 찾아낼 수 있다.

"내 항상 말할 때에 물물천이오 사사천이라 하였나니, 만약 이 이치를 시인한다면 물물이 다 이천식천 아님이 없을지니, 이천식천은 어찌 생각하

---

[41] 『해월신사법설』「양천주」.

면 이에 상합치 않음과 같으나, 그러나 이것은 인심의 편견으로 보는 말이오, 만일 하늘 전체로 본다하면 하늘 전체를 키우기 위하여 동질이 된 자는 상호부조로써 서로 기화를 이루게 하고, 이질이 된 자는 이천식천으로써 서로 기화를 통하게 하는 것이니, 그러므로 하늘은 일면에서 동질적 기화로 종속을 양케 하고, 일면에서 이질적 기화로써 종속과 종속의 연대적 성장 발전을 도모하는 것이니, 총히 말하면 이천식천은 곧 하늘의 기화작용으로 볼 수 있는데, 대신사께서 시자를 해의할 때에 내유신령이라 함은 하늘을 이름이오, 외유기화라 함은 이천식천을 말한 것이니 지묘한 천지의 묘법이 도무지 기화에 있나니라."[42]

모든 사물에 하늘이 스며 있으니 먹음의 행위는 곧 하늘이 하늘을 먹는 행위로 인식될 수 있는 것이다. 그리고 만물이 하늘을 담고 있는 존재들이니 새의 울음소리도 곧 하늘의 소리가 되는 것이고, 세상의 모든 일이 하늘과 연관되지 않은 것이 있을 수 없게 된다. 이런 해월의 독특한 '시천주자' 사상은 곧 '경천-경인-경물'로 이어지는 '삼경사상'으로 발전하여 동학의 역동적인 실천 윤리로 자리를 잡아간다.

그렇다면 우리는 수운의 시천주 신관으로부터 변모된 해월의 양천주 신관을 인정해야 하는 것인가? 여기서 해월이 남긴 설법들을 면밀히 검토해 보면, 그의 언설은 주로 하늘을 '모시는(侍) 것'에 대한 설명이지 그의 스승이었던 수운과 마찬가지로 천에 대한 설명은 대략 생략되거나 누락되고 있다는 것을 발견하게 된다. 스승이었던 수운과 크게 다

---

42 『해월신사법설』「이천식천」.

르지 않게 해월의 관심 역시 천 자체에 있는 것이 아니라, 그 천을 모시고 있는 현상을 구체적으로 어떻게 '이해'하고 '유지'할 것인가에 집중되어 있다. 즉 해월은 '하늘이 무엇인가', 혹은 '하늘은 어떤 존재인가'를 묻고 있는 것이 아니라. 그 '하늘을 우리가 품고 있다는 것은 무슨 의미가 있는가'를 묻고 있는 것이며, 이 점에서 해월은 그의 스승 수운과 같은 선상에 있다고 볼 수 있다. 따라서 수운과 해월의 신관이 변천했다, 혹은 심화·체계화되었다기보다는, 그 천을 유지하는 수양론에서의 다른 방법, 혹은 자신만의 방법을 이야기하고 있는 것이라고 푸는 것이 더 타당할 것이다.

수운의 경우는 하늘을 증득하는 체험적 요소가 강조된다. 즉 수운은 이성적 인식을 통하여 간접적으로 행해지는 신 존재에 대한 증명이 아니라, 구체적인 실존 속에서 이루어지는 진리 체험, 존재 체험 혹은 신 체험을 강조하고 있는 것이다. 막연하게 언급되는 하늘이 아니라, 그의 현존을 실감하는 단계를 획득할 것을 지적하고 있는 것이다. 이에 반해 해월은 그 체험의 연속성을 강조하는 위치에 서 있다. 즉 수운의 설법으로 하늘님을 깨닫게 되었거든, 한 번의 경험과 깨달음으로 멈추는 것이 아니라, 그 깨달음을 지속적으로 유지할 수 있는 방법이 필요하며, 그것을 해월은 양천주로서 제시하고 있는 것이다. 이런 점에서 수운과 해월의 차이는 신에 대한 이해의 차이라기보다는 그 신을 모시고, 지키고, 길러내는 수양론의 차이에 있다고 할 수 있다.

3) 의암의 신관: 인내천

의암 손병희는 해월의 뒤를 이어 동학을 이끌었고, 동학이 친일파라는 의혹을 받게 되자 '천도교'로 이름을 바꾼 동학의 세 번째 지도자이다. 의암이 동학을 이끌던 시기의 가장 두드러진 특징은 이전 교조들에 비해 시천주의 개념이 상당히 '추상화', '내재화' 되었다는 것이다. 이즈음 점차 천주라는 용어에서조차 인격적 의미가 포함되었다고 볼 수 있는 '주主'라는 글자가 탈락되고 '천'이라는 한 글자만으로 표기된다. 그리고 인내천이란 교리가 확실한 사상적 의미를 부여받고 천도교의 종지로서 전면에 등장하게 된 것도 바로 이때이다. 사실 의암이 인내천이란 용어를 최초로 사용한 것은 아니다. 이미 해월은 여러 설교를 통해 '인내천'이라는 개념을 사용하고 있었다. 그러나 이를 동학 교리의 근간으로 삼은 것은 의암이다.[43] 또한 의암은 시천주라는 대신 '시천侍天'이라는 용어를 사용한다. 이제 시천주는 더 이상 천주를 섬기거나, 혹은 천주가 인간 안에 내재해 있다는 의미가 아니라, '인간과 하늘은 하나'라는 다분히 철학화된 의미로 새겨진다. 『각세진경覺世眞經』에는 다음과 같은 문답이 나온다.

"묻기를, '높은 것은 하늘보다 더 높은 것이 없고, 두터운 것은 땅보다 더 두터운 것이 없고, 비천한 것은 사람보다 더 비천한 것이 없거늘, 사람이 하늘을 모셨다 하는 것은 어찌된 것입니까?

대답하시기를, '만물은 다 성품이 있고 마음이 있으니, 이 성품과 이 마음은 하늘에서 나온 것이라, 그러므로 하늘을 모셨다고 말하는 것이니라.'"[44]

---

[43] 노길명, 『한국 신흥종교연구』, 서울, 경서원, 1996, 127쪽.
[44] 『覺世眞經』, "曰 高莫高於天, 厚莫厚於地, 卑莫卑於人, 人以侍天者何也, 曰 物

의암은 이 문장에서도 시천주라는 용어 대신 시천을 사용하고 있다. 보통 한국어에서 주라고 하는 말은 존경을 뜻하는 어미로 사용된다. 따라서 시천에서 주가 탈락함으로써 의암의 시천은 수운의 시천주보다 상대적으로 더 추상화되고 있음을 보여준다. 심지어 의암은 시천을 만물과 성품과의 연관 속에서 이해하고 있는데, 이는 전적으로 신유학적인 사유 체계라고 할 수 있다. 신유학적 세계관 속에서 인간을 포함한 만물은 존재론적으로 하늘로부터 기원한다. 하지만 그때의 하늘은 인격적인 창조신이라기보다는 '원리로서의 하늘'(天理)이다. 이처럼 만물은 존재원리로서 상징되는 하늘로부터 성품을 부여받는다.

이와 같은 방식으로 의암에 이르러서 창도자의 종교적이고 체험적인 요소는 상당 부분 추상화된다.[45] 그리고 거기에는 몇 가지 이유가 있다. 우선 의암은 천도교라는 종교단체를 공식적으로 인정받기 위해서 노력하였다. 그래서 그는 천도교의 교리가 전통적인 가치체계, 즉 성리학을 크게 위협하지 않는다는 것을 지속적으로 설득시키고 입증해야만 했다. 이 목적을 달성하기 위해 그는 많은 부분 신유학적 이론들을 사용하여 기존 동학의 교리들을 설명하였다. 이런 과정 속에 '시천주'가 '시천'으로 바뀌게 된다. 두 번째 이유로 우리는 의암을 도와

有是性, 物有是心, 是性是心, 出於天故, 曰 侍天也"

45 이 때문에 최근 천도교 내부에서도 의암 시기의 시천주 사상의 추상화 작업에 비판적인 시각이 제기되기도 하였다. 천도교 중흥을 목적으로 젊은 교도들이 주축이 되어 만든 '개혁추진위원회'에서는 의암 시기의 인내천은 수운의 시천주 신앙을 왜곡시킨 것이라고 주장하기도 하였다. 그리고 이러한 시천주 신앙의 추상화가 결국 천도교의 교세 약화의 큰 요인이 되었다고도 본다. 이에 대해서는 다음의 글을 참조하라. 노길명, 앞의 책, 134쪽.

천도교의 교리를 정리한 두 명의 이론가들의 영향을 꼽을 수 있다. 이돈화와 양한묵이 그들이다. 이돈화는 시천주를 '각천(覺天)'으로 해석하였다. 계속 그는 인간성의 본래적 핵심은 인간이 하늘로부터 받은 성품을 지니고 있다는 진리를 깨닫는 것을 '하늘을 깨우침'에 있다고 보았다.[46] 바야흐로 이돈화에 이르러 모심(侍)은 '진리에 대한 깨달음'이 되었고, 그 내용은 '인간과 하늘은 하나'(人乃天)라는 것이다. 양한묵은 시천주를 인간이 스스로 자신의 성품을 경배하는 것이라 해석한다. 양한묵에 따르자면, 천도교는 인간의 자기 숭배를 핵심으로 하는 종교라고 할 수 있다. 따라서 무엇보다도 인간은 자신의 본성을 올바르게 깨달아야만 한다. 이처럼 양한묵에 있어서도 시천주는 하늘과 인간이 하나임을 깨닫는 것으로 추상화된다.[47]

하지만 이러한 추상화 작업 중에도 여전히 수운과 해월이 지니고 있었던 종교 체험적 요소가 완전히 사라진 것은 아니다. 의암은 그의 글에서 다음과 같이 말하고 있다.

"대신사는 神의 기능이 철학으로서 생각할 수 없는 靈迹이 있었는지라, 깊은 물과 소나기 속에 그냥 가시어도 옷이 젖지 않았으며 손으로 만지고 마음으로 생각하시어 사람의 병을 고치시었나니라. 생각컨대 영적은 사람의 지혜와 능력으로 뽑아내기 어려운 것이라. 하늘님의 대표로 하늘님의 능력을 체행하는 자연의 활기이니, 이 영적의 거쳐 온 근본적 동기는 말과

---

46 이돈화, 「愛의 개벽」, 『천도교회월보』, No. 197, 1919, 6쪽.
47 황선희, 『한국 근대사상과 민족운동(1)』, 서울: 혜안, 1996, 191쪽.

글로써 그 진상을 표현하기 어려운 것이라. 사람이 이것을 캐어 물으면 다만 잠잠할 수밖에 없으며 돌이켜 살피어도 그 추상력이 그 영적이 나타난 곳에 미치기 어려우니, 이것은 의식계에 根因한 것이라 말하지 못할 것이오, 하늘님의 영적과 영적을 받은 사람의 양간 紹介者라고 말하는 것이 옳으니라. 하늘님의 영적은 무극한 것이오, 사람의 지혜는 유한에 범위한 것이므로, 유한으로써 무극을 대조함에 眼光이 늘 미치지 못하여 의심을 낳고 비방을 일으키나니라. 하늘님과 스승님은 일체 二位로서 다만 유형과 무형의 구별이 있는 것이라, 비와 병은 무형한 하늘의 능력이오, 비속에 그냥 가도 젖지 않는 것과 병을 약을 아니 써도 낫게 하는 것은 유형한 하늘님의 능력이니, 선후의 능력은 전부 한 기틀 속에서 짜내는 것이니라. 대신사는 사람의 덕성과 재주의 근원을 무형에 둘 뿐이오, 세계를 꾸미는 데 관한 면목과 제도는 사람의 스스로 집행하는데 맡기었나니라. 대신사는 하늘님의 직책을 체행하신 연한이 사개 년에 그치니 교의 기초가 하늘님의 뜻에 흡족치 못하므로, 해월신사를 이어나게 하시어 교체의 완전치 못한 것을 보충케 하시니, 그러므로 해월신사의 만면에 이르러서는 만 번 흔들어도 빼어지지 않을 교의 큰 기초가 처음 정하여졌나니라."[48]

위의 의암의 글은 여전히 의암 시대에도 수운과 해월의 신 이해가 이어지고 있음을 볼 수 있다. 수운의 깨달음에는 철학적 접근으로는 알 수 없는 영역이 분명 있으며 오히려 그것이 더 본질적인 것임을 인정하고 있는 것이다. 그리고 의암 역시 '이신환성以身換性'에 대한 가르침으

---

[48] 『의암성사법설』, 「대종정의」.

로 통하여 수련의 중요성을 강조하고 있다.

> "수련의 극치에 이른 사람이라야 비로소 대신사의 '性靈出世'를 알 수 있나니라. 사람은 누구나 각자 본래의 성품인 '本體性'을 깨달으면, '血覺性'의 선악과 强柔에 있어서도 능히 천만 년 전 사람이나 천만 년 후 사람이나 현대 사람이 같은 것을 알 것이니, 이것을 깨달은 사람은 대신사요 이것을 깨닫지 못한 사람은 범인이니라. (중략) 성심 수련으로 본래의 성품을 바꾸라. 후천개벽의 시기에 처한 우리는 먼저 각자의 성령과 육신부터 개벽해야 하나니라. 만일 자기의 성령 육신을 자기가 개벽하지 못하면 포덕광제의 목적을 어떻게 달성하겠느냐. 대신사 말씀하시기를, '하늘님께 福祿 定해 壽命을랑 내게 비네' 하셨으니 이것은 몸으로써 성령을 바꾸어야 한다는 말씀이니라. 하늘이 있음으로써 물건을 보고, 하늘이 있음으로써 음식을 먹고, 하늘이 있음으로써 길을 간다는 이치를 투철하게 알라."[49]

이 글을 통해서도 결국 의암 시기의 동학의 강조점 역시 '이신환성', 즉 수련을 통하여 성을 바꾸는 것, 다시 말해 '진리 체험' 혹은 '신 체험' 획득에 있음을 알 수 있다. 수련을 통하여 각자 성령이 주가 되는 삶을 살아야 하며, 그것이 곧 인내천이라고 의암은 보고 있다. 따라서 이신환성은 인내천의 실천적 의미라고 볼 수 있다.[50]

그렇다면 의암 시기에 등장한 뚜렷한 시천주의 추상화·철학화 작업은 어떻게 이해해야 할까? 의암 시대에도 꾸준히 수운의 시천주 신관

---

[49] 『의암성사법설』, 「이신환성설(2)」.
[50] 김용휘, 「동학 신관의 재검토」, 동학학회 편, 『동학학보』(통권9호, 2005. 6), 357쪽.

이 유지되고 있었다면, 여러 이론가들에 의해 이루어진 하늘에 대한 추상화 작업에는 도대체 어떤 의미가 있는 것인가? 그 부분은 대부분 종교들의 역사에서 살펴볼 수 있는 일종의 '신조credo화 작업'의 일종으로 볼 수 있을 것이다.

4. 맺는 글

위에서 살펴본 바와 같이 수운-해월-의암으로 이어지는 동안 신관이 변천되었다고 보는 기존의 견해는 어느 정도 교정이 필요하리라 생각된다. 오히려 이 시기 동학의 신관은 변천했다기보다는 지속적으로 발전했다고 볼 수 있다. 즉 강령 체험이 강조된 수운의 시천주, 그리고 그것을 유지하는 것을 골자로 하는 해월의 양천주를 넘어, 의암의 인내천은 그러한 종교적 체험을 공식화하는 작업으로 해석할 수 있는 것이다.

이렇게 볼 때, 기존 동학의 신관이 수운→해월→의암을 거치면서 인격신→범재신론→범신론으로 변화되었다고 보는 관점은 지극히 제한적이라고 할 수 있다. 이와 같은 결론은 실상 존재론적 논의에 익숙한 서구적 분석을 가지고 접근했을 때 생겨나는 것이라 할 수 있다. 하지만 동학의 교주들은 지속적으로 신에 대한 직접적인 물음과 그 정체성의 확보보다는 질문의 여지가 없는 신, 혹은 절대적 진리를 **'어떻게 체득할 수 있는가'**에 주목하고 있었음을 살펴보았다. 이렇게 동학의 신관을 존재론이 아니라, 수양론적으로 접근해 본다면, 변한 것은 신에 대한 이해나 관념이라기보다는 '어떻게 그 신을, 혹은 절대적 진리를 나의 실존 속에 증득하며 살 수 있는가'라는 질문, 즉 수양론적 방법과 그것의 실천의 다양성이었다고 볼 수 있다. 따라서 우리는 다음과 같은 잠정적인 결론을 손에 얻게 된다. 수운, 해월, 의암의 신관이 실제로 변천되었다 기보다는 그 신을 섬기는 방법, 즉 수양론이 심화되고 지속적으로 재해석되고 있었던 것이다. 그리고 그러한 심화된 수양론을 통해 동학은 한국인의 심성 속에 자리하고 있었던 하늘님에 대한 이해를 '생활세계'에서만이 아닌 '종교세계'로까지 확대시킨 공헌을 하였다고 볼 수 있다. 즉 유교가 국가 종교로 자리 잡은 이후 민간의 종교생활 속에서 사적私的으로만 언급되던 하늘님 신앙이 동학의 등장으로 본격적인 공적公的 세계에서 논의되기 시작했으며, 이로 인해 한반도에 새로운 종교 지형도[51]가 그려지기 시작한 것이라 볼 수 있다.

---

[51] 김승혜는 동학 설립 이후 많은 민중들에게 호응을 얻을 수 있었던 것도, 한국인의 오래된 하늘님 신앙을 제대로 공적 종교생활에 노출시킨 것에 있다고 본다. 하지만 그 이후 다양한 역사 문화적 환경에서 동학은 쇠퇴하였고, 근대 이후 그리스도교 계열의 신관이 정통적인 한국인의 신관과 상승작용을 일으켜 한국의 종교 지형도에 적잖은 변화를 야기했다고 본다. 이상 김승혜 앞의 논문 참조.

동학-에코페미니즘의 인식과 실천의 역동적 일치

전현식 (연세대)

1. 들어가는 말

현재 우리는 환경문제(지구온난화)와 사회문제(기업세계화)가 서로 뒤얽혀 자연 및 사회 공동체의 기반을 무너뜨리는 지구적 위기에 직면해 있다. 지금까지 지구 온난화 현상에 대한 반응은 다양하게 전개되어 왔다. 이 현상이 문제가 되기 시작한 1970년대 초국적 기업들은 지구 온난화 현상을 부정하거나 그 규모 및 위급성을 축소시키거나, 또는 자연 현상으로 설명하면서 이런 문명적 위기에 대해 부정직하며 부적절한 해결책을 제시해 왔다. 2001년 유엔 산하 〈기후변화에 관한 세계 위원회〉(IPCC)는 5년간의 연구 결과를 발표하면서 지구 온난화는 자연 현상이 아닌 인재임을 분명히 했다. 앞으로 기존 에너지 정책의 변화와 인간 의식 및 삶의 회개가 없다면 온난화 현상은 해수면 상승, 태풍, 홍수와 가뭄, 기근을 포함하는 기후 변화를 일으켜 이로 인한 질병의 만연, 멸종, 환경 난민, 전쟁, 인류 문명의 종언 등 상상할 수 없는 재난을 초래할 것이다. 이 발표는 지구 온난화란 인간이 만들어낸 지구적 재난임을 과학적으로 입증하면서 지구 생명 공동체의 암울한 미래와 이에 대한 인간의 윤리적 책임성을 강하게 부각시켰다.[1]

또한 기업 세계화(Corporate Globalization)[2]는 경제 세계화라고도 불리는

---

1 지난 20세기에 지구 평균온도가 화씨 1도(섭씨 0.6도)(한국은 1.6도 상승) 상승했는데, 앞으로 인간 삶의 획기적 변화가 없다면 100년 안에 지구 평균온도가 약 화씨 10.4도(섭씨 5.8도)가 올라 가서 이에 따라 해수면이 34인치(86cm) 정도 상승할 것으로 예측하고 있다. 서울은 해수면이 65cm 정도 상승하면 침수될 정도로 한반도는 지구온난화로 인한 환경재앙을 일차적으로 받는 국가들 중의 하나이다. 다음을 참조하라. Ross Gelbspan, *Boiling Points: How Politicians, Big Oil and Coal, Journalists, and Activists Have Fueled the Climate Crisis–and What We Can Do to Avert Disaster* (New York: Basic Books, 2004); James Gustave Speth, *Red Sky at Morning* (New Haven: Yale University Press, 2004); 온난화의 저주 1부(지구의 반격, 기상이변), 2부 (보이지 않은 공포, 오존) (KBS 1 TV 방영, 2004년 8월 7-8일).

2 어떤 사람들은 기업 세계화와 구분하여 세계화를 대륙간, 국가간, 지역간의 상호작용 및 이런 상호작용 안에서 부와 권력의 흐름을 발생시키는 사회-문화, 정치-경제적 관계를 형성하는 과정으로 이해한다. McGrew Held ,et. al., *Global Transformations-Politics, Economics and Culture* (Cambridge: Polity Press, 1999), 16. 이들은 세계화를 세계에 사는 사람들을 함께 연결시키는 다양한 현상들을 일컫는 말로서, 문화와 인종의 혼합을 통합 지구적 전달(global communication) 그리고 보다 정의로운 세계 질서를 추구하는 진보적 정치운동으로 본다. Rosemary Ruether, *Integrating Ecofeminism, Globalization and World Religions* (Lanham: Rowman & Littlefield Publishers, Inc., 2005), ix. 위에서 정의한 대로 지구적 상호연결이라는 세계화의 긍정적 측면이 있지만, 필자는 세계화를 신자유주의 경제이데올로기와 군사력에 의해 유지 강화되는 "중앙집권적 하향식 세계화"인 기업 세계화(이른바 브레톤우즈 체제(The Bretton Woods Institutions): 미국의 신식민주의적 주도권을 지구적으로 확장하기 위해 만들어진 경제지배 체제로 세계은행, 국제통화기금(IMF) 그리고 세계 무역기구(WTO, 1995년 설

신자유주의 경제 체제로 미국의 군사력에 의해 유지되는 세계 경제 지배 체제를 말한다. 이 지배 체제는 환경 파괴를 가속화하고 참된 민주주의, 문화적 다양성, 사회적 통합을 와해시켜 지구적 가난을 심화시킨다. 지구 생명공동체의 구성원인 인간뿐만 아니라 모든 생명을 파괴시키는 기업 세계화의 확장은 특별히 자연, 여성 및 약자들의 삶을 더 궁핍하게 만든다.3 세계화의 성장 지향(trickle down) 정책이 제시하는 장밋빛 예측은 가난, 기아, 실직, 지방산업 및 농업의 도산, 자원의 약탈 등 지구적 가난을 심화시켰다. 그리고 세계화로 인한 빈부 격차는 국가 간의 민족 갈등을 야기한다.4 지구 생명 공동체의 실제적 종말의 어두운 운명을 예고하는 지구 온난화와 세계화로 대표되는 지구적 위기 앞에서 동학과 에코페미니즘은 새로운 인식론적 윤리적 대안을 제시할 수 있는가?

필자는 위에서 언급된 지구적 위기의 근원을 서구의 이원론적 사고 및 행위의 문제로 진단하면서 그 해결책으로 생태학적인 인식론과 윤리의 한 모델을 동학과 에코페미니즘을 통해 제시해 보고자 한다. 이런 통전적인 인식과 행위의 모델의 필요성은 필자가 지구적 위기의 본질을 인간의식(인식)과 삶(윤리)의 총체적인 변혁의 문제로 보는 데서 출발한다.5 이 점에서 필자는 생태계 위기의 본질을 문화와 영성의 위기 및

립)]를 일컫는다.
3 다음을 보라. Rosemary Ruether, Integrating Ecofeminism, Globalization and World Religions, 1-44쪽.
4 다음을 보라. 수잔 조지, 『외채 부메랑: 제3세계 외채는 어떻게 우리 모두를 해치는가』, 당대, 1999. 세계화로 인한 민족 갈등을 보려면 다음의 책을 보라. 에이미 추아, 『불타는 세계』, 부광, 2004.

이런 위기로부터 새로운 의식과 문화를 창출할 수 있는 기회로 보는 문화학파의 입장을 지지한다. 문화학파는 지구적 위기를 참여(사회문제에 중점)나 생존(환경문제에 중점)의 위기로 보는 것이 아니라 우리의 사회적 행위를 결정짓는 인간의 신념과 가치 체계, 즉 문화의 위기로 본다.[6] 필자는 지구적 위기를 참여 위기와 생존 위기 두 관점을 역동적으로 종합하여 환경문제를 사회문제와 연결시키는 문화학파의 관점에서, 다양한 형태의 지배관계를 사랑과 정의에 기초한 상생관계로 치유할 수 있는 동학-에코페미니즘의 인식과 윤리의 한 모델을 제시해 보고자 한다.

첫째, 필자는 동학의 불연기연의 논리를 생태학적 인식론의 한 모델로 제시한다. 여기서 동학의 불연기연의 인식론이 어떻게 서구의 이원론적 사고를 극복하여, 정신과 몸, 인간과 자연, 신과 인간, 가치와 사실 그리고 이성과 감정을 통합하는 통전적인 인식론의 틀을 제공할 수 있

---

[5] 생태학자들은 자신들의 입장에 따라 지구적 위기의 원인들을 기술 및 환경정책의 부족, 인구팽창, 빈부격차(가난), 군사주의, 현대 산업 물질문명, 이원론적 가치관 및 세계관등으로 다양하게 보며, 따라서 해결책도 다르게 제시한다. 필자는 지구적 재앙이 사회적, 경제적, 정치적 차원의 문제이기도 하지만, 더 근본적으로는 이런 지배 착취 체제를 정당화하고 강화하는 종교 문화적 이데올로기의 문제라고 본다.

[6] 참여학파는 환경문제를 참여 및 분배의 위기로 보면서, 과학의 발달과 개선된 환경정책, 그리고 환경이익과 오염의 공평한 분배를 통하여 환경위기를 극복할 수 있다고 본다. 생존학파는 자원소비와 인구의 기하급수적 증가가 지구 수용 능력에 심각한 위협이 된다는 사실을 강조하며 환경 위기를 인간 생존의 위기로 받아들이며, 이런 생존의 위기를 자원의 배급, 정부의 간섭, 그리고 집중화와 인구통제를 통하여 해결하고자 한다. 다음을 보라. Robyn Eckersley, *Environmentalism and Political Theory: Toward an Ecocentric Approach*, Albany: State University of New York, 1992, 7~21쪽.

는지 살펴본다. 둘째, 서구의 전통적 인식론의 대안으로 제시되는 에코페미니즘의 변증법과 돌봄의 인식론을 살펴본다. 여기서 동학의 불연기연 인식론과 에코페미니즘의 변증법적 인식론을 종합하면서 동학-에코페미니즘의 인식론을 제시해 본다. 셋째, 동학의 시천주 영성의 윤리적 의미를 검토하면서, 생태학적 윤리의 한 모델로 동학의 각지불이의 생태학적 윤리를 제시한다. 넷째, 동학 안에서 발견된 각지불의 생태윤리의 짝으로 에코페미니즘의 생태정의 윤리를 소개하면서, 각지불이와 생태정의 두 생태학적 윤리를 종합하여, 동학-에코페미니즘 윤리를 제시해 본다. 끝으로 동학과 에코페미니즘의 유사성과 차이점, 한계와 비전을 검토하면서 동학-에코페미니즘의 육화된 인식과 행위의 모델을 제시해 본다.

2. 동학[7]의 불연기연 인식론

동학의 불연기연 인식론은 실재에 대한 전인적이고 변증법적 견해를 보여준다. 동학 인식론은 수운의 종교적·사회적 경험과 깊게 연결

---

[7] 동학(東學)은 서구 카톨릭(기독교)으로 대표되는 서학(西學)에 대응하여 수운 최제우가 1860년에 창건한 한국토속 종교로 제2대 교주인 해월 최시형에 의해 사회운동 및 삶의 영성으로 발전되었고, 1894년 전봉준에 의해 사회정치운동인 동학농민혁명으로 전개되었으며, 제3대 교주인 손병희에 의해 천도교로 발전되었다. 본 논문에서 필자는 동학을 수운과 해월이 추구했던 종교와 삶의 영성 및 운동의 차원에서 살펴본다. 다음을 보라. 유병덕 편, 『동학·천도교』, 서울: 교문사, 1993.

되어 있다. 수운의 종교경험(한울님의 경험)은 그 당시 그가 겪은 사회 모순의 경험[8]와 깊게 연결되어 있다. 필자는 수운과 한울님[9]의 신비적 일치가 그의 사회 모순의 경험과 어떻게 연결되는지를 살펴보면서 동학 인식론을 전개해 본다. 그는 『동경대전』의 「불연기연 不然其然」 편에서 세계를 인식하고 경험하고 구체화하는 방법을 설명하면서 실재의 변증법적 견해를 말하고 있다. 불연不然은 문자적으로 "그렇지 않다"를, 기연其然은 "그렇다"를 의미한다. 두 단어는 반대의 의미를 나타내므로 서로 모순관계에 있다. "그렇지 않다(it is not)"는 "그렇다(it is)"와 양립할 수 없다.

어떤 사물이 "그렇다와 그렇지 않다"로 동시에 존재할 수 없다. 이것이 이른바 제논의 모순율이다. 즉 어떤 사물이 A(기연)이면서 동시에 A가 아닐(불연) 수 없다. 즉 그녀가 어머니이면서 동시에 어머니가 아닐 수 없다. 제논의 모순율은 필연적으로 아리스토텔레스의 배중율로 이어진다. 즉 기연이거나 불연이다. 긍정과 부정의 선택이 있을 뿐이지 제3의 선택이 있을 수 없다. A는 B이거나 B가 아니다. 그 외 다른 가능

---

[8] 수운은 1860년 서구열강의 동양의 침입으로 인한 조선의 국가적 위기의식을 포덕문에서 다음과 같이 표현했다. "이런 까닭으로 우리나라는 악질이 세상에 가득하여, 백성이 편안한 때가 한시도 없으니, 이 역시 상해의 운수이다. 서양은 전쟁을 하면 이기고 공격하면 취하여, 이룩되지 않는 일이 없으니, 천하가 다 멸해 버리면, 역시 입술이 없어지면 이가 시리게 되는 한탄이 없지 않을 것이다. 보국안민의 계책이 장차 어디에서 나올 것인가?" 윤석산 주해, 「포덕문」, 『동경대전』, 서울: 동학사, 1996, 33~35쪽.
[9] 동학의 한울님은 기독교의 하느님에 해당하는 신적 존재로 지기(至氣, 궁극적 에너지)라고도 불리며, 인격적 존재일 뿐만 아니라 우주의 형이상학적 원리를 지칭한다.

성은 없다. 예들 들어 그녀는 어머니이거나 어머니가 아니다. 그 외 제3의 가능성은 없다. 아리스토텔레스의 배중율은 긍정도 아니고 부정도 아닌 중간적인 3자를 인정하지 않는 제3자 배척의 원리라고도 한다. 아리스토텔레스 이래로 이런 형식 논리학은 사물에 대한 서구의 이원론적 사고[10]에 기초가 되었다.

  실재에 대한 서구의 이원론적 인식과 달리 수운은 실재의 상호 연관적 본성 및 관계를 잘 반영하는 불연기연의 인식론을 주장한다. 불연기연의 논리는 생명의 모든 양상 안에 스며들어 있다. 수운에 의하면, 실재는 겉으로 보기에 반대되는 범주 및 원리로 구성되어 서로 모순적인 것처럼 보이지만, 사실 이것들은 동일한 실재를 바라보는 다른 관점에 불과하다. 실재를 통전적인 관점에서 보면, 불연과 기연은 모순적인 것이 아니라 역설적 일치(a paradoxical unity) 안에서 상호 연관되어 있다. 두 범주의 역동적 일치 안에서 불연은 기연이 되고 동시에 기연은 불연이 된다. 그는 「불연기연」의 처음에서 실재의 형상과 기원의 관점에서 실재의 두 양상, 즉 불연과 기연의 역동적 관계를 설명한다.

---

10 이원론은 실재를 반대되는 범주와 원리로 나눠보는 세계관 및 지배 권계론을 의미한다. 예를 들어, 플라톤이 주장한 이원론에 의하면 실재는 정신과 몸으로 구성되어 있는데, 이 둘은 본질적으로 서로 다르며, 분리되어 비관계적이고 적대적이다. 그리고 정신은 몸보다 더 근원적이고, 가치가 있고, 참되며 선하고, 그래서 우월하다. 따라서 우월한 정신은 열등한 몸을 지배한다. James B. Nelson, *Embodiment: An Approach to Sexuality and Christian Theology*, Minneapolis: Auhsburg, 1978, 37ff. 정신과 몸의 이원론은 근원적 형태의 이원론으로 다른 형태의 이원론들, 즉 남성/여성, 인간/자연, 하나님/세계, 부자/가난한자, 제1세계/제3세계의 이원론으로 확장된다.

"노래에 말하기를 천고의 만물이여 각기 이루어짐이 있고 각기 형상이 있도다. 보는 바로서 이를 논하면 곧 그렇고[기연] 그러함과 비슷함이요, 온 바로부터[기원] 이를 헤아리면 멀고도 심히 멀도다. 이 역시 또한 아득한 일이요, 헤아리기 어려운 말이로다[불연]"[11]

수운은 여기서 보이는 만물의 형상의 관점에서 보면 "그렇고(기연)," 보이지 않는 만물의 기원을 헤아려보면 "그렇지 않다(불연)"라고 하면서 실재의 두 양상을 말하고 있다. 기연其然의 범주는 감각 경험과 이성에 기초해 우리가 인식하고 생각하고 해석할 수 있는 모든 사물의 외적 현상의 세계를 일컫는다. 수운은 '나'라는 존재를 예로 들어 더 설명한다. 내가 나의 실존을 생각할 때, 나는 나의 부모님으로부터 태어나고 나로부터 나의 자손이 생겨난다는 사실을 안다. 그러나 나의 기원을 과거로 더 거슬러 올라가, 결국 처음 인간까지 올라가면, 기연의 관점에서 대답할 수 없는 인간과 우주의 기원에 대한 질문에 접하게 된다. 즉 우리는 불연의 범주에 직면하게 된다.[12] 기연의 세계가 우리의 일상적 경험과 이성으로 파악할 수 있는 보이는 현상의 세계를 의미한다면, 불연의 세계는 직관, 종교경험, 계시를 통해 우리가 명상할 수 있는 보이지 않는 내적 세계를 말한다.

불연과 기연의 하나됨은 수운의 종교 경험을 통하여 이루어진다. 수운이 경험하는 불연과 기연의 일치란 만물의 상호 관계적 본성과 형제

---

11 윤석산 주해, 「불연기연」, 『동경대전』, 동학사, 1996, 169~171쪽.
12 *Ibid*, 171~74쪽.

자매(kinship)의 깨달음을 의미한다. 하나됨의 본성은 모든 실존이 생명의 같은 본성, 즉 일하고 창조하는 한울님으로부터 유래한다는 것을 말한다. 즉, 우주 발생의 이야기로부터 우리가 배우는 생태학적 영성인 만물의 상호의존, 공진화 그리고 형제자매 관계[13]는 수운이 그의 한울님의 체험 안에서 나타나는 무극대도無極大道의 깨달음, 즉 오심즉여심 吾心卽汝心에서 표현되는 모든 생명의 형태의 근본적 일치에 대한 종교적 경험을 의미한다. 수운의 불연기연의 통전적 인식은 신과 인간, 자기와 타자, 인간과 자연의 상호의존적 관계에 대한 인식론적 기초를 제공해 준다.

3. 동학-에코페미니즘 인식론

1) 수운의 불연기연과 류터의 여성학적 비판적 변증법적 인식론

필자는 동학과 에코페미니즘의 두 인식론을 통합하여 동학-에코페미니즘 인식론의 대안적 가능성을 제시해 본다. 우선 수운의 불연기연의 인식론과 로즈마리 류터의 여성학적 비판적 인식론 사이의 구조적 유사성과 차이점을 살펴본다. 신학 분야에서 에코페미니즘[14]을 개척·

---

13 로즈마리 류터, 『가이아와 하느님』, 서울: 이대출판사, 2004, 67~76쪽.
14 에코페미니즘(Ecofeminism)은 환경 이론 및 운동이 여성학의 통찰력을 수용하지 못하며, 여성이론 및 운동이 생태학의 관점을 잘 반영하지 못함을 지적하면서, 생태학(ecology)과 여성학(feminism)을 연결시키는 학문 이론 및 실천운동

발전시켜 온 로즈마리 류터[15]는 억압된 자들, 특히 여성과 자연을 지배하고 착취하는 문화적·사회적 지배 패턴을 상호관계성으로 회복시켜 여성 및 자연뿐만 아니라 남성을 포함한 모든 생명의 해방을 추구해 왔다. 역사 안의 현실 모순에 대한 그녀의 개인적·사회적 경험은 우리 인류가 직면한 지구적 위기를 극복하기 위하여 신학과 정치를 통합하

이다. 다시 말해, 에코페미니즘은 여성 억압과 자연 파괴의 상호연관성을 찾아내어 두 이론 및 운동을 하나로 통합시켜 지배관계를 상호관계로 치유시키는 비판이론인 동시에 생태학적 실천운동이다. 이 운동은 1960년대 초 생태학적 의식과 사회제도의 변혁의 필요성을 일깨워 준 레이첼 카슨의 기념비적 저서인 『침묵의 봄』을 시작으로 여러 학문 분야(철학, 신학 및 사회분석)에서 환경 문제에 대한 여성의 관심이 집중되기 시작하면서 1980대 이후 에코페미니즘의 이론 및 운동이 활발하게 전개되었다. 에코페미니즘에 기초를 놓았던 저서들은 다음과 같다. Rachel Carson, Silent Spring (New York: Houghton Mifflin Company, 1962); Rosemary Ruether, *New Women/New Earth: Sexist Ideologies and Human Liberation* (New York: Seabury, 1975); Mary Daly, *Gyn/Ecology* (Boston: Beacon Press, 1978); Susan Griffin, *Woman and Nature; The Roaring Inside Her* (San Francisco: Harper & Row, 1978); Elizabeth Dodson Gray, *Green Paradise Lost* (Wellesley: Roundtable Press, 1981); Carolyn Merchant, *The Death of Nature: Women, Ecology and the Scientific Revolution* (New York: Harper & Row, 1980) 에코페미니즘의 최근의 발전에 대한 논의를 보려면 다음 자료를 참조하라. Vandana Shiva, *Staying Alive: Women, Ecology and Development* (London: Zed Books, 1988); Judith Plant, ed., *Healing the Wounds: The Promise of Ecofeminism* (Philadelphia: New Society, 1989); Irene Diamond & Gloria Feman Orestein, eds., *Reweaving the World: The Emergence of Ecofeminism* (San Francisco: Sierra Club Books, 1990); Greta Gaard, ed., *Ecofeminism: Women, Animals, Nature* (Philadelphia: Temple University Press, 1993)

15 William Ramsay는 그의 책 *Four Modern Prophets* (Atlanta: John Knox Press, 1986)에서 Walter Rauschenbusch, Matin Luther King, Jr., Gustavo Gutierrez와 더불어 Rosemary Ruether를 4명의 현대 예언자들 중 하나로 들고 있다.

는 추진력이 되었다. 즉 수운의 인식론과 마찬가지로, 류터의 여성학적 인식론도 그녀의 이런 사회적·역사적 모순에 대한 경험으로부터 출발한다. 그녀는 인간 조건의 현실을 복합적이며 모순적으로 본다. 따라서 그녀는 이런 모순적 현실 안에서 진리를 발견하기 위해 변증법적 방법론을 사용한다. 그녀는 다음과 같이 말한다.

> "가부장제 이전의 신화 안에서 우리는 여성성을 자아의 무의식적 측면으로 정의하는 위계적 이원론보다는 실존의 양극 사이의 변증법적 관계에 기초한 대안적 역사의 기본요소들을 확인한다."16

류터는 위계적 이원론에 기초한 either/or의 이분법, 즉 모순율과 배중율을 거부하고 실존의 두 양극을 역동적으로 일치시킨다. 여기서 역동적 일치(a dynamic unity)란 부정(불연)과 긍정(기연)의 두 양극의 창조적 종합(불연기연)을 말한다. 류터는 이런 과정을 "관계성으로의 전환(a conversion to relationality)"이라고 부르는데 이 안에서 인간 실존의 양극이 지배관계에서 상호관계로 전환된다. 그녀는 사물을 비판하는 두 가지 방법을 설명한다. 이것이냐 저것이냐의 이원론적 방법은 '긍정'을 '그 반대의 부정'으로 본다. 예를 들어, 남자는 여성의 반대, 페미니스트는 성차별주의자의 반대, 사회주의자는 자본주의자의 반대를 의미한다.

이런 이원론적 사고 대신 그녀가 제시하는 변증법적 사고 안에서 부정이란 타자에 대한 공격이 아니라 자기 자신과 자기 공동체의 왜곡에

---

16 Rosemary Ruether, *New Women and New Earth: Sexist Ideologies & Human Liberation*, San Francisco: Harper & Row, 1975, 157쪽.

대한 비판, 즉 자기비판을 의미한다. 이런 비판이 왜곡된 관계를 상호관계성으로 치유하고 해방시키는 길을 열어준다. 이런 부정은 억압 이데올로기에 대한 이론적 투쟁 및 사회 구조에 대한 실천적 투쟁을 포함한다. 우리는 부정의 십자가를 통해서만 지배-착취 관계에서 사랑과 정의에 기초한 상호관계의 세계로 인도하는 역동적 일치에 이르게 된다.[17]

류터는 기독교의 예언자적-메시아적 전통이 변증법적 구조를 가지고 있음을 발견한다. 즉 인간의 죄와 악에 대한 하나님의 심판을 부정으로, 죄의 회개와 왜곡된 사회 질서의 변혁을 통한 하나님의 구원의 약속을 합으로 이해한다. 예언자적 비판은 기존의 사회 질서에 항의하면서 정의, 상호성과 전인성의 공동체의 새로운 가능성을 제시하며 메시아적 전통은 종교적이고 정치적인 구원의 희망을 약속한다. 종교적·정치적 개념인 메시아적 희망은 이 땅 위에 하나님 나라의 성취를 위한 투쟁을 요구한다. 류터는 예언자 전통과 메시아적 전통을 하나님의 심판과 약속, 예언자적 비판과 메시아적 희망의 변증법적 방법론으로 통합시킨다. 그리고 그녀는 메시아적 예언자인 예수를 하나님의 심판과 약속, 예언자적 비판과 메시아적 희망의 원형적 화육으로 본다.[18]

수운의 불연기연도 로즈마리 류터의 긍정과 부정의 역동적 일치를 포함하고 있다. 불연기연의 인식론에서 우리가 불연(그렇지 않다)이라고 부르는 것은 기연의 관점에서 불연의 세계를 보기 때문이다. 다시 말해

---

17 Ruether, *Disputed Questions: On Being A Christian*, Nashville: Abingdon, 1982, 141~42쪽.
18 Ruether, *Disputed Questions*, 32~33쪽. *Sexism and God-Talk: Toward a Feminist Theology*, Boston: Beacon Press 1993, 27~31쪽.

불연은 기연의 관점에서 본 기연의 부정이다. 이원론적 사고 안에서 긍정을 그 반대의 부정으로 보는 류터와 마찬가지로, 기연의 관점에서 본 불연은 이원론적 사고 안에 있다. 수운은 다음 단계에서 불연(그렇지 않다)과 기연(그렇다)의 하나됨, 불연과 기연의 역동적 일치를 강조한다. 이것이 어떻게 가능한가? 로즈마리 류터에 의하면 자기비판, 즉 부정의 십자가를 통해서다. 수운에게서도 불연과 기연의 창조적 일치는 자기비판(자기한계의 자각)을 통하여 조물주의 관점에서 불연의 세계를 보는 것이다. 즉 기연에서 불연의 세계로의 인식론적 도약이다. 수운은 이런 인식론적 도약을 「불연기연」 편의 마지막에서 다음과 같이 말한다.

> "이런 까닭으로 기필기 어려운 것은 불연이요, 판단하기 쉬운 것은 기연이다. 먼데를 캐어 견주어 생각하면 그렇지 않고 그렇지 않고 또 그렇지 않은 일이요, 조물자에게 부쳐보면 그렇고 또 그러한 이치이니라."[19]

수운은 기연의 세계를 떠나 불연의 세계로 갔다가 다시 기연의 세계로 돌아온다. 불연이 기연과 하나가 되는 것은 조물주의 관점(불연의 관점)을 통해서이다. 류터의 변증법의 정반합의 세 단계와 마찬가지로 불연기연의 역동적 일치 안에도 긍정, 부정 그리고 종합의 세 단계가 있다. 필자는 첫 번째 긍정의 단계를 기연의 세계의 긍정으로, 두 번째 부정의 단계를 기연의 부정(하나님의 심판), 즉 불연의 긍정으로, 세 번째 단계를 불연의 부정, 즉 불연과 기연의 창조적 일치(하나님의 약속)로 본다.

---

[19] 윤석산 주해, 「불연기연」, 『동경대전』, 189쪽.

수운이 깨달은 불연과 기연의 역동적 일치는 한울님의 종교적 경험에 기초해 있다. 그가 한울님을 경험하고 난 후, 불연은 더 이상 불연이 아니라, 기연일 뿐이다. 그가 알지 못했던 불연의 세계는 더 이상 존재하지 않는다. 우주 안에 있는 모든 실존들은 다 기연이다. 즉 우주의 근원, 한울님의 관점에서 보면 그렇고 그렇다(기연)이다. 수운의 종교적 경험에 기초한 불연기연의 역동적 일치는 예언자적 메시아적 전통의 역동적 긴장 안에서 하나님의 구원의 약속인 메시아적 희망이 역사적 희망으로 이 세계 안에 육화되는 류터의 변증법적 구조와 유사하다.

위에서 살펴본 수운의 불연기연의 인식론과 류터의 변증법적 여성학적 인식론 사이의 유사성과 차이점을 요약해 본다. 첫째, 두 인식론은 서구의 이원론적 사고를 극복하는 길로서 정(기연), 반(불연), 합(불연기연)의 변증법적 사고를 제시한다. 둘째, 두 인식론은 사회적·역사적 모순의 경험으로부터 시작하며 또한 종교적 경험 및 신앙에 근거해 있다. 즉 두 인식론은 지식의 근거를 일상적·사회적·종교적 경험에 둔다. 그러나 두 인식론에는 다음과 같은 차이점이 있다. 불연기연 인식론은 역사적 모순의 경험으로부터 출발하지만 불연기연의 역동적 일치의 근거를 한울님의 종교적 계시 경험에 둠으로써, 수운은 종교적 계시 경험을 강조한다. 반면에 류터는 여성 경험을 인식론의 출발점 및 해석학적 키[20]로 삼으면서, 종교적 계시 경험을 인간 경험의 큰 범주 안에 넣

---

20 류터는 예언자적-메시아적 전통을 자신의 방법론의 비판적 원리로 사용하면서, 이 원리를 여성신학의 규범으로 삼아 다음과 같이 설명한다. "여성신학의 비판원리는 여성의 온전한 인간성을 증진하는 것이다. 여성의 온전한 인간성을 부정하고, 감소시키고 왜곡하는 모든 것은 구원적이지 않다. 신학적으로 말

는다. 이런 의미에서 두 인식론이 종교적 경험과 사회적 경험을 다 포함하지만, 수운의 인식론은 종교적(형이상학적)으로 생태학적이라면, 류터의 인식론은 사회적(여성학적)으로 생태학적이다. 또한 수운이 인간의 공동 경험에 기초하여 인간 해방을 강조한다면, 류터는 여성과 자연의 구체적 경험에 근거하여 억압받는 여성과 자연의 우선적 해방을 통한 지구 생명 공동체의 총체적 해방을 강조한다.

2) 수운과 샐리 맥페이그의 차이와 돌봄의 인식론

위에서 수운과 류터의 인식론을 그 구조적 차원에서 살펴봤다면, 이제 수운과 샐리 맥페이그의 두 인식론을 그 내용적 차원에서 검토해 본다. 수운과 맥페이그는 모두 차이와 돌봄의 인식론을 제시한다. 첫째, 불연기연 인식론의 내용인 수운의 차이와 돌봄의 인식론을 살펴본다. 수운은 지기至氣 안에서 만물의 역동적 일치와 다양성을 깨닫는다. 지기 안에서 만물의 통일성과 다양성의 경험은 수운의 불연기연의 깨달음을 의미한다. 여기서 수운이 깨달은 만물을 통해 흐르는 지기至氣는 모든 실존을 아우르는 우주의 큰마음을 의미한다. 우주의 큰마음인 한울님은 우주의 스스로를 조직하는 정신, 즉 우주의 자발성을 말한다.

지기는 어떤 의지나 목적이 없는 자발적 작용으로 도가에서는 이를 도라 부른다. 도는 자연 과정을 통해 작용하므로 의지와 목적을 가지고

하면, 여성의 온전한 인간성을 줄이거나 부정하는 모든 것은 하나님과의 참된 관계, 사물의 참된 본성 혹은 참 구원자의 메시지를 반영하는 것이 아니다." Ruether, *Sexism and God-Talk*, 18~19쪽.

세계를 창조하고 섭리하는 기독교의 창조주와 구별된다. 도는 자발적일 뿐만 아니라 도로부터 만물이 발생하며, 만물이 도에 의존하고, 도는 인간의 감각과 이성에 의해 이해될 수 없는 신비적 존재이다. 즉 도는 자발성, 근원성, 보편성, 신비성을 갖는다.[21] 지기는 만물의 정신과 물질의 상태를 포괄하는데, 왜냐하면 이 우주의 마음은 만물이 생성되고, 변하고 진화하는 큰 에너지이기 때문이다. 이런 지기 안에서 몸과 정신, 부분과 전체, 인간과 신, 인간과 자연, 유한과 무한은 하나가 된다. 따라서 모든 만물은 지기인 한울님 안에서 역동적 일치를 이룬다.

만물의 근원인 지기 안에서 수운의 불연의 깨달음, 즉 모든 실존의 근본적 일치는 지기의 각각의 특정한 현상인 각 생명의 차이와 다양성을 포함한다. 불연의 단계에서 수운의 생태학적 통일성의 깨달음은 동시에 그의 기연의 세계, 즉 다양성의 물질세계로의 인식론적 회귀를 포함한다. 왜냐하면 기연의 세계 안에서 다양한 실존의 형태는 우주적 에너지의 한 흐름 안에서 상호간에 연결되어 있기 때문이다. 수운의 불연(일치와 통일성의 세계)으로부터 기연(다양성과 차이의 세계)의 세계로의 돌아옴은 맥페이그의 생태학적 "돌봄의 인식론"(attention epistemology)과 많은 공명을 이룬다.

"돌봄의 인식론은 그 자체로서 타자에게 귀를 기울이고 타자를 돌보는 것이다. 이것은 어떤 것을 자기에게 유용하고 필요하고 즐거움을 주는 것

---

21 Arvind Sharma, ed., *Our Religions: Seven World Religions Introduced By Preeminent Scholars From Each Tradition*, New York: HarperSanFrancisco, 1993, 240~41쪽.

으로 생각하는, 즉 자기가 아닌 그 밖의 모든 것을 공리적 가치의 관점에서 바라보는 수단과 목적의 '이원론적' 사고를 반대한다. 각 실존은 타자를 위해서가 아니라 그 자신을 위해 존재하므로 차이의 지식, 즉 우주를 구성하는 다양한 만물에 대한 지식은 우리가 각 개체에 주의를 기울일 때만 얻어진다"[22]

맥페이그는 모든 존재의 내재적 가치는 이들에 대한 사랑과 차이에 관심을 기울이는 것으로부터 발생한다고 주장한다. 필자는 수운의 인식론 안에서 그녀의 생태학적 개념들(내재적 가치, 육화, 개체성과 차이에 대한 관심)을 발견한다. 수운의 불연기연의 깨달음은 그 당시 그의 사회 모순의 경험과 깊게 연결되어 있다. 그의 신비로운 종교체험은 그 시대의 사회 모순 안에서 여성과 아이들 그리고 천민들이 겪었던 개인적·사회적 고난과 고통에 대한 관심과 배려 없이는 설명될 수 없다. 수운이 특수성과 다양성의 기연의 세계로 돌아오는 것은 우주의 일치 안에서 상호 의존해 살아가는 각각의 육화된 실존에 대한 그의 관심과 사랑을 의미한다. 그래서 그는 모든 존재, 특히 그 당시 가장 천대받았던 여성과 아이들이 바로 한울님이라고 선언했다. 이런 점에서 수운과 맥페이그는 모든 차이를 한 본질로 환원시키는 본질주의적 사고를 받아들이지 않는다. 그들은 모든 존재의 상호의존적 본성 안에서 만물의 근본적 일치뿐만 아니라 다양성을 분명히 주장한다.

두 인식론은 모두 만물의 통일성과 다양성을 다 포함하지만, 수운이

---

[22] McFague, *The Body of God*, 49~50쪽.

한울님 안에서 만물의 근본적 통일성을 더 강조한다면, 맥페이그는 세계의 다양성을 더 강조하는 경향이 있다. 물론 수운의 불연기연이 두 세계 사이의 변증법적 역동적 관계를 나타내지만, 불연(통일성)이 있기에 기연(다양성)이다. 시천주 영성에서 드러나듯이 내유신령(한울님 안에서 만물의 일치)으로부터 외유기화(만물의 상호관계성 및 다양성)로 나아가며 이런 형이상학적 논리가 각지불이의 윤리적 실천으로 육화된다. 이에 반해, 멕페이그는 세계의 다양성으로부터 출발하여 통일성을 지향한다. 즉 그녀의 돌봄의 인식론에서 드러나는 관심은 각각의 다양한 육화된 실존에 대한 배려이다.

이상에서 살펴보았듯이, 동학-에코페미니즘 인식론은 종교적, 경험적, 비판적, 변증법적이며 구체적(embodied)이다. 다음에서 이 인식론이 만물의 상호의존에 기초한 생태정의 윤리로 어떻게 구체화되어 나타나는지 알아본다.

4. 동학의 각지불이의 생태윤리

앞에서 살펴본 동학의 불연기연의 인식론은 어떻게 만물의 상호의존에 근거한 각지불이各知不移의 윤리로 발전될 수 있는가? 일반적으로 인식론과 윤리, 즉 앎과 삶, 사고와 행위는 서로 분리될 수 없다. 특히 수운의 인식론과 윤리는 그의 사회 전기 안에서 사회 모순의 경험과 깊게 연관되어 있기 때문에, 그의 인식론과 윤리는 상호 간에 깊은 영향을 준다. 필자는 각지불이의 윤리적 함의를 알아보기 전에 수운이 그 당시 사회문화적 위기의 대안으로 제시했던 시천주의 생태학적 영성을 간단히 살펴본다. 동학사상의 핵심은 시천주侍天主사상이다. 모든 실존의 상호관계성 및 역동적 일치를 깨닫는 세계 인식의 방법인 불연기연의 논리는 모든 실존이 한울님을 섬기며, 한울님이 모든 실존 안에 살아 계신다는 시천주侍天主의 생태학적 영성 및 삶으로 발전된다.

이 세 글자 중에서도 시侍의 의미가 철학, 종교 및 사회 정치 운동으로서의 동학사상 체계의 핵이라고 볼 수 있다. 수운은 시의 의미를 내유신령, 외유기화 그리고 각지불이의 세 개념으로 설명하면서, 한울님(우주적 생명)의 통일성 안에서 다양한 생명의 형태의 상호의존적 본성을 강조했다.[23] 시의 첫 번째 개념은 내유신령內有神靈을 문자적으로 이해하면 "안으로 신령이 있다"는 뜻이다. 내유신령의 생태학적 의미는 모든 실존의 신령(한울님)과의 근원적 일치(radical unity)를 강조하면서, 만물의 평등주의적 견해를 제시한다. 이 개념은 지기의 확산과 수렴의 역동적인 과정 안에 모든 실존들이 하나로 연결되어 있음을 강조한다. 인간 실존의 한울님과의 일치는 우주 생명의 본성인, 무위이화無爲而化, 즉 상호의존의 망에 내재하는 생명의 공동체적 원리(협동, 공생, 정의와 조화)를 깨닫고 실현하는 것으로 발전된다.

시의 두 번째 개념인 외유기화外有氣化는 "밖으로 기의 흐름"이 있다는 뜻으로 이의 생태학적 의미는 지기의 창조적인 흐름 안에서 모든 다양한 실존들의 상호관계성 및 다양성을 강조한다. 내유신령이 한울님

---

[23] 다음을 보라. Hyun-Shik Jun, *Tonghak Ecofeminist Reinterpretation of Sin, Evil and Spirituality in Relation to the Ecological Crisis* (Northwestern University Ph. D Thesis), Evanston: Northwestern University, 2001, 253~285쪽. 오문환, 『사람이 하늘이다』, 서울: 솔, 1996, 62~84쪽.

의 내적 본성의 표현이라면, 외유기화는 한울님의 모든 생명의 형태와의 외적 관계의 표현, 즉 한울님의 만물 안에서의 활동을 의미한다. 우리가 한울님의 본성과의 일치 안에서(내유신령) 우리의 참 자아를 회복하고 실현한다면, 외유기화는 세계의 존재론적 상호의존(외유기화) 안에서 생명 공동체의 공공성을 회복하고 실현하는 것이다. 내유신령이 한울님의 본성인 초월성을 표현한다면 외유신령은 한울님의 내재성을 표현한다. 한울님의 내적 외적 양상은 서로 분리될 수 없게 상호 연결되어 있기 때문에, 한울님은 세계와의 초월적 내재(神靈氣化)와 내재적 초월(氣化神靈)의 관계를 유지한다.

지금까지 시의 두 개념, 즉 한울님의 본성의 형이상학적 의미인 내유신령과 외유기화의 생태학적 의미를 살펴보았다. 다음은 한울님의 본성의 윤리적 의미인 각지불이의 생태학적 의미를 생태정의의 관점에서 구체적으로 살펴본다. 시의 세 번째 개념인 각지불이各知不移는 "각자 알아서 옮기지 않는다"[24]는 뜻으로 내유신령(만물의 근원적 일치)과 외유기화(만물의 상호관계성 및 다양성)에서 드러나는 공동체적 영성의 윤리적 실천을 제시한다. 다시 말해 각지불이의 생태학적 의미는 생태정의를 강조한다.

각지불이各知不移에서 첫 번째 단어인 각各이란 자신의 환경에 의해 제한을 받고 사는 구체적인 각 실존을 의미한다. 신령과 기화가 우주적 생명인 한울님의 보편성을 의미한다면, 각이란 몸을 지닌 한 실존(an embodied life)의 개체성과 구체성을 뜻한다. 이런 의미에서 한울님은 우

---

24 윤석산 주해, 「불연기연」, 『동경대전』, 83~84쪽.

주적 생명인 보편적 생명일 뿐만 아니라 몸을 지닌 구체적 생명을 의미한다. 따라서 인간뿐만 아니라(人乃天) 모든 실존이 한울님(侍天主)이다. 여기서 시천주의 핵심은 생명의 본성(내유신령과 외유기화, 즉 보편성과 특수성, 통일성과 다양성, 상호의존과 개체성) 그리고 인간관계의 윤리적 함의(각지불이)에 있다.

두 번째 글자인 지知는 무엇을 안다는 것을 뜻한다. 여기서 앎(인식)이란 상식이나 과학적·수학적 이성을 통해 보이는 세계의 질서(기연)를 파악하는 것뿐만 아니라, 직관·계시·영적 의식을 통해 보이지 않는 세계(불연)를 깨닫는 것을 의미한다. 그러나 이런 깨달음은 언제나 특정한 상황 안에서 일어난다. 생태학적 영성은 이 세상으로부터 저 세상으로 벗어나 몸을 초월한 진리(disembodied truth)를 추구하는 것이 아니라, 기연의 세계 안에서 생명의 본성인 불연의 질서를 깨닫는 것이다. 동학의 지식, 즉 동학을 안다는 것은 한울님의 도인 무위이화, 생태학적 지식(앎)을 통한 창조적인 생성의 과정을 실현하는 것이다. 김지하는 생태학적 지식(앎)을 실천적 지혜로 정의하면서 다음과 같이 설명한다.

"여기서 안다는 지知는 감각, 지각, 또는 통각을 통해서 그저 아는 것이 아니라, 그저 단순한 지혜나 각성이 아니라, 깨우쳐 앎이며 실천적 지혜로서의 앎입니다. 머리로 분석해서 계산해서 아는 것이 아니라, 실천적인 삶의 지혜로서 아는 것입니다. 즉 앎으로서의 참 삶입니다. 그러면 무엇을 깨우쳐 아는 것인가? 역사적, 사회적, 주객관적 조건을 통해서 의지해서 어떤 보편적 것을 아는 것인가? 각지불이자各知不移者, 그것은 즉 불이자를 아는 것입니다. 사람이란 서로 옮겨 살 수 없음을 안다는 뜻입니다."[25]

위의 글에서 김지하는 생태학적 지식이란 삶과 분리될 수 없는 실천적 지혜, 즉 보편적 지식이 아니라 육화된 지식(embodied knowledge)[26]임을 말하고 있다. 다시 말해 생태학적 지식이란 각 실존의 한울님과의 일치(내유신령)를 깨닫고 지기의 수렴과 확산, 하나됨과 흩어짐의 역동적 과정 안에서 만물의 상호의존적 관계(외유기화)를 실천하며 사는 것이다. 김지하는 삶과 앎의 역동적 일치로서 생태학적 지식은 수운의 각지불이자各知不移者에서 분명히 드러남을 지적하고 있다. 여기서 불不은 문자적으로 "아니다"를, 이移는 "옮기다"를 자者는 불이를 강조하는 접미사로, 불이자不移者의 뜻은 "본래적으로 옮길 수 없음"을 뜻한다. 그러므로 각지불이자는 "각 실존이 생명의 망 안에서 제 자리(niche)를 옮겨 살 수 없는 것은 타고 태어난 본성이다."라는 의미이다. 각지불이자의 생태학적 의미는 구체적인 존재는 본성적으로 우주의 질서(무위이화), 즉 자신의 생명의 근원(신령)과 생태학적 관계성(기화)을 벗어나 살아갈 수 없음을 뜻한다.

내유신령과 외유기화가 우주의 원리인 무위이화(자연적 생성의 창조적 과정)의 형이상학적 영적인 깨달음이라면, 각지불이는 이런 생태 원리의 윤리적 측면을 강조한다. 즉 각지불이는 생명 공동체 안에서 생태학적 영성을 실현하는 윤리적 실천을 의미한다. 각지불이가 소극적 측면에서 모든 생명을 방해하거나 파괴하지 않는 것을 말하며, 적극적 측면에

---

25 김지하, 『동학이야기』, 서울: 솔, 1944, 25쪽.
26 샐리 멕페이그가 설명하는 육화된 지식(embodied knowing)과 육화된 행위(embodied doing)의 변증법적 일치는 삶과 앎의 역동적 일치로서의 실천적 지혜를 말하는 김지하와 공명한다. McFague, *ibid.*, 47~54쪽.

서 돌보고 양육하는 것을 의미한다면, 각지불이는 에코페미니즘이 주장하는 생태정의를 분명히 드러내준다. 필자는 다음 장에서 동학의 각지불이 윤리와 에코페미니즘의 생태윤리가 사회문제와 환경문제를 통전적으로 해결할 수 있는 지구 치유의 포괄적 윤리의 가능성을 제시할 수 있는지 살펴본다.

5. 각지불이와 생태정의의 동학-에코페미니즘 윤리

필자는 동학의 각지불이 윤리와 에코페미니즘의 생태정의 윤리를 역동적으로 종합해 본다. 동학의 시천주 영성에서 발견되는 만물의 일치(내유신령)와 상호의존(외유기화) 그리고 그 윤리적 실천(각지불이)은 분명히 생태 문제와 사회정의 문제의 불가분의 관계를 보여준다. 생태정의[27]

---

[27] 생태정의 운동의 역사는 1972년 스톡홀름에서 열린 인간 환경에 관한 국제회의로 거슬러 올라간다. 이 회의에서 제1세계와 제3세계의 대표자들 사이에 대결이 있었다. 제1세계를 대표하는 환경론자들은 환경보호와 자원보존을 위해 경제성장에 대한 제한을 강조한 반면, 제3세계 대표자들은 경제개발의 지연이나 중지는 제1세계와 제3세계의 빈부격차를 더욱 심화시킴으로서 권력과 분배의 부정의한 세계 경제사회 구조 하에서 제 3세계를 더욱 가난하게 할 것이라고 강조했다. 환경문제와 정의문제의 이런 딜레마를 보려면 다음을 참조하라. 다음을 참조하라. Norman Faramell, "Ecological Responsibility and Economic Justice: The Perilous Links Between Ecology and Poverty," *Andover Newton Quarterly* 2 no.2(1970): 85-92. 환경문제와 사회정의문제를 종합적으로 다루는 생태정의는 아래의 글에서 잘 드러난다. David Hallman, ed., *Ecotheology: Voices From South and North* (Maryknoll: Orbis Books, 1944); Leonardd Boff,

문제는 모든 생명의 기본적 삶에 필요한 적절한 공간에 대한 필요성과 사용 가능한 공간 안에서 얻을 수 있는 제한된 자원 사이의 갈등 안에서 일어난다. 생태정의란 모든 생명의 기본적 필요를 충족시키기 위하여 우리는 유한한 지구 자원을 공평하게 나눠야 함을 강조한다. 우리가 개인적·사회적·지구적 삶의 차원에서 환경 혜택과 환경 비용을 공평하게 나누지 못할 때 생태정의 문제는 발생한다. 즉 부유한 자가 환경 혜택은 더 누리면서 그 대가로 지불해야 할 환경오염에 대한 책임을 덜 지게 되고, 반대로 가난한 자는 환경 혜택을 덜 누리면서도, 환경오염의 대가를 더 지불하게 될 때, 환경문제가 사회문제와 분리될 수 없다는 생태정의의 문제는 더 분명히 드러난다.[28]

생태정의 운동은 지구 자연 자원(공기, 물, 토양오염의 방지 및 폐기물 처리를 통하여)을 보존하려는 환경문제와 자연 및 사회 자원에 대한 권력과 의사 결정을 다루는 사회 문제가 서로 분리될 수 없음을 인식하고 생태 문제와 사회 문제를 종합적으로 다룬다. 이 운동은 지구 자원과 경제 개발의 불공평한 분배 그리고 인종, 성, 계급 및 국가와 환경 폐기물의 처분 사이에 상호관계성이 있음을 지적한다.[29] 즉 환경 보존, 경제 개

Cry of the Earth, Cry of the Poor (Maryknoll: Orbis Books, 1997)

[28] 부정의한 지구적 경제 지배체제 안에서 환경으로부터 혜택과 환경훼손에 대한 책임의 불공평한 상황을 보려면 다음을 참조하라. 세계인구의 20%가 지구자원의 85%를 독점하고 소비하며, 세계 최고부자 3명의 부가 가난한 48개국의 부를 능가하며, 세계인구의 절반에 해당되는 28억이 하루 2달러, 세계인구의 20%인 약 12억은 하루 1달러로 연명하며 살아간다. Rosemary Ruether, Integrating Ecofeminism, Globalization and World Religions, 3~8쪽.

[29] 다음을 보라. Bunyon Bryant and Paul Mohai, eds. Environmental Racism:

발 및 환경 폐기물의 처리 사이의 상호 연관된 부정의를 지적한다. 리차드 호프리히터의 생태정의의 개념은 생태학과 사회정의의 상호관계성을 잘 지적하고 있다.

"생태정의는 자원을 지속가능하게 사용하면서 인간의 필요를 충족시키며 삶의 질을 향상하기 위해 필요한 사회변혁(즉 경제적 질, 건강관리, 보호시설, 인권, 종의 보존 및 민주주의)에 관해 논의한다. 생태정의의 중심 원리는 자연 자원에 대한 공평한 접근 그리고 깨끗한 공기와 물을 사용하고, 적절한 건강관리를 받으며, 알맞은 보호시설 및 안전한 작업장을 사용할 수 있는 권리에 대한 공평한 접근을 강조한다. 인간의 이런 기본 필요를 충족시키지 못하는 것은 하나의 사고가 아니라, 제도적 결정, 시장의 실행, 차별 및 무한한 경제성장의 추구의 결과이다."[30]

다시 말해, 생태정의는 환경문제와 사회문제가 서로 연결되어 있음을 강조한다. 무한한 성장의 이데올로기에 기초한 현재의 사회 지배 체제(즉 성차별, 인종차별, 계급차별, 신식민지주의, 기업세계화)[31]의 재조정 없이는

Issues and Dilemmas, A Collection of Papers from A University of Michigan Symposium(Ann Arbor: University of Michigan, 1991); *Race and the Incidence of Environmental Hazards: A Time for Discourse* (Boulder, Colorado: Western Press, 1992); Vandana Shiva, *Staying Alive: Women, Ecology and Development* (Atlantic Highlands, N.J: Zed Books, 1989)

30 Richard Hofrichter, ed., *Toxic Struggle: The Theory and Practice of Environmental Justice*, Philadelphia: New Society Publishers, 1993, 4쪽.

31 쉬네이버그는 사회와 환경사이의 끊임 없는 갈등의 이유를 서구의 이원론적

환경문제는 적절하게 해결될 수 없다. 왜냐하면 다양한 생태문제(지구온 난화, 산림파괴, 오존층 파괴, 각종 오염, 인구팽창, 독성폐기물, 멸종 및 에너지 고갈 등)는 인간의 기본 필요를 충족시키기 위하여 지구 자원의 생산, 분배 및 소비를 결정하는 권력 체제와 깊게 연결되어 있기 때문이다.

에코페미니즘의 생태정의는 시천주의 각지불이 윤리 안에서 잘 드러난다. 왜냐하면 시천주의 각지불이의 생태윤리는 인간 실존과 한울님의 일치, 만물의 평등성(신령), 생태공동체(기화) 안에서 인간의 책임과 자유, 그리고 죄의 의미를 깨닫게 해주기 때문이다. 각지불이 윤리는 모든 생명의 형태, 특히 신령의 가장 의식적 존재인 인간 안에서 영적 필요와 물질적 필요의 상호관계성을 강조한다. 지기의 본성인 만물의 일치 및 상호관계성으로부터 벗어나 생명 공동체 안에서 인간의 책임과 자유를 어길 때, 바로 각지불이의 윤리를 위반하는 것이며 이것이 바로 동학의 죄의 의미이다. 죄의 의미로써 이移는 인간과 한울님, 인간과 인간, 인간과 자연 사이의 관계를 왜곡시키는 영적, 물질적, 사회적 소외의 모든 형태를 포함한다.[32]

인식과 실천, 앎과 삶의 역동적 일치로서 생태정의는 현재 세대뿐만 아니라 미래 세대의 인간들이 지구의 유한한 자원을 공평하게 사용할 권리가 있음다는 분배정의를 포괄한다. 그러나 이런 분배정의는 인간

문화와 영성보다는 사회적 구성인 자본주의 정치경제 시스템의 내재적 논리 안에서 찾고 있다. Allen Schnaiberg, *Environment and Society: The Enduring Conflict* (New York: St. Martin's Press, 1994)

32 각지불이의 '이' 개념에 기초해 동학의 죄에 대해 논의하는 필자의 견해는 김지하의 통찰에 기초하고 있다. 김지하, 『동학이야기』, 서울: 솔, 1994, 25~31쪽.

들 사이에서뿐만 아니라 인간과 다른 종들의 관계 안에서도 발생한다. 자원의 공평한 분배를 다루는 인간 간의 정의의 문제는 언제나 인간과 자연 사이의 생태 문제를 수반한다. 이런 인간과 자연 사이의 생태 문제는 동시에 정의 문제가 되는데, 왜냐하면 인간뿐만 아니라 다른 존재들도 그들의 기본 필요를 충족시키기 위하여 그들의 장소와 거주지를 필요로 하기 때문이다. 다른 종들은 인간의 사용과 목적을 위해 존재하는 것이 아니라 자신을 위해 존재한다. 인간들 사이의 정의는 인간과 자연 사이의 정의를 위한 필요조건이다. 인간의 복지는 지구의 복지와 깊게 연결되어 있으므로 생태정의는 창조 세계 전체의 복지를 포함한다. 지기의 확산과 수렴의 역동적 과정 안에서 정의는 언제나 생태 정의가 되어야 한다. 왜냐하면 만물은 지기의 통일성 안에 서로 분리될 수 없이 상호 연결되어 의존하며 살아가기 때문이다.

각지불이의 생태정의의 영성과 운동은 한울님과 일치된 참된 자아(내유신령)의 영적 회복 및 실현이며 동시에 생태 공동체 안에서 상호관계성(외유기화)의 사회적인 회복 및 실현이다. 각지불이(생태정의)의 소극적 윤리적 실천이 동학의 십계명인 십무천十毋天[33]에 표현되어 있다면,

---

[33] 동학의 십무천(十毋天)은 무기천毋欺天(한울님을 속이지 마라), 무만천毋慢天(한울을 무시하지 마라), 무상천毋傷天(한울을 해하지 마라), 무란천毋亂天(한울을 어지럽히지 마라), 무요천毋夭天(한울을 죽이지 마라), 무오천毋汚天(한울을 더럽히지 마라), 무뇌천毋餒天(한울을 굶주리게 하지 마라), 무괴천毋壞天(한울을 파괴시키지 마라), 무염천毋厭天(한울을 미워하지 마라), 무굴천毋屈天(한울을 억압하지 마라)이다. 三戰論은 도전道戰(도덕적 투쟁), 재전財戰(사회경제적 투쟁), 언전言戰(언어 및 심리적 투쟁)을 말한다. 신인철 외, 『동학혁명과 동학사상』, 청아출판사, 1989, 158-60쪽. 동학의 사회 정치적 투쟁은 전봉준이 이끌었던 동학농민혁명과 의암 손병희의 삼일독립운동에서 잘 드러난다.

각지불이의 적극적·윤리적 실천, 즉 생태정의를 위한 도덕적·심리적·정치적·경제적 투쟁은 삼전론三戰論에서 잘 드러난다.

6. 동학-에코페미니즘의 육화된 인식과 실천을 향하여

본 논문에서 필자는 동학과 에코페미니즘의 대화를 통하여 육화된 인식과 행위의 한 모델을 제시해 보고자 하였다. 지구적 위기의 대안으로 동학-에코페미니즘의 앎과 삶은 생태계 위기의 근원을 영성과 문화의 위기뿐만 아니라 이런 위기로부터 새로운 대안을 발견할 수 있는 기회로 보았다. 필자는 지구적 위기의 정신적 뿌리를 서구의 이원론적 인식론과 윤리로 보면서 새로운 대안적 앎과 삶의 가능성과 비전을 동학과 에코페미니즘 안에서 찾아 보았다. 서구의 이원론적 사고의 대안으로 인식의 구조적 방법론의 측면에서 수운의 불연기연과 류터의 여성학적 비판적 변증법을 유사성과 차이점을 비교·검토하고, 그 내용적 측면에서 수운과 맥페이그 안에서 드러나는 다양성과 관심의 인식론을 각각 비교·검토하면서 동학-에코페미니즘의 앎과 삶의 한 시험적 모델을 제시해 보고자 하였다.

동학-에코페미니즘 인식론은 실재에 대한 인식의 삼 단계를 다음과 같이 확인하도록 도와준다. 기연(긍정)의 첫 단계에서 우리는 타자를 자신의 이익과 목적을 위한 대상으로 보는 자기 중심적 인식의 한계를 깨

다음을 보라. 노태구, 『동학혁명의 연구』, 서울: 백산서당, 1982.

닫는다. 불연(부정)의 두 번째 단계에서 우리는 부정을 자신의 인식의 왜곡에 대한 자기비판으로 받아들임으로써, 첫 번째 인식의 단계인 기연의 자기 중심적 인식의 한계를 넘어 모든 존재의 일치를 깨닫게 된다. 세 번째 단계에서 불연에서 기연으로 인식론적 회귀를 통하여 우리는 몸을 가진 모든 실존들의 통일성과 상호통일성 안에서 각 존재들의 내재적 가치를 깨닫게 된다. 다시 말하면, 동학-에코페미니즘 인식론은 지식의 다양한 원천들, 즉 이성과 감성, 경험과 계시, 사실과 가치의 상호의존적 관계를 이해할 수 있도록 도와준다.34 동학-에코페미니즘의 인식론은 지식의 과정, 원천 및 한계 대한 통전적 견해를 가지고 있기 때문에 우리에게 다양한 인식론적 입장들(즉 합리주의적, 경험주의적, 논리 실증주의적, 사회 구성적, 선험주의적, 여성주의적 입장)35에 개방할 수 있게 해 준다. 동학-에코페미니즘 인식론은 경험적 · 종교적 · 비판적 · 변증법적 그리고 구체적이기 때문에 이념적 왜곡과 사회적 지배 체제에 대한 이론적 실천적 투쟁에 참여하도록 격려한다.

그러므로 본 논문은 서구의 이원론적(인간중심적, 남성중심적) 윤리에 대한 대안으로 각지불이와 생태정의의 동학-에코페미니즘의 윤리를 제시한다. 시천주 영성의 윤리적 함의인 각지불이는 생태정의의 중요성을 일깨워 준다. 이것은 생태계 위기는 단지 환경문제만이 아니라, 사

---

34 다음을 참조하라. Alison M. Jaggar, *Gender/Body/Knowledge: Feminist Reconstruction of Being and Knowing* (New Brunswick: Rutgers University Press, 1992), 145~171쪽.; Mary Wyer, eds., *Women, Science and Technology* (New York: Routledge, 2004), 153~160, 175~193쪽.
35 Donald W. Musser, eds., *A New Handbook of Christian Theology* (Nashville: Abingdon Press, 1992), 150~55쪽.

회정의의 문제임을 깨닫게 해준다. 동학의 생태윤리가 추구하는 생태정의의 비전은 우주적 생명의 생태적 공동체 안에서 잘 드러난다. 우주의 역동적 생명 안에서, 즉 한울님 안에서 모든 실존은 하나로 통일되어 있다. 무엇보다 인간 실존은 한울님의 본성을 알고 한울님의 일에 의식적으로 참여한다는 점에서 인간 실존은 바로 한울님이 된다. 또한 인간은 우주적 생명의 신비와 경이를 깨달을 뿐만 아니라 생태적 공동체에 대한 도덕적 책임을 진다는 의미에서 인간 의식은 바로 한울님의 의식이 된다. 이런 만물의 일치와 상호관계성의 인식에 근거한 동학-에코페미니즘의 생태윤리는 인간과 인간, 인간과 자연, 인간과 하느님 사이의 지배관계를 상호관계성으로 치유하는 데 많은 도움을 줄 것이다.

요약하면, 앎과 삶의 불가분의 관계를 깨닫는 동학-에코페미니즘 인식론과 윤리는 관심과 생태정의의 지구 공동체를 추구하는 시천주의 인식론과 윤리이다. 상호의존적 세계 안에 있는 관계적 존재들의 역동성 안에서 모든 실존, 특히 인간 실존은 한울님을 섬기고(侍天), 기르고(養天), 육화함(體天)으로써 자신의 삶과 생명 공동체를 회복시킨다. 선이 한울님의 창조적 자유 안에 있다면, 죄와 악은 이런 통일적 자유를 파괴시키는 왜곡된 관계성 안에 존재한다. 구원이란 인간의 딜레마에 대한 금욕적이거나 묵시 종말론적인 접근 안에서가 아니라, 지기의 역동적 과정(즉 생명공동체의 상호의존적 본성 안에서 드러나는 통일성과 다양성의 과정)을 방해하고 파괴시키는 지배와 허위의 문화적·사회적 체계를 치유하는 것 안에 존재한다.

그럼에도 불구하고, 동학과 에코페미니즘 안에서 발견되는 실재에 대한 생태학적·관계적·진화론적·성육신적 견해 안에서 에코페미니즘이 성 구체적 역사적이라면, 동학은 성 중립적이고 형이상학적이다. 동학이 당시의 사회 모순의 경험으로부터 발생되었다 하더라도, 동학 인식론과 윤리는 지구적 위기에 대한 에코페미니즘의 성 구체적이며 역사적 분석을 통해 더 육화될 필요가 있다. 더 구체적으로 동학의 인식론과 윤리는 사회 지배의 뿌리인 성 차별의 남성 이데올로기에 대한 에코페미니즘의 문화적·사회적 비판을 필요로 한다.

  필자는 동학 형이상학은 실재를 지기의 수렴과 확산의 창조적 과정으로 보는 생태학적 형이상학이라고 본다. 우주적 생명의 본성에 기초한 동학의 형이상학은 생명 공동체의 존재론적 상호 의존 안에서 모든 실존의 근원적 통일성과 다양성을 깨닫게 함으로써 에코페미니즘의 인식과 행위를 더 구체적으로 육화시키는 데 도움을 줄 수 있다고 본다. 필자가 서구의 이원론적 인식론과 윤리의 대안으로 제시한 동학-에코페미니즘의 시험적 종합은 동학의 형이상학과 에코페미니즘의 사회 정치적 분석의 관점에서 서로의 장점과 약점을 비판적·창조적으로 통합함으로써 더 구체적으로 육화된 앎(인식)과 삶(윤리)의 모델을 발전시킬 수 있을 것이다.

한국 페미니스트 신학자의 동학 읽기

이은선 (세종대)

1. 시작하는 말

필자는 한국 여성신학자로서 한국의 종교문화사 전개 과정에 나타난 여성 종교성의 탐색에 관심을 가져 왔다. 필자가 '한국' 여성신학자라는 것은 우리의 종교적 삶에 있어서 한국적 특질을 밝혀내는 데 관심을 가져 왔다는 것이고, '여성' 신학자라는 것은 지금까지의 전통적인 남성 중심성에서 벗어나서 종교적 삶의 수행뿐 아니라 그 학문적 탐구에 있어서도 여성 주체성을 확보하려는 것이다. 여기서 '신학자'라는 말은 더 엄밀히 말하면 '기독교' 신학자를 말한다. 사실 초월(者, 神)에 대한 담론을 말하는 사람들이 신학자라면 불교적 신학자도 있고, 유교적·동학적 신학자 등도 있어야 하지만 오늘날 한국 사회의 언어적 삶에서 보면 신학자 하면 으레 기독교 신학자를 지칭하는 것으로 되어 있다. 이것으로써 본인의 종교적 삶과 의식이 주로 기독교적 젖줄로부터 이루어진 것이라는 사실을 밝힌다.

이러한 본인에게 탈근대적으로 동학 경전을 읽어 보라는 요청이 왔다. '동학'이라고 하면 이미 주변에서 특히 '한국적인' 것을 찾는 사고가들에 의해서 많이 탐색되어 왔고, 또한 시인 김지하의 생명사상이나 도올 김용옥 교수의 강연과 책 등에 의해서 크게 의미지어져 오고 있다는 것을 알고 있었지만, 본인이 그 경전을 직접 만난 것은 이번이 처음이었다. 우선 〈전통문화연구회〉 간의 『경전으로 본 세계 종교』 동학편을 읽으면서 전체적인 테두리를 잡았고, 주로 번역된 『동경대전』, 『용담유사』, 『해월신사법설』 등을 보게 되었다.

우선 이 만남을 통해서 얻게 된 첫인상은 동학이 우리 전통의 성리학(유교)과 많이 유사하다는 것이다. 그래서 평소 신학자로서 유교와의 대화에 관심하여 오던 터라 그렇게 생소하지 않았다. 반면 깊이 서구화되었고 세속화된 본인에게 여러 도교적·무교적인 표현들은 낯설었고 쉽게 의미 지을 수가 없었다. 그러나 창시자 자신이 밝힌 대로 이 도道의 시작이 바로 당시부터 거대한 파도가 되어 밀려오기 시작한 '서도西道'에 대하여 일어난 것이고, 그 기초가 우리 고유의 유·불·선 삼도라고 밝힌 것은 참으로 머리를 숙이게 하고 감사한 마음을 금할 수 없게 하였다. 동학이 시작된 이후 100여 년이 넘어가는 오늘, '서도' 또는 '서학'의 위세는 더욱 커져서 지금 지구 전체는 그 세력 아래 놓이게 되었다. 그래서 오늘날 지구상의 모든 비서구인들은 예전에 한국 경주인 최제우나 최시형 등이 가졌던 문제의식을 갖지 않을 수 없게 되었는데, 그것을 이미 먼저 이루어낸 것에 대한 경탄과 감사이다. 우리가 모두 주지하듯이 한국 땅은 지구상 그 어느 곳에서도 예를 찾아볼 수 없을 정도로 인류의 핵심 종교가 꽃을 피운 곳이고, 21세기 현재에도 여전히 활발하게 실행되고 있는데, 그 전통 종교들을 모두 종합하고, 거기서부터 다시 서도와 더불어 대응하면서 하나의 대안적 답으로 찾아낸 것이라면 그것은 분명 인류 모두를 위해서 새로운 지침과 지시가 될 수 있지 않을까 생각하면서 큰 희망과 용기, 도전이 되었다.

그러나 21세기 오늘날의 성性의 혁명과 관련하여 동학이 어떠한 구체적인 대안이 되었고, 거기서의 열매가 서도를 통해서 얻어진 열매와 비교해 볼 때 얼마나 주목 받을 만한가 하면 이 점에서는 그렇게 긍정적인 답을 주기 어려울 것 같다. 물론 우리가 잘 아는 대로 '시천주侍天主'와 '사인여천事人如天', '향아설위向我設位', '인내천人乃天' 등의 사상은 여성의 존재를 다르게 보게 하고, 그래서 수운 자신은 자신의 두 여종을 해방시켜 하나는 양딸로, 하나는 며느리로 맞아들인 일이 이야기되기도 한다. 또한 철학자 김상일은 서구 근대의 태생적 한계를 극복하고 새롭게 대안적으로 제시되는 탈근대주의 서구사고를 '신서학'이라고 이름 지으면서 우리의 동학을 단순히 서학이 아닌 '신서학新西學'과 대비하며 인류 문명사를 '성性의 충돌사'로 본다면 유불도 삼도를 종합한 수운의 동학이야말로 가장 새롭게 여성과 동양의 종교적·철학적 가치를 재발견하게 한다고 말했다.[1]

그러나 이러한 긍정적인 지적들에도 불구하고 동학 지도자들의 개인적 삶뿐 아니라 여전히 '남녀를 엄하게 분별하라'는 공동체 규례 등을 볼 때는 동학이 그렇게 한국 여성들의 삶에 해방적 역할을 하였는가 하면 대답은 반드시 그렇지 않다는 것이다. 그래서 본인은 한국 종교문화사 전개 과정에서 유교 이후 새롭게 등장한 동학, 원불교, 증산교 등보다도 한국 여성들의 삶을 실제적으로 더욱 획기적으로 변혁시킨 도

---

[1] 김상일, 『동학과 신서학』, 지식산업사, 2000, 333쪽.

道는 동학이 비판한 서학 또는 서도(기독교)라고 보는데,[2] 이 두 도道 사이의 어떤 차이에 의해서 그렇게 되었을까를 탐색해 보는 것이 이 논문에서 중심 주제가 될 것이다.

이 두 도가 서로 대면한 이후 또 시간이 흘렀고, 그동안 동학보다는 서도와 서학의 세계에 더 세례를 받은 한국 사회와 여성들의 삶은 또 다른 문제 앞에 직면하게 되었다. 20세기에 본격적으로 도입된 서도를 통해서 이제까지의 어느 전통 종교를 통해서보다도 용이하게 초월자에게 다가갈 수 있었던 한국 여성들은 그 초월자에 대한 신앙을 근거로 자신의 성性의 한계를 획기적으로 극복할 수 있었다. 그러나 거기서의 중보자, 특히 '남성' 중보자에 대한 과도한 집중과, 또한 오늘날 더욱 의식되는 민족적인 자각은 그럼에도 불구하고 다시 동학을 되돌아보게 한다. 왜냐하면 그 동학은 바로 한국 고유의 유·불·선을 포괄하고, 서도에 대한 나름의 대답을 자신의 정체성을 삼기 때문이다. 과연 그 동학이 오늘 21세기 포스트모던 사회를 살아가는 한국 여성들에게도 여전히 의미가 될 수 있는지를 탐색해보고자 한다.

2. 유불도 삼도를 겸하여 나온
   초월의 새 이름 'ᄒᆞᄂᆞᆯ님' (하늘님)

필자는 기독교 여성신학자로서 평소에 기도할 때 항상 명쾌하지 않

---

[2] 이은선, 「한국 종교문화사 전개과정에서 본 한국 여성종교성 탐색」, 『한국사상사학』 제21집, 한국사상사학회, 2003, 573쪽.

은 것이 있었다. 우리 기도의 상대인 궁극자를 호칭할 때 어떤 이름으로 할 것인가 하는 것이다. 여성신학자로서의 자각 후 보통 기독교에서 하듯이 '하나(느)님 아버지'를 쓰지 않은 것은 오래 되었다. 의도적으로 '하나(느)님 어머니'라고 부르기도 하지만, 보통은 성性의 호칭을 떼고 그저 '하나님' 또는 '하느님'으로 부르는데, 이번에는 이 둘 중 어느 것을 써야 할지가 또 명쾌하지 않았다. 한동안 본인의 사고에서는 한글 성경 공동번역본에서 하늘과 관련된 전통적인 우리 관념을 회복한다는 의미에서 쓰기 시작한 '하느님'의 개념이 그 이전의 개역 한글편에서 기독교 유일신관을 분명히 하면서 써 왔던 '하나님' 보다 더욱 성숙한 표현이라는 생각도 있었다. 하지만 그 '하느님'도 결국 '땅'과 대칭되는 의미에서의 '하늘(天)'에서 따온 것으로서 그것은 땅으로 상징되는 여성적인 것보다 남성적인 것을 더 귀하게 여기는 의미이므로 받아들일 수 없는 것이 아닌가 정리하기도 했다. 이와 더불어 '하나님'이란 꼭 배타적인 기독교 유일신관을 나타내는 의미로서가 아니라 결국 세상 만물이 모두 '일자一者'에로 포괄되고 귀의한다는 의미로서의 '하나님'이라면 이 이름이 훨씬 타당하지 않은가 생각하고 있는 중이었다.

그런데 이번에 동학을 읽으면서 전통적 유불도 삼도를 모두 겸하면서 서도(기독교)에 대답하는 의미로 창시되고 전개된 동학에서 'ᄒᆞᄂᆞᆯ님', '천주天主', '상제'가 구체적으로 불려지고 있는 것을 발견하였다. 수운이 경신년(1860) 4월 5일 신비체험을 통해서 신神을 만난 후 한 달 만에 쓴 한글가사 「용담가」에는 그 신을 'ᄒᆞᄂᆞᆯ님'으로 표현해서 불렀고, 그 후 1년 정도 지난 뒤 자신이 깨우친 도를 선포하기위해 최초로 쓴 한문 「포덕문」에는 '천주天主' 또는 '상제上帝'라는 표현을 썼다. 'ᄒᆞᄂᆞᆯ님'이라는 신의 호칭은 『용담유사』에는 모두 24번이 나오고, '천주天主'라는 호칭은 『동경대전』에 모두 13번 나오는 것으로 지적되었다.[3] '천주天主'라는 표현은 수운이 자신이 경외한 신의 이름을 한문으로 표기하기 위해서 그렇게 한 것인데, 우리가 주지하다시피 당시 서학인 천주교의 '천주'와 같은 호칭이어서 당시에도 많은 오해를 불러일으켰다.

잘 알려진 대로 그 후 ᄒᆞᄂᆞᆯ님의 표현이 현대식 한글 표현으로 새롭게 표기되면서 또 변화가 있었는데, 천도교 교리 정립에 일생을 바친 야뢰 이돈화(夜雷 李敦化, 1884~?)에 의해서 당시 'ᄒᆞᄂᆞᆯ'의 사투리 발음인 '한울'과 연결되고, 거기에 '한(큰) 울'(울타리 또는 우리)(대우주 또는 大我)의 의미가 부여되면서 '한울님'으로 고착되었다고 한다.[4] 이러한 고착에 대해서 후대 학자들의 평가는 다양하다. 김용옥은 야뢰의 정리가 지나치게 관념적이고 교리 강요적이었다고 하면서 『용담유사』의 원표기로 복귀하여 우리말의 변화에 따라 '하늘님'으로 표기되어야 한다고 주장한다. 여기서 '하늘(天)'이란 '땅'의 한 짝으로서의 하늘이 아니라 신에 대한 모든 관념을 상상하는 그 무엇이었다고 주장한다.[5] 이러한 논의에 대한 찬반을 떠나서 한국 기독교 여신학자인 본인에게 수운이 그처럼 '하늘님'(또는 하느님: 하늘님에서 우리말의 ㄴ앞에 ㄹ받침이 탈락하는 현상)의 명칭을 썼다는 것은 반갑고 위안이 되는 일이다. 왜냐하면 이 명칭을 쓰게 된다면 오늘날 민족적 자각이라는 요청에 대해서는 그 안에 유불도 삼도를 같이 어우르려는 의도가 있었기 때문에 그 요청이 채워진 것이 되

---

3 김용옥, 『도올심득 東經大全』1, 통나무, 2004, 147-159쪽.
  삼암 표영삼, 『동학 1-수운의 삶과 생각』, 통나무, 2004, 108-113쪽.
4 김용옥, 같은 책, 153쪽.
5 같은 책, 152쪽.

겠고, 또한 하늘(天)이 단순히 땅의 대칭이 아니라 모든 관념을 상징하는 의미라면 궁극자의 명칭에 있어서의 성 차별도 극복된 의미로 볼 수 있기 때문이다. 그래서 본인은 이제부터는 '하나님' 보다도 '하늘님' 또는 '하느님'을 훨씬 더 편안하게 쓸 수 있을 것 같다.

그러나 이상과 같은 신 명칭에서 얻어진 가르침보다도 본인에게 동학이 더욱 다가온 이유는 그의 신적 속성 이해가 매우 광활하기 때문이다. 우리가 주지하다시피 전통적인 기독교 신 이해는 매우 신인동형론적이고 인격신론적인 한정 속에 갇혀 있는 경우가 많다. 이러한 한계 앞에서 본인은 평소 양명학의 이법적理法的이면서 동시에 역동적인 궁극의 이해와 대화를 시도하였고, 거기서부터 전통적인 기독교의 한계를 벗어날 수 있는 가능성을 많이 보았다.[6] 동학을 읽으면서 굳이 수운이 율곡과 다산을 통해서 양명학의 전통을 계승했다는 연구를 들지 않더라도[7] 성리학으로부터 가장 많은 영향을 받았다는 것을 알 수 있었고, 그래서 "누가 뭐래도 동학은 전통 유교 특히 성리학에 대한 한국 민중적인 재해석"[8]이라는 표현이 참 적절하다고 생각했다.

이미 많은 학자들이 밝혔고 지적했지만 동학에서 만난 하늘님은 인격적이면서 동시에 이법적이다. 초월적이면서도 동시에 내재신적이고, 존재의 신이면서도 또한 되어감의 신이고, 존재 안에 모셔져 있으면서 동시에 되어감 자체이기도 했다. 그래서 그의 신론의 특징이 범신

---

6 이은선, 『유교, 기독교 그리고 페미니즘』, 지식산업사, 2003.
7 김상일, 앞의 책, 96쪽.
8 최준식, 『한국의 종교, 문화로 읽는다』2, 사계절, 1998, 308쪽.

론을 넘어서는 '범재신론'으로, 더 세밀하게는 "지기至氣일원론적인 범재신론"으로9 불려지기도 하고, 이와 더불어 조선조 말 최한기의 기학과 더불어 종교적 프로그램으로서 같이 대응되는 파트너로 이야기 되기도 한다.10

이러한 모든 지적들에 대해서 동감하면서, 그러나 여기서 본인이 다른 각도에서 강조하여 지적하고 싶은 것은 수운이 얼마나 뛰어나게 하늘님의 독자성을 존중했는가 하는 점이다. 그는 「포덕문」의 처음을 사람들이 상고로부터 사계절이 변함없이 바뀌고 성하고 쇠하는 것을 하늘님의 조화로 알지 못함을 한탄하는 것으로 시작한다. 또한 그 근대 이래로 온 세상 사람들이 각기 자기 자신만을 위하는 마음으로 천리를 따르지 않고, 천명을 돌보지 않아서 마음이 항상 두렵고 지향할 바를 알지 못한다고 지적한다.11 그의 「논학문」에서 이러한 세태에 대한 대답으로 나온 자신의 동학을 설명하면서 그는 독특하게도 서학이 같은 하늘님에 대한 말이지만 "그 인에는 차례가 없고, 글에 옳고 그름이 없으며, 도무지 하늘님을 위하는 단서는 없고, 다만 자기 몸만을 위하여 빌 뿐(言無次第 書無皂白而頓無爲天主之端 只祝自爲身之謀)"이라고 비판한다. 즉 수운의 눈에 비친 서학이란 하늘님에 대한 진정한 공경이 아니라 그 하늘님을 빙자한 인간 중심주의이며, 자아 중심주의라는 것이다.12

---

9 이정배, 「동학적 세계관과 수행론의 기독교적 이해」, 『한국 개신교 전위 토착신학연구』, 대한기독교서회 2004, 394쪽.
10 김용옥, 앞의 책, 196쪽.
11 『동경대전』, 주해 윤석산, 동학사, 2004, 15쪽.
12 『동경대전』, 71쪽.

이 지적은 오늘날 서구의 탈근대주의(포스트모더니즘) 자신의 근대성이 지녔던 인간중심적·주관주의적 한계를 비판하고, 그 오류의 초월적 근거였던 전통적 신의 죽음을 선포하면서 다시 진정으로 객관과 객체와 세계를 회복하려는 시도와 일맥상통한다. 수운에게 있어서 서도가 비록 하늘님을 더욱 인격적으로 만나게 해 주고, '기도'로써 관계하게 해 주는 면이 있지만, 그가 보기에 궁극적으로 서도는 하늘님을 진정한 상대와 객관으로 만나게 하지 못하고, 결국 그 하늘님조차도 지금 여기와 자아로 함몰시키고 만다는 것이다.

여기에 대해서 수운은 자신의 도를 한마디로 '무위이화無爲而化'라고 밝힌다. 이 무위이화라는 용어는 우리가 잘 알다시피 도교에서 유래한 용어이다. 그것은 인간의 작위와 사욕을 극복하고 온전히 천도天道와 합일되는 경지를 가리킨다. 이 용어는 『동경대전』에 4회, 『용담유사』에 2회 정도 사용되는 빈도가 그리 높지 않은 용어라고 하지만 수운의 사상에서 절대적인 의미를 가지는데,[13] 수운은 당시 물밀듯이 밀려오는 서도의 본질을 잘 파악하고 서도의 의지와 역사와 계획의 도道 대신에 무작위와 자연스러움과 더 큰 우주적 조화의 도道를 제시하며 앞으로 인간이 나아갈 길을 제시하고자 했다.

『동경대전』 등에서 보이는 많은 주술적·도교적 개념들은 본인이 보기에는 이렇게 초월을 진정으로 초월되게 하고, 근대적 서도가 자칫 빠지기 쉬웠던 인간 중심주의와 자아와 의지 중심주의를 극복하게 하며, 이와 더불어 전통적인 유교(성리학)가 갖는 이법성理法性의 한계를 뛰

---

13 박맹수, 「동학과 전통종교와의 관계 -최제우, 최시형을 중심으로」, 『동학사상의 새로운 조명』, 민족문화연구소편, 영남대학교출판부, 1998, 131쪽.

어넘을 수 있게 하는 것이 아닌가 보여진다. 이것과 관련하여 본인에게 인상 깊게 다가온 것 중 하나는 수운이 "주문呪文의 뜻이 무엇입니까?"라는 질문에, "하늘님을 지극히 위하는 글이므로 주문이라고 한다.(至爲天主之學故 以呪言之)"고 대답한 것이다.14 우리는 보통 주문이라고 하면 그 주문을 외우는 사람을 위한 글이라고 생각하기 쉽다. 그러나 수운은 분명히 밝히기를, 주문이란 바로 하늘님을 위한 글이고, 그래서 하늘님은 수운에게 서도에 대신하여 '영부靈符'를 주어 사람들의 질병을 고치게 하고, 주문을 주면서 그 주문을 가르쳐 받아 사람들로 하여금 자신(하늘님)을 위하게 하면 인간에게도 복이 펼쳐질 것임을 약속했다고 말한다.15

잘 알다시피 수운은 그의 「불연기연不然其然」 글에서 우리가 생각하는 이법理法으로 이해될 수도 없고 해명될 수 없는 영역이 있음을 지적한다. 그것을 그는 '불연우불연不然于不然'이라고 표현했다. 물론 수운은 마지막에는 왜 그러하지 않은지를 알지 못하는 까닭에(不知不然) 그러하지 않다고 말하지 않는다고 하면서(不曰不然), 그러한 불연의 일을 조물자에 부쳐보면 그러한 일이 되고(其然), 그러한 것이라고 믿게 된다고 말하지만, 이 글에서도 우리가 읽을 수 있는 것은 수운에게 있어서 만물은 단순한 논리와 유위의 차원을 넘어서서 우주적 무위 이론의 섭리 안에 포괄되는 것을 알 수 있다. 초월의 모습은 무위이화의 '지기至氣'라는 것이다.

---

14 『동경대전』, 79쪽.
15 같은 책, 26쪽.

"묻기를 '강령의 글은 어떤 것입니까?' 대답하기를, '至' 라는 것은 지극한 것을 이르는 것이요, '至氣' 라는 것은 虛靈蒼蒼하며 간섭하지 않는 일이 없고, 명하지 않는 일이 없는 것이다. 그러나 형상이 있는 것 같으나 형상하기 어렵고, 듣는 것 같으나 보기가 어려우니 이 역시 혼원한 하나의 기운이요..."16

수운이 이렇게 초월의 우주성과 무궁성을 지시하며 좁은 인격신적인 테두리를 벗어난 것은 서구 여성신학자들이 그들의 여성해방적 시도를 위해서 전통적인 인격신적인 방법-비록 그것이 신神의 여성적 속성을 들추어 내거나 여신의 이름을 부르는 등의 방법이라 할지라도-이 아닌 전혀 새로운 방법, 즉 신을 더 큰 차원의 우주적 속성으로 그려내는 방법과 상통한다(He나 She가 아닌 It으로서의 하느님). 우주적 진화의 원동력으로서의 하느님, 창조와 진화의 알파점과 오메가점으로서의 신이 말하여진다면 그 신의 모습을 성性의 구별을 포함한 좁은 인간적인 울타리로 한정할 필요가 없고, 수운에게서 보았던 것과 같은 더욱 무궁한 우주생명과 지기至氣, 무위이화의 천도天道로서 그릴 수 있기 때문이다. 이렇게 본다면 동학은 기독교의 한국적 토착화를 위하여 일반적인 의미에서만 최적의 기반이 되는 것이 아니라17 한국 여성신학의 구축을 위해서도 좋은 가르침이 된다고 하였다.

동학의 하늘님은 참으로 하늘님을 하늘님 되게 하고, 그러나 그 하늘

---

16 같은 책, 80쪽.
17 이정배, 앞의 글, 411쪽.

님이 결코 주관과 인간과 만물과 생성, 그리고 심지어는 '귀신'과도 관계없는 것이 아니라 그 모두를 포괄하며, 또한 그것들 자체이기도 한 하늘님에 대한 고백이다. 그리하여, 이것은 오늘날 전 지구적 차원에서 동서가 더욱 만나고, 그래서 전 인류를 위해서 각 종교들의 수렴이 더욱 요청되는 상황에서 참 좋은 한국적 대안이 될 수 있다고 생각한다. 그래서 동학의 도道는 다른 모든 도 위의 '메타 도'라고까지 불리기도 했다.[18]

3. '시천주'의 인간학적·구원론적 의미

하늘님을 하늘님 되게 하고, 기연과 불연의 관계성 속에서 항상 다시 불연의 영역을 남겨 두는 수운에게 있어서 '시천주侍天主'는 그 반대적 표현이다. 수운 자신이 '시侍'를 잘 설명하고 있듯이 시천주란 이 세상의 모든 사람이 자신 안에 신령한 하늘님을 모시고 있다는 것이고, 해월에 의해서 더욱 발전된 형태로 이야기하면 '천지만물이 시천주 아님이 없다(天地萬物 莫非侍天主)'로 요약된다.

이것은 지금까지 어느 종교 전통에서도 쉽게 찾아보기 힘든 초월의 강력한 내재화이고, 이 내재화를 통해서 인간 사이의 모든 차별은 말할 것도 없고, 인간과 동물, 생물과 사물, 천지만물 간의 배타적 차별을 무無로 돌려 버리고 서로가 존재론적으로 연결되어 있으며, 그리하여 전 우

---

18 김상일, 앞의 책, 339쪽.

주적 생명 공동체성 속에 함께 있음을 밝히는 것이다.

우리가 잘 아는 대로 해월 최시형은 수운의 시천주를 여러 각도로 창조적으로 더욱 전개시켜서 '사인여천事人如天', '삼경(三敬, 敬天·敬人·敬物)', '이천식천以天食天', '대인접물待人接物', '천지부모天地父母' 등으로 발전시켰다. 이미 많은 학자들에 의해서 지적되었지만 이러한 동학적 초월의 내면화는 21세기에 더욱 큰 의미로 다가오는데, 왜냐하면 오늘날은 어느 때보다도 물物의 비하가 심각해서, 그 오랜 기간의 억눌림과 천시 받음으로 인한 물物의 반격 앞에 우리 모두가 놓여 있기 때문이다. 인류가 당면하고 있는 각종 환경 재해, 쓰레기 전쟁, 화석 연료의 고갈, 몸의 반란 등은 우리 존재의 삶을 근원에서부터 위협하고 있는 것이다.

"내 항상 말한 때에 물건마다 한울(物物天)이요, 일마다 한울(事事天)이라 하였나니, 만약 이 이치를 옳다고 인정한다면 모든 물건이 다 한울로써 한울을 먹여 기르는 것 아님이 없을지니, 한울로써 한울을 먹여 기르는 것이 어찌 생각하면 이치에 서로 맞지 않은 것 같으나, 그러나 이것은 사람의 마음이 한쪽으로 치우쳐서 보는 말이요, 만일 한울 전체로 본다면 한울이 한울 전체를 키우기 위하여 같은 바탕이 된 자는 서로 도와줌으로써 서로 기운이 화함을 이루게 하고, 다른 바탕이 된 자는 한울로써 한울을 먹여 기르는 것으로써 서로 기운이 화함을 통하게 하는 것이니, … 합하여 말하면 한울로써 한울을 먹여 기르는 것은 곧 한울의 기화작용으로 볼 수 있는데, 대신사께서 모실 시(侍) 자의 뜻을 풀어 밝히실 때에 안에 신령이 있다 함은 한울을 이름이요, 밖에 기화가 있다 함은 한울로써 한울을 먹여 기르는 것을 말씀한 것이니 지극히 묘한 천지의 묘법이 도무지 기운이 화하는데 있느니라."[19] (『해월신사법설』「이천식천以天食天」)

이렇게 사람마다 하늘이요, 물건마다 하늘이고, 일마다 하늘이라고 선포하는 시천주의 의식은 그래서 서도의 경우와는 달리 이 세상의 의미 실현을 위한 별도의 중보자를 필요로 하지 않는다. 서구 기독교의 경우는 인간 나사렛 예수에 의해서 초월의 강력한 내재화 메시지가 전해졌지만, 나중에는 그 내재화의 전달자 자신이 초월로 신격화되었고, 더 나아가서는 그 신격화가 실체론적이고 배타적으로 주장되어서 그것으로 인한 소외가 심각하다. 즉 그 중보자의 역사적 성性과는 다른 성인 여성이 열등한 존재로 주장되거나, 기독교의 예수에 의해 실현된 그리스도가 아닌 다른 모든 신적 화육들을 인정하지 않는 모습이다. 그래서 오늘날 성性의 자각을 가진 여성 그리스도인들은 '과연 남성 그리스도가 여성들을 위한 구원자가 될 수 있는가?(How can a male savior help for woman?)' 라고 물으면서 전통적인 기독교의 그리스도 중심주의, 남성 그리스도에의 우상숭배적 집중을 비판한다.[20] 여기에 대한 대안으로서 일련의 여성신학자들은 남성 그리스도를 대신할 수 있는 여성 그리스도(마리아 등)를 찾기도 하고, 한편으로는 더 근본적으로 중보자에의 집중을 벗어나서 '신 중심적'으로 사고하며 그 신 중심적 신앙의 길이 바로 예수 자신이 살았고 가르쳐 주었던 길임을 밝히고자 한다.

한국 여성신학자로서 이 신 중심적 길을 가는 데 있어서 동학의 시천

---

19 『경전으로 본 세계 종교』, 전통문화연구회, 2001, 329쪽.
20 이은선, 「여성신학과 그리스도론」, 『포스트모던 시대의 한국 여성신학』, 분도출판사, 1997, 84쪽.

주 사고는 많은 도움을 줄 수 있다고 생각한다. 모든 사람과 사물과 일이 이미 하늘이므로 이제 우리에게 필요한 것은 더 이상 어떤 중보자에게 매달리는 것이 아니라 자기 속의 하늘을 더욱 갈고 닦는 일이며, 만물 속의 하늘을 더욱 풍요롭게 하는 일이 되기 때문이다. 해월은 이것은 '양천주養天主'로도 표현했는데, 우리가 잘 알다시피 해월에게 있어서 이 양천주의 길이 어느 정도로 구체적으로 육화되었는가 하면 그는 우리의 매 식사를 곧 '제사祭祀'로 보기 때문에 금 간 그릇이나 이 빠진 그릇에 먹지 말고, 살생하지 말고, 삼시를 부모님 제사같이 받들라고 권고했다.21 그가 오랜 기간을 쫓기면서 도피생활을 할 때도 어디를 가든지 흐트러져 있는 짚을 엮어서 누구라도 신을 수 있게 짚신을 엮어 놓았다든가, 베틀 짜는 여인을 보고서 바로 하늘님이 베를 짜고 있는 것이라고 했다는 이야기는 유명하다. 이러한 정신에서 그는 매 일상의 삶에서 스스로를 그리스도로 화하게 하는 가르침으로서 모든 사람과 만물을 하늘님으로 대하는 데 지침이 되는 '십무천十毋天'의 가르침을 주었다.22

  1. 한울님을 속이지 말라
  2. 한울님을 거만하게 대하지 말라.
  3. 한울님을 성니게 하지 말라.
  4. 한울님을 어지럽게 하지 말라.
  5. 한울님을 일찍 죽게 하지 말라.

---

21 『경전으로 본 세계종교』, 359쪽.
22 같은 책, 380-381쪽.

6. 한울님을 더럽히지 말라.

7. 한울님을 주리게 하지 말라.

8. 한울님을 허물어지게 하지 말라.

09. 한울님을 싫어하게 하지 말라.

10. 한울님을 굴하게 하지 말라. (『해월신사법설』「십무천」)

이번 동학과의 만남을 통해서 본인에게 특히 의미 있게 다가온 것은 '심고心告'의 기도법이었다. 그리스도인들도 식사 때마다 기도하고, 아침에 일어나고 잠자리에 들 때, 어느 장소에 갔을 때 등 생활 속의 기도가 낯선 것은 아니지만 내 안에 내재한 하늘님을 살아계신 부모님을 모시고 섬기듯, 가장 가까운 애인과 친구에게 고하듯, 일상의 매사에 있어서 사사건건 하늘님께 고하는 행위는 동학의 도가 얼마나 하늘님을 존중하고 가깝게 모시는가를 생생히 알 수 있게 해 주었다. 예수도 당시 아무도 생각할 수 없었던 방식으로 하늘님을 '아버지'라고 부르며 하늘님을 깊이 느꼈던 것인데, 그 예수가 어느 정도로 하늘님과 가깝게 지냈는가를 상상해 볼 수 있는 좋은 계기가 되었고, 그래서 본인도 이 심고를 알고 나서는 더욱 자주 하늘님께 보고 드리는 일을 하고 싶다.

"잘 때에 '잡니다' 고하고, 일어날 때에 '일어납니다' 고하고, 물길러 갈 때에 '물길러 갑니다' 고하고, 방아 찧으러 갈 때에 '방아 찧으러 갑니다' 고하고, 정하게 다 찧은 후에 '몇 말 몇 되 찧었더니 쌀 몇 말 몇 되 났습니다' 고하고, 쌀 그릇에 넣을 때에 '쌀 몇 말 몇 되 넣습니다' 고하옵소서. … 일가 집이나 남의 집이나 무슨 볼 일 있어가거든 '무슨 볼 일 있어 갑니다' 고하고, 볼 일 보고 집에 올 때에 '무슨 볼 일 보고 집에 갑니다'

고하고, 일가나 남이나 무엇이든지 줄 때에 '아무것 줍니다' 고하고, 일가나 남이나 무엇이든지 주거든 '아무것 받습니다' 고하옵소서."[23] (『해월신사법설』「내수도문」)

위에서 본대로 수운에 따르면 주문이란 하늘님을 섬기고 위하는 글이다. 주문을 염송하는 것은 염송하는 자의 욕구를 채우기 위해서, 원하는 것을 달성시키기 위해서 행하는 것이 아니라 하늘님 자신을 위하고, "스스로가 공이 없어서 법으로 세상을 가르칠 사람을 찾으신다(曰 余亦無功 故生汝世間 敎人此法…)"는 하늘님의 세상을 위하는 소망을 위해서라는 사실을 이번에 깨닫게 되었다. 그래서 본인은 이 깨달음에 따라 지금까지 형식적인 예배 때나 암송하던 '주기도문(Lord's Prayer)'을 수시로 암송해서 하늘님께 올리고, 그 숫자를 더욱 늘려나가서 하늘님을 위해 드리고자 노력하게 된다.

이렇게 초월의 급진적인 내면화를 기반으로 이루어졌던 동학의 여러 의례법과 수행법들은 어느 신격화된 한 중보자에게 집착한다거나 찰나적인 심적 변화에만 몰두하지 않는다. 앞에서도 지적했지만 한 종교 전통에서 형상(중보자)에 과도하게 집중하게 될 때는 그 형상이 자칫 우상화되기 쉽고, 그 우상화의 과정 속에는 필시 그 우상에 비추어서 합해지기 어려운 존재들을 소외시키는 과정이 포함되므로 오늘날 거기서 배제되는 여성들, 비서구인들, 타종교인들, 물질 등의 해방을 위

---

[23] 같은 책, 351쪽.

해서는 위에서 살펴본 동학의 가르침들이 크게 의미롭다.

> "우리 도는 넓고 매우 크나 간략하다. 많은 말과 뜻이 필요하지 않고 별도의 다른 도리가 있는 것이 아니다 오직 誠·敬·信 세 글자, 그 가운데서 오직 공부하여 투철한 뒤에 깨달을 수 있다."24 (「座箴」)

수운은 당시 고목처럼 말라빠졌고, 여전히 착취하는 지배 이데올로기였던 유교를 비판하고 극복하려 했지만 거기서의 수행을 위한 기본적인 덕목들은 그대로 인정하며 자신 수행법의 기초로 삼았다. 한편 그는 다음과 같은 말도 했다. "인의예지는 먼저 성인께서 가르치신 바요 수심정기는 오직 내가 다시 정한 바이다.(仁義禮智 先聖之所敎 修(守)心定氣 惟 我之更定)" 여기서 '수심'의 '수' 자를 어느 것(修 또는 守)으로 취하느냐에 따라서 달라지는 여러 수행법의 차이들—믿음이냐 행위냐, 점진적인 수행이냐 한 순간의 깨달음이냐, 삶의 지속적인 성화냐 종교적인 각이냐—에 대해서도 논할 수 있겠지만, 본인에게 전통의 성리학이나 동학이 특히 의미 있게 다가오는 이유는 어떤 외부적이고 고정화된 그리스도에 집착하는 것이 아니라 자신을 포함해서 이 세상 모든 사람과 만물과 사건을 그리스도화 하려는 '진지성(敬)'과 '지속성(誠)' 때문이다. 그러나 그것도 초월에 대한 '신앙(信)'이 없으면 되지 않는 일이다. 성誠·경敬·신信 세 글자는 그래서 본인에게도 가장 큰 지침이 된다.

---

24 『동경대전』, 212쪽.

4. 그러면 과연 동학의 방법이 얼마나 효과적이었나?
: 동학을 통한 여성 해방과 후천개벽

우리가 잘 알다시피 이 세상의 만물을 시천주로 본 동학의 급진적 세계 이해는 많은 사회개혁적 프로그램들을 가능케 했고, 지금까지의 선천의 세계를 넘어서 후천의 세계를 꿈꾸는 '다시 개벽'(후천개벽)의 사고를 전개시켜 전체 인류 문명사의 새 지평을 열어나가고자 하였다. 당시 조선조 말의 신분 차별이나 적서 차별, 어린이 무시의 철폐와 더불어 특히 여성의 인간화와 해방을 위한 동학의 공헌은 매우 선구적이었다. 이미 지적했듯이 수운은 자신의 여종 둘을 해방시켜 한 명은 양딸로, 한 명은 며느리로 맞아들였다고 한다. 수운보다도 해월의 삶과 글에 나타난 여성 존중은 참으로 혁명적이다.

해월에 따르면 "부인은 한 집안의 주인(一家之主)"이다. 또한 그는 "부인 수도는 우리 도의 근본이다."라고 선언하였다. 그의 전망에 따르면 앞으로는 '부인 도통道通'이 많이 나서 그것을 통해서 사람 살리는 이가 많아질 것이라고 한다.[25] 이러한 여성에 대한 혁명적인 사고는 당시 우리나라의 다른 신종교 지도자들—원불교의 소태산이나 증산교의 강증산—에게서도 보이는데, 해월은 여성 수도자들을 위한 구체적인 지침(〈內則〉과 〈內修道文〉)들을 짓고 발표하기까지 했다.(1890년 11월)

해월의 「내칙」과 「내수도문」은 마치 말하는 것처럼 알기 쉽고 찬찬

---

25 『경전으로 본 세계종교』, 331쪽.

하게 여성들 일상의 삶과 일-부부화순, 부모공경, 태교를 포함한 육아, 밥짓고 설거지하고 상차리는 법, 일가친척 교제 등-에 대한 조언을 아끼지 않는데, "각별히 조심하옵소서", "고하옵소서", "받드옵소서" 등의 경어를 사용하면서 집안의 주인으로서의 여성들에 대한 존중을 절절히 표현하고 있다. 당시 문자 해독 능력이 없던 대다수 여성 수도자들의 수도를 위해서 '부인수도는 우리 도의 근본'이라고 선언한 해월답게 다음과 같은 부탁을 첨부한다.

> "이 내칙과 내수도하는 법문을 첩상 가에 던져 두지 말고, 조용하고 한가한 때를 타서 수도하시는 부인에게 외워 드려, 뼈에 새기고 마음에 지니게 하옵소서. 천지조화가 다 이 내칙과 내수도 두 편에 들었으니, 부디 범연히 보지 말고 이대로만 밟아 봉행하옵소서."[26] (『해월신사법설』「內則」)

이러한 동학 선구자들의 여성 존중 정신은 후에 『부인』이라든가 『신여성』 등 우리나라 최초의 여성잡지들을 창간시켰고, 동덕여학교 등의 교육사업으로 확장되었다는 것은 잘 알려진 사실이다.

그러나 이렇게 동학에서 여성을 초월에 근거해서 하나의 독립적인 인격체로 본 것은 그 이전 시대에 비해서 크게 진보한 것이지만, 그럼에도 불구하고 여전히 과거 전통의 잔존을 쉽게 찾아볼 수 있다. 수운은 동학도인들이 지켜야 할 여덟 가지 규율을 이야기하면서 '유부녀의

---

[26] 같은 책, 388쪽.

방색'을 경계하였고, 그의 부인 박씨는 1861년 여름부터 수운이 포덕을 시작하자 많은 이들이 찾아와서 수양딸과 더불어 하루에 30~40명씩 식사를 대접하기 위해 쌀을 씻느라 손목이 아플 지경이었고, 후에 수운이 처형되고는 어린 자식들을 데리고 강원도와 충청도 산간지역으로 피신해 다니다가 결국 굶주림과 정신적 고통으로 49세의 나이로 일생을 마쳤다. 해월은 공동체 안의 화합을 위해서 지켜야 할 생활 덕목을 제시하면서 "남녀를 엄하게 구별하라"는 조항을 실천 십 개 조 중 하나로 삼았다. 또한 오늘날 현재 천도교 교단의 요직에 여성들이 전혀 눈에 띄지 않는 것이 지적되기도 한다.[27] 이 지적과 더불어 본인에게 의문으로 다가온 것은 해월이 두 명의 부인에 이어서 62세의 나이로 26세인 손병희의 누이를 다시 부인으로 맞이한 일이다. 물론 첫째 부인이 병들어 있어서 병수발에 힘을 쏟는 상황이었고, 둘째 부인은 세상을 뜬 후라고는 하지만 이해하기가 힘들었다.[28]

그러면 어떻게 이처럼 어느 사고제세보다도 강력하게 여남의 평등을 펼칠 수 있는 근거를 갖추었던 동학의 세계에서 실제는 다른 모습을 보이게 된 것일까? 여느 고등종교의 예에서도 보듯이 초기의 개혁 정신이 시간과 더불어 퇴색된 것이라고 설명하기도 하지만, 이것만으로는 모두 이해되지 않는다. 우리는 앞에서 동학의 급진적인 초월의 내면화는 각 존재자의 신적 가능성을 어느 종교보다도 확고히 신뢰한 것이기 때문에 세계 의미 실현을 위한 특별한 중보자를 필요로 하지 않았고, 그래서 이러한 특성은 중보자의 역사성 때문에 딜레마에 빠져 있는 여

---

27 최준식, 앞의 책, 393쪽.
28 표영삼, 『동학2-해월의 고난역정』, 통나무, 2005, 149쪽.

성 그리스도인들에게 좋은 가르침이 될 수 있다고 지적하였다. 그러나 현실에 있어서는 한국의 근대 여성들이 동학을 통한 주체성 회복보다는 기독교의 전래와 더불어 더욱 보편적으로 주체로서 의식이 깨어난 것을 알 수 있다. 그렇다면 인간적 중보자가 제안된 것이-비록 그 인간성이 남성적으로 규정되었다 하더라도-그렇지 않고 모두 각자의 자발성과 스스로의 일에 맡겨진 경우보다 오히려 실천적인 힘을 발휘하는 것이 아닌가 생각하게 된다. 그리스도인이 된 각자의 여성들은 중보자의 구체적인 역사와 인간성에 근거해서 자신들 인격의 독립성을 보다 용이하게 자각할 수 있었고, 그럼으로써 비록 동학이 이 세계의 어느 종교보다도 빠르게 성장한 종교라 하더라도 서도인 기독교의 영향력을 따라 잡을 수 없게 되지 않았을까 생각해 본다.

동학에서 "인류 문화 양식 전체에 대한 대전환의 선언"을[29] 의미한다고 평가되는 '향아설위법向我設位法'은 해월 때부터 비롯된 혁명적 제사법이다. 지금까지는 제사를 지낼 때 조상이 저편에 있는 것으로 생각해서 벽을 향해 설치하던 제사상과 위폐를 앞으로는 제사 지내는 나 자신을 향해서 설치하도록 가르친 의식이다. 해월은 그러한 향아설위의 우주론적 근거를 다음과 같이 설명하고 있다.

'나의 부모는 첫 조상으로부터 몇만 대에 이르도록 혈기를 계승하여 나에게 이른 것이요, 또 부모의 심령은 한울님으로부터 몇만 대에 이어 나에

---

[29] 『경전으로 본 세계종교』, 371쪽.

게 이른 것이니 부모가 죽은 뒤에도 혈기는 나에게 남아 있는 것이요, 심령과 정신도 나에게 남아 있는 것이니라. 그러므로 제사를 받들고 위를 베푸는 것은 그 자손을 위하는 것이 본위이니, 평상시에 식사를 하듯이 위를 베푼 뒤에 지극한 정성을 다하여 심고하고, 부모가 살아계실 때의 교훈과 남기신 사업의 뜻을 생각하면서 맹세하는 것이 옳으니라."30 (『해월신사법설』 「향아설위」)

시인 김지하는 이 향아설위의 제사법이란 바로 전통적인 제사법에서 '나'를 중심으로 잃어버렸던 오늘을 회복하는 것이라고 설명한다. 즉 전통의 향벽설위에서 제사 지내는 자가 자신의 노동으로 마련한 음식들을 벽을 향하여 차려놓고서 모든 희망을 미래에 투사시킴으로써 가장 중요한 오늘을 희생시켰는데, 향아설위란 현재 제사지내는 나, 내 속에 살아 있는 한울님, 혹은 우주적 생명을 전체적으로 실현함으로써 행복이나 낙원을 '지금 여기에서' 이루고자 하는 방법이라고 한다.31 오늘날 한국 여성들 중에는 이러한 향아위설에 입각해서 서구나 한국의 전통적 가부장주의를 비판하고 스스로를 위해 제사 지내는 방법을 실천하는 이도 있다.32

그러나 과연 이와 같은 정도로 초월을 지금과 이곳으로 끌어들이고, 자기 자신 안으로 내재화시키며, 일상의 밥으로 탈 신성화시키는 방법이 과연 사람들로 하여금 얼마나 지속적으로 초월(하늘님) 관계할 수 있

---

30 같은 책, 374쪽.
31 김지하, 『동학이야기』, 솔, 1994.
32 이하천, 『나는 제사가 싫다』, 이프, 2000.

게 하느냐 하면 그 대답은 그렇게 긍정적이지 않다는 것이다. 앞에서 보았듯이 중보자 없이 초월과 관계하는 방법이 현실에서는 그렇게 잘 기능하지 않았던 것처럼 모든 의식과 절차를 탈신성화시키고-해월은 '청수' 한 그릇으로 모든 제사 음식을 대신하게 했다-미래와 내세라고 하는 불연의 세계를 지금 여기에로 끌어들이며, 한마디로 '하늘'을 다시 '나'에게로 집중시키는 방법은 자칫 그 교 자체의 존립을 위협하게 된다. 본인은 직접 참여해 보지 못했지만 오늘날 천도교 종교 의례인 시일식에 참여해 본 한 종교학자에 의하면 서울 경운동에 있는 대교당 자체의 모습에서 거의 종교적인 체취가 느껴지지 않았고, 전체적인 의례에서도 마치 무슨 세속적인 기념식 같은 정도로 여겨졌다고 한다.[33] 우리가 잘 알다시피 유교와 마찬가지로 동학(천도교)도 따로 구별된 성직자 그룹을 두지 않는다. 일상과 세속과 이 세상 속에서 도道를 실현시키려는 유교나 동학은 그 강력한 세속화가 잘 실천될 때에 오늘날의 탈신성의 시대에 큰 의미를 가지시민, 지칫하면 앞에서 우리가 동학의 여성 해방이나 향아설위법의 실행과 관련하여 보았듯이 다시 초월 자체를 망각하게 되고, "각기 자신만을 위하는 마음으로 천리를 따르지 않고, 천명을 돌아보지 않게 되며", 수운이 서도를 비판하면서 했던 지적인 "도무지 하늘님 위하는 단서가 없고, 다만 자기 몸만 위하여 빌 따름"인 경우가 스스로 되기 쉽다는 것이다. 오늘날 천도교 궁을 영부의 형상과 주문, 청수의 예식들이 처음 원래 뜻대로 힘 있는 사회개벽과 전 우주적 생명공동체를 위한 후천개벽의 매개가 되지 못하고 한갓 개

---

33 최준식, 앞의 책, 425-426쪽.

인적 욕망을 위한 미신적 주술로 전락하지는 않았는지 돌아볼 일이다.

김지하를 포함해서 이미 많은 사람들이 지적했지만 본인에게도 동학의 가르침 가운데서 가장 크게 와 닿은 것은 그의 '경물敬物' 사상을 통한 전 우주적 생명 공동체에 대한 비전이었다. 수운의 시천주, 무위이화의 사고 속에서 배태되어서 해월의 삼경과 후천개벽 등의 사고에서 더욱 펼쳐진 전 우주적·영성적 신문명에의 지향은 70-80년대 이후 서구에서 전통적·가부장적 근대주의를 비판하면서 우주의 생태 공동체를 지향하는 서구의 '에코페미니즘ecofeminism'을 연상시킨다.34 근대 기술 문명으로 인해서 우리 삶의 집인 지구 자체가 크게 위협을 받자 다시 그 집의 생명됨과 어머니됨을 들추어내고, 인간과 더불어 모든 생명 종이 한 자매됨을 밝히고, 우리 모두가 그 어머니 젖줄로부터 생명을 얻고 산다고 하는 잊혀진 진리를 회복하려는 것이다.

해월이 '후천개벽'이란 용어를 처음으로 사용한 것은 관의 동학 탄압이 극심해지는 가운데 1891년 1월 19일자로 도인들이 더욱 건실한 생활 자세로 수행할 것을 권면하는 한 통유문通諭文을 통해서였다고 한다.35 해월은 동학이 미래 인류의 대안이라는 신념을 가지고 있었다. 선천은 물질개벽이고 후천은 '인심개벽人心開闢'인 후천개벽의 시대에서 그는 인간은 물론이고 자연과 사물을 포함한 전 존재의 해방과 구원을 꿈꾸었다. 해월에게 있어서 천지는 곧 우리의 부모이고, 사람이 어

---

34 전현식, 「에코페미니즘에서 바라본 죄와 악」, 『생태신학 강의』, 변선환아키브/동서종교신학연구소 편, 크리스천헤럴드 2006, 54쪽.
35 표영삼, 『동학』 2, 182쪽.

렸을 때 그 어머니 젖을 빠는 것은 곧 천지의 젖이요, 자라서 오곡을 먹는 것도 또한 천지의 젖이다. 그에 따르면 사람은 사람을 공경함으로써 도덕의 최고 경지에 이르는 것이 아니라 거기서 더 나아가서 물건을 공경함에 이르러야 천지기화天地氣化의 덕에 합일될 수 있다.36 다음과 같은 해월의 설법은 참으로 명료하게 그러한 사고에서 나온 그의 만물을 위한 생태 공동체의 지향을 잘 드러내준다.

"만물이 시천주 아님이 없으니 능히 그 이치를 알면 살생은 금치 아니해도 자연히 금해지리라. 제비의 알을 깨치지 아니한 뒤에라야 봉황이 와서 거동하고, 초목의 싹을 꺾지 아니한 뒤에라야 산림이 무성하리라. 순수 꽃가지를 꺾으면 그 열매를 따지 못할 것이요, 폐물이라고 다 버리면 부자가 될 수 없느니라. 날짐승 삼천도 각각 그 종류가 있고 털벌레 삼천도 각각 그 목숨이 있으니, 물건을 공경하면 덕이 만방에 미치리라."37 (『해월신사법설』「待人接物」)

현대 페미니즘 인식 방식으로서 전통적인 차가운 남성적 분리 의식 대신에 대상의 상황과 아픔을 세밀한 감수성으로 포착해서 그 대상과 더욱 하나 되는 여성적 인식 방식이 있는데, 이러한 현대 페미니즘이 지향하는 인식 방식이 이미 해월에게서 뛰어나게 실현된 것을 본다. 천지를 우리 부모이고, 어머니 젖줄로 비유한 해월은 그래서 여성들에게 설거지 가신 물을 버릴 때도 조심스럽게 버리고, 가래침이나 코를 함부

---

36 『경전으로 본 세계종교』, 379쪽.
37 같은 책, 393쪽.

로 뱉거나 풀지 말며, 그것은 곧 우리 천지 부모님 얼굴에 뱉는 것이라고 지적하였다. 아이가 딱딱한 나막신을 신고 땅을 마구 디디는 것도 매우 가슴 아파하던 그는 말하기를,

> "땅을 소중히 여기기를 어머니의 살같이 하라. 어머님의 살이 중한가, 버선이 중한가. 이 이치를 알고 공경하고 두려워하는 마음으로 체행하면, 아무리 큰 비가 내려도 신발이 젖지 아니 할 것이니라. 이 현묘한 이치를 아는 이가 적으며 행하는 이가 드물 것이니라."[38] (『해월신사법설』「誠·敬·信」)

자신 부모의 마음도, 인간의 마음도 잘 헤아리지 않는 오늘날의 세태에 비해서 땅의 마음, 무생물의 마음, 미물의 마음, 더 나아가서 물건과 폐물의 마음까지 헤아리는 해월의 마음이란 참으로 인류 문명사에서 새로운 우주 생명 공동체를 위한 귀한 지침이 된다고 하겠다. 오늘날 현실의 천도교 공동체에서 이 마음이 얼마나 구체적으로-환경운동이나 각종 사회사업 등-실행되고 있는가의 여부를 떠나서 여기서 실현되고 육화된 '시천주'와 '삼경'과 '인내천'의 마음이야말로 앞으로 인류가 동서양의 구분을 넘어서, 여남의 구분, 인간과 기계의 구분도 넘어서 지향하고 실천해야 할 한국적 사고가 제안한 큰 이상인 것이다.

---

[38] 재인용, 최준식, 앞의 책, 408쪽.

5. 마무리하는 말

  지금까지 한국 페미니스트 신학자로서 동학과의 만남을 세 가지 관점에서 살펴보았다. 서구에서 전래된 기독교를 신앙하고 탐구하는 신학자에게 일깨워진 민족적 자각을 유불도 삼도를 종합하고 서학과 대응하면서 나온 동학의 초월관이 많이 달래 주었고, 남성적 중보자에 집중해 있는 기독교의 구원관 때문에 어찌 해 볼 수 없는 딜레마에 놓이게 된 여성신학자에게 동학의 사고는 다시 신 중심적으로 사고하며 실천적으로 살아갈 수 있는 가능성을 보여주었다. 그러나 다시 현실에서 그러한 동학의 급진적인 내재화는 종교로서의 동학의 존립 자체를 위협하는 요인이 될 수 있음을 보면서 지속적으로 초월성을 담지하게 하는 장치로서의 중보자, 성직자, 예배의식의 세련화에 대한 숙고가 요청되는 것을 보았다. 여기서는 다시 서학인 기독교도 도움을 줄 수 있다. 후천개벽의 시대에 전 우주적 생명 공동체를 꿈꾸면서 보여주었던 동학의 사고는 참으로 뛰어난 것이었다. 동서의 어떤 페미니스트보다도 더 페미니스트적인 삶과 사고를 가졌던 동학의 선구자들은 참으로 우리들의 삶을 일깨워 준다.

  그러나 본 논문에서는 바로 그 동학이 당시 외세의 침략과 기득 세력의 부패로 인한 망국의 현실 앞에서 얼마나 '보국안민輔國安民'을 부르짖으며 애국적·민족주의적 사회운동으로서 역할하였는지는 살피지 못했다. 관과 기득 세력의 탄압 앞에서 참다 참다 일어난 동학의 〈교조신원운동〉과 그 과정 속에서 쓰인 많은 통문들, 의송단자, 상소문들은 동학이 유불선 삼도를 통합한 도로서 결코 이단이 아니라는 점과 서양과 일본의 외세 앞에서 나라를 지키고 의리를 다하고자 하는 것이 그들의 큰 소원이라는 점을 절절히 밝히고 있다.[39] 이러한 민족주의적 보국사상이 다른 종교 체계에서는 찾아보기 힘든 주요한 특징이 되는데, 이것이 한계도 되겠지만 오늘날 21세기 한반도가 국제적으로 처한 상황을 살펴볼 때 다시 경청해야 하는 이유이기도 하다.

당시 신원운동은 받아들여지지 않았고, 더욱 거세진 동학농민운동은 짓밟혔다. 그렇게 목소리를 높여서 "나라를 바로 도와 백성을 평안하게 하는" 계책을 가지고 있다고 외쳤지만 들려지지 않았다. 오늘 다시 21세기로 넘어간 상황에서 한반도는 여전히 지구의 화약고 자리를 벗어나지 못하고 있고, 그래서 한 학자는 오늘날 우리가 동학을 다시 의미지우는 일은 "제2의 신원운동"이 된다고 보았다.[40] 그러나 동학은 궁극적으로 동양과 서양을 아우르고, 인간과 자연을 모두 포괄하며, 우주 전체의 만물을 위한 도道로서 자기 자신을 자리매김한다. 21세기 신원운동은 그래서 좁은 의미의 민족주의의 한계를 넘어서서 범지구적이고 범인류적인 차원으로 확장되어야 하는 과제 앞에 놓여 있다. 거기에는 동서의 구분도, 여남의 구분도, 자연과 문명의 구분도, 인간과 기계의 구분도 넘어서서 모두를 위한 우주 생명 공동체에로의 지향만이 남게 될 것이다.

---

39 삼암 표영삼, 앞의 책, 193쪽.
40 김상일, 앞의 책, 4쪽.

기독교와 동학의 만남
: 영과 지기를 중심으로

권진관 (성공회대)

1. 서론 및 방법론

수운 최제우(1824~1864)는 19세기 말 조선이 서구 열강과 일본의 제국주의적 침략의 위험 속에서 민족의 사손을 지키고, 불안하여 흩어진 민중들을 안심시키고 모으기 위할 뿐 아니라, 나아가서는 '개벽 후 5만 년' 만에 처음으로 새로운 세상을 열 수 있는 도가 될 것이라고 확신하면서 동학을 세웠다. 수운은 동양의 전통 속에 있는 신앙의 흐름들을 창조적으로 결합하고 재해석하여 가장 인간적이고 사회 해방적이며 생태 구원적인 종교인 동학을 시삭하였다. 기독교가 유일신 종교이면서 신을 영으로 보고 있는 것과 마찬가지로 동학도 한울님(天主)을 지기至氣로 본다. 예수의 공생애는 성령 강림의 사건으로부터 시작되었다. "주의 영이 내게 내리셨다. 주께서 내게 기름을 부으셔서, 가난한 사람들에게 기쁜 소식을 전하게 하셨다. 주께서 나를 보내서서, 포로된 사람들에게 자유를, 눈먼 사람들에게 다시 보게 함을 선포하고, 억눌린 사람들을 풀어주고, 주의 은혜의 해를 선포하게 하셨다."(눅 4:18). 동학의 최제우는 36세에 크게 깨닫고, 1년 후 21자의 주문을 지었는데, 그것은 "지기금지至氣今至 원위대강願爲大降"(지극한 기 여기 이 몸에 접하여 크게 강림하시기를 원합니다)으로 시작한다. 그리고 본주문인 "시천주 조화정 영세불망 만사지"가 이어진다. 예수가 30이 조금 넘어 약 3년간 공적으로 선교 활동하다가 국가 변란죄로 정치권력자에 의해서 극형인 십자가형에 처해져 죽음을 당했던 것처럼, 이와 비슷하게 최제우는 나이 40세에 약 3년간 공적인 선교 활동을 하다가 국가변란죄로 '효수경중梟首警衆'의 극형으로 참형당했다(1864년).

동학 경전에서 나타나는 지기至氣 혹은 기氣와 기독교의 성령 혹은 영은 서로 많은 공통점을 가지고 있다. 공통점이 있을 뿐 아니라, 거의 같다고 할 정도로 유사하다. 그럼에도 불구하고 기독교의 영과 동학의 지기는 서로 다른 문화와 종교에 뿌리를 두고 있어서 각각 자신의 고유하고 독특한 종교적·철학적·우주론적, 정치-사회적 내용을 담고 있다.

우리 인간들은 다양한 경전들의 영향 하에 있으며, 따라서 우리의 영적인 내면 세계에는 이 다양한 경전의 내용들이 함께 어우러져서 나름대로 합일을 이루고 있다고 하겠다. 동학의 지기와 기독교의 영을 가까이 접근시켜 보면, 이 둘 사이에는 상호 대화가 자연스럽게 일어나, 서로 영향을 주고받으며 우리 안에서 더 큰 합일로 나아가게 될 것이다. 이 논문에서는 이러한 자연스러운 과정을 좀 더 논리적으로 밝혀 보려고 한다. 이를 위해서 기독교와 동학에서 말하고 있는 영과 지기가 무엇인지를 먼저 살펴보고자 한다. 그런 연후에, 동학의 지기 개념을 가지고 기독교의 영론 혹은 성령론의 내연적인 확장을 모색해 봐야 할 것이다. 서양 기독교 신학이 가지고 있는 성령론의 한계를 부수고 성령과 영에 대한 이해가 확장될 수 있도록 도울 수 있는 개념, 상징 등이 동학의 지기 사상 속에 있는지를 살펴보아야 할 것이다. 이것은 마치 위르겐 몰트만을 비롯한 많은 현대의 신학자들이 유대 신비전통인 카발라 전통의 쉐키나 개념에 힘입어 신론 혹은 성령론을 내용적으로 확장 혹은 변혁해 냈던 것과 맥을 같이 한다.[1] 본 연구자는 동학의 지기 사상에 힘입어, 서양 신학계가 발전시켜 온 생명의 영으로서의 성령론과 대화하여, 오늘날의 우리의 생태계와 민중의 생명의 위기 상황에 보다 잘 응답할 수 있는 성령론적 신학을 모색해 보려고 한다.

먼저, 이 연구에서 사용되고 있는 방법론에 대해서 간단히 언급해 보자. 본 연구에서는 다음과 같은 세 가지의 기준을 방법적인 틀로 삼고 논의를 전개해 보려고 한다. 그것은 첫째로, 수사학적인 방법이다. 수사학에서 가장 중요한 것은 설득력이다. 동서고금의 문헌에는 설득력 있는 글들이 존재한다. 우리는 동서고금의 작품들 속에서 민중의 해방을 위해 좋은 것들을 수용하며, 그것을 신학이라고 하는 형식을 가지고 새롭게 쓴다. 포스트모던 시대에서의 신학은 다양한 시대적 전통들로부터 필요한 사상들을 취사선택(eclecticism)하는 경향이 있듯이,[2] 본 논문

---

[1] 쉐키나 사상과 성령론을 연결시킨 작품으로서 다음을 들 수 있겠다. Juergen Moltmann, *Der Geist des Lebens– Eine gazhietliche Pneumatologie* (Muenchen: Chr. Kaiser Verlag, 1991). 위르겐 몰트만, 『생명의 영』, 대한기독교서회, 1992, 74쪽 이하. Michael E. Lodhal, Shekhinah/Spirit , New York: Paulist Press, 1992.

[2] Stanley J. Grenz, *Primer on Postmodernism*, Grand Rapids, Mich.: Eerdmans, 1996, 19쪽. 이 책에서 저자는 문화적 다원화가 구가되고 있는 시대는 새로운 스타일 즉 포스트모던의 스타일인 취사선택(절충주의), 즉 eclecticism을 요구한다고 주장하고 있다.

도 다분히 취사선택적인 방법을 사용하되, 민중에게 가장 해방적이고 희망을 줄 수 있는 개념, 분석, 상징, 이미지 등을 가장 설득력 있게 엮어 쓰는 방법을 추구할 것이다. 신학은 실체들을 분석하고 종합하는 학문이 아니라, 모든 사회와 세계의 구성원 각각이 내적으로 정돈 및 충만하고 그들 사이(間)가 정의롭고, 평화로우며, 조화가 있게 하는, 그 근원, 즉 보이지 않지만 실재적인(real) 그 근원적인 힘의 본질과 기능에 대해서 그리고 우리 인간이 그 힘과 어떤 관계를 맺을 수 있는가를 말하는 학문이다. 신학은 이러한 신적인 힘을 말할 때에 해방과 희망을 제공하는 데에 설득력을 가지는 것을 최고의 목표로 하는 가설적(fictive) 작업이다.[3] 이 논문을 전개하는 데에 있어서 오늘날의 신자유주의적 세계화의 비인간적이며 생태파괴적인 상황 속에서 대안적인 세계관과 삶의 방식 등 해방적인 메시지가 담겨 있는 사상, 이미지, 개념, 언어, 상징들을 발견해 내고 그것들을 체계적으로 재구성하여 설득력 있는 작품으로 형성해 내는 것이 오늘날의 신학의 우선적인 과제라고 생각한다. 그렇다면, 우리에게 필요한 것은 다른 종교 전통에 들어가 기독교가 그동안 가지고 있지 못했던 새로운 영적 자원들을 찾아내는 일이다. 동학과 그 경전 속에 기독교 전통이 가지고 있지 못한 새로움들이 존재한다. 그 속에서 오늘날 우리에게 필요한 영성적인 원천들을 새롭게 발견할 수 있을 것이다. 동학의 사상의 내용은 실제로는 한국의 기독교인인 내 안에 이미 녹아 들어와 있는 것이지만, 그러나 기독교 신

---

[3] 이 점에 대해서 본 필자는 Mark I. Wallace, *Fragments of the Spirit: Nature, Violence, and the Renewal of Creation*, Harrisburg, PA: Trinity Press International, 2002에 의해 도움을 받았다. 특히 18쪽 이하를 참조하시오.

학적인 관점에서 보면 새로운 것으로 드러날 뿐이다. 동시에, 동학 속에 내재한 사상들은 기독교 저작과 작품들의 도움을 받아 새로운 설득력을 갖게 될 수도 있다. 이렇게 본다면, 우리 안에 이미 텍스트들 간의 상호작용(intertextuality)이 일어나고 있음을 알 수 있다. 그러므로 이 논문은 우리 안에서 비록 초보적이지만 무의식적으로 일어나고 있는 인터텍스츄얼리티의 현실을 의식의 세계로 끌어내어 보다 논리적으로 규명해 보는 작업이라고도 할 수 있다.

위에서 이미 제시되기도 했지만, 둘째의 방법론적 기준은, 동학에서 발견되는 영(즉 기)에 관한 새로운 이미지, 개념, 사상들은 생태계의 생명과 민중의 해방과 희망에 공헌할 수 있는 것이냐로 그 유용성이 결정될 것이라는 점이다. 천도교경전 속에는 다양한 요소들이 들어와 있으므로 그 내용이 이 논문에서 모두 다 활용되지 않을 것은 물론이다. 그러나 다른 어떠한 전통이나 종교보다도 동학은 민중해방적이고 생태 생명 보존적인 내용을 풍부하게 담고 있다.

셋째로, 이미 위에서도 암시되었지만, 동학의 지기와 기독교의 영을 비교하고 접근시키는 것은 이미 우리 안에 일어나고 있는 인터텍스츄얼리티를 의식적으로 논의해 보기 위함이다. 이것은 결코 어느 한쪽 편을 손들어 주는 것도 아니며, 정반합의 변증법적 통합도 아니며, 양쪽의 혼합도 아니다. 오히려, 양쪽이 서로 작용하여 상승되고 고양된 이해와 설득력에로 도달할 수 있을 것이라고 하는 긍정적이고도 적극적인 자세를 견지할 것이다. 이를 위해서는 상대방에 대한 적극적인 수용의 자세가 중요하다. 기독교 신학은 동학으로부터 새로운 통찰을 배우고 수용할 수 있는 열린 자세를 가져야 한다. 왜냐하면, 본 연구자가 보기에 동학에는 지금까지 기독교의 전통이 축적해 놓은 성령에 대한 이해를 보다 풍부하게 할 수 있는 새로운 요소들이 많이 있기 때문이다. 이러한 세 가지의 자세를 가지고 논의를 시작하려고 한다. 우선 동학에서 말하는 지기가 무엇인지를 살펴보자.

2. 동학의 지기

동학의 지기를 말하려면 가장 먼저 수운 선생이 종합한 21자 주문부터 논의해야 한다.[4] 수운은 지라는 것은 "지극한 것"이라고 했으며 이어서 기를 이렇게 설명하고 있다. "기라는 것은 허령虛靈이 창창蒼蒼하여 일에 간섭하지 아니함이 없고 일에 명령하지 아니함이 없으나, 그러나 모양이 있는 것 같으나 형상하기 어렵고 들리는 듯하나 보기는 어려우니, 이것은 또한 혼원한 한 기운"이라고 하였다.[5] 허령이라는 말에 많은 의미가 담겨 있다. 허라는 말은 맑고 비어있다는 것인데, 그것은 무無, 즉 없음을 말하지 않는다. 없는 것처럼 보이지만 있음을 나타내며, 혹은 역동적인 존재성이 되기를 준비하는 것이라고 할 수 있다. 비어 있다는 것은 무한한 가능성을 가지고 있고 행함이 깃들여 있음을 암시한다.[6] 영은 비어 있는 곳에서 움직인다. 영은 살아 있는 생명력을 말

---

[4] 21자의 주문은 다음과 같다. 지기금지 원위대강 (至氣今至 願爲大降) 시천주 조화정 (侍天主 造化定) 영세불망 만사지 (永世不忘 萬事知)

[5] 『천도교경전』, 천도교중앙총부 출판부, 2002, 33~34쪽.

[6] 비어 있다는 것에 대한 해월의 설명은 여기에 적절하리라고 본다. "빈 가운데 영이 있어 깨달음이 스스로 나는 것이니라. 그릇이 비었으므로 능히 만물을 받아들일 수 있고, 집이 비었으므로 사람이 능히 거처할 수 있으며, 천지가 비었으

한다. 허령이 창창함은 우주에 가득 찬 창조적인 생명력을 의미한다. 그리하여 간섭하며 명령하지 아니함이 없다는 것은 이 지기인 영은 우주 속에서 생명의 창조를 진행할 뿐 아니라 모든 일들을 이끌어 간다는 것을 말한다.

여기에서 우리는 수운과 해월의 지기에 대한 생각이 다르다는 것을 확인하고 넘어가야 할 것이다. 수운에게 있어서 지기는 천주, 즉 인격적인 신과 불가분의 관계에 있다. 반면 해월에게 있어서의 지기는 주로 일기一氣로 표현되며, 이것은 비인격적인 것으로서 만물 그 자체 혹은 만물의 근원을 지칭하는 개념이다. 따라서 수운에게는 지기는 인격적 신의 관념이지만, 해월에게는 만물 속에 있는 비인격적인 기운을 가리킨다. 따라서 동학의 지기에 대한 이해는 해월의 일기와 수운의 천주로서의 지기가 함께 존재한다고 할 수 있다.

1) 지기와 천주의 관계(수운)

동학에서 가장 중요한 사상은 한울님 사상이다. 한울님은 다음 세 가지의 모습으로 나타난다. 첫째는 인격적 신, 즉 천주·한울님이다. 둘째는 "우주에 가득 차 있으면서 만물을 화생하는 기운"으로서의 지기, 셋째, "그것이 만물 안에 들어와 있는 영(내유신령), 특히 해월 은 심령"이라고 불렀다.[7] 인격신 천주는 절대적인 존재이며, 비인격적인 신적인

므로 능히 만물을 용납할 수 있고, 마음이 비었으므로 능히 모든 이치를 통할 수 있는 것이니라… 무는 유를 낳고 유는 무를 낳느니라."『천도교경전』「해월신사법설」〈허와 실〉, 270~71쪽.

힘인 지기는 내유신령하면서 동시에 밖을 향해 기화하는 영이다. 천주는 절대적인 존재이며, 기는 생명의 에너지이다. 개별자 특히 인간은 천주를 모시며 이 기를 올바르게 받아들이고 써야 한다. 이와 같은 동학의 신 개념은 신유학에서 말하는 이기론 특히 기론을 종교적으로 한 차원 높게 끌어올렸으며, 그동안 불분명하게나마 유지되어 왔던 인격신을 지기와 연결시켜 동학을 명실공히 민중들을 이끌 훌륭한 정신적인 자산으로 형성했다.

수운은 경신년(1860년) 4월에 문득 상제, 즉 천주를 만난다. 수운은 그 경험을 「포덕문」에서 이렇게 썼다.

> 어떤 신선의 말씀이 있어 문득 귀에 들리므로 놀라 캐어물은 즉 대답하시기를 "두려워하지 말고 두려워하지 말라. 세상 사람이 나를 상제라 이르거늘 너는 상제를 알지 못하느냐."[8]

여기에서 상제上帝는 조선의 전통 속에서 끈질기게 내려온 하느님 사상이다. 가장 높은 신을 가리킨다. 동학의 한울님, 즉 상제는 조선 민중들 속에 있었던 인격적인 신인 하느님의 사상과 하느님 종교를 한 차원 높인 것이라고 할 수 있으며, 이런 점에서 유교나 불교와 구별된다. 수운의 첫 번째 강신 경험 이후 또 다른 강신 경험도 수운이 나라와 민중의 운명에 대한 걱정과 한탄 속에서 이루어졌다는 점이 특기할 만하다. 이제 그의 「논학문」에 나오는 경신년(1860년)의 다른 강신 경험에 대한

---

7 김용휘, 「해월의 마음의 철학」, 『동학학보』 제4호, 2002년 10월, 동학학회, 136쪽.
8 위의 책, 18~19쪽.

기록을 보자.

> 이를 일일이 들어 말할 수 없으므로 내 또한 두렵게 여겨 다만 늦게 태어난 것을 한탄할 즈음에, 몸이 몹시 떨리면서 밖으로 접령하는 기운이 있고 안으로 강화의 가르침이 있으되, 보였는데 보이지 아니하고 들렸는데 들리지 아니하므로 마음이 오히려 이상해져서 수심정기하고 묻기를 "어찌하여 이렇습니까." 대답하시기를 "내 마음이 곧 네 마음이니라. 사람이 어찌 이를 알리오. 천지는 알아도 귀신은 모르니 귀신이라는 것도 나니라. 너는 무궁무궁한 도에 이르렀으니 닦고 단련하여 그 글을 지어 사람을 가르치고 그 법을 바르게 하여 덕을 펴면 너로 하여금 장생하여 천하에 빛나게 하리라."[9]

수운이 한울님을 왜 천주로 불렀을까? 그가 비판해 마지않았던 서학의 가르침은 천주학이었고 서학은 천주를 믿는 종교라는 것을 잘 알고 있음에도 그는 어찌하여 한울님을 천주라고 불렀는가? 이에 대한 필자의 견해는 수운이 「포덕문」에서 자신에게 한 물음에서 그 단서를 발견할 수 있으리라고 본다. 그는 스스로에게 이렇게 질문했다. 서구의 제국주의 국가들이 중국을 침략하고 이제 조선은 풍전등화의 위기에 놓여있게 된 상황에서 "보국안민의 계책이 장차 어디서 나올 것인가"고 스스로에게 질문했다. 그리고 그 계책은 바로 새로운 도의 창건을 통한 것이라고 보았다. 수운이 경험한 신은 서학, 즉 천주교의 신과 그리 다

---

[9] 『천도교경전』, 27~28쪽.

를 것이 없다고 보았으며, 다만 천주교는 이 신을 잘못 믿고 있다고 보았다. 그는 서구의 침략주의에 이기려면 천주교와 싸워야 한다고 보았다. "이 사람들[서구인들]은 도를 서도라 하고 학을 천주학이라 하고 교는 성교라 하니, 이것이 천시를 알고 천명을 받은 것이 아니겠는가."[10] 천주교는 서구인들의 물질문명과 함께 손잡고 때를 만나 조선을 치려 하고 있는 것이다. 위기의 상황을 이기려면 최소한 천주교와 비교하여 보다 낳은 도를 가지고 있어야 한다고 보았다. 그가 경험한 신을 천주라고 부른 것은 천주교에 대한 담대한 도전이며, 자신감의 표현이라고 할 수 있겠다. 그는 천주교와 동학이 같은 점과 다른 점을 분명하게 밝힌다. 둘 다 같은 하나님을 믿는 것이라고 하였다. 그는 말하기를 양학은 우리와 같은 듯하나 다름이 있고 비는 것 같으나 실지가 없으며, 운은 하나요 도는 같으나 이에서 다르다고 하였다. 즉 "운즉일야運則一也 도즉동야道則同也 이즉비야理則非也니라"고 하였다. 운은 하나고 도는 같지만, 그 이치는 다르다는 뜻이다. 도는 천주를 중심으로 한 가르침을 말하며, 운은 도가 자신의 진리를 펼쳐야 할 시대적인 흐름을 말하되 그 시대적인 흐름은 같고, 그러나 그것을 믿고 따르는 방식 즉 이에서는 다르다는 것을 말하고 있다고 해석할 수 있다.[11] 이理에서 서학과 다른 이유를 수운은 이렇게 말한다. "우리 도는 무위이화라. 그 마음을 지키

---

10 『천도교경전』, 26~27쪽.
11 이 부분에 대한 김경재의 해석을 여기에서 소개해 본다. "도를 '진리'로 이해하고 운(運)을 진리의 역동적 운동, 곧 진리의 동채성이라고 보고, 이(理)는 진리의 '존재방식과 체험 방식'이라고 보면 어떨까 생각한다." 김경재, 『문화신학담론』, 대한기독교서회, 1997, 324쪽.

고 그 기운을 바르게 하고 한울님 성품을 거느리고 한울님의 가르침을 받으면, 자연한 가운데 화해나는 것이요, 서양 사람은 말에 차례가 없고 글에 순서가 없으며 도무지 한울님을 위하는 단서가 없고 다만 제 몸만을 위하여 빌 따름이라. 몸에는 기화지신이 없고 학에는 한울님의 가르침이 없으니 형식은 있으나 자취가 없고 생각하는 것 같지만 주문이 없는지라, 도는 허무한 데 가깝고 학은 한울님 위하는 것이 아니니, 어찌 다름이 없다고 하겠는가."[12] 19세기 말의 천주교의 가르침에 대해 수운은 어느 정도는 이해하고 있었다고 보아야 한다. 그가 천주교를 비판한 내용은 곧바로 동학의 가르침을 부각시킨다. 동학에서는 우선 무위이화를 강조한다. 즉 수심정기하여 하느님의 성품을 따르고, 그의 가르침을 따르면 자연스럽게 사물의 조화造化가 이루어진다고 보았던 것이다. 이에 비해 천주교는 기화지신, 즉 역동적인 기가 몸에 없다고 하였고 수심정기도 없다고 보았다. 이와 더불어 모든 가르침을 하나로 묶어 주는 잊지 말아야 할(영세불망의) 주문이 없다고 하였다. 실은 천주교 안에도 사도신경, 주기도문, 니케아 신경 등이 있었을 것이지만, 수운이 이를 몰랐거나 아니면, 이것들은 민중들의 삶에 구체적으로 도움이 되는 주문이 아니라고 보았을 것이다. 그것들은 실용적이지 않는 교리의 종합이라고 할 수 있다면, 이는 다른 모든 약점들과 합하여 "형식은 있으나 자취가 없는" 종교가 되는 것이다.

신은희는 수운의 동학과 서학인 천주교의 신론에서의 결정적인 차이를 기화지신氣化之神(기화하는 신)에서 찾았다. 기화지신은 천주교의 초

---

12 『천도교경전』, 30~31쪽.

월적 유일신론과 다른 신 이해로서, 신은 우주 만물 속에서 작용하는 생명의 영 혹은 지기이며, 세상과 인간 안에 생명의 기를 불어넣어 모두가 신을 모시는(시천주) 신성한 것이 되도록 이끌고 작용하는 신이다. 이러한 신은 당시 천주교가 가졌던 토미즘적인 절대적이고 불변의 초월적 신 개념과는 판이하게 달랐다. 수운의 신체험에서 얻은 계시, 즉 "오심즉여심"은 내(신)의 마음이 곧 너(수운, 인간)의 마음과 같다는 것이다. 여기에서 수운의 신개념은 당시 천주교의 초월적 유일신론에 반하여, 래디칼한 범내재신적인(panentheistic) 신개념이었으며 그 신은 지기, 즉 영으로 활동한다는 것을 알 수 있다.13 그런 면에서 동학의 신 이해는 오늘날의 해방신학, 생태적 신학, 생태여성신학과 더 상통하며, 실제로 오늘날의 생태적 위기와 민중의 삶의 위기에서 더욱 시의적절時宜適切한 신론 혹은 성령론을 형성하는 데에 크게 공헌할 수 있다고 보인다.

해월은 기화를 상부상조로써 서로가 서로를 육성하고 기르는 것이며 동시에 한울이 한울을 키우는 것이라고 하였다. 물불천 사사전(물건마다 한울이요 일마다 한울이라)하는 것은 곧 이천식천으로 이어지며, 이것은 종족과 종족의 연대적 성장 발전을 도모하는 것으로서 이것을 총괄적으로 말하면 이천식천以天食天(한울로써 한울을 먹는 것)이라 하였고, 이천식천은 다시 기화라고 하였다.14 그러므로, 기화란 사물과 인간들이 자신

---

13 Eun Hee Shin, "The Life-Giving Spirit: toward a Christian Panentheistic Pneumatology for the Korean Multi-Religious Context," A Ph.D Dissertation for Emmanuel College, Victoria University, St Michael's College, Toronto School of Theology, University of Toronto, June, 2000, 140~42쪽.
14 『천도교경전』, 364~66쪽.

의 생명을 실현하도록 하는 모든 우주적·사회적 작용을 가리킨다고 하겠다. 해월에게는 수운과 같은 인격적인 초월적 신 이해가 희박하다는 것을 위에서 보았지만, 그러나 이러한 물물천 사사천, 이천식천을 지기의 관점에서 이해한다면, 수운의 지기의 원천인 인격신 천주 즉 한울님 사상과 연결될 수 있다고 보인다. 수운은 한울님, 즉 천주를 인격적인 신으로 보고 그것으로부터 나오는 능력을 지기라고 봄으로써 한울님과 지기를 구분하였다. 이에 반하여, 해월은 한울님, 즉 천주와 지기 사이를 구분하지 않고 일기로 통합되었다고 보았으며, 한울님은 곧 일기이며, 그 일기는 모든 사물과 인간 속에 존재하고 있어서 모든 인간과 만물이 곧 한울님이라고 보았다.

많은 학자들이 동학 특히 수운의 가르침에는 인격신과 비인격적 신 개념 모두를 가진 신이해가 있음을 지적하고 있다. 천주는 인격신을 말하며 지기는 우주의 궁극적 실재로서 만물을 생성하고 화육케 하는 기운인데 이 두 가지의 다른 신 개념이 동학 안에 혼재해 있다고 한다. 그것은 약점이 아니라 강점인 것이 분명하다. 양쪽의 측면을 모두 가지고 있는 신 개념은 오늘날의 상황 속에서 더욱 현실 적합성을 가지고 있다. 인격신은 우리에게 보다 친근하고 경험적인 신 개념이며, 비인격적인 신 개념은 오늘날의 자연 생태계 속에서 신의 자취를 설명하는 데에 결정적인 도움을 준다.

이러한 동학의 신개념의 양면성은 시천주 사상에도 잘 나타나고 있다. 수운은 "시(侍)"의 의미를 설명하기 위하여 내유신령 외유기화를 말했다. 내유신령은 모든 자들이 거룩하고 순수한 영을 내면에 가지고 있으므로 신성하고 귀중하며 책임 있는 존재라는 것이다. 이렇게 순수한 생명의 영을 가진 자들은 다른 존재들과 연대하여 공동으로 성장 발전하는 소명을 가진다. 내유신령한 자들이 수심정기하면 자기도 모르게 자연스럽게 외유기화한다는 것이다. 기화의 결과는 무위이화, 즉 조화이다. 신령은 우리의 건강한 내적인 본질을 가리킨다면, 기화는 우리와 다른 존재들과의 올바른 관계를 가리킨다. 그것은 인간과 자연의 모든 구성원들은 일기의 소산이며 기화작용에 의해 상호 연결되어 있다는 것을 가리킨다. 그리하여 만물은 동귀일체이며 물오동포物吾同胞(나와 물이 동포)이다. 해월은 그리하여 만물이 시천주 아님이 없고, 따라서 살생을 금지하지 않아도 자연히 금해 질 것이라고 했다.[15]

인격신은 절대적인 진리를 내포하고 있는 신이다. 그렇기 때문에 선한 영과 기로 구성되어 있으며 선악을 판단하시며, 인간과 우주를 명하시고 이끄시는 존재이다. 이 인격신 한울님은 지기의 원천이라고 할 수 있으며, 지기라고 하는 무한한 에너지를 인간과 우주가 올바르게 사용할 것을 원하시며 이끄신다. 그러기 위해서는 인간이 올바르게 서야 한다. 인간 안에는 한울님, 즉 지기가 들어와 있기 때문이다. 인간 안에 들어와 있는 이 지기至氣를 바르게 할 때 인격신인 천주가 움직이며 이로써 우주의 일기一氣가 천주의 뜻에 따라 좋은 조화를 일으킨다. 인격신인 천주는 인간에 의해 움직이며 감동받으며, 천주의 영향권 안에 있는 우주도 인간의 올바른 마음가짐과 그에 따른 행동에 따라 좋은 조화를 일으킨다.

---

15 『천도교경전』, 287쪽.

2) 일기로서의 지기(해월)

해월은 "천지는 한 기운 덩어리니라"(天地는 一氣塊也니라)고 했다.[16] 우주는 일기—氣이다. 우주는 창조적인 영으로 가득 차 있을 뿐 아니라, 천지 자체가 영이라고 할 정도로 지기와 우주를 거의 일치시켰다. 그렇다고 해월은 물질이 전부라고 하는 유물주의로 빠지지 않는 방식으로 이것을 말하고 있다고 보인다. 이것은 몰트만이 그의 생태적 기독교신학에서 말하는 영과 세상(물질)의 페리코레틱 관계, 즉 서로 상대방 안에 존재하지만 혼합되지는 않는 관계를 연상시킨다. 동학에서는 천지를 인간의 부모로, 곡식은 천지부모가 주는 젖으로 본다. 나아가서 밥 한 그릇 속에서 한울님을 만날 수 있으며, 그 속에 기화氣化가 담겨 있음을 발견할 수 있었던 것이다.

해월은 지기라는 말 대신에 일기라는 말을 더 자주 쓰는데, 일기—氣, 즉 하나의 기운이란 우주의 궁극적 실재, 즉 만물을 생성하고 화육하는 기운, 에너지를 말한다. 기는 하나란 뜻이다. 우주에 편만한 기는 곧 지기와 연결된다. 따라서 우주 안에 있는 모든 것은 다 신적인 가치를 가진다. 그것들은 신적인 것의 그림자 혹은 반영에 지나지 않는 것이 아니라, 지기 혹은 일기와 직접적으로 연결되어 있어서 곧바로 신적이고 신성한 것들이다. 이러한 면에서 동학에서의 만물은 기독교 신학에서 말하는 성사, 즉 사크라멘트(Sacrament)이다. 사크라멘트는 피조물이면

---

[16] 『천도교경전』, 265쪽.

서 동시에 거룩한 신성한 것이라는 의미를 가지고 있는데 동학에 있어서 만물은 사크라멘트이다. 여기에서 사크라멘트는 그리스도의 육화에서 비롯되었다는 것, 즉 하나님이 육화되었다는 것에서 예수 그리스도가 곧 신이라고 하는 사상에서 비롯되었다고 한다면, 사크라멘트는 곧 신성한 몸(물체)을 말한다. 기독교 여성신학자 샐리 맥페이그는 사크라멘트의 전통이 원래 서양 기독교에서 비롯된 것은 아니지만, 육화와 연결되면서 기독교 안에 전통으로 자리 잡게 되었다고 하면서 이 전통은 만물을 가치 있으며 신성한 것으로 본다고 하였는데,17 동학의 전통은 세상을 하나님의 성사聖事, 즉 사크라멘트로 보는 전통과 일치한다고 하겠다. 기독교 전통에서는 이 사크라멘트 사상을 교회의 예식 중 몇 가지의 행위 속으로 가두어 놓았다는 점에서 이 전통은 약화되었다. 신학자 샐리 맥페이그에게 있어서 세상을 나타내는 "하나님의 몸"이라는 말은 은유이지 결코 사크라멘트는 아닌 것이다. 이에 비해서, 동학에서의 만물은 그것들 자체가 신성하고 사크라멘트인 것이다. 그러나 동학의 지기 사상이 이러한 사크라멘트의 사상을 일부 가지고 있는 것이지 그것과 완전히 일치하는 것은 아니다. 사크라멘트 전통은 매우 정

---

17 Sallie McFague, The Body of God (Minneapolis: Fortress Press, 1993) 183. 맥페이그는 이 책에서 사크라멘탈리즘을 적극적으로 수용하는 것이 아니라, 자신의 입장과 연결된다고만 말하고 있다. 그가 쓰는 언어는 사크라멘트적인 언어가 아니라 은유(metaphor)적인 것이다. 그의 기본 입장은, 세상은 "신의 몸"이라고 하는 신을 나타내는 메타포이지 신의 몸 그 자체 즉 사크라멘트는 아닌 것이다. Mark Wallace도 맥페이그의 모델은 신이 세상을 위해 자신을 완전히 위험에 빠뜨리지는 않는다고 보았다. 이 모델에 의하면 신이 그렇게 보일 수 있을 뿐이라고 지적하고 있다. Fragments of the Spirit, 141쪽.

태적・정관적靜觀的・신비적이다. 이에 비해서 동학의 전통은 매우 역동적이다. 위에서도 언급되었지만, 지기는 사물과 사건 속에 간섭하지 않는 일이 없고, 명령하지 않는 법이 없다. 역사적이고 역동적인 사크라멘트라는 말이 가능하다면, 그와 같은 것이 아닐까 한다.

신과 자연(우주) 사이에 분명한 구별을 두지 않는 것을 범신론이라고 할 경우, 해월의 한울님관은 범신론에 가깝다고 할 수 있다. 해월의 사상은 범천론으로서, 만물이 모두 한울이라는 점에 특징이 있다. 동시에 만물의 궁극적인 실체를 일기一氣로 보기 때문에 모니즘(monism)에 가깝다고 하겠다. 즉 만물은 하나의 같은 신성으로 연결되어 있고, 만물의 근원은 이 신성이라고 하는 종교 사상은 힌두교의 브라만 사상에서 가장 전형적으로 발견된다.[18] 동학의 다른 점은 이 무한한 순수의식인 브라만이 아니라, 역동적이고 창조적이며 만물을 섭리하는 에너지인 지기를 신성한 것으로 보고 있다는 점에 있다. 그러한 면에서 지기는 기독교의 창조적 영과 더 맥을 같이 한다. 수운과 해월의 신관을 종합해 보면, 동학의 신관은 인격적 유신론을 포용하면서도 범천론적인 요소를 함께 가지고 있다는 점에서 서양 기독교의 유일신론과는 확연하게 구별된다. 여기에서 본 연구자는 어떤 것이 더 옳은 것이라고 판단을 내리지 않겠다. 종교가 가지고 있는 심오한 사상은 철학적 범주들을 뛰어넘거나 무시하는 면을 가질 수밖에 없는 것이 아닌가 생각한다.

서양 신학에서는 영을 초월적 삼위일체론의 관점에서 보기 시작하면서 영 속에 있는 우주적 생명의 에너지라고 하는 지기적至氣的 요소를 약화시켰다. 삼위일체 하나님은 초월적인 분이며, 성령은 그 초월적 요

---

[18] Ted Peters, *God the World's Future*, Minneapolis: Fortress, 1992, 123쪽.

소를 가지고 있으므로 쉽게 피조물들과 결합·합일되지 않는다. 피조물의 가장 아름다운 부분(예, 웅장함, 아름다움, 묘함 등 피조물 속에 있는 하나님의 영광, 알프스, 그랜드 캐년)만이 영과 관련된 것처럼 보는 경향이 있다. 가장 약하고 부족하며, 지극히 유한한 것들 속에도 거룩한 영이 들어와 있음을 간과하기도 한다. 영의 초월성을 강조하다가 완전한 내재성을 부정하는 경향을 보이기도 한다.[19] 이에 비해서 동학은 모든 존재가 시천주侍天主하며, 내유신령內有神靈하고 있다고 분명하게 말한다. 그리하여 며느리, 어린이, 남녀노소, 심지어 우리가 밟고 가는 땅바닥마저도 모두 한울님을 모시고 있으므로 조심하고 공경해야 한다고 한다.

허령은 혼원지일기渾元之一氣, 즉 시원의 카오스적인 일기(즉, 루아하, 창세기 1:2))와 같으며, 일기는 만물 속에서 활동하는 창조적인 기氣이다. 일기가 만물과 관련 맺고 있다는 것을 잘 표현할 수 있는 언어는 페리코

---

[19] 이러한 점은 여성신학자 Elizabeth Johnson은 그의 저작 She Who Is (New York: Crossroad, 1992/96)에서 이러한 점을 일관되게 주장하고 있다. 예를 들어, 그는 이렇게 말한다. "자연세계는 영의 존재와 부재를 매개한다"고 말하면서 신적인 영은 가까이 오면서 동시에 지나가는 (drawing near and passing by) 내재적이면서 초월적인 존재로 보고 있다. 그의 책, 124~25쪽. 그러나 완전한 내재는 부정하고 있다. 그리하여 존슨은 "상징," "가깝게 관련되어 있음"이라는 말을 쓰기도 한다. 그는 영을 만물 속에 일어나고 있는 것들 그 중에서 창조적인 것들의 원천은 영이라고 보고 있다. 이것은 만물 자체가 영적인 것이라고 보는 동학의 관점과는 다른 것이다. 존슨의 말을 예로 들어보자. "Spirit-Sophia is the source of transforming energy among all creatures. She initiates novelty, instigates change, transforms what is dead into new stretches of life. Fertility is **intimately related** to her creative power, as is the attractiveness of sex. … Striking **symbols** of the greening power of the Spirit occur visibly in spring with the blossoming of the earth…" 같은 책, 135쪽. (강조는 본 논문 필자)

레시스(perichoresis), 영어로 co-inherence이다. 그럼에도, 페리코레시스라는 개념이 전제하는 것은 영원한 영은 피조물로부터 결코 영향을 받지 않는다는 것이다. 예를 들어, 영은 피조물에 의해서 양육되거나 확장되지 않는다. 다만 영원한 영이 피조물에게 영향을 준다. 그 관계는 일방적이다.[20] 이에 비해서 동학에서는 해월의 양천주 사상에 의해서, "한울을 양할 줄 아는 사람이라야 한울을 모실 줄 아느니라"고 함으로써 영과 피조물 사이에는 쌍방적인 관계에 있다.[21] 여기에서도 알 수 있듯이 동학은 서양의 기독교 신학보다 세상과 신과의 관계에서 더 쌍방적임을 알 수 있으며, 이러한 면에서 화이트헤드의 세상과 신과의 관계와 더 유사하다고 할 수 있다. 화이트헤드의 『과정과 실재』의 난해한 마지막 장에서 설명되고 있는 신과 세상과의 관계는 서양의 신학에서가 아니라 동양의 특히 동학의 관점으로부터 보면 훨씬 이해하기가 쉬워진다.

3. 지기와 영의 기능

이제 지기와 영의 기능을 비교함으로써 지기의 기능을 분명하게 파악해 보려고 한다. 이를 위해서 기독교 신학에서 말하고 있는 영은 어떤 기능을 하고 있는지를 먼저 살펴봐야 한다. 기독교 신학 특히 진보

---

20 여성신학자 맥페이그도 같은 입장이다. 그는 말하기를 "우주는 신에게 의존적이지만, 신은 우주에게 의존하지 않는다." Sallie McFague, 149쪽.
21 『천도교경전』, 367쪽.

적 서구 신학에서 영의 기능을 가장 잘 정리한 작품이라고 판단되는 Mark I. Wallace의 *Fragments of the Spirit*을 활용하려고 한다. 이 책은 최근의 생태학적 성령론, 해방신학적 성령론 저작들을 가장 잘 종합적으로 분석·평가·종합한 작품이라고 보인다. 또한 위르겐 몰트만의 생명의 영도 우리 시대에 적합한 성령 이해를 제공하고 있어서 여기에서 제시되고 있는 성령의 기능들도 함께 고려할 것이다.

Wallace에 의하면, 서양의 기독교의 역사 속에서 성령의 활동은 다음 세 가지의 영역에서 이해되어 왔다. 성령의 활동은 (1) 삼위일체의 영역, (2) 인간의 내적인 삶의 영역, (3) 피조물 안에서의 모든 존재들의 공동체적 영역과 관련하여 이해되어 왔다. 삼위일체의 영역에서 영은 사랑의 끈으로, 인간의 내적인 삶과 관련해서는 타자들의 복지를 위한 인간의 내적인 양심을 북돋는 내적 고취자로, 피조 세계와 관련해서는 모든 피조물들이 생명을 보존하고 실현시키는 생명력으로 이해되어 왔다.[22]

서양 신학에서의 영의 첫 번째 종류의 활동은 동학에서 발견되지 않는다. 즉 동학에는 삼위일체의 신개념이 없다. 실제로 기독교에서도 성령은 성부와 성자와의 관계 속에서만 규정될 것은 아니다. 그것은 마치 성부와 성자도 삼위일체적인 관점에서만 볼 수가 없는 것과 같은 이치이다. 3위 중에서 가장 자유롭게 삼위일체의 경계를 넘어서는 존재는 영이라고 할 수 있다. 왜냐하면 영은 인격과 비인격, 정신과 자연, 민족과 종교와 문화, 시간과 공간 등의 모든 경계를 넘어 만물을 하나로 통

---

[22] Wallace, 145쪽.

일시키며 창조하는 영이기 때문이다. 기독교와 동학은 영(기)이라고 하는 공통분모가 있어 서로 만날 수 있다. 위의 (2)와 (3)에서의 성령의 활동은 동학에서도 그 대당되는 지기의 활동을 발견할 수 있다.

1) 인간의 마음속에 있는 영과 기

기독교에서는 성령을 조언자 (counselor), 힘주는 자 (comforter), 즉 보혜사라고 한다. 인간은 이러한 보혜사의 힘으로 자기 중심주의를 극복하고 무엇이 옳은 영인지를 분간하며 옳은 일을 하며 타자들을 위하여 헌신한다. 동학의 지기는 어떠한가? 해월은 마음을 바로 잡게 하는 것이 기라고 하면서, 마음과 기, 즉 영은 상호작용을 한다고 보았다. 인시천 人是天, 천시인天是人, 즉 "사람이 바로 한울이요 한울이 바로 사람이니, 사람 밖에 한울이 없고 한울 밖에 사람이 없느니라"는 해월 사상은 이 둘이 상호관계가 있음을 보여준다.[23] 해월은 이어서 이렇게 말한다. "마음은 어느 곳에 있는가 한울에 있고, 한울은 어느 곳에 있는가 마음에 있느니라." 해월의 기와 마음의 관계에 대한 생각을 인용해 보자.

> 기운이 마음을 부리는가, 마음이 기운을 부리는가. 기운이 마음에서 나왔는가, 마음이 기운에서 나왔는가. 화생하는 것은 기운이요 작용하는 것은 마음이니, 마음이 화하하지 못하면 기운이 그 도수(도度)를 잃고 기운이 바르지 못하면 마음이 그 궤도를 이탈하나니, 기운을 바르게 하여 마음을

---

23 위의 책, 268쪽.

편안히 하고 마음을 편안히 하여 기운을 바르게 하라. 기운이 바르지 못하면 마음이 편안치 못하고, 마음이 편안치 못하면 기운이 바르지 못하나니, 그 실인즉 마음도 또한 기운에서 나는 것이니라.

움직이는 것은 기운이요, 움직이고자 하는 것은 마음이요, 능히 구부리고 펴고 변하고 화하는 것은 귀신이니라. … 그 근본을 연구하면 귀신, 性心, 造化가 도무지 한 기운(一氣)의 시키는 바니라.[24]

해월의 이러한 가르침은 기독교의 영과 동학의 기 사이에 근본적인 차이가 있음을 분명하게 보여준다. 해월은 마음은 곧 기라고 하는 기일원론적 전통에 있다. 따라서 마음이 하늘, 즉 지기와 결합하여야 시侍 정定 지知에 이를 수 있다고 하였다. 해월은 기일원론적 입장에 의해서 이理를 이해한다. 이는 조화의 현묘라고 하면서도 동시에 기가 이를 낳고, 이가 다시 기를 낳아 천지의 수數를 이룬다고 하였다.[25] 기는 이를 따르는 것이며, 이에 의해서도 조정되는 것이라고 보았다. 해월은 나아가서, "사람의 몸에 있는 이치(理)와 기운(氣)이 바르면 천지에 있는 이치와 기운도 바르고, 사람의 몸에 있는 이치와 기운이 바르지 못하면 천지에 있는 이치와 기운도 역시 바르지 못하느니라."고 하였다. 그렇다면 해월에게 있어서의 기는 이미 존재하는 기운이지만, 인간의 마음에 의존하는 것임을 알 수 있다. 인간의 마음속에 있는 이치(즉 마음과 정신)가 바르면 기는 더 풍부하게 일어난다. 지기와 한울은 모두 인간에 의존되어 있다. 인간이 어떻게 하느냐에 따라서 양육되기도 하고 자라기

---

24 위의 책, 267~68쪽.
25 위의 책, 248쪽.

도 한다. 그리고 인간이 어떻게 하느냐에 따라서 우주를 감싸고 있는 일기一氣의 조화와 기화작용이 결정되는 것이다. 이것은 천지인이 모두 하나라고 하는 기일원론적 통일에 기인된 것이다. 우리 안에 들어와 있는 지기는 곧 천지, 즉 우주의 지기요, 인간인 우리의 마음이 바르지 않으면 이 지기는 선하게 작용하지 않는다. 동학은 이러한 상태를 천주의 뜻에 어긋나는 것으로 보며, 그러한 나라는 시운이 다한 것으로 본다. 그리하여 수심정기는 시천주와 함께 동학의 가르침의 핵심이 된다.

　기독교 신학은 인간이 어떻게 해야 자신의 내면 안으로 성령이 들어올 수 있는가에 대해 일반적인 대답을 주지 않는다. 다만, 은혜에 의해서 아무 공로 없이 성령이 역사하기를 기다리는 것이라고 보고 있다. 서구 기독교의 이러한 기본적인 수동성의 문제를 극복하기 위하여 동방교회(정교회)는 동양의 수련법을 활용하여 독특한 성령 체험의 방법을 개발하였다. 예를 들어, 호흡을 사용하거나, 배꼽 아래(영이 있는 곳이라고 생각하여)에 마음의 시선을 집중하였다.

　그렇다면, 왜 서방의 기독교의 영 이해와 동학의 영 이해가 이렇게도 다른가? 그것은 기독교의 영이 유대교의 유일신주의와 그리스의 이분법(정신과 물질)의 정신 풍토에서 자라나왔음에 비하여, 동학의 영과 기는 유학 특히 성리학의 자연이법적 정신 토양에서 자라나왔기 때문이라고 하겠다. 동양의 성리학, 특히 기일원론은 천지인天地人이 하나라고 본다. 만물은 기의 취산작용에 의해서 기가 모이면 생겨났다가 기가 흩어지면 사라진다고 보았다. 만물의 창조의 원천은 기이며, 기는 만물의 기본 요소이다. 따라서 기는 물질과 정신을 모두 아우르는 기본요소이다. 기가 모여 귀신과 같은 역적 작용이 될 수도 있고, 기가 모여 물체가 되기도 한다. 그리고 이것들이 흩어지면 다시 일기로 돌아간다. 기와 가장 가까운 기독교적인 언어는 구약성서의 히브리 단어인 루아흐(ruach) 혹은 네샤마(neshamah)라고 할 수 있을 것이다. 루아흐나 네샤마는 각각 영 혹은 생기를 가리키는 것으로서 네샤마는 동물적 생명의 기운인데 비하여 루아흐는 신적인 영이다. 이 두 개념은 구약성서에서 같은 의미로 사용되기도 하지만, 본 필자의 견해로는 지기는 루아흐와 상통한다고 본다. 히브리 성서에 의하면 루아흐는 네샤마를 수용하여 네샤마적인 요소(피조의 생기)를 내포한다.[26] 따라서 루아흐는 신적이지만 피조적인 것을 포함하는 방향으로 발전하였다. 결국 신적인 것과 피조적인 것의 경계가 루아흐 안에서 무너진 것이다.

루아흐는 기와 마찬가지로 숨, 바람, 힘, 에너지, 특히 생명의 숨(breath of life)을 의미한다. 그리고 만물에 생명을 불러일으키며, 생명을 창조한다. 그리고 루아흐는 공기나 바람처럼 자신이 불고 싶은 대로 불고 어디로 가는지 아무도 모른다. 루아흐가 보내지면 평야에 곡식이 열리며, 사회에는 정의와 평화가 임한다(사 32:15-18). 강력한 바람인 루아흐는 이스라엘 사람들을 심판도 하고 은혜와 사랑으로 구원을 베풀기도 한다. 루아흐는 인간들에게 창조적인 능력을 주기도 하지만, 이들을 곤경에 빠뜨리기도 하고, 미치게도 한다(예, 구약의 사울왕). 이와 같이 루아흐는 우리의 눈으로 볼 때 도덕적으로 이해하기 힘든 일을 하기도 한다.

동학의 기도 나쁜 기가 있을 수 있는데, 그것은 우리의 마음이 바르지 않을 때이다. 마음(心)을 바로 잡거나 비우면, 창조적인 기가 작용한다. 따라서 수심정기는 기를 바로 잡고 조화를 이루는 데 필수적이다.

---

[26] 루아흐와 네샤마의 합류에 대한 분석은 권진관, 『성령, 민중의 생명』, 나눔사, 2001, 98~101쪽을 참조하시오.

구약의 루아흐는 인간에게 전혀 의존적이지 않으며 자유롭다. 성서의 루아흐는 인간들이 어떻게 할 수 없는 일방적인 힘, 무조건의 힘이라고 이해되고 있다. 이러한 무조건적이고 자유로운 힘인 영 루아흐는 사람들에게 일방적인 순응을 요구한다. 지금까지 기독교 신학, 특히 생태해방적 신학은 이 루아흐가 얼마나 생태적으로 해방적인가를 구가하기에 바빴다. 그리고 인간은 이 루아흐의 움직임에 참여하여 생태해방적인 삶을 살 것과 약자들을 보호하는 삶을 살아야 한다는 것을 강조하였다. 결국, 서구의 신학은 루아흐를 모든 진리를 포용하는 하나의 아이디어(개념)로 설정해 놓고, 그 아이디어의 내용을 채우는 일에 열중이었다. 영은 피조세계 속에 파고들어가는 능력을 가지고 있으며, 따라서 영이 피조세계와 함께 한다는 것과 그 영의 기능이 성서에 기록된 대로 매우 사회생태학적으로 해방적이라는 것을 부각시키고 있다. 본 연구자는 이러한 성령 이해는 결국 새로운 관념주의(idealism)로 빠진다고 본다. 이것은 레토릭 방법이 그것이 가지고 있는 많은 장점들에도 불구하고 어쩔 수 없이 그 속에 내재하는 약점이라고 보여진다.

물론 루아흐 혹은 프뉴마라고 하는 성령은 개인 안에 들어와 작용한다. 그리고 성령의 감동에 의해서 우리의 눈이 밝아지고 새로운 깨달음으로 나아가게 한다. 이것은 마치 예술가들이 많은 고민 중에 뜻밖에 통찰을 얻는 경험과 유사하다. 대체적으로 성령의 체험에 이르는 방식은 다음과 같다. 그것은 끊임없이 마음을 비움으로써 성령이 자유롭게 활동하도록 내맡기는 방식을 말한다. 즉 자유한 성령이 활동하도록 하기 위해서 우리의 의지와 생각과 의식을 버리는 것이다. 그리하면 성령이 들어와 우리를 움직인다. 문제는 여기에서 우리의 잘 해보고자 하는 의지나 생각은 불필요하다는 것이다. 우리가 수심정기하여 우리 안에 영과 기를 길러내는 일은 이러한 성령의 경험에서는 차지할 장소가 없는 것이다. 오늘날 영성을 높인다, 기른다는 말이 있어도 동학에서와 같이 내 안에 이미 들어와 있는 지기를 양육한다고 말하지는 않는다. 그만큼 성령은 초월적이며 자유하며, 인간에 의해 좌우되지 않는다. 성령과 인간 사이에 상호침투적인 내적인 관계가 존재하지 않고 일방적인 관계만이 있을 뿐이다.

몰트만의 성령론을 예로 들어보자. 몰트만은 성령의 체험은 "부분적이 아니라 '전체적'이며, 인간의 '마음' 안에서, 인간의 실존의 깊이 안에서 활동한다"고 하면서 그것은 일시적으로 지나가는 것이 아니라, 지속적이며 '쉼'과 '거하심'으로 표상된다고 하였다.[27] 그리고 성령의 체험을 위해서 탄식하며, 명상하며, 소망 속에서 기다리는 삶 속에서 성령이 체험된다고 하였다.[28] 다른 곳에서 몰트만은 성령은 이미 우리 안에 내밀한 곳에 있고, 너무나 가까운 곳에 있어서 우리가 그것을 느끼지 못할 뿐이라고 한다. 즉 성령은 우리와의 침투적이며 순환적인 (perichoretic) 관계에 있다고 한다. "성령 안에서 영원한 하나님은 우리의 허무한 삶에 참여하며, 우리는 하나님의 영원한 삶에 참여한다. 서로간의 이 사귐은 무한한 힘의 원천이다"고 하였다.[29] 나아가서 몰트만은 성령은 "삶의 에너지의 장"이라고 하면서,[30] 이 장과 공간 속에서 우리는 하나님이 사랑이듯이 우리 인간들도 사랑을 경험하는 중에 하나님

---

27 몰트만, 『생명의 영』, 87쪽.
28 위의 책, 108쪽.
29 위의 책, 264쪽.
30 위의 책, 219~20쪽.

의 영의 공간 속에 있다는 것을 경험한다.[31] 이렇게 본다면, 몰트만은 하나님의 영으로서의 성령은 공간과 장으로 존재하거나 혹은 인간 내면의 깊이 속에 존재하는 것으로 볼 수 있다. 공간이요 장으로서의 성령은 우주 만물의 생명의 영이며 피조물 밖에서만 존재하는 것이 아니라 침투하여 그 안에 거하신다. 또한 인간 인격 깊은 곳에 인간 자신보다 더 가까이에 계신다는 표현은 인간이 성령의 사역에 동참해야 할 특별한 책임이 있음을 나타낸다. 우리는 이러한 몰트만의 성령 이해와 동학의 기 이해에 분명한 다름이 있음을 볼 수 있다.

우선, 몰트만에게 있어서 성령은 인간과 자연 속에서 그리고 그 주위의 공간 속에서 작용하면서 인간과 모든 피조물들을 구원으로 이끄는 힘이다. 이 점은 동학의 지기 사상과 매우 가깝다. 지기도 내유신령으로 인간 안에 임재하고, 외유기화를 통해 온 우주 안에 가득차서 섭리한다. 다른 점은 몰트만의 성령 이해에서는, 인간과 피조물은 이 성령에 대해서 어떻게 할 수 없다. 다만 긍정적으로 응답해야 할 뿐이다. 이미 성서에서 그리고 신학적 저작들 속에서 계속해서 증언되고 있듯이, 하나님의 영과 그리스도의 영의 생명 창조와 재창조와 코이노니아적 활동에 우리는 동참해야 한다. 우리는 절대적인 성령 안에 거하며 그를 느끼며 영향 받고 사회와 역사를 향해 사랑을 실천해야 한다. 성령은 끊임없이 자신을 새롭게 나타내 보이면서 우리를 독려한다. 우리는 성령을 넘어설 수도 없고, 이끌 수도 없다. 다만 우리를 비우고 그 성령이 우리 안에 들어와 우리를 움직이도록 해야 한다.

---

31 위의 책, 355쪽.

여기에 몰트만과 해월의 사상적 이견이 있다. 위에서도 언급하였듯이, 지기는 인간들이 자신의 내면의 마음과 기운을 바로 잡으면 인간 위에 강림한다. 즉 수심정기하면, 천지의 약한 기운(隕絶之氣)을 다시 일으킨다.[32] 해월은 계속해서, 내 마음을 공경치 않는 것은 하늘과 땅, 즉 천주와 온 우주를 공경치 않는 것이라고 함으로써 인간의 마음이 천지와 서로 상호 침투적이고 상호순환적인(perichoretic) 관계에 있음을 보여준다. 인간의 마음이 신과 우주의 기를 움직일 수 있다. 그렇기 때문에 인간은 곧 하늘이 된다. 하늘은 인간에 의존적이며, 인간은 하늘에 의존적이다. 여기에서 볼 수 있는 것은 동학 안에는 초월과 내재, 창조주와 피조세계, 무한과 유한 사이가 서로 교호하며 의존하고 있다는 것이다.

2) 사회 속에서의 영과 기 - 위험한 기억 vs. 조화, 기화, 무위이화

Wallace는 성서 특히 누가복음서를 분석하면서 성령은, 첫째, 사회 속의 기성 권력 관계들을 전복하는 힘인 것을 확인하였다. 예수는 성령의 임재를 경험하면서 기존 권력 질서를 넘어서는 새로운 질서의 도래를 선언하였다. 두 번째로 성서가 증언해 주는 것은 성령을 담지한 사람들은 기성 권력으로부터 폭력의 위협 아래 있다는 것이다. 즉 성령을 담지한 사람들에게는 고난이 따른다는 것이다. 성령의 경험과 고난은 깊은 관계를 가진다. 그리고 그 고난 속에서의 성령 체험은 고난 속에서도 "불가능한 희망"을 품게 한다(롬 5:4-5). 셋째로, 레토릭의 방법에서

---

32 『천도교 경전』「守心正氣」, 300쪽.

볼 때의 성서에서 나타나는 성령 경험은 폭력과 억압의 구조에 대조하며, 다양성과 다름을 존중, 장려하며, 폭력을 부정하는 대안적 공동체들의 형성으로 이어지며, 이러한 공동체는 영에 의해 채워져 있다고 본다.33 이러한 면에서 볼 때, 성서 특히 신약성서, 그 중에서도 예수에 대한 기록인 복음서들은 기성질서의 눈에서 볼 때에는 위험하기 짝이 없는 기억들이다. 이러한 "위험한" 말들이 동학의 경전과 문헌 속에 지기와 관련하여 있는가?

동학의 문헌들도 성서와 같이 위험한 내용을 포함하고 있다. 오늘의 우리에게 있어서 위험한 기억으로 남는 것들은 무엇인가? 그것은 수운의 지기 경험은 국제 정세에 대한 걱정과 조선의 장래에 대한 통한의 경험 속에서 이루어지고 있다는 데에서 우선 볼 수 있다. 실제로 지기의 경험은 이러한 불안과 절망 속에서 마음의 안정과 희망을 가져다준다. 그의 「안심가」는 절망에서 소망의 신명으로 변화하는 모습을 잘 그려주고 있다. 그의 "포덕문"은 서양의 침략과 국내에서의 악질의 창궐로 위기감이 고조되는 가운데에 이를 극복할 보국안민의 계책으로 동학의 지기, 천주 사상을 내게 되었음을 보여준다.

그런데, 수운의 세상 위기에 대한 접근법은 지극히 동양적이다. 즉 그 문제의 근원에 대해서 직접적인 방책을 펴지 않고 오히려 자연적인 조화, 즉 무위이화 혹은 선약을 그 대답으로 내 놓고 있다.『용담유사』가운데 「안심가」의 일부를 인용한다.

---

33 Wallace, 123~28쪽.

> 소위 서학하는 사람 암만봐도 명인없네
> …
> 이내선약 당할소냐 만세명인 나뿐이다
> 가련하다 가련하다 아국운수 가련하다
> …
> 내가또한 신선되어 비상천 한다해도
> 개같은 왜적놈을 한울님께 조화받아
> 일야에 멸하고서 전지무궁 하여놓고
> 대보단에 맹세하고 한의원수 갚아보세[34]

 수운의 역사 인식은 매우 급진적이지만, 그것에 대한 대응 방식은 도교적인 무위이화, 조화의 방법이다. 기독교와 동학은 영을 받은 사람들과 공동체들이 하는 악한 세상에 대응하는 방식에서 그 이치에서는 다르지만 결과에서는 같다. 동학이 그렇게 했듯이, 기독교도 세상에 대조되는 공동체를 형성했고, 세상에 직접적인 저항을 한 것이 아니라, 평화적으로 접근했다. 동학의 창시자들은 무위이화, 수심정기, 조화라는 개념을 가지고 접근하였기 때문에 의도적으로 전복하는 행위를 한 것이 아니라, 저절로 세상이 바뀌도록 자신을 성찰하고 대안적 공동체의식을 고조시켰던 것이다. 그러면, 그 이치는 어디에서 다른가?
 기독교에서는 기성 권력관계에 대항하는 위험한 기억을 면면히 이어주는 존재를 영이라고 생각하였다. 그리스도의 영으로서의 성령은

---

[34] 『천도교경전』, 160~63쪽.

신자들이 예수의 전복(subversion)하는 삶을 기억하게 하고 그의 모범에 따르며 계속 세상을 바꿔나가는 삶을 살도록 인도한다. 그리스도의 영을 따르는 사람들은 자신의 결단에 의해서 이 세상 속에서 그리스도의 삶의 관점에서 올바른 영을 분간하면서 스스로 실천하는 것이다. 그리하여 이 시대 속에서 "예수의 뒤를 따름이" 바로 "성령 안에 있는 삶"인 것이다.35 영을 따르는 삶은 인간의 자기 주체성을 존중하면서 동시에 자신을 뛰어넘는 그리스도의 삶을 본받는 것을 지향하기 때문에, 운명론적이지 않을 뿐 아니라, 아무리 강고한 운명적인 힘도 극복해 나가는 더 큰 주체성을 가져다준다. 이에 비하여, 동학에서는 인간 안에 있는 지기를 바르게 하면 자연적으로 천지의 지기가 조화를 일으켜 우리의 노력이 꼭 그것을 추구하지 않지만, 즉 무위하지만 결국 세상은 바르게 조화를 이룬다는 믿음을 가지고 있다. 인간만이 천지인 삼재三才 중에서 최령자最靈者이므로,36 인간이 수심정기하고 성경신誠敬信하는 것이 세상을 변화시키는 데에 필수적이다. 기독교에서는 영에 의한 예수의 위험한 기억이 신자들을 역사 변혁에 참여시키는 것이라고 보는 것에 반하여, 동학에서는 수심정기하면 무위이화의 조화가 일어나 세상을 새롭게 바꾼다고 본다.

최제우의 이러한 문제점에 대해서 배영순은 다음과 같이 비판하였다. 그는 시천주 소화정에서 시천주는 조화정의 원인이며 조화정을 시천주의 결과라고 하면서, 그런데, 실제에 있어서는 이 둘 사이에 원인-결과의 관계가 성립되지 않는다고 보았다. 그 이유는 수운의 운수관 때

---

35 몰트만, 208쪽.
36 『천도교경전』「논학문」, 24쪽.

문이라고 하였다. 배영순은 주역의 순환론적 운세관과 내용적으로 동일한 운수관이 수운의 사상 속에 많이 들어있음을 지적하면서, 그 예로 "일성일쇠一盛一衰"(용담유사, 권학가), "윤회輪廻같이 돌린 운수運數"(용담유사, 교훈가) 등과 같은 수운의 말은 운세의 주기적 순환을 가리키고 있다고 했다. 수운은 이 이치를 운자래이복지運自來而復之(운은 저 스스로 회복한다)라고도 하였다.[37] 그리고 수운은 이러한 순환적인 운수관을 가지고 있어서 인간의 능동적인 참여와는 일정한 거리가 있다. 수운이 조화를 무위이화로 보는 것도 인간의 의도적 노력과 무관하게 세상이 돌아간다는 것을 보여준다. 인간이 수심정기만 하면 세상이 올바르게 기화해 나간다는 것이다. 따라서 수운은 "'시천주'에 부합하는 행行을 구체적으로 제시할 수 없었다"고 평가할 만하다. 수운은 "인간 사회에서의 무위이화의 행行"의 의미를 분명하게 설명해 내지 못했다는 점이 한계라고 할 수 있을 것이다. 그리하여 당대의 사회가 어디로 가야 하며, 사람들은 어떻게 행동해야 하는지를 분명히게 밝히지 못하였다.[38] 배영순은 수운은 시천주가 가지는 사회적-실천적 의미가 무엇이며, 그것이 조화를 어떻게 이루는가에 대해서 분명하게 설명해 주지 못하였다고 비판한다. 배영순은 다음과 같이 주장한다. 즉, "동학의 '조화'론은 어디까지나 역학적 운세관에 입각한 것이었으며 그 운세는 '천주'와는 별

---

37 裵英淳, 「동학사상의 기본구조—本呪文 '侍天主造化定'의 체용론적 분석을 중심으로」, 『동학사상의 새로운 조명』, 경북: 영남대학교 출판부, 1998, 79쪽. 運自來而復之는 수운의 저술 중 말기 저술, 즉 처형되기 바로 전해의 저술인 「不然其然」에 나오는 구절이다.
38 배영순, 위의 책, 81쪽.

개의 독립적으로 운행하는 '자래이복지自來而復之' 하는 것일 뿐이다."39

그러나 시천주 조화정, 그리고 무위이화를 오늘날의 상황 속에서 새롭게 해석해 낼 수 있는 길은 과연 없는가? 물론 배영순의 주장대로 수운에게 순환적이면서도 운명적인 성격을 가진 운세관이 있기는 하며, 그것을 부정해서는 안 된다고 본다. 그러나 수운은 인간의 책임과 행동의 자세를 제시했다는 점도 부정해서는 안 된다. 수운은 예수와 마찬가지로 직접 지배질서와 대결하지 않았지만, 지배질서로부터 위험한 인물로 지목되어 극형을 당했다. 예수가 그러했듯이 수운은 민중에게 어떻게 살아야 새로운 세상을 맞이하는 데에 적합한지를 보여주었다. 즉 시천주 하는 삶이 어떠해야만 하는가를 분명하게 보여주었다. 그리고 그러한 삶의 질이 이 세상의 조화를 이룰 것이라고 보았던 것이지 막연히 우주 자연의 이법적인 질서에 의해 그렇게 될 것이라고 하는 운세관에만 빠져 있었던 것은 아니다. 시천주의 삶은 어떠한 것인가? 그것은 모든 사람들, 특히 당시에 소외되어 있던 민중과 부녀자들이 하늘을 모시고 있다고 하는 사회관의 일대 혁신을 포함한다.40 그리고 수운은 당시의 시대적 당면과제와 모순점들을 구체적으로 파악하면서 그것을 극복하고자 하는 열망을 분명하게 보여주고 있다. 그 한 예를 『용담유사』의 「안심가」에서 볼 수 있다.

    기장하다 기장하다 내집부녀 기장하다
    내가 또한 신선되어 飛上天 한다해도

---

39 배영순, 위의 책, 91쪽.
40 특히 「안심가」에서 부녀자들을 특별히 거론하고 있다.

> 개같은 왜적놈을 한울님께 造化받아
> 一夜에 멸하고서 傳之無窮하여 놓고
> 大報壇에 맹세하고 汗의 怨讐 갚아보세[41]

위의 인용문에서 우리는 수운이 결코 운명론적인 운세관에만 매몰되어 있었던 것은 아니라는 것을 볼 수 있다. 그가 사용한 운세관은 민중에게 희망을 주는 운세관이었다. 희망이 불가능한 상황 속에서 희망을 불러일으키는 운세의 주인인 한울님의 힘을 의지하자는 것이었다. 수운은 지기至氣이신 한울님은 민중에게 희망을 줄 뿐만 아니라, 민중들이 수심정기하여 올바르게 살 수 있게 하고, 질병으로부터 해방시켜주며, 가난 속에서도 안빈낙도하여 소망을 가지고 기쁘게 살며 결코 흔들림이 없이, 각자위심하여 뿔뿔이 흩어지지 않으며, 모심(侍)이 가지고 있는 깊은 뜻(내유신령, 외유기화)을 알고 결코 흔들리지 않으며(各知不移), 공동의 힘을 보을 때, 그러할 때 새로운 개벽을 일으킬 수 있다는 가르침을 민중에게 준 것이다. 이렇게 볼 때, 수운의 운세관은 희망을 주기 위한 수단으로 사용되었지 그것 자체에만 의존했다고 주장할 수는 없다고 본다. 그런 면에서 위의 배영순의 논지는 옳지 않다고 판단된다.

나아가서, 무위이화는 수심정기와 연결해서 생각해야 한다. 원래 무위이화란 우리가 인위적 실천 없이도 저절로 이루어진다는 피동적 조화 사상으로 이해해서는 안 된다. 무위의 반대인 유위有爲에 의해서 이루어진 세상은 혼란스럽고, 약육강식의 세상으로 변했다. 당시 조선 말

---

41 『천도교 경전』「용담유사」, 162~63쪽.

기의 사회의 모습은 인간의 유위에 의해서 만들어진 모습이며 이것은 잘못된 것이며 타파되어야 할 모습이다. 새로운 개벽은 무위이화로 이루어져야 한다. 그것은 천도를 따름에 의해서 가능하다. 즉 천도를 따르는 것은 곧 수심정기하는 것이며, 이것은 기존의 사회의 방식과는 전연 다른 새로운 방식, 즉 천주를 모시는 삶의 방식을 말한다. 따라서 무위이화는 우리의 삶이 천도를 따르는 실천의 삶에 의해서 가능한 것이지, 아무 노력 없이 저절로 그렇게 될 것이라고 믿는 수동성에 의해서 가능해지는 것이 아님을 알 수 있다. 그런 면에서 1894년 이후의 동학혁명운동은 실천적 무위이화한 모습이라고 말할 수 있다.[42]

3) 우주 속에서의 영과 기: 만물의 생명 그리고 경

기독교에서는 우주 속에서의 영을 새롭게 이해하고 있다. 이러한 노력은 최근 많은 신학자들에 의해서 진행되고 있는데, 그 대표적인 사람들은 Moltmann, McFague, Wallace 등이다. 본 연구자는 이미 위에서 서양 신학에서는 영과 우주와의 관계를 페리코레틱한 관계, 영의 쉐키나적인 머묾(indwelling) 등으로 이해하고 있음을 논하였다. 그리고 루아흐는 신적이면서도 동물적인 생명의 기로서 만물에게 생명력을 불러

---

42 박맹수는 무위이화의 속뜻을 "당시 동점해 오는 서구 제국주의 열강의 조선침략에서 비롯된 모순을 '無爲' 화하자는 뜻이 포함되어" 있다고 보았다. 「동학과 전통종교와의 교섭」, 『동학사상의 새로운 조명』, 경산: 영남대 출판부, 1998, 134쪽.

일으키는 생명의 영이라고 하였다. 루아흐는 하나님의 능력이 그 안에 존재하여, 개인, 사회, 그리고 우주 속에서 자유롭게 활동하는 하나님의 영이다. 이 하나님의 영인 루아흐는 생명과 관련되어 있는데, 생명은 정신만이 아니라 육체와 물질을 아우른다는 면에서 그것은 육체와 물질의 근본이 되기도 한다. 그럼에도 불구하고 여기에 이분법(dualism)이 존재한다. 즉, 생명은 하나님에게로 돌아가고, 육체는 흙으로 돌아간다는 것이 기독교의 기본적인 관점이므로, 생명은 신적인 것이며, 육체는 피조물이라고 하는 이분법이 존재한다. 이에 비해서 동학에서는 동양의 철학적 전통에 따라 기의 취산작용에 의해 정신, 육체, 물질이 생기고 없어진다고 본다. 그리고 기는 만물의 원천이며 기본구성단위가 된다. 그러나 루아흐 영은 "만물의 생명"의 원천일 뿐, 만물의 기본구성단위도 아니다. 나중에 기독교의 삼위일체론에서의 성령은 위격화됨으로써 "생명의 영"으로서의 영 이해가 약화되고, 우주와 영과의 관계가 더욱 멀어졌다.

이제 동학에서는 우주와 자연 생태계를 어떻게 보고 있는가를 좀더 구체적으로 논의해 보려고 한다. 해월은 천지인은 원래 한 이치기운(一理氣而已)일 뿐이라고 하였다. 이어서, 사람은 바로 한울 덩어리요, 한울은 바로 만물의 정기(人是天塊 天 是萬物之精也)라고 하였다.[43] 여기에서 정기의 정精은 무엇인가? 이것은 물질 안에 있는 생명의 기를 말한다. 그렇다면 인간 안에 있는 한울은 만물 속에도 있다. 그리고 천지인 삼재 중에 인人이 최령자라고 하였다. 인간이 우주에 미치는 영향력과 책임

---

43 천도교 경전, 265쪽.

은 가장 크다고 하겠다. 그뿐 아니라, 한울도 인간에 의존한다. 그런데 생명의 관점에서 보면, 인간은 자연, 우주에 의존한다. 해월은 이것을 천의인天依人 인의식人依食이라고 하였다.[44] 해월의 글을 인용해 보자.

> 한울은 사람에 의지하고 사람은 먹는데 의지하나니, 만사를 안다는 것은 밥 한그릇을 먹는 이치를 아는데 있느니라. 사람은 밥에 의지하여 그 생성을 돕고 한울은 사람에 의지하여 그 조화를 나타내는 것이니라.[45]

그 의존의 방향이 천天→인人→식食이 된다. 식食은 땅에서 나오는 것이므로 인간은 자연에 의존되어 있다는 것이다. 이 말은 자연을 공경하라는 것과 연결되며, 심지어 나무신을 신고 함부로 걸어서 훼손하거나 물을 함부로 버린다든가 침을 뱉어서도 안 된다는 것이다. 동학의 생태환경에 대한 이러한 자세는 시천주, 경敬, 이천식천以天食天, 사사천事事天, 물물천物物天의 사상에서 비롯된다. 동학사상에 내포되어 있는 이러한 풍부한 영적 자원들은 오늘날 생태신학을 형성하는 데에 새롭게 활용될 수 있을 것이다. 서양의 생태신학이 복잡하고 추상적이고 억지로 갖다가 붙이는 경향이 있는 것에 비하여 동학은 직접적이고 솔직하며 담백한 논리를 제공하여 주어 명쾌한 생태사상을 제공해 준다. 여기에서 각각의 사상에 대해서 다 논의할 수는 없고, 기본적인 사상적 요소들을 나열한 것으로 만족하려 한다.

---

44 위의 같은 책, 254쪽.
45 *Ibid.*

4. 결론

지금까지 영과 기라고 하는 개념을 가지고 동학과 기독교를 만나게 해 보았다. 논의하면서 드러난 것은 이 둘의 전통을 서로 접근시켜 보니까 양쪽이 가지고 있는 장단점, 통찰력과 미흡한 부분들이 부각되면서 새로운 사상이 나올 수 있을 것 같다는 좋은 예감이 든다. 특별히 서로가 가지고 있었던 부분이 좀더 풍부하게 이해될 수 있으며, 각각의 종교는 스스로가 가지고 있지 못한 부분에 대한 깊은 반성과 그것에 대한 대처를 생각하지 않을 수 없게 된다는 점에서 이와 같은 연구는 양쪽 모두에게 유익한 작업이라는 것을 새삼 경험하게 되었다.

동학과 기독교의 차이는 동학은 유일신적인 범내재신론 내지는 모니즘적 범신론적에 가까운 반면에, 오늘날의 신학이 보여주고 있는 기독교는 내재적-초월적 유일신론이라는 데에 있다. 동학은 힌두교에서 전형적으로 보여주고 있는 브라만의 편재와 비슷하게 기가 편재되어 있다고 본다. 그러나 브라만과는 달리 동학은 만물은 기의 취산聚散에 의해서 이루어졌다고 하는 동양의 유학 전통을 따르고 있다. 이 지기는 만물 사이의 통일, 연대를 이루어 주는 끈이다. 그리하여 중국과 한국의 유학 전통 특히 기일원론의 물오동포物吾同胞 사상이 동학에서도 등장할 수 있었다.

결론적으로 말하면, 기독교에서의 영은 그 초월적인 성격 때문에 피조물과 완전히 하나가 될 수 없었다. 다만 피조물과 합일되되 상징적으로만 합일되었다. 신성한 것은 영이요, 피조물은 물질에 불과하다. 이 영의 근원은 유일신이다. 유일신으로부터 오는 이 영을 기독교에서는 성령이라고 부른다. 동학에서는 피조물과 기가 합일되되, 기는 그 피조물의 근원, 원형을 이룬다. 따라서 동학에서는 물질 혹은 물체로서의 피조물 자체가 바로 기이며, 그것의 원천이며, 신성한 것이다. 보이는 만물을 기연其然이라고 한다면, 그 만물의 보이지 않는 원천인 지기 혹은 일기는 불연이다. 불연으로서의 지기는 만물의 신비한 원천이다. 그리고 그 불연의 심연 속에 천주가 있다. 지기와 천주는 불연의 영역이며, 우리는 이 불연의 심연 속에서 물고기처럼 숨 쉬며 살고 있는 것이다. 지기는 전체를 하나로 묶어주는 하나인데, 이것은 김지하가 말한 것처럼, "모든 생명이 끊임없이 되돌아가려고 하는 것, 회복하려 하는 … 바로 텅 비어있어 참으로 생생하게 살아나는" 하나이며 이것이 바로 지기가 아닌가 한다.[46]

그런데 그러한 불연이 곧 기연이라고 하는 역설을 동학은 가르치고 있다. 지기가 곧 만물이라는 것이다. 만물의 뿌리에는 지기가 있으며 이 지기에 의해 만물은 서로 연합된다. 따라서 동학의 논법은 직설과 역설을 모두 가지고 있다고 하겠다. 동시에 지기는 인간의 마음가짐에 의해서 그 질적인 차이가 생긴다. 이렇게 마음가짐을 바르게 하는 것을 수운은 수심정기라 했고, 해월은 이러한 정신을 살려 시천주 대신에 양천주養天主라 한 것으로 보인다. 천을 양육함은 지기를 질적으로 고양시키는 것을 의미한다. 수심정기에 의해서 일어나는 기의 질적인 고양은 외적으로 영향력을 확대하여 조화와 기화를 일으켜 인간들 사이, 인간과 자연 사이에 화해와 정의와 조화로움을 조성해 준다. 그리고 그러한

---

[46] 김지하, 『동학 이야기』, 솔, 1993, 33~34쪽. 오문환, 『해월 최시형의 정치사상』, 모시는사람들, 2003, 66쪽에서 재인용.

관계의 선善한 고양高揚을 통하여 보다 선한 시간과 공간이 확장되며, 결국 역사와 사회의 변화, 즉 후천 개벽이 일어날 수 있는 것이다. 여기에서 기의 흐름, 즉 기화의 주체는 인간임을 알 수 있다. 기 자체는 우주 전체로부터 하늘에까지 닿아 있는 것이지만, 기는 하늘(神)에 의해서 움직여지기보다는 인간에 의해 움직여진다고 하는 지극히 인간 중심적인 유교적 전통을 동학에서 발견할 수 있다. 우리는 여기에서 기란 우주 속에 충만한 생명의 에너지로서 물질적으로 존재하는 것이면서 동시에 인간의 마음에 의해 영향을 받는 정신적인 존재임을 알게 된다. 여기에서 지기는, 본 연구자에게 있어서, 기를 보다 지극하게 표현한 말에 지나지 않는다. 어쨌든, 성령과 지기는 다르지만, 모두 신비한 요소이자, 힘이며, 각각에 대한 이해의 역사는 서로 다른 전통 속에서 발전되어 왔음을 볼 수 있다.

 이 두 전통의 이러한 차이를 어떻게 극복하며, 어떻게 하여 더 높은 차원의 철학적 사상으로 나아갈 수 있는가? 이러한 주제는 앞으로 계속 씨름해야 할 주제이다. 이러한 연구가 앞으로 계속해서 나와야 할 것이라고 보며, 이것은 또한 본 연구자의 앞으로의 과제이기도 하다.

동학·천도교의 수행론
: 주문, 성경신, 오관을 중심으로*

오문환 (경희대)

1. 들어가는 글

동학은 출발 자체가 영적 체험이었다. 즉, 동학은 천주에 대한 형이상학적·철학적 논증에서 시작된 것이 아니라 1860년 경신 사월초오일 수운의 한울님 체험에서부터 시작된다. 영적 체득은 이론적 사색과 논리적 훈련을 통하여 이루어지는 것이 아닌 종합적 수행과정의 결과물이다. 동학·천도교의 근본적 기초가 다름 아닌 영적 수행인 것이다. 경신년(1860) 4월 5일 영적 체험이후 시대정신과 시대상황에 대한 수운의 입장은 어떻게 표현되고 있는가?

"아는 바 천지라도 경외지심 없었으니 아는 것이 무엇이며 천상에 상제님이 옥경내 계시다고 보는 듯이 말을 하니 음양이치 고사하고 허무지설 아닐런가."

* 출처: 『동학학보』제13호 (2007. 6)

수운은 두 가지 시대 담론을 비판하면서 동학의 수행론적 성격을 뚜렷하게 드러내고 있다. 먼저 천시와 지리를 논하는 성리학자들의 학문 풍토를 비판하였고 다음으로 천상의 절대적 상제님을 갈구하는 서학의 풍토를 비판하였다. 즉, 동양적 전통과 서구적 조류를 둘 다 비판하고 있다.

　　비판의 요지는 성리학자들이 실제 마음에는 천주 대한 공경심과 두려움이 없이 공리공담을 일삼고 있다는 비판이다. 이론상의 천지가 아닌 마음에서 살아 움직이는 천주를 성리학은 잊었다는 비판이다. 또한 음양의 조화에 의하여 창조된 우주만물을 떠나서 공연히 허무한 천당의 절대적 상제님만을 찾는 서학도 비판되고 있다. 이는 음양이치로서 현실자연 속에 작동하는 기운으로서의 한울님(氣化之神)을 서학이 모른다는 비판이다. 수운의 주장은 천지와 상제로 불리우는 형이상학적 존재와 사람의 마음 그리고 우주 만물이 따로 떨어져 존재하지 않는다는 것이다. 한 마디로 말하자면 시천주를 알고, 느끼고, 체행하라는 주장이다. 어떻게 그렇게 할 수 있는가? 수행으로써 그렇게 할 수 있다는 것이다. 수행으로써 초월성, 절대성 그리고 이법성(理法性)으로 존재하는 천주를 자신의 마음 안에서 살아 움직이는 생생한 마음과 기운으로 느끼라는 것이다. 천주가 마음을 떠나서 따로 존재하지 않으며 또한 자연을 떠나서 홀로 따로 존재하는 것이 아니라는 주장이다. 자기의 마음 중심에 내려온 천주를 깨닫고 자연만물과 몸을 움직이는 우주기운과 소통하는 길을 자신이 찾아냈다는 것이다.

　　수운의 시대담론에 대한 비판이 성리학에만 한정되었던 것은 아니다. 수운은 유학의 태두라 할 수 있는 공자비판을 통하여 동학의 수행적 성격을 뚜렷하게 부각시키고 있다. 공자는 인의예지라는 도덕의 궁극적 경지를 밝혔지만 수운 자신은 사람이 인의예지할 수 있는 '수심정기守心正氣'의 수행법을 받았다고 말한다. "인의예지仁義禮智는 선성지소교先聖之所敎요 수심정기守心正氣는 유아지갱정唯我之更定이라."[1] 인의예지가 아무리 고상한 덕목이라도 수심정기가 아니면 이를 수 없는 허공속의 신기루라는 주장이다. 이상은 높지만 수행을 통하지 않으면 허황된 것이라는 뜻이다. 수운이 말하는 수심守心이란 누구나 태어날 때부터 본래 가지고 있는 천심을 지키는 것이고, 정기正氣란 누구나 태어날 때부터 본래 가지고 있었던 하늘의 오직 한 기운(混元一氣)을 사사롭게 쓰지 않고 오로지 한울님을 위하는 방향으로 바르게 쓴다는 것이다. 그러나 안타깝게도 누구나 한울님을 모시고 누구나 한울님 기운 속에서 살아가지만 세상을 살면서 하늘마음을 잃어버리고 하늘기운과 단절된 것이 오늘의 현실이라는 것이다. 그렇기 때문에 본래의 마음과 본래의 기운을 회복하기 위한 수행이 중시되는 것이다.

해월은 '수심정기'를 천지와 떨어진 기운을 다시 잇는 것이라고 주해하였다.[2] 다시 말하자면 사람이 본래의 하늘마음과 하늘기운을 회복하는 것이 수심정기라는 것이다. 해월은 삶 자체를 한울님을 키우는 수행론적 시각에서 바라보았다. 삶의 모든 국면들에서 한울님을 잊지 않는 것이 참된 삶이라는 것이다. 의암 손병희에 이르게 되면 천주조화의 개념을 대신하여 성심性心이 핵심적 개념으로 등장하게 된다. 천주조화는 더 이상 자신을 떠나서 따로 있는 것이 아니라 바로 자신의 본성이며 자신의 본심으로 설명되게 된다. 그리하여 천도교의 핵심은 바로 본

---

1 수운, 「수덕문」
2 해월, 「守心正氣」 "守心正氣 四字 更補天地隕絶之氣"

래의 천성과 본래의 천심을 보고·깨닫는(見性覺心) 수행이 되게 된다.

　수운은 당시 세태를 예리하게 비판한다. 비판의 요지는 천주를 모시고 천명을 받은 도덕군자의 부재와 전도현상이다. "약간 어찌 수신하면 지벌 보고 가세 보아 추세해서 하는 말이 아무는 지벌도 좋거니와 문필이 유여하니 도덕군자 분명타고 모몰염치 추존하니 우습다 저 사람은 지벌이 무엇이게 군자를 비유하며 문필이 무엇이게 도덕을 의논하노."[3] 번듯한 자리나 꿰어 차고 앉았다거나, 그럴듯한 대학간판이나 인맥적 배경을 가졌다거나, 집안의 배경이 좋다거나, 현학과 미사여구로 잘 포장하는 일들이 도덕과 무슨 관계가 있느냐는 비판이다. 즉, 세속적인 잣대로 도덕군자를 운운하는 것이 가소롭다는 것이다. 이런 일이 어찌 수운 당대에만 국한된 일이겠는가? 천주를 공경하고 두려워하는 마음도 없으면서 겉으로만 천리와 천성을 논하는 것과 지벌과 문필을 보고서 도덕군자를 운운하는 것이 조금도 차이가 없음을 알 수 있다. 이러한 세상에서 도덕군자가 세상의 무관심, 냉대, 소외, 유해, 핍박 속에서 심하면 살해까지 되지 않으면 오히려 이상한 일이다. 수운은 이러한 세상을 '효박한 세상'이라고 하였으며 이러한 사람들을 '효박한 세상 사람'이라고 하였다. 천주를 모신 신인神人을 모르는 사회이며 도를 이루고 덕을 세운 도덕군자를 알아보지도 못하고 대접하지도 못하는 야속한 사람들인 것이다. 한마디로 말하자면 도와 덕을 잃어버리고 잊어버린 인간사회라 할 수 있다.

　동학·천도교의 수행은 이러한 인간 세상을 가르치고 치유하기 위

---

3 수운, 「도덕가」

한 수행으로 제시된다. 수운은 한울님으로부터 주문呪文으로 세상 사람들을 가르치고 영부靈符로서 세상 사람들을 치유하라는 말씀을 들었다고 하였다. 동학·천도교의 본령은 병든 마음과 병든 사회를 가르치고 치유하는 수행이라는 것이다. 수행을 통하여 사람들이 모두 자기 본래의 마음을 회복하는 세상을 후천개벽이라고 하였다. 그렇다면 동학·천도교는 어떻게 인간과 세상을 새롭게 바꿀 수 있다고 주장하는가? 그 구체적인 수행법이 무엇인가? 이 글은 동학·천도교가 주장하는 수행론을 3가지 차원에서 분석하는 것이 목적이다. 가장 먼저 동학·천도교에서 주장하는 주문 수행에 대하여 살펴보고, 다음으로 일상생활 속에서 어떻게 수행할 것인지의 문제를 분석하고, 마지막으로는 천도교라는 종교제도 속에 구현된 수행 방법을 밝혀보고자 한다.

2. 주문 수행

주문은 세상 사람을 가르치는 방도로 수운이 한울님으로부터 받았다고 하였다. 그러므로 동학의 공부와 천도교의 가르침의 핵심은 주문이라 해도 과언이 아니다. 주문이란 무엇인가? 주문은 옛적에도 있었고 지금도 있느니 하였다. 옛적에 있었다는 것은 주문 수행이 이미 오래 전에도 있었다는 이야기이다.

인도의 경우 주문 수련은 오랜 역사를 가지고 있다. 산스크리트어로 주문은 만트라mantra인데 그 뜻은 마음을(man=manas=mind) 해방(tra=emancipate)시킨다는 뜻이다. 수운은 주문이란 천주를 지극히 위하는 글이라고 하였다. 세속과 아집에 매여 있는 마음을 해방시킨다는 것이나 천주를 위한다는 것이나 근본 의미는 동일하다. 주문은 사람 마음에 한울님을 위하는 마음이 가득 찰 수 있도록 돕는 누구나 할 수 있는 수행법이라 할 수 있다. 즉, 수운이 1860년 4월 5일 한울님으로부터 들은 '오심즉여심吾心卽汝心'이라는 경지에 이르는 길이 곧 주문이라 할 수 있다. 한울님 마음과 사람의 마음이 같아진다는 것은 구체적으로 무엇을 의미할까? 이를 알기 위해서는 주문수련을 통하여 마음이 직접 한울님 마음이 되는 것이 가장 빠른 길이다. 그렇지만 아직까지 하늘마음과 하나가 되지 못한 사람들을 위하여 그 절차와 의미를 수운은 주문 안에서 상세하게 기술하고 있으므로 이를 살펴보자.

1) 지기

새로운 세계의 열림에 대한 기술은 일반적으로 두 가지 유형으로 나눌 수 있다. 단군신화처럼 하늘이 내려오는 것으로 설명하는 유형과 박혁거세 신화처럼 알에서 깨어나는 것으로 묘사하는 유형이다. 전자를 천강天降설화라 하고 후자를 난생卵生설화라 한다. 천강신화가 궁극적 실재를 외부에서 찾는 문화에서 나왔다면 난생신화는 궁극적 실재를 내부에서 찾는 문화에서 나왔다고 할 수 있다. 우리나라에는 북방계통의 천강신화와 함께 남방계통의 난생신화가 둘 다 나타난다.

강령降靈이라는 개념 자체에서 알 수 있듯이 동학은 천강신화적 성격을 가지고 있다. 그러나 강령은 출발이며 주문의 마지막에 나타나는 '만사지萬事知'는 오히려 난생신화적 원형에 가깝다. 안다는 것은 예전에 몰랐던 것을 마음의 새로운 지평이 열리면서 안다는 의미가 강하기 때문이다. 동학·천도교에서 강조되는 '신인간'은 난생신화적 탄생에 가깝다. 즉, 이전의 자아의 껍질을 깨고 새로 태어나는 주체가 표현되어 있기 때문이다. 동학의 주문에는 새로운 세계와의 만남 또는 새로운 세계의 열림을 표현하는 두 가지 원형이 통합되어 있다고 할 수 있다.

주문 수행의 첫 단계는 지기至氣에 통함이다. 주문에서는 지기가 지금 나에게 이르기를 바란다고 되어 있으나 천도교에서는 이를 '강령降靈'이라 한다. 강령이란 말 그대로 천령이 내게 내린다는 뜻이다. 내린다는 표현으로 보아 지금까지 내 안에서는 전혀 경험하지 못했던 완전히 새로운 영성이 열리는 것을 강령으로 표현하였다고 할 수 있다. 강령을 샤머니즘적 영향으로 평가하는 학자도 있지만 실상은 자신이 지금까지는 체험하지 못한 전혀 새로운 기운이 이 몸과 마음에서 새로이 나타남을 의미한다. 동학의 강령은 샤머니즘의 신내림과 유사한 점이 있으나 이를 이유로 동학을 샤머니즘이라 부르기는 어렵다.

동학의 강령은 샤머니즘의 '신내림'과 어떻게 다른가? 먼저 샤머니즘에서는 영이 주인이고 사람은 객이지만 동학에서는 영과 사람이 평등하다. 샤머니즘의 경우에는 신은 주체이고 인간은 객체적 위상을 가진다. 그렇게 되면 인간은 '영의 노예'가 된다. 종교의 창시자들이 신을 처음 만날 때 스스로 '신의 노예'를 자처하는 경우를 적지 않게 볼 수 있다. 동학의 경우에는 '신의 노예'적 성격 대신 신과 동등한 존재확인이 뚜렷하게 나타나는 것이 특징이다. 수운이 경신 사월초오일에 한울님으로부터 들은 '내 마음이 네 마음(吾心卽汝心)'이라는 말씀이 이를 뒷받침하고 있다. '신의 노예'적인 샤머니즘 성격은 이른바 고등종교라고 하는 현대종교의 밑바탕에 짙게 깔려 있다. 동학의 강령은 '신의 노예'로서의 인간의 발견이 아니라 '신인神人'이 되는 입문이라 하겠다.

동학·천도교가 샤머니즘과 다른 또 다른 점은 샤머니즘의 영이 개체 영인데 반하여 동학의 영은 하나의 성령性靈이다. 샤머니즘에서는 죽은 조상신들, 역사의 영웅신들, 민족신들, 자연신들, 초월신들처럼 매우 다양한 만신萬神들이 존재하지만 동학의 경우에는 오직 하나의 성령만이 존재할 뿐이다. 동학에는 만신만 없는 것이 아니라 이른바 선신善神이니 악신惡神이니 하는 이원적 신들도 존재하지 않는다. 당연히 악마惡魔니 마왕魔王이니 하는 신들도 존재치 못한다. 천당과 지옥, 극락과 아수라를 지배하는 신들도 설 자리가 없다. 이러한 이원론적 신관은 만신을 선악善惡으로 축약할 뿐 여전히 하나의 성령관은 아니다. 동학·천도교에서의 영은 하나의 성령이기 때문에 강령된다는 것은 만신이나 이원신과 접하는 것이 아니라 하나의 성령과 접하는 것이다.

오직 하나의 성령이라면 왜 세계적으로 다양한 신들을 신앙하는 것인가? 그것은 아직까지 하나의 성령이 밝혀지지 못했기 때문이다. 하나의 성령에게는 다양한 이름이 있을 뿐 다양한 존재가 있는 것이 아니다. 하나의 존재이지만 시간과 장소에 따라서 언어가 달랐기 때문에 이름이 다를 뿐이다. 하나의 성령을 인정치 아니하는 다양한 개체신들을 신봉하는 경향이 전 세계인들의 마음에 뿌리깊이 박혀 있다. 그러나 다양한 신들의 이름은 문화적·역사적·언어적 차이에서 오는 것이지 이름을 넘어선 궁극적 실재는 오직 하나이다. 그러므로 종교간 반목과 갈등은 아직 하나의 성령이 뚜렷하게 드러나지 못했기 때문에 나타나는 현상들이다. 이는 해월이 비판한 한나라 때부터 전해온 '무고巫蠱의 여풍'에 불과한 것이다.

하나의 성령 또는 유일신을 말하면 흔히 기독교의 유일신론을 떠올린다. 그러나 동학의 유일신론은 기독교의 유일신론과는 다르다. 왜냐하면 많은 신들 가운데 자신이 최고이므로 자신만 섬기라는 의미에서 유일신관은 동학・천도교에서는 찾을 수 없다. 오히려 동학・천도교의 유일신론은 비록 다양하게 불리지만 모든 신들은 오직 하나의 신일 뿐이라고 한다. 그러므로 수운은 경신 사월초오일에 한울님으로부터 '귀신이라는 것도 나니라(鬼神者吾也)'라는 말을 들었다고 하였다. 그것은 사람의 숫자만큼이나 많은 귀신들이 있는 것이 아니라 그 귀신들이 실상을 알고 보면 모두 하나의 한울님이라는 뜻이다. 그러므로 동학・천도교에서는 만신중의 우두머리 신으로서 유일신이 아니라 만신의 실상을 알고 보면 본래 오직 하나의 유일신이라는 뜻이다. 만신의 본래실상만 한울님일 뿐만 아니라 만인의 본래실상도 한울님이며, 만물의 본래실상도 한울님일 따름이다. 단지 사람들이 마음을 만물과 만인과 만신에 빼앗겨 그로부터 벗어나지 못하고 있기 때문에 만물도 존재하고, 만인도 존재하고, 만신이 존재하는 것으로 여기는 것이다. 그렇지만 눈을 뜨고 마음이 열리게 되면 유일한 진리, 유일한 실상, 유일한 성령만이 있을 뿐이다. 이런 눈을 뜨는 첫 출발이 강령이다.

이 지점에서 한 가지 분명하게 짚고 넘어갈 필요가 있는 문제가 바로 이 성령이 어느 곳에 존재하느냐의 문제이다. 왜냐하면 이 문제에 혼동을 일으키는 경우가 적지 않기 때문이다. 유일신은 어디에 계시는가? 유일신은 아니 계신 곳이 없다. 만신에도, 만인에도, 만물에도 유일신이 계신다. 유일신에게는 장애물이 없기 때문에 우주에 꽉 차 있다. 우주에 꽉 차 있어 아니 계신 곳이 없지만 유일신을 보고 느끼는 사람들이 매우 적을 뿐이다. 유일신은 만신, 만인, 만물을 창조해 놓으시고 그 안에 사시고 계신다고 동학・천도교에서는 표현되고 있다.[4]

수운은 '한울님을 모시고 있다(侍天主)' 하였고, 해월은 '심령心靈이 곧 천령天靈'이라고 하였으며 더 나아가 '사물마다 한울님이며 일마다 한울님이라고(物物天事事天)'라고 하였다. 이러한 바탕에서 의암은 '인내천 人乃天'이라 하여 지금·여기를 떠난 또 다른 하늘을 설정하려고 하지 않았다. 「무체법경」에는 천지에 대한 논의는 찾을 수 없고 오직 성심性心이 중심적 위상을 차지하고 있다. 하늘과 땅이 따로 홀로 존재하는 것이 아니라 오직 본성과 본심으로 존재하기 때문이 하겠다.

그렇지만 주문수행의 첫 단계인 강령에서 사람들은 심령이 곧 천령이라는 자각自覺보다 천령의 강림降臨을 경험하게 된다. '신神'적 존재가 너무 낯설어 자신이라고 느끼기 어렵기 때문이다. 신적 존재가 자기 안에 있다기보다는 밖에 있다고 여기기 때문이다. 신적 존재가 영원히 자신과 함께 하고 있었다기보다는 비로소 생기기 시작했다고 여기기 때문이다. 그러므로 강령이라는 표현이 사용된 것이다.

강령이 될 때에는 '춥고 떨렸다고(心寒身戰)' 수운은 기록하고 있으나 강령을 체험한 분들의 설명에 의하면 강령현상은 매우 다양하다. 아무도 눈치 채지 못할 정도로 조용하게 강령을 받는 사람이 있는가하면 온 동네가 들썩거릴 정도로 요란하게 받는 사람들도 있다. 심하게 되면 실성한 사람처럼 보이는 경우도 적지 않다. 수운 자신도 강령체험을 할 때 정신을 제대로 차리지 못했을 뿐만 아니라 부인과 아이들이 놀라서 온 집안이 온통 야단법석이었음을 수운은 용담유사의 여러 곳에서 그려내고 있다.[5] 실제 주문수행을 하면서 관찰해 본 결과 강령현상은 사

---

4 해월, 「기타」, "天은 萬物을 造하시고 萬物의 內에 居하시나니, 故로 萬物의 精은 天이니라."

5 「안심가」, "사월이라 초오일에 꿈일런가 잠일런가 / 천지가 아득해서 정신수습 못할러라 / 공중에서 외는 소리 천지가 진동할 때 / 집안사람 거동보소 경황실색 하

람에 따라서 천차만별이었다. 강령현상을 정형화하기가 매우 곤란하였다. 다양할 수 밖에 없는 이유는 개인마다 막히고, 구부러지고, 일그러진 양상이 모두 다르기 때문이다. 저마다 억눌러 쌓아놓았던 기운이 다양하므로 그 풀어지는 양상도 다양할 수 밖에 없는 것이다. 기운은 하나의 기운이지만 묶이고 풀리는 양상은 시공간과 사람에 따라서 다를 수 밖에 없는 것이다. 그러므로 비록 호감을 주지 않더라도 다양한 강령현상을 받아들여야 할 것이다.

수운은 강령주문이라고 하여 특별히 '지기금지원위대강至氣今至願爲大降'을 따로 만들었으나 현재 천도교에서는 강령주문과 본주문 13자 즉, '시천주조화정영세불망만사지侍天主造化定永世不忘萬事知'를 붙여서 총 21자를 계속 반복하여 왼다. 외는 방법은 개인의 리듬에 따라서 자유로이 외게 한다. 모든 생각을 오직 한울님께 집중하는 수행이므로 빨리 외게 되면 잡념이 들어올 여지도 줄어들게 된다. 그러나 정신집중을 잘 통제할 수 있는 사람은 속도에 구애되지 않는다.

강령이 되어 한울님을 자기 안에 모시게 되면 우주만유를 창조한 한울님의 기운이 가슴 속에서 약동함을 느끼게 된다. 약동하는 한울님 기운을 그림으로 그려낸 것이 영부靈符이다. 영부는 이 마음속에 들어온 한울님의 기운이다. 강령이 되어 한울님의 기운이 이 마음에 자리잡게 되면 마음을 내어 자유롭게 한울님의 기운을 구사할 수 있게 된다. 영

는말이 / 애고애고 내팔자야 무삼일로 이러한고 / 애고애고 사람들아 약도사 못해볼까 / 침침칠야 저문밤에 눌로대해 이말할꼬 / 경황실색 우는자식 구석마다 끼어있고 / 댁의거동 볼작시면 자방머리 행주치마 / 엎어지며 자빠지며 종종걸음 한창할 때….

부를 자유롭게 구사하게 되는 것이다. 마음으로 한울님 기운을 자유롭게 쓸 수 있게 되면 형상으로 그려내어 일체의 질병을 치유할 수 있게 된다. 수운 자신은 영부를 받아서 수백 장을 먹어 보니 가는 몸이 굵어지고, 어렸을 때부터 있던 병들이 말끔히 나았으며, 검던 피부가 희게 되는 등 여러 가지 병들을 고쳤다고 술회하고 있다. 그렇지만 낫는 사람도 있고 그렇지 않은 사람도 있는데 마음으로 영부를 받아들이는 사람은 쉽게 나았다고 하였다. 수운은 도덕에 순종하는 사람은 낫지만 그렇지 않은 사람은 안 나았다고 표현하였다. 한울님 기운을 거부하는 사람에게는 효과가 없었다는 것이다. 해월도 영부심이 열리면 '냉수 한 그릇이라도 약으로 쓰지 않는다'고 하였다. 즉, 일체의 물질적 약에 의하여 병을 치유하는 것이 아니라 오직 영부심으로 병을 치유할 수 있다는 것이다. 마음으로 모든 기운을 통제할 수 있다는 뜻이다.

강령이 되어 영부심이 열려야 비로소 한울님이 모셔져 있음을 알게 되고 한울님의 기운을 사용할 수 있게 된다. 곧 우주 본체, 근본 실상이 자명해진다. 우주의 근본 실상은 모심과 정함으로 표현되었다. 강령이 되면 우주의 근본 실상인 모심과 정함을 온전하게 드러나게 된다.

2) 모심과 정함

주문 수행의 두 번째 단계는 모심과 정함이다. 수운은 주문에서 우주의 근본 실상을 모심과 정함으로 표현하였다. 지기至氣가 강림하여 열리는 새로운 경지를 모실 시侍와 정할 정定이라 한 것이다. 모심은 모든 존재자들이 자기 안에 천주를 모시고 있음(侍天主)이며 정함은 모든 존재자들은 우주의 창조하고 변화하는 기운과 통합되어 있음(造化定)이다.

강령이 되면 자기 안의 한울님을 알게 되고 다른 한편으로는 한울님의 기운 활동과 합일되었음을 자각하게 된다. 그리하여 천주라는 존재의 실상을 되찾게 되고, 조화라는 기운 활동에 통합되게 되는 것이다. 이 점은 중요하기 때문에 좀 더 자세하게 살펴볼 필요가 있다.

일반적으로 천주를 모신다고 하면 어떤 살아 있는 인격적 절대자를 숭배하면서 섬기는 것을 생각하게 된다. 모실 시에는 이런 의미가 없는 것도 아니다. 그렇지만 수운은 이 모실 시(侍)자를 이렇게 주해하지는 않았다. 오히려 수운은 모심을 내면적 자각과 외면적 소통을 통한 새로운 주체의 탄생으로 이해하였다. 즉, 모심이란 안으로는 지금까지 느끼지 못했던 새로운 신령이 존재함을(內有神靈) 명확히 느끼고 밖으로는 지금까지 단절되어 있던 우주적 기운과 서로 소통하고 있음을(外有氣化) 알아서 이 자리에서 한 발자국도 떨어지지 않는 것이라고(一世之人 各知不移) 수운은 정의하였다. 옮기지 않는다는 것은 새로운 자각과 소통을 하는 존재로 거듭남을 뜻한다고 할 수 있다. 뜻을 좀 더 풀어 보면 모신다는 것은 내 안에 또 다른 신령이 깨어나는 것이며 동시에 밖으로는 우주 기운과 통하게 되는 것이다. 모심이란 자기 밖의 어떤 초월자와 만나는 것이 아니라 자기 안의 신령이 깨어나는 것이며 동시에 자기 밖의 모든 존재자들과 소통하는 새로운 기운의 바다가 열리는 현상이다. 이것이 특정한 시간과 특정한 장소에서만 그러한 것이 아니라 늘 그러한 상태로 있게 될 때 우리는 한울님을 모셨다고 말할 수 있게 되는 것이다.

한울님을 지극 정성으로 모시게 되면 한울님과 사람이 하나가 되게 된다. 이 하나가 되는 것을 조화정이라고 수운은 표현하였다. 한울님과 하나가 된다는 것은 사람이 한울님의 마음과 똑같아진다는 것이며 한울님이 하는 일을 사람도 똑같이 할 수 있게 된다는 뜻이다. 이것이 조화정의 의미이다. 조화정이 되게 되면 사람은 한울님의 능력과 지혜를 그대로 받아서 쓸 수 있게 된다. 수운의 표현에 의하면 '한울님의 덕에 합하고(合其德) 한울님의 마음에 정하게 된다(定其心)'고 할 수 있다. 이 단계에서 사람은 한울님 마음과 똑같아지게 되고 한울님처럼 무궁한 덕을 무궁히 베풀 수 있게 된다. 한울님의 덕을 베풀 수 있어야 비로소 도를 안다고 말할 수 있을 것이다.

시천주 조화정의 존재 실상을 깨닫기 위해서는 21자 주문을 소리 내어 크게 외우는 현송顯誦과 13자 주문을 마음으로 외우는 묵송默誦이의 수련을 해야 한다. 현송과 묵송은 목적은 같지만 기능은 다르다. 현송을 기운 공부라고 하고 묵송을 성품 공부라고 한다. 기운공부는 이 마음으로 우주를 창조·변화시키는 우주기운에 소통하여 통제하는 데 목적이 있다고 할 수 있다. 현송을 통하여 마음이 우주만물의 탄생·변화시키는 음양의 두 기운에 통하게 되면 사람은 마음으로 음양 기운을 다스릴 수 있게 된다. 음양 기운을 다스릴 수 있게 되면 천주가 하는 일을 사람도 할 수 있게 된다. 그 구체적인 사례가 영부이다.

수운은 질병 치유는 영부靈符로서 한다고 하였다. 주문 수행을 통하여 하늘의 기운에 소통하는 사람들은 그 징표로 영부를 받게 되는데 수운 자신도 영부를 수백 장 그려내어 물에 타서 먹어보니 가늘던 몸이 굵어지고, 검던 얼굴이 희어졌다고 묘사하였다. 자신의 질병 치유보다는 다른 사람들을 돕고자 하는 거룩한 마음을 쓰는 분들이 주로 영부를 잘 받는 것을 직접 볼 수 있었다. 일반적으로 영부는 종이 위에 붓으로 그린 형상이지만 해월은 사람들이 혹 오해를 할까 염려하여 영부란 곧 마음이라고 하였다. 영부를 마음이라 한 것은 일반적인 마음을 의미하는 것이 아니라 음양 기운에 통한 마음을 뜻한다. 마음 기운이 형상화된 것을 흔히 영부라 하지만 실상 영부는 마음 기운 자체이다.

현송을 통하여 우주 기운에 통하게 되면 질병을 치유할 수 있는 영부만 받는 것이 아니라 다양한 마음의 능력을 얻게 된다. 그 중에 한 가지만 말한다면 자연과의 소통이다. 자연 만물도 음양 두 기운에 의하여 창조·변화·파멸의 과정을 걷는다면 음양 두 기운에 통하게 되면 사람은 자연에도 통하게 된다고 할 수 있다. 그 극치에 이르게 되면 마음이 자연스러워져 자연보다도 더 자연스럽게 바뀌게 될 것이다. 그 경지를 동학에서는 '무위이화無爲而化'라고 한다. 무위無爲라는 노장老莊의 개념을 빌려와 표현한 것은 틀림없다. 그러나 노장사상을 공부하여 수운이 "우리 도는 무위이화라"라고 한 것은 아니라 하겠다. 마음이 지극한 하나의 기운에 통하고 보니 아니 통하는 곳이 없으며 자연스럽게 되니 작위적으로 어떤 일을 하는 것이 아니라 하늘의 뜻에 온전히 따르게 되므로 이 경지를 '무위이화'라는 개념으로 표현하였다고 보아야 할 것이다. 사상가나 철학가들은 개념이 마음의 중심 자리를 차지하겠지만 수행가에게는 개념들은 마음의 경지를 표현하는 도구들에 불과한 것이다. 즉, 말은 달을 가리키는 손가락에 불과한 것이다. 달을 보았으면 손가락을 가지고 왈가왈부하지 않는다.

달을 보는 마음을 터득하기 위한 공부가 묵송默誦이다. 묵송은 달로 상징되는 궁극적 실재를 보는 공부이다. 의암에 이르러 묵송은 견성見性공부라고 흔히 불린다. 견성이란 모든 존재의 가장 깊은 내면에 숨어 있는 성심 본체, 즉 한울님을 보는 공부이다. 견성을 하게 되면 겉모습이 아닌 속모습을 직시하게 된다. 속모습은 모두가 한울님이다. 성심 본체라고도 표현된다. 의암은 '견성은 자천자각自天自覺에 있다'고 하였다. 자기 하늘을 자기가 깨닫는 것이 견성인 것이다. 이처럼 내 자신이 곧 천주임을 깨닫는 공부가 묵송이다. 불교식으로 표현하자면 일체의 상相을 떠난 공공적적空空寂寂하고 불생불멸不生不滅하고 부증불감不增不減의 본 자리가 아무런 의심없이 여실하게 드러나는 경지를 묵송을 통하여 들어가게 된다.

의암은 이 경지를 '무무無無 무유無有'로 표현하기도 하였다.[6] 없는 것도 아니며 있는 것도 아니라는 뜻이다. 비고 고요한 이 경지는 없다고도 할 수 없으며 그렇다고 있다고도 할 수 없다는 것이다. 이 경지를 표현하기 위하여 의암은 '천지 미판 전의 소식을 들으라'라고 말하였다. 이 말의 의미가 분명치 않아서 질문을 하는 제자가 있었다. 그는 '천지가 생기고 난 다음에 생겨난 사람 마음이 어떻게 천지가 생겨나기 이전의 소식을 들을 수 있느냐'고 묻게 된다. 당연히 제기될 수 있는 의문이다. 우리의 마음은 천지가 생겨난 다음에 생겨난 것만을 알고 그것을 자신으로 생각하지 본래의 내 마음은 천지가 생겨나기 이전부터 있었으며 천지가 없어진 다음에도 있는 존재라는 사실은 잊고 살아간다. 우리는 몇십 년 전에 어느 장소에서 태어나서 살아오면서 배우고 경험하고 기억하는 총체를 '나'라고 생각하지 내가 태어나기 이전과 죽은 이후까지 모두 다 '나'라고는 꿈에도 생각하지 못한다. 누가 감히 이런 생각을 할 수 있겠는가? 꿈엔들 이런 생각을 쉽게 할 수 있겠는가?

그렇지만 묵송은 천지가 생겨나기 이전의 경지로 우리의 마음을 안내한다. 그리하여 묵송을 통하여 비록 한 순간이라도 '천지미판전의 소식'을 경험하게 되면 영원토록 이 맛을 잊지 못할 뿐만 아니라 시간

---

6 의암,「無體法經」, "性本無無 無有 無現 無依 無立 無善 無惡 無始 無終"

을 넘어선 그 존재가 바로 자기자신이라는 사실을 철두철미하게 자각할 수 있게 된다. 그러나 그 경지에 들어갔을 때는 현재 나라고 생각하는 마음은 사라져 버린다. 그러므로 그 경지를 이 마음으로는 묘사할 수 없다. 그 경지에서 나온 이후에 비로소 영감靈感으로 그려낼 뿐이다. 그러므로 일찍이 노자가 표현한 것처럼 '아는 자는 말하지 않는다'고 하겠다. 소금인형이 바다의 깊이를 재기 위하여 바다에 들어갔다가 돌아오지 못한다는 우화적 표현도 있다. 바닷물과 하나가 되어 돌아오지 못하게 되는 것을 불교에서는 '니르바나Nirvana'라고 하며 인도 베단타 철학에서는 '니르빅칼파 사마디 Nirvikalpa Samadhi'라고 한다. 시공간의 현상계를 일체 떠나서 본체와 합일되었다는 뜻이다. 마음이 이 경지에서 돌아오지 않으면 열반이지만 돌아오면 살아 있는 열반이 된다. 살아 있는 열반이란 모순이다. 동학에서는 이러한 마음을 '신선', '새사람', '천주를 모신 사람' 등 다양한 개념으로 표현한다.

비고 고요한 경지에 잠겼던 마음은 예전의 마음과 같을 수 없다. 전혀 다른 마음으로 변하게 된다. 이 새로워진 마음을 개벽開闢이라 하고, 붓디(bhuddi)라 하고, 본래 성품이라 한다. 천주를 모신 새로워진 마음에는 천주의 조화가 자신도 모르는 사이에 깃들게 된다. 즉, 천주의 마음과 천주의 덕성과 너무 가까워져 거리를 잴 수 없을 정도로 가까워져 간다. 그리고 마침내 천주와 하나가 된다. 모시게 되면 모시는 한울님의 기운 자리에 자리 잡게(定立)되게 된다. 이를 조화정造化定이라 하며 무위이화無爲而化라 한다.

동학·천도교는 자기 정체성을 말할 때 흔히 '무극대도無極大道'와 '무위이화'라고 말한다. 마음이 비고 고요한 자리에 들었을 때에는 무극대도라 하고 모르는 사이에 무궁하게 활동하는 조화를 표현할 때는 무위이화라 한다. 무극대도가 묵송을 통하여 깨닫게 되는 내면적 고요의 바다를 표현하는 개념이라면 무위이화는 현송을 통하여 얻게 되는 한울님 조화의 무궁성을 표현하는 개념이다.

3) 앎

모심과 정함의 존재 실상을 이 몸과 마음으로 얻기 위한 현송과 묵송의 수행을 살펴보았다. 주문 수행을 통하여 어떻게 한울님이 모셔져 있음을 깨닫고 한울님의 조화 기운에 통해져 있음을 알게 되는 것일까?

현송을 하면 주문의 파동이 몸과 마음에 진동하게 된다. 마음이 주문에 집중되면 동조현상이 일어나게 된다. 몸과 마음은 하늘의 기운에 통하여 동조되는 것이다. 하늘기운은 통하지 아니하는 곳이 없기 때문에 현송과 묵송을 통하여 몸과 마음의 막히고 비틀어진 기운 통로를 깨끗하게 청소하면 본래의 고요와 역동성을 이 몸과 마음으로 체득하게 된다. 사람과 하늘 사이에 머리카락 하나도 용납하지 못할 정도로 밀접하게 되면 마음은 하늘을 잊을 수 없으며 하늘 기운을 자유자재로 움직일 수 있게 된다. 그리하여 질병도 나을 수 있고, 세상 사람들이 이른바 초능력이라고 하는 현상도 나타난다. 이전까지 들리지 않고, 보이지 않고, 생각할 수 없었던 것들을 다 듣고, 보고, 생각하게 된다.

마음이 하늘 기운에 통한 뒤에 변화하는 과정에 대하여 의암은 「무체법경」의 삼심관三心觀에서 자세하게 밝히고 있다. 허광심虛光心, 여여심如如心, 자유심自由心이 그것이다.

허광심이란 온갖 가지 상相으로부터 해방된 마음으로 다양한 겉모습을 뚫고 들어가 본래 청정의 본래면목을 직시하게 되는 경지이다. 온갖 가지 이름과 형상에 구애되지 아니하고 하나의 근본 바탕을 투철하게 관조하는 경지이다. 이렇게 되면 오직 세상은 평등하고 평등하다는 진리를 알게 된다. 여여심에 이르게 되는 것이다. 남녀일여男女一如요, 생사일여生死一如요, 천지일여天地一如요, 천인일여天人一如인 것이다. 모든 장애물이 사라지고 마음은 하늘과 땅이 생겨나기 이전으로 돌아가게 된다. 일체의 상相들이 옷을 벗고 본래 면목을 드러내게 된다.

그렇게 되면 마음은 진리를 구하지도 않으며, 자유를 구하지도 않으며, 해탈을 구하지도 않으며, 깨달음을 구하지도 않으며, 천국을 구하지도 않으며, 개벽을 구하지도 않는다. 자유할 뿐이다. 구할 것도 없으며, 찾을 것도 없으며, 깨달을 것도 없으며, 주장할 것도 없다. 움직이지 않으면서 모든 것을 창조하고 변화시키고 환원시킨다. 구하지 않지만 갖추지 아니한 것이 없으며, 주장하지 아니하지만 옳지 아니한 것이 없으며, 베풀지 아니하지만 우주 삼라만상을 낳고 기르지 아니함이 없다. 자유심 앞에서는 태양도 부끄러워 구름으로 얼굴을 가리게 된다.

자유심은 배우지 아니하였지만 모르는 것이 없다. 왜냐하면 자유심은 천지가 생기기 이전부터 본래 있었으며 천지가 없어진 뒤에도 있을 본래의 마음이기 때문이다. 이 마음은 하늘은 어떻게 하늘이 되었으며, 사람은 어떻게 사람이 되었으며, 땅을 어떻게 땅이 되었는지를 본래부터 지명하게 알고 있다. 이 마음은 모든 이치의 인과를 헤아리며, 모든 사물의 인과를 헤아리며, 모든 화복의 인과를 헤아리고 있다.

의암은 하늘과 땅과 사람이 생겨난 근본 원인을 삼성과三性科에서 논하고 있다. 그러므로 세 가지 성품이 자명하게 되면 우주간에 모르는 것이 없게 된다. 만사를 알게 되므로 일체로부터 자유로워지는 것이다. 하늘·땅으로부터 자유로울 뿐만 아니라 사람으로부터도 자유로워진 마음을 자유심이라 한다. 의암은 이 마음을 '위위심爲爲心'이라고도 하였다. 이 마음으로부터 하늘도 생겨나고 땅도 생겨나고 사람도 생겨나고 도道도 생겨났다고 한다. 이 마음을 공부하는 것을 동학·천도교에서는 심학이라 한다. 이 마음이 비고 고요하면 성품이라 하고, 이 마음이 활동하고 움직이게 되면 기운이라 한다. 묵송으로 성품을 공부하고 현송으로 기운을 공부하는 것도 결국 이 마음을 공부하는 것이다.

마음으로 성품을 보고 마음으로 기운을 깨닫는 것을 의암은 '견성각심見性覺心'이라 하였다. 수운은 마음이 고요에 드는 것을 도를 이루었다고 하고, 마음이 활활발발하여 우주간에 미치지 아니하는 바가 없는 것을 덕을 세웠다고 하여 한마디로 '도성덕립道成德立'이라고 하였다. 주문의 마지막 구절인 만사지의 지知를 풀이하면서 '지화지기至化至氣 지어지성至於至聖'이라고 하였다. 마음이 우주의 지극한 하나의 기운이 되는 동시에 마음이 또한 우주간의 가장 신성한 존재가 된다는 것이다. 이렇듯 주문은 인간을 우주기운과 통합시키며 한울님이라고 불리는 궁극적 실재와 합일시키는 것을 근본으로 하고 있다. 생각으로 그러한 것이 아니라 직접 이 경지에 이르러 한울님 마음을 쓰며, 한울님 덕을 베풀며, 한울님 세상을 만들어 가는 것이 동학·천도교의 수행이라 하겠다.

3. 생활 속의 수행(성경신)

수행을 위하여 삶의 현장을 떠나는 것을 동학·천도교에서는 찬성하지 않는다. 이 점은 유가의 전통을 닮았다. 천도와 진리를 삶에서 분리시켜 내세화 또는 초월화시키는 서구적 전통이나 불교와는 다르다.

따라서 동학·천도교에는 죽은 뒤에나 가는 천국이나 극락 개념이 없다. 천국이나 극락은 이미 현세 속에 내려왔기 때문에 사후세계가 따로 설정될 수도 없다. 그것은 천주가 이미 밤낮의 변화와 봄·여름·가을·겨울의 순환 질서 안에 이미 들어왔기 때문에 따로 존재할 수 없기 때문이다. 진리와 천도는 삶의 현장 안에 내재되어 있는 것이지 삶의 현장을 초월해서 있는 것이 아니다. 그러므로 동학·천도교에는 '지상천국地上天國', '극락심極樂心', '우주는 영靈의 표현' 등의 개념들이 있을 뿐이다. 천국은 지상에 있으며 극락은 마음에 있고 우주는 내 마음의 영 안에 있을 뿐이다. 지상을 떠난 천국이 따로 없고, 마음을 떠난 극락이 따로 없고, 심령을 떠난 우주가 따로 없다.

한울님이 이 세상에 이미 강림하였다면 어찌하여 이 세상에는 고통과 불행, 슬픔과 부조리가 만연한 것일까하는 의문이 자연스럽게 제기된다. 동학·천도교에서는 한울님은 '불택선악不擇善惡'하고 '정시정문正示正聞'한다고 표현되어 있다. 즉, 한울님은 선악을 가리지 아니하며 바로 보이고 바로 듣는다고 한다. 한울님은 선신善神이나 악신惡神이 아니라 선악이전의 경계라는 뜻이다. 또한 한울님은 한치의 왜곡도 없이 정확하게 구하는 대로 보여주시고 듣고자 하는 대로 들려주시는 분이라는 뜻이다. 한울님은 거울처럼 세상 사람들의 마음이 원하는 바를 이루어 줄 뿐이다. 선을 구하는 자에게는 선을 주고, 악을 구하는 자에게는 악을 준다. 고통을 원하는 자에게는 고통을 주고, 즐거움을 원하는 자에게는 즐거움을 준다. 불의를 원하는 자에게는 불의를 주고 정의를 원하는 자에게는 정의를 준다는 것이다. 그러므로 중요한 것은 마음가짐이다. 의암은 바르고·밝고·착하고·의로운 마음을 쓰라고 강조하였다. 마음에서 삿됨·어둠·사악함·불의를 제거하는 것이 마음공

부인 것이다.

따라서 인생의 괴로움과 역사의 부조리 사회의 부정의는 사람의 탓이지 결코 한울님의 탓이 아니다. 물질과 아집에 빼앗겼던 본래의 마음을 회복하여 존재의 실상을 깨달아 실천하게 되면 인생은 행복해지고, 역사는 순리에 따르게 되고, 사회는 정의롭게 될 것이다. 여기에 수행의 필요성이 제기되는 것이다. 수행이란 존재 실상을 바로 깨달아 바로 실천하기 위함이다.

바로 삶의 현장 한가운데에 한울님이 계시다는 것을 깨닫는 것이 수행이다. 한울님이 있으므로 길을 가고, 한울님이 있으므로 밥을 먹고, 한울님이 있으므로 일을 하고, 한울님이 있으므로 말을 한다는 사실을 깨닫는 것이다. 아니 계신 곳이 없는 한울님을 깨달아서 그 뜻에 따라서 삶을 살고, 사회를 만들고, 역사를 창조해 가자는 것이다.

수운은 자신은 비록 초야의 빈한한 선비지만 천리야 모르겠느냐라고 하면서 "사람의 수족동정 이는 역시 귀신이오 선악간 마음용사 이는 역시 기운이오 말하고 웃는 것은 이는 역시 조화로세"[7]라고 천리를 설명하였다. 천리가 형이상학적이고 초월적이고 고립적이고 독립적인 어떤 절대자가 아니라 사람이 손발을 움직이는 작용하는 마음기운(鬼神)이며, 선악의 갈림길에서 고민하면서 선택하는 마음이며, 말하고 웃는 일상사가 가능하도록 하는 조화 기운임을 설파하고 있다. 천리는 기운과 따로 동떨어져 존재하는 것이 아니라 기운·귀신·조화로 불리우는 한울님 기운의 작용의 한가운데에서 존재한다는 것이다. 동학·

---

7 수운, 「도덕가」

천도교에서 수행의 핵심은 바로 이 존재 실상의 직시直視·관조觀照·자각自覺이다. 언제 어디서나 어떤 행동이든지 예외없이 다 한울님의 표현임을 잊지 말라는 것이다. 이렇게 잊지 않으면 한울님이 매매사사에 계시는 것이고 만약 잊어버리면 한울님은 저 별보다도 멀리 떨어지게 되는 것이다. 그러므로 주문 수행의 요점은 영세불망永世不忘이라 할 수 있다. 어떠한 상황 속에서도 잊지 않는 수행을 수운은 전통적 유가의 덕목을 받아들여 성경신誠敬信이라 하였다.

성경신의 체행은 해월에게서 뚜렷하게 드러난다. 수행이 무슨 특별한 사람들의 특별한 기행奇行이 아니라 일상생활 속에서 참된 마음을 쉬지 않고, 모든 존재자들을 우러러 받들고, 오직 한울님을 믿어 의심치 않는 것이라 하겠다.

1) 믿음

수운은 「탄도유심급」에서 먼저 믿고 정성을 들이라고 하였다. 한울님에 대한 믿음이 앞서고 뒤에 정성이 따라야 한다는 것이다. 열심히 하는 것도 중요하지만 목적이 분명해야 한다는 뜻이다. 그러나 보이지도 않고, 들리지도 않고, 잡히지도 않는 궁극 목적이라고 할 수 있는 한울님을 믿는다는 것은 매우 힘든 일이다. 더욱이 성스러운 한울님이 세속적 현실 세계를 낳고 그 안에 살고 계신다는 것을 느끼기는 더더욱 어렵다.

철학은 믿음보다 의심을 미덕으로 삼는다. 그러나 종교는 의심보다 믿음을 미덕으로 삼는다. 믿음은 종교의 특성이다. 물론 동학의 믿음은 궁극적 존재에 대한 믿음과 동시에 다른 사람에 대한 신용을 의미한다. 따라서 믿음은 종교의 특성이면서 동시에 인간관계의 중심이라 할 수 있다. 수운은 '대장부 의기범절이 믿음 없으면 어디에서 나겠느냐'고 하여 인간 사회에서의 신용의 중요성을 강조하였다. 또한 동학에서의 믿음은 타인에 대한 믿음과 함께 자신自信을 뜻한다. 결국 믿음은 모든 존재자들과 자신이 한울님을 모셨다는 진리를 믿는 것이라고 말할 수 있겠다.

비록 그 모습은 볼 수 없고, 그 소리는 들을 수 없고, 그 존재성을 느끼기 어렵고, 유有보다는 무無라 표현하는 것이 보다 적절한 어떤 궁극적 존재가 우주만유에 간섭하고, 명령하고, 통일하고 있다는 사실을 믿으라는 것은 평범한 사람들에게는 지나친 요구사항일 수 있다. 그렇기 때문에 사람들은 현세적인 우주만유와 전혀 다른 궁극적 실재에게 특별한 이름을 붙여서 부른다. 세상적인 것과는 완전히 다른 또 다른 존재로 설정되는 것이다. 사람의 생각으로는 감히 상상조차 할 수 없기 때문에 수운은 '그렇지 아니하고 또 그렇지 아니하다(不然又不然)'이라는 표현을 하였다. 인간의 마음은 비천하여 감히 무한과 동일시하기 어려운 것이다. 인간의 마음은 비천하여 감히 신성과 동일시하기 어려운 것이다. 이 작은 인간의 마음으로는 갈 수 없는 또 다른 세상이 있는 것이다.

세상에는 누구나 쉽고도 쉽게 알 수 있는 일이 있는가 하면 아무리 생각해도 알 수 없고 알 수 없는 일이 있다. 수운은 다음과 같은 예를 들고 있다. 가령 내가 누구인가라는 질문에 대하여 우리는 누구나 쉽게 아버지의 아들이라고 대답할 수 있다. 그렇지만 소급해 올라갈수록 쉽지 않으며 마지막에 최초의 아버지는 누구인지 알 길이 없어진다. 아버지 없는 최초의 아버지가 누구일까? 이 질문에 대하여 명쾌하게 답변할 수는 없다는 것이다. 알 수 없다는 것이다. 그 누구도 쉽고 쉽게 알 수 있는 일들도 그 끝까지 따지고 들어가게 되면 이처럼 알 수 없는 지경에 이른다는 것이다. 그러고 보면 세상사는 참으로 간단한 일이 아니다. 세포 하나의 탄생과 죽음도 범상한 일이 아니다. 유전자 지도가 다 밝혀졌어도 아직까지 세포의 탄생과 죽음의 신비는 모두 밝혀진 것이 아니다. 세상사는 범상한 일이 아닌 것이다. 참으로 살아서 움직인다는 이 사실 자체가 범상한 일이 아니다.

 수운은 「불연기연」이라는 짤막한 글에서 자연사와 인간사에서 이처럼 알 수 없는 신묘한 일들을 여러 가지 거론하고 있다. 가령 까마귀가 어미를 도로 먹이는 일이라든지 가난해도 제비가 집으로 돌아온다든지 하는 일을 사례로 들고 있다. 그 이외에도 많은 사례들을 수운은 일일이 거론하고서 참으로 세상에는 알 수 없는 일들로 가득 차 있음을 예시한다. 이렇게 알 수 없는 일들을 나열한 뒤에 수운은 '조물자造物者에 붙여 보면 그렇고 그렇고 또 그러한져'라고 하면서 「불연기연」을 마치고 있다. 그렇지 아니하고 알 수 없는 일들을 예시한 뒤에 마지막 결론에서 수운은 그렇지 않고 그렇지 않은 수많은 일들을 조물자에 붙여보게 되면 그렇고 그렇게 쉽게 알 수 있다는 것이다. 어찌 하여 그러한가?

 조물자는 모든 우주만유를 만들었기에 만약 조물자라는 궁극원인자를 알게 되면 만사를 알게 되는 것은 당연하다. 수운이 이야기하고자 하는 바는 인간사와 자연사는 한울님의 간섭·명령·통일의 작용에 의하여 일어나고 있다는 진리를 깨달았다는 것이다. 그리하여 일체의 의문을 모두 해소시켰다는 뜻이다. 그렇게 되면 일체의 신비가 사라지고, 불연이 사라지고, 무지가 사라지게 되어 모든 일들이 쉽고도 쉽게 이해된다는 것이다. 모두 다 한울님에 의하여 그렇게 되었다는 것이다. 수운은 「논학문」에서는 '일동일정一動一靜과 일성일패一盛一敗를 부지어 천명付之於天命'하였다고 표현하였다. 일거수 일투족을 모두 다 한울님의 법에 비추어 환히 알게 되었다는 뜻이다.

　매매사사에서 천명이나 조물자의 명령·간섭·통일이 뚜렷하게 드러날 때 비로소 세상의 모든 의문과 신비가 풀려나간다. 그렇지 않은 일들이 모두 사라지고 모든 일들이 그렇고 그렇게 쉽게 다 알게 된다. 나아가 모든 일들을 천명과 조물자의 뜻에 따라서 이루어나갈 수 있게 된다. 그러나 천명과 조물자가 분명해지기 이전에는 모든 일들이 그렇지 아니하고 그렇지 아니하기 때문에 진리를 알 수 없다. 과연 한울님이 모든 물건들과 모든 일들을 이루는 주인공인지 알 수 없다. 어둠과 불연의 세상에서 살 수밖에 없는 것이다. 따라서 아직까지 세상사 모두를 천명과 조물자에게 붙여볼 수 없는 사람들에게는 믿음이 필요하다. 궁극적 존재가 세속사 모두에 명령·간섭·통일하고 있다는 사실을 굳게 믿어야 하는 것이다.

　믿지 않으면 궁극 진리를 깨달을 수도 없거니와 짐작도 할 수 없을 것이다. 믿음을 통하니 힙리걱 게산오로는 알 수 없는 불연의 세계를 알게 되는 것이다. 믿음에 의하여 건널 수 없는 강을 건널 수 있는 것이다. 믿음에 의하여 단절의 벽을 허물 수 있는 것이다. 삶과 죽음을 갈라놓은 심연을 단박에 뛰어넘을 수 있는 힘이 바로 믿음에서 나오는 것이다. 그러므로 해월은 믿음이 있는 사람은 돌을 굴려 산으로 올리기도 쉽다고 하였다. 반면 그렇지 못한 사람은 돌을 굴려 산에서 내리기조차도 어렵다고 하였다.[8]

　신과 인간을 갈라놓은 간극을 넘을 수 있는 힘이 믿음에서 나옴을 알

---

8 해월, 「독공」

수 있다. 믿음은 참으로 위대하다. 성경의 표현처럼 믿음 있는 사람은 산을 옮기기도 쉬우려니와 물 위를 걸을 수도 있을 것이다. 참된 믿음을 일으킨 사람보다 행복한 사람은 없다고 하겠다. 위세당당한 산맥도 믿음 앞에서는 맥을 추지 못하고, 기세등등한 바다도 믿음이 선 존재자들은 삼켜 버리지 못하니 말이다. 대승기신론大乘起信論은 이른바 대승불교의 대표적 경전이며 원효가 주소注疏를 붙여서 더욱 유명해졌다. 경전 이름의 뜻은 브라마(大)가 타지(乘) 아니한 곳이 없다는 믿음을 불러일으키는(起信) 글이라는 뜻이다. 이 경전의 목적은 바로 부처에 대한 믿음을 불러일으키기 위한 글이다. 믿음이 나올 수 있는 것은 위대한 브라마가 아니 탄 곳이 없기 때문이라는 것이다. 신령스럽고 무소불위無所不爲의 능력을 가진 위대한 한울님이 모셔져 있지 아니한 존재가 없으며, 모셔져 있지 아니한 시간이 없으며, 모셔져 있지 아니한 장소가 없다는 것이다.

 수운은 인의예지도 이 믿음의 기둥에 매달려 있으며 대장부 의기범절도 모두 믿음에 기초하고 있다고 하였다. 지상천국은 이 믿음의 심주心柱를 기둥으로 하여 세워진다고 하겠다. 따라서 한울님에 대한 믿음이 빠지면 우주는 무너진다고 할 수 있다. 믿음은 부서지기 쉬운 삶을 금강불괴金剛不壞의 영원불멸로 만든다. 마음을 가짜 나에게 빼앗기지 않고 본래의 나를 찾은 사람은 다이아몬드보다 더 견고하여 영원토록 부서지지 않는다.

 동학·천도교에서는 장생불사長生不死를 주장한다. 장생불사론에 따르면 인간은 죽지 않으므로 내세도 없다. 그러나 생사에 마음을 빼앗긴 사람에게는 과거도 있고 현재도 있고 내세도 있다. 그러한 사람은 어제 본 것을 어제 마음으로 삼고, 오늘 본 것을 오늘 마음으로 삼고, 내일 볼 것을 내일 마음으로 삼으며 살 것이다. 그렇지만 영원한 불멸심을 찾은 사람은 천만 년 전 사람이나 현재 사람이나 천만 년 후 사람이나 같은 사람임을 알고 살 것이다. 왜냐하면 '본래의 나'는 태어난 적도 없으며 죽는 적도 없기 때문이다. 이 본래의 한울님을 믿는 것이 동학 수련의 또 다른 축이다.

2) 공경

하심下心은 모든 수행의 기초라 할 수 있다. 그러나 자신을 낮춘다고 하여 곧바로 타자를 공경하는 것은 아니다. 그렇지만 겸손은 공경의 바탕이 아닐 수 없다. 수행자들은 세상 사람들과는 다른 뭔가 특별난 존재가 된다는 자존심과 뭔가 특별한 능력을 얻는다는 거만함에 쉽게 빠지곤 한다. 그러나 깨달음이란 풀 한 포기나 먼지 한 톨도 모두 다 한울님 기운의 간섭·명령·동일에 의하여 이루어진다는 사실을 깨닫는 것이기 때문에 자존심이나 거만함으로는 깨달음에 이를 수 없다.

수운이 1864년 대구장대에서 참형당한 뒤 해월의 삶은 인고의 연속이었다. 그렇지만 해월의 발이 닿는 곳에는 동학의 접들이 생겨났다. 1870년대에는 경북 지역과 강원도에서, 1880년대에는 충청과 경기 지역에서, 1890년대에는 호남 지역과 황해도 이북 지역에서 동학의 접들이 생겨났다. 이처럼 동학이 짧은 기간 안에 번성하게 된 것은 당시의 시대적 요청과 함께 해월의 덕행에 힘입은 바 크다고 하겠다.

해월은 한울님을 공경하면 한울님이 내려오고, 사람을 공경하면 사람들이 모이고, 물건을 공경하면 물건이 모여 부자가 된다고 하였다. 『천도교경전』(수운·해월·의암의 글을 편집)에서 공경은 가장 자주 사용되는 단어 중의 하나로서 무려 115번이나 나온다. 공경은 삶의 중심이며 성공의 열쇠라 아니할 수 없다.

공경은 사람을 한울님과 똑같이 섬기는 일이며(事人如天), 가축이라도 아끼고 사랑하며, 나뭇가지도 함부로 꺾지 않으며, 물건이라도 다 한울님의 모습으로 여기는 생활 속의 수행이다. 수행이 생활을 떠나 멀고 높은 곳에 있는 것이 아니라 사람을 보되 직업이나 성별이나 신분이나 지식이나 피부색 등으로 보지 아니하고 오로지 한울님으로 보고 대하는 데 있는 것이라 하겠다. 해월의 삶에서 우리는 공경의 삶을 볼 수 있다.

해월은 여성들이 수도하는 글인 「내수도문」으로 유명하다. 그 글에는 뭔가 특별난 내용이 들어 있는 것이 아니라 당시 여성들의 일상의 삶 속에서 오직 한울님을 잊지 않고 기억하고 살아가라는 가르침이다. 무슨 일을 하든지 마음으로 꼭 한울님께 고하여 한울님을 떠나지 않는 생활을 하다가 보면 여러 가지 질병이 나을 뿐만 아니라 대도에 통한다고 하였다. 그리고 천지도수가 모두 이 글에 실려 있다고 하였다.

사모하여 우러르는 님을 잊을 수 없듯이 한울님을 잊지 못할 때 공경이 나오게 된다. 한울님은 아니 계신 곳이 없기에 어떤 사람을 만나더라도 한울님으로 섬기며 어떤 물건을 접하더라도 한울님으로 공경할 때 이것이 진정으로 한울님을 공경하는 것이라 하겠다. 그러므로 늘 깨어 있으면서 함께 하는 것이 공경이라 하겠다.

자기 자신을 공경하지 못하고는 밖을 공경할 수 없으니 '자심자배自心自拜'는 의암의 표현으로 동학·천도교 공부의 근본 요체라 할 수 있다. 이는 타인을 위하는 학문이 아니라 유가의 '위기지학爲己之學'의 맥과 상통한다. 자기를 위한다는 것은 육신의 나와 세상 마음의 나를 위한다는 것이 아니요 '본래의 나'를 위한다는 뜻이다. 즉, 오로지 천주를 지극히 위하는 것이 마음공부이므로 천주학의 맥에도 이어져 있다.

'본래의 나'란 우주만유의 근본 바탕일 뿐만 아니라 만인의 근본 바탕이므로 진정으로 타인과 타물을 위한 길이 바로 위기지학이라 하겠다. 세상과 아집에 빼앗긴 내 마음을 공경할 수는 없다. 그러한 마음에게는 고개가 숙여지지 않기 때문이다. 어떻게 비루하고 누추하고 속된 것을 공경할 수 있겠는가? 내 마음이 본래 청정하고, 본래 순수하고, 본래 깨닫고, 본래 만선萬善을 구비하고, 본래 영원하고 나서야 비로소 이 '본래의 나'를 공경할 수 있는 것이다. 그러므로 자심자배는 자천자각自天自覺이 없이는 행할 수 없다. 내 하늘을 내가 깨달아야 비로소 벽을 향하여 설치하였던 제사상을 나를 향하여 돌려놓을 수 있는(向我設位) 것이다. 한울님 이외에 다른 것에 진상하는 것은 미신일 뿐이다. 자심자배는 아집의 내 마음을 공경하는 것이 아니라 천심天心의 내 마음을 공경하는 것이다.

공경의 마음이 싹트기 시작하나면 사타自他 모두에게 른 것시다. 신상 공경의 마음에는 자타의 구별이 들어설 여지도 없다. 공경함으로써 높고 높은 하늘과 온전히 닮아 같아지게 된다. 공경함으로써 다른 사람들과 화목하게 되고 공경함으로써 자연과 합일되게 된다.

3) 정성

정성이 없으면 물건이 없다는 '무성무물無誠無物'은 이미 잘 알려져 있다. 『중용』에서 정성은 중심적 개념이다. 유가에서 이미 정성은 공경과 함께 중시되어 왔다. 동학은 이러한 유가를 재해석하여 승계하고 있다. 수운 자신이 유가와 자신의 도는 '대동이소이大同而小異'하다고 표현하였다. 성誠에 관한 유가와의 비교분석은 다음으로 미루고 여기에 서는 동학적 재해석을 중심으로 살펴보자.

해월은 정성을 '순일純一'과 '무식無息'으로 이해하였다. 순일은 말 그대로 오직 순수하여 안팎이 하나라는 뜻이다. 즉, 참되어 거짓이 없다는 뜻이다. 유가식으로 표현하면 '진실무망眞實無妄'이다. 해월은 거짓으로 사람을 사귀는 사람은 '난도자亂道者, 패도자悖道者, 역리자逆理者'9라고 하였다. 수행을 한다는 것은 이웃과 참된 삶의 관계를 맺으며 사는 것으로 이해되고 있다. 진리를 실천한다는 것은 거짓으로 사람을 사귀지 않는 것이다. 해월은 진실은 생명의 핵이며 '거짓은 생명을 부수는 쇠망치'라고 표현하였다. 의암은 이 진실한 마음을 빼앗긴 사람은 반드시 죽고, 그 국가는 반드시 멸망한다고 하였다.10 진실성은 동학 수련의 핵심 중의 하나이다.

정성은 참된 마음이자 동시에 쉬지 않는 마음이다. 참된 마음이 존재론적 설명이라면 쉬지 않음은 활동론적 설명이다. 쉬지 않음은 우주 운행의 규칙성과 법칙성과 긴밀한 관계가 있다. 하늘이 쉬지 않으므로 우주가 존재한다는 표현에서 잘 알 수 있다. 만약 하늘이 한 순간이라도 쉬게 된다면 우주는 그 즉시로 붕괴된다는 것이다.11 이러한 하늘의 길

---

9 해월,「대인접물」, "以詐交者亂道者 悖道者逆理者也"
10 의암,「무체법경」, 성범설, "凡人魔奪心一生 一身必亡 一國必亡 一世必亡 天地必亡 人不有魔奪心 不失爲爲心"
11 의암,「권도문」, "만일 한울이 일분 일각이라도 쉬게 되면 화생변화지도가 없을 것이오, 사람이 또한 일용지도를 잠시라도 떠나게 되면 허령창창한 영대가 가난하고 축날 것이라. 이러므로 수고롭고 괴롭고 부지런하고 힘쓰는 도는 금수라도 스스로 지키어 떠나지 않거든 하물며 사람이야 이것을 저버리며 떠날

을 본받아 정성하는 것이 곧 사람의 길이라는 것이다. 부지런하여 반복하고 또 반복하는 것이 정성이 된다. 마치 태양이 180번 이상 동쪽에서 떠야 한 톨의 쌀알이 영그는 것과 같은 이치이다. 수행도 이와 같이 하여야 한다는 것이다. 호흡하는 사이에도 한울님을 잊지 말아야 하고, 밥을 먹을 때도 한울님을 잊지 말아야 하고, 손발을 움직일 때도 한울님을 잊지 말아야 하고, 무슨 생각을 하든지 다 내 안에 누가 있어 끊임없이 생각들이 솟아나는지를 생각하여야 한다는 것이다. 이렇게 쉬지 않고 한울님을 생각하게 되면 한울님과 함께 하고, 끝내는 너무 가까워지고 친해져서 하나가 된다는 것이다.

일상생활에서 한울님을 한 순간도 잊지 않는 것이 곧 정성이 된다. 정성은 도덕 실천이며 윤리적 행위가 된다. 정성은 실천적 심학의 맥락에서 강조되며 이지적·성리학적 덕목은 아니다. 성리학적 덕목은 이법理法으로서의 천지 운행에 대한 냉철한 지성知性의 계발이다. 동학은 성리학적 흐름보다는 실천적 심학의 맥락에 서 있다고 할 수 있다. 위에서 살펴보았듯이 '아는 것이 천지라도 경외지심 없었으면 아는 것이 무엇이며'라는 수운의 말은 도덕 실천적 심학을 잘 보여준다. 그러므로 동학은 왕양명에 의하여 제기되었던 지행합일知行合一의 맥락과 통한다고 할 수 있다.

심리心理를 떠나서 따로 대나무의 리理가 있는 것이 아니라는 깨우침을 통하여 왕양명은 마음 밖에 따로 하늘도 없고 사물도 없다고 하였다. 그는 「대학」의 '격물格物'도 사물의 이치를 파악하는 것이 아니라

바리오."

'정심正心'으로 풀이하였다. 마음을 바르게 하여 사물과 사람을 대할 때 올바르게 하는 것이 곧 격물의 뜻이라고 하였다. 그는 「대학」과 「중용」 정신의 핵심을 본마음인 '양지良知'를 계발시키는 것으로 보았다. 또한 공맹이 하고자 한 일도 천지이법을 다른 곳에서 구한 것이 아니라 바로 내 안의 '양지'에서 찾고자 하였다는 것이다.

동학은 이법理法이나 자연법自然法으로 변해버린 천天을 내 안에 모신 천주로 재발견하였으며, 초월화되고 형이상학화되고 절대화된 천리天理와 천성天性을 활활발발하는 마음 기운을 가진 살아 움직이는 생명으로 부활시켰다고 할 수 있다. 이 점에서 동학은 양명학과 통한다. 천리나 천명보다 내 마음의 진실과 성실함이 중시되고 있는 것이다. 그러나 동학은 천리나 천명은 양명학에서처럼 폐기되기보다는 내 안에 모셔져 있는 살아 있는 천주로 보존되고 있다. 그렇게 함으로써 동학은 양명학처럼 극단주의적 유심론으로 흐르지 않을 수 있었다. 동학은 모실 '시侍'로써 유신론과 유심론의 긴장과 조화의 묘미를 살릴 수 있었다. 즉, 동학은 상제·천주라는 동서양의 유신론적 전통과 정성·양지와 같은 유심론적 전통을 모실 시侍로 포용하고 있는 것이다. 이러한 이유로 동학의 심학은 포용적 심학이라 부를 수 있다.

성경신은 도덕의 실천이다. 사람을 떠나서 따로 천도가 있지 아니하며 자연을 떠나서 천도가 홀로 존재할 수는 없다. 천도와 천덕은 언제나 사람의 삶 속에 내려와 있다. 윤리적 삶이란 천도와 천덕을 따르는 삶이며 수행이란 천도와 천덕을 실천하는 삶이다. 동학·천도교에서는 형이상학과 자연과학에 앞서서 도덕·윤리·삶이 강조되고 있다. 다시 말하자면 동학·천도교에서 수행은 철학과 과학의 기본 바탕이 된다.

수행은 깨어 있음이다. 음식을 먹어도 음식에 빼앗기지 않으며, 일을 해도 일에 빼앗기지 않으며, 사람을 만나도 사람에 빼앗기지 않으며, 길을 걸어도 길에 빼앗기지 않으며, 잠을 자도 잠에 빼앗기지 않고 마음을 빛나는 별처럼 또랑또랑하게 밝고 맑게 간직하는 것이다.

수행은 살아 있음이다. 마음은 물들지 않고, 흔들리지 않고, 빼앗기지 말아야 하지만 동시에 자기 앞에 전개되는 일체의 상황을 하나도 빼놓지 않고 감응해야 한다. 함께 아파하고 함께 슬퍼하고, 더불어 물러서거나 나아가야 하는 것이다. 세상과 함께 더불어 나아가지 않는 도는 도가 아니라고 하였다.

수운은 '우리 도는 세상과 함께 돌아간다(與世同歸)' 라 하였고 해월은 이름을 시대에 형통한다는 시형時亨으로 바꾸었다. 의암은 도인보다는 동학혁명과 3·1독립운동으로 오히려 유명하다. 세상을 떠나 도가 따로 있지 아니하다.

4. 오관(주문·청수·시일·성미·기도)

동학·천도교의 수행을 주문 수행과 생활 수행으로 나누어 살펴보았다. 1905년 의암은 동학을 천도교로 개명하면서 종교적 근대화를 시도하게 된다. 수행과 관련하여 의암은 모든 공부하는 사람들이 지켜야 할 다섯 가지 의무조항을 신설하게 된다. 그 다섯 가지는 주문·청수·시일·성미·기도이다. 수행이 다섯 가지로 제도화되었다고 할 수 있다. 주문과 기도에 대해서는 이미 주문 수행에서 살펴보았다. 기도祈禱는 한울님과 주고받는 묘연한 수행의 경지를 뜻하면서 동시에 주문 수행 일반을 칭하는 용어로 사용된다. 현재 천도교에서는 일반적으로 7일, 3·7일(21일), 7·7일(49일)을 정해 놓고 기도를 시행하고 있다. 시일은 일요일 날 모두 다 함께 종교적 의례를 수행하는 의식이다. 시일은 한울님과 만나는 날이면서 한울님을 모신 사람들과 만나는 날이다. 다른 종교와 별반 다름이 없이 일요일 날 정기적으로 봉행하고 있다. 여기에서는 주로 청수 의식과 성미 제도의 수행론적 의미를 살피고자 한다.

청수와 성미는 수행의 생활화 및 일상화에 관계된다.

청수는 모든 행사와 의식을 거행할 때 맑은 물을 모셔다 놓고 뚜껑을 여는 절차이다. 청수를 여는 것은 여러 가지 의미가 있겠지만 뚜껑을 열면 맑고 맑은 물이 가득 차 있듯이 사람이 마음의 문을 열게 되면 그 안에 맑고 맑은 한울님의 기운이 가득 차 있음을 깨달으라는 의미로 이해할 수 있다. 이렇게 보면 청수는 개벽의 상징으로 볼 수 있다. 즉, '본래의 나', '신령의 나', '기화의 나', '실상의 나'를 열어젖히라는 뜻인 것이다. 모든 존재의 내면에는 깨끗하고 순수하고 보이지는 않지만 꽉 차 있는 맑은 물이 흐르고 있다는 사실을 자각하라는 뜻을 제도화한 것이라 할 수 있다.

새로운 경지가 열리고, 새로운 소리가 들리고, 새로운 존재가 느껴질 때 개벽을 실감하게 된다. 청수의 뚜껑을 열 때마다 나도 열리고 우주도 열린다. 수운은 열림을 개화開花로 상징하였고, 열림의 덕을 물이 흘러감(水流)에 비유하였다. 그리하여 구미산의 꽃소식이 천하의 봄을 알리고 용담의 물이 네 바다의 근원이라고 노래하였다. 청수 봉행의 의미는 다름 아닌 '본래의 나'의 자각이라는 점에서 깊은 수행적 의미를 가진 의례라 하겠다.

성미誠米는 수행과 관련하여 특별한 의미를 지닌다. 성미는 매번 밥

할 때 가족 숫자대로 한 술씩 쌀을 따로 떠 놓았다가 한 달 치를 모아서 교당에 헌납하는 제도이다. 월성미라고도 한다. 성미를 뜰 때마다 식구를 한 명씩 생각하면서 한울님에게 심고心告를 하게 된다. 성미를 뜨는 일은 하루라도 빼놓지 않고 식구들을 생각하면서 한울님을 잊지 않는 수행의 일상화를 가능케 해주는 중요한 제도이다. 따라서 성미제도는 단순히 교당의 재정을 확보하는 제도일 뿐만 아니라 교인들로 하여금 하루 최소 세 번씩은 꼭 가족을 생각하며 한울님을 잊지 않는 수행을 하도록 만든 제도라 할 수 있다.

수행의 일상화·생활화에서 심고는 중심적 위치를 차지하고 있다. 심고란 말 그대로 마음에 고한다는 뜻이다. 습관된 마음이 아닌 한울님의 마음에 미리 알리는 행위이다. 심고는 매매사사에 걸쳐서 해야 하지만 특별히 출입出入심고와 식고食告가 중시된다.

출입심고란 외출할 때나 집에 돌아왔을 때 한울님 마음에 알리는 일이다. 가령 "어느 곳을 무슨 일 때문에 가려고 합니다. 혹시 문제는 없습니까? 가도 되겠습니까?" 하는 식으로 집을 나설 때 부모님께 말씀드리듯이 알려 드리고 상의하는 방식으로 하는 것이 출입심고다. 돌아왔을 때도 마찬가지 요령으로 심고를 드린다.

이렇게 심고를 중시하는 이유는 무엇일까? 그 이치는 간단명료하다. 한울님은 아니 계신 곳이 없으며, 아니 들으시는 소리가 없으며, 모르는 것이 없으며, 간섭하지 않는 것이 없기 때문에 마음 한울님께 알려 드리게 되면 우주 전체에 알려 드리는 것과 마찬가지이기 때문에 불의의 사고나 예상치 못했던 문제들을 효과적으로 대응할 수 있게 된다. 한울님 마음에 미리 알려 드림으로써 일상사를 편안하고 지혜롭게 실행해 나갈 수 있게 된다.

식고의 중요성은 일찍부터 강조되었다. 식고는 말 그대로 식사할 때 드리는 심고이다. 일반적으로 식고는 많은 종교에서 시행하고 있다. 이를 천도교에서는 '감사식고'라고 한다. 감사식고란 밥 한 그릇이 식탁에 올라오기까지 들어간 천지자연의 덕과 수많은 사람들의 덕에 감사드리는 식고이다. 천도교에는 '감응感應식고'라는 것이 있는데 이 점이 매우 독특하다. 그것은 감사식고 이전에 먼저 드리는데 보통 "한울님 스승님 감응하옵소서"라고 한다. 한울님과 스승님께서 드시라는 말이다. 해월은 이를 '이천식천以天食天'이라는 개념으로 표현했다. 즉, 사람이 밥을 먹는 것이 아니라 한울님이 한울님을 먹는다는 것이다. 해월은 제자들에게 식사할 때 한울님이 감응하는 것을 느꼈느냐고 질문하게 되는데 제자들이 잘 모르겠다고 대답했다. 그러자 해월은 감응식고를 했을 때 먹고 싶은 생각이 드는 것은 곧 한울님이 감응하신 표현이라 하였다.

만약 식고를 했는데 먹고 싶은 생각이나 침이 나오지 않는다면 한울님께서 감응하지 않았다고 말해도 좋을 것이다. 그때에는 밥먹는 일을 재고해야 할 것이다. 만약 감응하지 않을 경우에는 먹지 않는 것이 옳다고 하겠다. 그 이유를 알 수 있는 경우도 있고 알 수 없는 경우도 있지만 한울님이 감응하지 않는다는 것은 득보다는 해가 크기 때문이다. 해월은 식고의 이지를 아는 데 도통이 있다고 하였다. 밥 한 그릇 먹는 것이 만사지萬事知라고도 하였다.

수도원에서 수행을 하여 한울님 강령을 크게 체험한 뒤 가장 크게 바뀐 것이 무엇이냐는 질문에 대하여 한 대학생으로부터 "예전에는 아무렇게나 차려 놓고 밥을 먹었는데 강령 후 자연스럽게 자신이 먹는 것이 아니라 한울님이 드신다고 생각하니 예전처럼 함부로 하지 못하겠더라."는 대답을 들은 적이 있다. 그러므로 해월은 유가적 제사문화에서 살았기에 '밥상 차리는 것을 제사상 차리듯이 하라'고 이야기하였다. 사람이 식사하는 것이 아니라 한울님께서 식사를 하시기에 밥 한 끼에도 정성을 기울이라는 부탁이다.

출입과 식사할 때만 심고하는 것이 아니라 일상사 전반에 걸쳐서 식고하는 것은 동학·천도교 수행의 정수라 해도 좋을 것이다. 심고가 습관이 되게 되면 어느 날인가는 길을 걷는 나도 한울님이며, 말을 하는 주체도 한울님이며, 온갖 소리를 들으며 시시각각 변하는 광경을 보는 주인도 한울님이라는 자각이 홀연히 열릴지도 모른다. 그리하여 선禪에서 깨어나 자신을 찾아 헤맸다는 선사처럼 자신을 잃어버리고 길을 가는 한울님, 일을 하는 한울님, 밥 먹는 한울님, 구걸하는 한울님, 운전하는 한울님을 만날지도 모른다. 수운은 '무궁한 이 울 속에 무궁한 나 아닌가'라고 노래하였다. 껍질이 깨어지고 하늘이 열리게 되면 '한울님이 한울님 일을 할 뿐이다'라고 노래하며 디닐지도 모를 일이다.

5. 나오는 글

의암은 '한 생각이 끊어지면 다음 생각이 일어나는 불가능의 일을 끊으려고 생각하지 말고 내 안에 누가 있어 그러한가'를 생각하라고 하였다. 많은 수행자들이 현세의 복잡하고 더럽고 사악한 일들과 생각들을 완전히 비우고 끊어버리고(空斷) 강 건너 저편으로 가기를 원한다. 그러나 사념을 끊고 비우려고 하면 더욱 거세지는 것이 사념과 전도망상의 특징이다. 이 끊을 수 없는 사념들을 끊으려 마음의 힘을 낭비할 것이 아니라 이 모든 사념들이 나온 근본 바탕이 무엇인가를 생각하라는 것이다. 즉, 사념보다 한울님을 생각하라는 뜻이다.

중국 불교의 진정한 시조로 일컬어지는 육조 혜능이 금강경 독송 소리에 깨달았다고 하는데 그때 금강경의 구절이 '응무소주생기심應無所住生其心'이라고 한다. 대나무의 이치를 한번 깨우쳐 보려고 음식을 폐한 채 대나무밭에서 수행하다가 쓰러진 뒤 죽을 먹고 깨어나 깨달았다고 하는 왕양명은 역易의 '적연부동감이수통寂然不動感而遂通'을 자주 언급하였다. 혜능과 양명의 이야기는 모두 일체의 마음 씀씀이와 일체의 알음알이들이 모두 다 비고, 고요하고, 머무는 곳이 없는 데로부터 나왔다는 뜻이다. 마음이 이 자리에 홀연히 들어가게 되면 일체의 존재자들의 인과에 활연관통되어 모르는 것이 없게 되고 신비로운 일들과 불가능한 일들이 모두 다 사라지고 그렇고 그렇게 된다고 하겠다.

무형의 그 자리가 온갖 자취들을 낳았으니 그 묘연하고 신묘한 작용을 조화造化라 한다. 없음과 있음의 묘연함을 수운과 해월은 '무형유적無形有跡'이라 하였고, 의암은 '무형유적은 우리 도의 조화'라 하였다. 무형은 무한無限이자 무극無極이기에 무극대도라는 표현이 나왔다. 그러나 무극대도는 세상을 낳고 물건을 낳고 사람을 낳고 도를 또한 낳았으니 이 작용을 무궁조화라 하였다. 안으로는 고요하지만 밖으로는 활활발발한 것이다. 그러므로 '무형유적'이라는 말은 두 단어이면서 하나의 개념으로 표현되고 있다. 「무체법경」에서의 성심性心도 마찬가지이며, 수운의 '천주조화'라는 표현도 또한 같다. 마음 한편은 무한·무극·영원·고요·허공에 통하여 있으며 마음의 다른 한편은 무궁·조화·생생·기운에 통하여 있음을 불 보듯이 명확하게 깨달아 알아 실천하는 길을 이러한 개념으로 표현한 것이다. 한마음에 이 둘이 들어오지 않는다면 하늘은 하늘이고 땅은 땅이며 사람은 사람일 뿐이다. 그러나 한마음 안에 하늘과 땅이 들어오게 되면 천지인이 한마음 안에서 회통되게 된다. 그러면 '천지 역시 귀신이요, 귀신 역시 음양인 줄' 분명해진다고 하겠다.

   길을 아는 것과 길을 가는 것은 다르다. 길을 가는 것과 길이 되는 것도 또한 다르다. 수행은 글 공부가 아니라 몸 공부이며 마음 공부이기 때문에 글의 한계는 자명하다. 설사 구름의 붓으로 바다의 먹을 찍어 하늘의 화선지에 그림을 그릴 수 있더라도 몸과 마음이 근본과 합일되지 못한다면 허무한 일일 것이다.

   의암은 경전을 만 번 외우고 하늘을 보고 천 번을 절하더라도 근본을 알지 못하면 추풍의 낙엽 신세를 면치 못할 것이라 하였다. 금강불괴金剛不壞의 영원의 무형과 춤추는 우주의 조화를 느끼지 못할 것이라는 뜻이다. 내 성품과 내 마음을 내가 깨달아 하늘과 내가 둘이 아니며 자연조화와 내가 또한 둘이 아님이 청천백일靑天白日처럼 명확해지고서야 천도와 더불어 영생하며 천덕을 무궁토록 베푸는 삶을 살 수 있다는 뜻이다.

   동학·천도교의 수행론을 주문·생활(성경신)·오관(제도)을 통하여 분석하였다. 천도교 수행의 핵심은 주문 수련에 있으며, 성경신의 실천을 통하여 생활에서 이룰 수 있으며, 천도교라는 종교 제도에 구현되어 있음을 살펴보았다. 이러한 수행을 통하여 궁극적으로 이르고자 하는 것은 내가 곧 성인이 되고 내가 곧 우주 원기와 합일하는 것이다. 내가 곧 한울님임을 청천백일처럼 명료하게 깨달으며, 이웃 동포와 삼라만상을 모두 한울님으로 섬기며, 나아가 모든 인류의 삶을 천국으로 바꾸는 개벽 문명을 건설하는 것이 수행의 목적이라 할 수 있다.

'개벽'과 '개화'의 이중주
동학과 서학의 공명과 합생의 길

성백걸 (백석대)

1. 인류 근대사 전개의 의미와 동학의 출현

　인류 근대사 전개의 가장 본질적인 의미를 동·서의 본격적인 만남에 의한 새로운 세계사 창출 과정의 출현에서 찾을 수 있겠다. 그런데 인류가 이 의미심장한 역사의 한 정점에 도달하기까지 비서구 세계의 이루 말할 수 없는 비극과 아픔이 있었다. 19세기의 그 숱한 비극과 고난의 경험을 거쳐서야 동서가 비로소 한 인류라고 자각하며 진정한 의미의 보편사적인 화해와 평화 공존의 한 세계사 창조에 진입하는 단계에 이르게 되었다는 것이다.
　19세기에 영국과 프랑스는 아프리카를 침략하여 식민지로 만들었고, 1890년경에는 남아시아와 중앙아시아 대부분이 분할 점령되었으며, 1890년대 후반에는 동아시아가 서구 열강들의 이익을 추구하는 각축장으로 변했다. 이른바 '서세동점西勢東占' 시대가 비극적으로 전개되었다. 1842년 아편전쟁의 패배에 이은 청조의 굴복은 그 상징적인 사건이었고, 1860년에는 아예 영국과 프랑스의 연합군에 의해 베이징이 함락되었다. 이 '서구의 충격'(Western Impact)은 그간 중화中華 중심주의 질서에서 진행되고 있던 동양(East Asia)사[1]에 큰 변화를 일으켰다. 조선에서도 더 이상 중원의 청나라는 전통적인 영향력을 행사할 수 없었고, 그 대신 우리 민족은 '탈아입구脫亞入歐'의 근대화에 성공한 일제에 의해 강점당하는 비운을 겪어야 했다.

그런데 19세기 중엽 이 땅에서는 외적으로 '서세동점'과 '탈아입구'의 왜곡된 물결을 극복하고, 내적으로 조선왕조의 수직적인 지배체제를 변혁하면서 인간의 참된 삶과 새로운 문명의 지평을 개척하려는 수운 최제우(水雲 崔濟愚, 1824~1864)의 동학이 출현했다. 이 동학은 새로운 시대를 맞은 우리 민족 '전통의 재창조'이면서 동시에 근대 제국주의와 식민주의와 오리엔탈리즘(Modern Imperialism, Colonialism, Orientalism)을 넘어서 새로운 인류 평화사의 지평을 열어주고 있는, 근대 인류사의 한 빛이다.[2]

동학이 우리 민족 범위를 넘어 인류 보편사적인 가치를 지닌 세계유산으로 해석되기 위해서는 서구 근대 제국주의에 대항하며 극복해간 그 길이 역으로 동양 우월의 배타적인 옥시덴탈리즘(Occidentalism)을 넘어서 있어야 한다.[3] 이것은 우리에게 동학에 대한 새로운 접근과 해

---

1 동양의 정의와 해석에 대해서는 김용옥, 『동양학 어떻게 할 것인가』, 통나무, 113~144쪽 참조.
2 세계체제 속의 민족과 탈 오리엔탈리즘의 사고에 대해서는, 강상중/이경덕·임성모 역, 『오리엔탈리즘을 넘어서』, 이산, 1997, 136~204쪽 참조.
3 동학의 민족·세계사적 의미, 그리고 남북이 공유하고 있는 동학 전통의 새로운 해석을 통한 평화통일 과정의 접근에 대해서는, 성백걸, 「동학인간관의 재조명

석을 요구한다.

2. 동·서의 합생과 수운의 득도

일반적으로, 동학의 위치를 서학에 대한 대응으로 이해해 왔다. 실제로, 수운은 동학의 창도 시에 줄곧 서구의 동양 침략과 그 정신적 기초인 서학을 의식하고 있었다. 수운이 신 체험을 한 1860년은 영국과 프랑스 연합군에 의해 중국 북경이 함락되었고, 이에 대해 그는 "중국中國이 소멸燒滅하면 기가무순망지환야豈可無脣亡之患也아 도연무타都緣無他라. 사인斯人은 도칭서도道稱西道하고 학칭천주學稱天主하고 교즉성교敎則聖敎라 하니, 차비지천시此非知天時이 수천명야受天命也아"[4]라 했다. 그는 서학과 동학을 구별하여 "양학洋學은 여사이유이如斯而有異하고 여주이무실如呪而無實이니라. 연이운즉일야然而運則一也요 도즉동야道則同也나 이즉비야理則非也니라…서인西人은…신무기화지신身無氣化之神이요…오역생어동수어동吾亦生於東受於東하니 도수천도道雖天道나 학즉동학學則東學이라"[5] 했다.

그런데 좀더 깊이 수운의 신 체험과 득도 과정에 접근하면, 동양의

과 통일 한국의 인간학 모색」, 『동학연구 12』, 한국동학학회, 2002. 9, 197~257쪽 참조.
4 수운(水雲), 「論學文」, 천도교중앙총부, 『天道敎經典』, 천도교중앙총부출판부, 1993, 26~27쪽.
5 수운, 「論學文」, 천도교중앙총부, 앞의 책, 30~32쪽.

유·불·선과 서양의 천주학, 특히 성리학의 내재적인 이기理氣 특히 '기氣'론과 천주학의 초월적인 인격신이 그의 생명 안에서 합류合流되어 합생合生되면서 수운의 새로운 깨달음에 의해 양자의 한계가 극복되어 전혀 새로운 생명의 패러다임(Paradigm)이 출현했다는 것을 알 수 있다.[6] 여기서 중요한 것은 수운의 득도 체험에 의해 새로 생성된 생명의 지평이 이전과는 다른 경지이지만, 거기에는 동과 서의 서로 다른 궁극적인 관심의 유형과 가치의 '합생'[7] 과정 곧 양자가 서로 해석학적인 폭력을 행사하지 않으면서 창조적인 변형과 융합을 통해 유기적이고 통일적인 새로운 평화생명의 지평으로 승화되는 과정이 있었다는 데

---

[6] 김경재는 수운의 새로운 신관을 유신론과 범신론의 한계를 극복한 범재신론이라고 보고 있다. 김경재, 「최수운의 신개념」, 한국신학연구소, 『한국문화신학』, 1983, 227~241쪽 참조.,

[7] '합생' 개념에 대해서는 화이트헤드의 이해 참조. 곧 '신과 세계는 대비된 대립자이며, 이 대립자에 의해 창조성은 대립 속에 다양성을 갖는 이접적인 다수성(disjoied multiplicity)을, 대비 속에 다양성을 갖는 합생적 통일(concrescent unity)로 변형시키는 그 최상의 임무를 수행한다.', '합생은 다자가 일자의 통일 속에 결합해 들어가는 것이다.', '합생의 초기 위상에서 발생한 이접적 존재들에 대한 별개의 여러 느낌들은, 이어진 위상에서 그 현실적 존재의 만족이라는 느낌의 통일 속에 하나로 결합해 들어가는 합생을 하게 된다. 합생이란 다수의 사물들로 구성된 우주가, 그 다자의 각 항을 새로운 구조의 일자 속에 결정적으로 종속시킴으로써 개체적 통일성을 획득하게 되는 과정을 말한다.', '과정적 우주는 궁극적 범주인 '다자'(many)와 '일자'(one), 그리고 그 사이 관계성의 주역인 창조성으로 구성된다. (1) 임의의 순간에 우주는 이접적으로 다양하게 존재하는 '다자'이다. (2) 다자가 복잡한 통일 속으로 들어간다는 것은 사물의 본성에 속한다. (3) 이런 단일화 곧 합생에서 비롯되는 새로운 '일자'는 진실로 새로운 것이다.'(화이트헤드/오영환 역, 『과정과 실재』, 민음사, 2000, 598, 651, 648쪽)

있다(한도한기론).[8]

수운은 보국안민輔國安民과 광제창생廣濟蒼生의 도道를 구하는 과정에서 접근 가능한 모든 도道와 그 정보와 서적들을 탐독했던 것으로 보인다. 그 중에서도 1784년에 남인계 젊은 유학자들에 의해 주체적으로 도입되어 박해 속에서 전개된 서학, 즉 천주학에 큰 관심을 갖고 비밀 집회에 직접 참석도 하고, 주요 천주교 서적을 구해 볼 수도 있었을 것이다. 최근 도올 김용옥은 구체적으로 '을묘천서乙卯天書'를 당시 퍼져 있던 마테오리치의 「천주실의」[9]로 추정하고, 이것이 수운의 '상제上帝' 곧 초월적인 인격신의 파악에 도움을 주었다고 했는데, 그 개연성이 높아 보인다.[10]

수운이 득도할 무렵 조선에는 최양업(1821~1861.6) 신부가 헌신적으로 천주학의 도를 전하고 있었다.[11] 그는 마카오에 유학하여 신부 서품을 받고 1849년 귀국한 후 12년 동안 조선 땅을 두루 밟았는데, 최수운이 최양업과 기밀한 교류를 가졌다는 것이다. 경주 최씨 수운 가와 해월 최시형 가에는, "최 수운이 득도하기 전, 울산 쪽에서 살다가 동래 부근

---

[8] '한도한기론'에 대해서는, 성백걸, 「영원의 향유 : 이용도의 생애와 사상」, 한국문화신학회 제 5집, 『이용도 김재준 함석헌』, 한들출판사, 2001, 19~21쪽 ; 「한의 영성과 한민족의 징제성 형성 : 한 신학의 정초와 성찰」, 한국문화신학회 제 2집, 『한국종교문화와 문화신학』, 한들출판사, 1998, 164~193쪽 참조.

[9] 16세기 말과 17세기 초에 명나라에서 마테오 리치에 의해 이루어진 동서교류와 『천주실의』에 대해서는, 히라카와 스케이로/노영희 역, 『마테오 리치 - 동서문명 교류의 인문학 서사시』, 동아시아, 2002 참조.

[10] 김용옥, 『동경대전』, 통나무, 2004, 200~214쪽 참조.

[11] 최양업의 생애와 사상에 대해서는, 최양업/ 박충신·최석우 역주, 『최양업신부서간집』, 한국교회사연구소출판부, 1984 참조.

(지금의 부산)에서 서학을 하는 경주 최씨 성을 가진 사람과 담론도 하고 매우 가깝게 지내었다."[12]는 구전이 전해오고 있다. 1860년 4월 5일 수운이 경주 구미산 용담정에서 무극대도無極大道로 동학을 창도할 때, 최양업은 그곳에서 가까운 오늘날 영일군 기계면 죽장리에 머물면서 천주교 박해 상황에 대해 리보아와 레그레조아 신부에게 편지를 쓰고 있었다.(1860.9.3) 그때 일어난 경신박해로 그는 여러 달 동안 거기에 은신해 있었다. 서학과 동학의 두 거목은 은밀하게 만나고 있었고, 이것은 수운 안에서 일어난 동서의 합생 과정에 어떤 기여를 했다.

수운 자신의 신 체험 과정에 대한 기술을 보면, "물구물공勿懼勿恐하라. 세인世人이 위아상제謂我上帝어늘 여부지상제야汝不知上帝耶아. 문기소연問其所然하니. 왈曰 여역무공고余亦無功故로 생여세간生汝世間하여 교인차법教人此法하니 물의물의勿疑勿疑하라. 왈曰 연즉然則 서도이교인호西道以教人乎이까 왈曰 불연不然하다."[13]로 표현하고 있다. 무슨 말인가? 신 체험의 그 결정석인 순간끼지 천주교의 상제관이 영향을 끼치고 있었고, 동시에 그 한계를 드러내어 수운은 새로운 생명의 지평으로 넘어서고 있었다는 것이다.

수운의 동학은 분명 서구 근대 제국주의의 동양 침략에 대한 대응이었고, 거기 수반된 서학의 맹점과 부정적인 세계관(오리엔탈리즘)에 대한 비판이요 극복이었다. 하지만 동시에 수운의 신 체험과 득도의 새로운 패러다임 안에는 기존 동양의 유불선뿐만 아니라 천주학의 의미 있는

---

12 최정간, 『해월 최시형가의 사람들』, 웅진출판주식회사, 1994, 15쪽.
13 수운, 「布德文」, 천도교중앙총부, 앞의 책, 18~19쪽.

가치가 합류되고 합생되어 있다. 이것은 곧 그의 '불연기연不然其然'의 해석학과도 맞아 떨어지고 있는 깊은 이해이다.

3. '개벽'과 '개화'의 이중주: 동학과 서학의 공명

수운과 그를 이은 해월 최시형(海月 崔時亨, 1827~1898)의 눈물겨운 헌신과 순도에 힘입은 동학은 그 시대를 '개벽開闢'의 때, 그것도 앞선 오만 년의 인류문화사가 끝나고 새로운 삶과 문명 세계가 생성되는 "다시 개벽"[14]의 때로 파악했다. 오만 년의 선천시대가 끝나고 다시 오만 년의 후천시대를 여는, 일대 천지개벽의 한 가운데서 동학의 무극대도가 출현했으며, 이 다시 개벽의 도를 닦아 품고 새로운 삶과 문명 세계를 개척하는 개벽 운동을 펼치고 있다고 자각했던, 개벽의 역사의식을 지니고 있었던 것이다.[15] 이 개벽 운동은 동학혁명, 독립운동, 신문화운동, 사회주의와 연계된 건국운동 등으로 이어지며, 지금도 동학 혹은 천도교의 역사 인식으로 살아 있다.

---

14 수운,「안심가」, 천도교중앙총부, 앞의 책, 159쪽. 그 밖에 171, 184쪽 참조.
15 해월의 후천개벽 의식은 다음과 같이 표현되어 있다. "斯世之運은 開闢之運矣라. 天地도 不安하고 山川草木도 不安하고 江河魚鼈도 不安하고 飛禽走獸도 皆不安하리니 惟獨人이 暖衣飽食하며 安逸求道乎아. 先天後天之運이 相交相替하여 理氣相戰이라. 萬物皆戰하니 豈無人戰乎아. 天地日月은 古今不變이나 運數大變하니 新舊不同이라. 新舊相替之時에 舊正은 旣退하고 新政은 未佈하여 理氣不和之際에 天下混亂矣리라. 當此時하여 倫理道德이 自壞하고 人皆至於禽獸之群하나니 豈非亂乎아."(海月,「開闢運數」, 천도교중앙총부, 앞의 책, 330~331쪽)

한편, 비록 불평등조약이었지만, 1876년 조일통상조약, 1882년 조미통상조약으로 개항이 되면서 서구 근대문명의 본격적인 유입과 함께 조선의 지성인들에게 새로운 세계인식이 나타났다. 이른바 개화파의 개화운동이 전개되었으며, 그들은 자기 시대의 사명을 조선 문명의 '개화'(開物成務 化民成俗)[16]에서 파악하고 1884년 갑신정변에서 극적으로 표출되었듯이 목숨을 걸고 투신했다. '개벽'과는 그 스케일이나 주체나 방도에서 차이가 있었지만, 개화운동은 '동도서기東道西器' 혹은 '서도서기西道西器' 또는 감리교회의 '대도대기大道大器'론[17] 등에 바탕을 두고 전개되면서 지난 세기 우리 민족의 역사를 새롭게 열어 왔다. 물론, 한국 기독교의 역사 인식과 역사 흐름은 이 '개화'와 개화운동의 맥락에서 전개되었다.

이렇게 지난 세기 우리 민족의 새로운 역사 창출 과정에서 '개벽'과 '개화'의 큰 움직임과 맥락이 개척되었다. 그런데 매우 흥미로운 것은 이 개벽과 개화의 움직임이 서로 불협화음을 내지 않고 아름다운 이중주로 상호 공명共鳴[18]했을 때, 바로 거기서 우리 민족사의 새 전기가 생성되었다는 아주 중요한 역사적 사실을 파악할 수 있다. 역사적으로,

---

16 '개화' 개념의 역사적인 이해를 위해서는, 이광린, 『한국개화사상연구』, 일조각, 1969, 32~38쪽 참조.
17 성백걸, 「초기 한국감리교회 신학사상의 형성과정 연구 - 아펜젤러와 최병헌을 중심으로」, 감리교신학대학교 대학원 박사학위 논문, 1997, 28~30 쪽.
18 '공명'(共鳴) 개념은 '다른 행동을 감수(感受)하여 그 영향이 생김', '남이 하는 일에 찬성함', '발음체(發音體)가 외부 음파(音波)에 자극되어 이와 동일한 진동수의 소리를 내는 현상' 등으로 이해할 수 있다. 물리현상으로, 유리컵이 공명을 일으키면 그 컵이 깨지게 된다. 즉 기존의 질서가 깨지고 새로운 질서가 출현하게 된다는 것이다.

옛 조선이 아닌 현대 한국은, 어느 정도 북한까지 포함하여, 3·1운동과 그 정신에 그 뿌리를 내리고 있는데, 이 3·1운동의 대 사건에서 앞선 개벽 운동과 개화운동의 흐름이 함께 참여하며 공명했던 것이다. 기독교 16명과 천도교 15명, 그리고 불교 2명이 민족대표로 독립선언서에 서명했을 뿐만 아니라 전국에서 개벽과 개화의 역사 맥락이 합류되었고, 함께 공명했다. 그 결과, 자유와 인권·정의와 인도人道·평화와 공존공영의 3·1정신에 바탕을 두고 옛 조선이 아닌 새로운 대한민국의 정부(임시)가 탄생했다. 실로, 현대 한국과 현대 한국인의 민족적인 정체성의 토대가 여기 3·1운동 과정에서 놓여졌으며, 그 깊은 곳에서 천도교와 기독교가 공명했던 것이다.

 3·1운동은 영적인 진리와 현실 세계의 요청, 하늘나라와 땅의 나라, 하느님 나라와 자주 독립의 나라, 종교 세계와 역사 세계, 초월 세계와 내재 세계가 상호 융합되는 지평에서 발생하고 전개되면서, 우리 민족사의 새로운 차원을 생성시켰다. 다시 말해, 현대 한국의 역사적인 정체성 혹은 현대 한국인의 민족적인 정체성의 토대와 지평은 동서뿐만 아니라 천지, 하늘과 땅, 초월성과 내재성, 영적인 세계와 역사의 세계가 상호 공명하고 합생하는 과정에서 새로 출현했던 것이다. 이렇게 새 민족사의 장과 인류 보편사적인 의미를 이끌어내며 현대 한국의 멋진 정체성이 생성 되었다.[19] 그리고 3·1운동의 새 역사 물결은 중국의 혁명운동, 인도 간디의 독립운동으로 파급되며 새로운 세계사 창출의 원동력으로 작용했던 것이다.[20]

---

[19] 함석헌 선생은 "나는 3·1운동 없으면 오늘은 없다. 그것은 내 일생에서 큰 돌아서는 점이 됐다."고 했다. 함석헌, 『죽을 때까지 이 걸음으로』, 한길사, 1996, 147쪽.

그런데 일제 말 자행된 민족 말살 정책과 미·소 강대국에 의한 인위적인 분단과 전쟁의 대 시련기는 현대 한국인으로 하여금 자기의 내적인 정신의 뿌리를 상실하도록 했다. 개벽기와 개화기, 그리고 식민지의 고난 속에서 헌신적으로 일구어낸 우리 민족의 새로운 생명 맥이 단절되었다. 그리고 다시 외부에서 유입된 서구 세계관과 인생관과 역사 인식이 강요되었다. 적어도 1938년에서 1960년까지 우리 민족의 일대 시련기가 지니고 있는 뼈아픈 교훈은 그 이전과 이후 역사의 내적 생명 맥의 단절이 아닌가!

하지만, 해방 후 동학과 서학의 의미 있는 새로운 합생은 민주화 운동과 민중운동, 그리고 생명(환경·생태)운동 과정에서 이루어지고 있는 것으로 보인다. 여기에는 무위당无爲堂 장일순 선생[21]과 그의 제자 김지하 시인[22]의 실천적인 투신, 민중신학과 토착화 신학 등 현대 한국신학 개척자들의 연구[23], 인류 보편사적인 관점에서 한국학에 접근하는 김용옥의 한국 사상사 탐구, 그리고 그 후세대들의 다각적인 접근이 그 중요한 역할을 담당하고 있다고 하겠다.

이 동학과 서학의 새로운 합류와 합생 과정은 어떤 새로운 역사의 지평을 열어 낼까? 우리 민족사와 세계인류사는 무엇을 위해 다시 동학과 서학의 창조적인 융합과 공명을 요청하고 있을까? 두말 할 것 없이, 평

---

20 장일순,『나락 한 알 속의 우주』, 녹색평론사, 1997, 178~179쪽 참조.
21 장일순,『나락 한 알 속의 우주』;『좁쌀 한 알』, 도솔, 2004 참조.
22 김지하,『남녘땅뱃노래』, 두레, 1985;『생명과 자치』, 솔, 1996;『흰 그늘의 길 2』, 학고재, 2003, 420~429쪽 참조.
23 유동식,『풍류도와 한국의 종교사상』, 연세대출판부, 1997, 145~170쪽 참조.

화통일의 새로운 삶과 새 문명의 지평이리라.24 다시 말해, 21세기에 이 땅에서 새롭게 생성되고 있는 평화통일의 지평에 참여하는 과정에서 동서 고금 영육의 진정한 합생과 공명이 이루어지고 있으며, 또 이루어져야 한다. 그때 우리는, 지난 3·1운동에서 경험했듯이 민족사적이고 세계보편사적인 의미와 가치를 지닌 새로운 역사의 생명세계를 창출할 수 있을 것이다.

4. 동서 공명과 합생의 한 공부

이제, 동학과 서학, 동학의 진수와 기독교 복음, 동양과 서양의 공명과 합생의 한 공부를 소개하려고 한다. 이것은 '나는, 우리는 누구이고, 또 무엇을 하며, 어디로 가고 있는가?' 라는 근본적인 물음에 대한 한 과정적인 응답인데, 여기서 함께 나누려고 한다.

---

24 현재 북한은 전통 조선왕조체제와 사회주의, 공산주의가 묘하게 결합된 패러다임을 지니고 있는 것으로 보인다. 이것은 수운의 패러다임으로 보면, 퇴행의 성격이 강하다. '만인시천주'(萬人侍天主)의 입장에서, '만인수령론'을 말할 수 있겠는가? 여기에 해월의 '만물시천주'(萬物侍天主) '와' 만인양천주'(萬人養天主)와 ' 향아설위'(向我設位)의 맥락에서 남북이 함께 참여할 수 있는 새로운 평화통일과 민족생명의 패러다임을 생성시킬 수 있어야 할 것이다.

생 - 삶의 예술

믿음의 길(信, 體, 道)

지금 여기 만유를 무위창성하시는	無爲創成
우리 님의 무궁무한한 은혜 안에서	無窮無限
이 땅처럼 중후하고 지성스런 믿음으로	全的信仰,
그리스도 예수의 십자가 사랑에 동참하여	同參合一
나와 세상에 집착한 옛 존재로서는 죽고	無我無己
부활의 영원한 생명에 연합한 얼사람으로	新永靈生
천지우주의 영이요 생명의 예술가인	天主靈氣
아, 참으로 아름다운 영생의 하느님을	天父地母
이 한 몸에 온전히 정성으로 모시고	一化之 '侍'
지극히 창조적인 사랑의 생명 안에서	全氣化定
성령의 풍류를 깊이 숨쉬며	聖靈風流
영생을 품은 인생으로 새롭게 현존한다.	易換合生.

사랑의 기쁨(感, 相, 物)

나와 만유의 마음 안엔	我物內心
평화로운 그리움의 바다가 일렁이고	神靈平和
나와 만유의 얼굴엔	我物外相
자유로운 생명혼이 미소를 꽃피우니	無待無碍
지금 여기서 나와 만유의 온 몸이	我物一體

영원한 사랑의 기쁨을 느낀다.　　　　　　永生愛樂.

삶의 공생체(行, 用, 實)

지혜로운 화해의 삶으로 평화통일 공생체를 실현하고　一統運化
자유로운 창조의 삶으로 예술문화 공생체를 가꾸어가며　遊於創進
가없는 사랑의 삶으로 생명우주 공생체를 치유하니　　　統全治癒,
가장 경이로운 지금 이곳에서　　　　　　　　　　　　無上驚異
천지우주와 전일한 창조적인 기운으로　　　　　　　　全一人間
땀 흘려 재미있게 꿰뚫어 일하면서　　　　　　　　　　觀照勞動
참사람의 한없는 희열을 맛본다.　　　　　　　　　　　眞人喜悅.

명상 때 호흡에 맞추어 몸, 곧 생명을 닦는 공부 내용인데, 지난 신학과 역사와 종교 공부의 한 결실이기도 하다. 이 땅 곳곳에서 진정한 동서의 만남과 공명과 합생의 과정을 통해 새롭게 만발하는 영성과 지성들로 인해 우리가 소망하는 평화와 통일과 사랑의 새 세상이 환하게 펼쳐지기를 바라면서, 이것을 풀어본다.

5. 믿음의 길(身, 體, 道)

'지금至今 여기'는 하느님의 무위창성無爲創成, 무위이화無爲以化, 무위자연無爲自然, 무위무불위無爲無不爲, 무위이성無爲以成의 길(道)[25]로 창조와 생성, 창조적인 생성이 무궁무한이 일어나는 은혜롭고도 아주 새롭고 경이로운 생의 장이다(요한1:1-18). 인간은 믿음으로 바로 지금 여기서 창조적인 생성의 은혜가 펼쳐지는, 그 무궁무한無窮無限한 역사에 참여한다(요한4:1-42). 인간의 탐욕과 인위적인 조작으로 뒤틀린 생태계의 병폐와 문명의 쓰레기를 끊임없이 무화無化시키면서 창조적인 삶의 세계를 여시는 '무위무불의 하느님'의 역사에 동참하는 장이 내가 숨쉬고 있는 지금여기다. 이제는 '유有'와 '유위有爲'에만 매달린 근대 기독교 패러다임의 한계를 극복해야 한다.[26]

땅이야말로 진실하고 지성무식至誠無息[27]한 생명으로 믿음의 세계를 잘 보여주고 있다. 해월은 믿음의 결정적인 중요성에 대해, "인의예지仁義禮智도 비신즉非信則 불행不行이요 금목수화金木水火도 비토즉非土則 불성不成이니 인지유신人之有信이 여오행지유토如五行之有土니라. 억천만사億千萬事 도시재신일자이이都是在信一字而已니라. 인지무신人之無信은 여차지무철야如車之無轍也니라. 신일자信一字는 수부모형제雖父母兄弟라도 난

---

25 동양의 '무'(無)와 '무위'(無爲)의 도(道)에 대해서는, 장자/안동림 역주, 『莊子』, 현암사, 1993 ; 초횡약후 편/이현주 역, 『노자익 老子翼』, 두레, 2000; 『도올 김용옥의 금강경 강해』, 통나무, 1999 참조. 비노바 바베는 "유위(有爲) 가운데서 무위(無爲)를 보고, 무위 가운데서 유위를 보는 자는 진정으로 깨달음을 얻은 사람이다."라는 『바가바드기타』 4장 18절을 인격화하여 세상 변혁운동의 새로운 패러다임을 실현했다. 그의 생애와 사상에 대해서는 칼린디/김문호 역, 『비노바베』, 실천문학사, 2000; 비노바베/김문호 역, 『천상의 노래』, 실천문학사, 2002 참조.
26 동양과 한국의 영성과 종교문화풍토 속에서 '유'와 '유위'에 집착한 근대 기독교 패러다임을 극복하며 출현한 새로운 패러다임에 대해서는, 성백걸, "시무언 영성과 근대 기독교 모형의 한국적 변형", 시무언 이용도 목사 72주기 추모 강연 발표문, 2005. 9. 26 참조.
27 성백효 역주, 『대학·중용집주』, 전통문화연구회, 1998, 100쪽.

이변통야難以變通也니라."²⁸고 했다. 유교의 오상 중 으뜸이 신이요, 화수목금토 오행 중 제일 중요한 것이 토이니, 인간이 믿음을 지님은 곧 그 흔들리지 않는 터전 위에 참된 삶과 새로운 문명의 세계를 세울 수 있는 인격의 대지, 토대, 바탕, 터, 땅을 갖는다는 것을 의미한다.

원효는 『대승기신론소大乘起信論疏』에서 믿음의 세 차원을, "믿음이란 결정적으로 그렇다고 하는 말이다. 즉, 이치가 실로 있다는 것을 믿고, 이를 수행하여 얻을 수 있다는 것을 믿고, 닦아서 얻었을 때에는 무궁무진한 공덕이 있다는 것을 믿는 것이다(信以決定謂爾之辭, 所謂信理實有, 信修可得, 信修得時有無窮德)."라고 풀었다.²⁹ 이 믿음 해석의 맥락을 복음적으로 새롭게 이해하면서, '믿음이란 진정 그렇다는 뜻이니, 사랑의 하느님이 실로 살아 계심을 믿고, 하느님을 내 생명 안에 모실 수 있음을 믿고, 하느님을 정성을 다해 진실로 모시면 무궁 무한한 은혜와 공덕이 있음을 믿는 것이다.' 라고 말하면 어떨까? 물론, 그 믿음은 전적인 신앙이요, 다시 말해, 수심정기守心正氣의 신信이다.³⁰

바울에 의하면, 믿음은 그리스도의 십자가 사랑과 부활의 생명에 연합하고 동참함이다(로마6:5~11). 그리고 요한에 의하면, 아버지와 아들의 생명에 전적으로 참여하는 일화一化(요한6:54~57)의 결연한 행동이다. 인간은 이 연합과 동참과 일화의 믿음으로 새로운 생명의 삶을 살게 된다(二而一).

---

28 해월, 「誠·敬·信」, 천도교중앙총부, 앞의 책, 306~307쪽.
29 원효·의상·지눌/이기영 역, 『한국의 불교사상』, 삼성출판사, 1981, 58쪽.
30 해월은 "若非守心正氣則 仁義禮智之道를 難以實踐也니라."고 한다.(해월, 「守心正氣」, 천도교중앙총부, 앞의 책, 300쪽.)

그리스도 예수의 십자가 사랑과 부활의 새 생명에 동참하고 합일하면 헛된 나와 그릇된 이 세상에 집착한 옛 존재로서는 죽음을 경험하는, 자기 부정의 단계를 겪게 된다. 이 옛 존재의 무화경지를 『금강경』의 '무아無我', 장자의 '무기無己'와 '오상아吾喪我'와 '망아忘我'는 또한 다른 맥락에서 말해 주고 있다. 물론, 십자가와 부활 체험과 동참은 생물학적이고 사회적이고 영적인 차원을 모두 포함하는 것으로 보인다.

십자가 사랑과 부활의 영원한 세계는 한 생명의 세계이다. 십자가와 부활은 기독교 복음의 양면이다. 십자가 동참을 통한 옛 존재의 죽음과 자기 부정을 매개로 부활의 영원한 생명에 연합한 새로운 생명으로, 영생하시는 하느님을 모신 하느님의 자녀로 다시 태어나 현존하게 된다.[31] 예수 그리스도는 인간이 다시 태어나지 않으면, 하늘나라를 볼 수도 들어갈 수도 없다고 했다(요한3:1~21). 다석多夕 유영모 선생은 이 영적인 사람을 얼사람이라고 했다. 영원한 생명을 향유하는 영적인 얼사람으로 새로 현존하고 시는 것이다.

만유의 님(요한1:1~13). 하느님은 만유를 초월해 계신 자유의 님이면서 동시에 만유를 그리워하여 만유 속에 내재하시는 사랑의 님이고 또한 만유를 관통해 넘나들며 진리와 생명을 소통시키는 평화의 님이다(엡4:6).

그래서 하느님은 생명의 예술가(天主至氣), 곧 기화의 신(氣化之神)이요 창조적인 생성기화生成氣化의 님이다. 지기화至氣化의 하느님이다. 언제나 세상을 아름답고 생동감 있게 창조적으로 기화생성氣化生成시키는

---

31 유동식, 『풍류도와 요한복음』, 한들출판사, 2007 참조.

하느님은 진정한 생명의 예술가가 아닌가!

참으로 아름답고 영원한 님은 영생의 하느님이다. '천天'을 해월은 그대로 두었고, 해월은 '천지부모天地父母'로 풀었다.32 이 천지부모 패러다임 안에는 요즘 생명신학이나 에코 페미니즘이 말하는 핵심들이, 유목 문명의 궁극적 관심 유형과 농경문명 유형의 종합이, 동양의 전통 충효개념의 '우주론적'인 확대 등등이 들어 있다.

몸으로 모신다. 전 생명으로 모신다. 이 몸, 전 생명이 하느님의 창조적인 생성기화가 일어나는 시천주와 양천주 생명의 장이다. 여기 모심(侍)은 결국 일화一化 곧 천주의 내유신령과 외유기화에 끊임없이 연합하고 합일하며 사는 생명의 삶이다.

'아버지가 내 안에 내가 아버지 안에 있는 생명'이 결국 아버지를 참으로 모신생명, 곧 역동적이고 창조적인 일화의 생명이다(요한14장; 17장).

지기는 지극히 창조적인 생명으로 풀 수 있다. 그런데 그 무사불섭無事不涉하고 무사불명無事不命하는 창조적인 생성의 님이 지극한 경지, 즉 선천 오만 년의 세계를 끝내고 다시 오만 년 문명의 개벽을 열고 있는 혼원한 창조적인 한 생명이다.

'정'한다는, 여천지합기덕정기심如天地合其德定其心의 정은 그 지극히 창조적인 사랑과 생명의 님 안에서, 『대학』의 '지어지선至於至善'의 자리를 정한다는 것이다. 이 지극한 경지 안에서 삶을 운용해야 한다.

다석의 사상은 한마디로 '성령을 숨쉬는 얼생명이 참사람이다.(요일 3:9)'라는 것이다.33 영은 프뉴마로 바람이란 뜻이 있다. 육체가 바람과

---

32 해월,「天地父母」, 천도교중앙총부, 앞의 책, 249~255쪽.
33 유영모/박영호 엮음,『다석어록』, 홍익재, 1993 ; 다석학회 엮음,『다석강의』, 현

공기를 숨쉬며 살 듯 영혼이 실제로 성령을, 성령의 생명을, 성령의 바람을, 성령의 풍류를 산 믿음으로 숨쉬며 산다.

소금素琴 유동식 선생은 이미 풍류도風流道와 풍류신학을 말해 왔다. 포함삼교包含三敎하고 접화군생接化群生하며 현묘지도玄妙之道한 풍류도를 체득하고 숨쉬며 한 멋진 삶으로 새로운 풍류문화를 열어가야 한다고 했다.[34] 풍류는 신류神流며, 영류靈流며, 성령의 흐름이다. 요한복음 3장의 물과 영은 곧 풍류로 통한다.

인생은 기도 속에서 믿음으로 성령을 숨쉼으로써 생명生命의 역환逆換을 한다. 시무언是無言의 생명 역환의 기도, 티베트의 전통 수행법인 통렌을 통해, 인간의 생명과 성령의 생명이 상호 역환하며 합생하여 새로운 유기적이고 통일적인 평화의 생명체로 승화해가는 것이다.

여기까지가 보이지는 않지만 아주 중요한 '신'의 세계, 본 '체'의 세계, '도'의 세계이다. 인간은 우선 이 깊은 지어지선의 세계에 정하고서 성령의 영원한 사랑과 평화와 자유의 생명을 숨쉬어야 한다.

6. 사랑의 기쁨(感, 相, 物)

그렇게 되면, 내 마음엔 한가로운, 편안한, 여유 있는, 고요한 평화의 바다가 일렁이게 된다. 실은 인간을 포함한 현상(相)계의 삼라만상과 우주만물(物) 곧 만유의 마음 안에는 평화와 그리움의 물결이 일렁이며 흘

암사, 2006, 846~847, 848~849쪽 참조
34 유동식, 앞의 책, 참조.

러넘치고 있다. '내유신령內有神靈'의 평화롭고 거룩하고 생명력 넘치는 깊은 바다의 물결이 춤추고 있는 것이다. 일심一心의 평화로운 그리움의 바다다.

그러면 인간의 얼굴에는 자유혼의 미소가 꽃피어나게 된다. 다시 말해, 인간과 우주만물과 삼라만상의 얼굴에 자유로운 생명혼 혹은 자유한 천주지기의 창조적인 생성기화의 미소 짓는 웃음이 꽃피는 것이다. '외유기화外有氣化'의 멋지고 아름답고 신령한 미소의 꽃이다.

장자는 '무대無待'의 광활한 자유의 세계, 천의무봉天衣無縫의 천지, 구만리 창천을 소요유逍遙遊하는 대붕혼의 자유세계로 인도한다. 그리고 전통 유신론의 우상성과 감시성과 율법성을 치유하는 데 장자처럼 좋은 약은 없을 것이다. 백남준은 장자의 환타지가 나사의 일꾼들과 비교가 되지 않을 정도로 무시무시하다고 했으며, 또한 일연의 『삼국유사』에 담긴 우리 민족의 환타지가 무시무시하다고 했다.[35]

무애의 미소, 원효가 터득한 화엄의 세계에서 열리는 '일체무애인一切無碍人 일도출생사一途出生死'의 미소이다. 이사무애理事無碍와 사사무애事事無碍의 미소이다.

함석헌 선생은 "생명의 근본원리는 스스로 함이다. 하나님은 스스로 하는 정신이기 때문에 지은 그의 세계도 스스로 하는 생명에 이르기를 바란다. … 자유하는 생명을 가진 인격을 통하여 나타내기를 쉬지 않는다."[36]고 했다

---

35 김용옥, 『石濤畫論-도올이 백남준을 만난 이야기』, 통나무, 1992, 225, 237, 255쪽 참조.
36 함석헌, 『함석헌 전집1』, 한길사, 1983, 48쪽.

법정은 "인간은 누구나 어디에도 기대서는 안 된다. 오로지 자신의 등뼈에 의지해야 한다. 자기 자신에, 진리에 의지해야 한다. 자신의 등뼈 외에는 어느 것에도 기대지 않는 중심 잡힌 마음이야말로 본래의 자기이다."37라고 했다. 인간은 실로 내 등뼈를 타고 흐르는 성령의 기운 말고는 따로 의지할 곳이 없는 것이다.

그러면 내 몸 내 전 생명이 지금 여기서 이대로 영원한 사랑의 기쁨을 느끼게 된다. 아까(과거) 혹은 이따(미래)가 나중에, 뭘 이루고 나서, 어떤 자리를 차지하고 나서, 뭘 소유하고 나서가 아니라 지금 여기서 있는 이대로 참된 사랑의 기쁨을 느끼는 것이다. 사랑은 양자가 있어야 하고, 두 생명의 세계를 한 생명의 세계로 연합해간다(二而一). 그래서 나의 얼생명이 지금 여기서 하느님과, 자연과, 역사와, 예술문화와, 시와, 물고기와, 바람과, 꽃과, 별과, 나무와, 먼저 간 친구와 영원한 사랑의 기쁨을 함께 나누며 느낄 수 있는 것이다.(多二一)

곧, 지금 여기서 나와 우주만물의 몸, 삼라만상의 몸, 만유의 몸이 영원한 사랑과 생명의 기쁨을 느끼며 서로 한 생명의 세계에 참여하고 있는 것이다. 연기緣起"의 몸과 화엄華嚴의 몸으로 지혜와 사랑의 기쁨을 나누고 있다. 맥훼그가 말하는 '신의 몸'(Body of God)으로서 지구, 그리고 우주의 몸이 지금 여기서 영생의 기쁨을 느끼며 함께 숨쉬고 있다고 할 수 있다.

수운이 말한 '각지불이자各知不移者'의 무궁무한한 기쁨, 영원한 창조적인 사랑의 생명(至氣)에 한 가지로 참여한 새 사람의 한없는 기쁨이

---

37 법정/류시화 엮음, 『살아 있는 것은 다 행복하라』, 조화로운삶, 2006, 91쪽. 또한 158~159, 233쪽 참조.

다. 그는 "오금낙도吾今樂道하여 불승흠탄不勝欽歎"38한다고 했다. 해월도 "심불희락心不喜樂이면 천불감응天不感應이요 심상희락心常喜樂이면 천상감응天常感應이니라. 아심아경我心我敬이면 천역열락天亦悅樂이니라."39고 했다.

여기까지가 '물'과 '상'과 그 안에서 연기적이며 화엄적으로 일어나고 있는 '감'의 세계이다.

7. 삶의 공동체(行, 用, 實)

사람은 삶을 살아야 한다. 삶은 공동체 속에서 실현된다. 자연 생태적인 삶이든 사회 문화적인 삶이든 영적이고 종교적인 삶이든 공동체의 본 뜻은 공생체라는 데 있다.

20세기가 분단과 전쟁과 독재의 시대였다면, 21세기는 평화와 통일과 민주의 시대로 전개되고 있다고 할 수 있다. 평화통일의 생명과 평화통일의 삶을 위해 무엇보다도 지혜 있는 화해가 요청되고 있으며, 여기 창조적인 생성 기화의 지혜로서 우주적 그리스도의 역사가 있어야

---

38 수운, 「論學文」, 천도교중앙총부, 『天道敎經典』, 천도교중앙총부출판부, 1993, 41쪽.
39 해월, 「守心正氣」, 천도교중앙총부, 『天道敎經典』, 천도교중앙총부출판부, 1993, 301-302쪽. 또한 "그 그러함을 아는 사람과 그 그러함을 믿는 사람과, 그러한 마음을 기쁘게 느끼는 사람은 거리가 같지 아니하니 마음이 흐뭇하고 유쾌하게 느낌이 있은 뒤에라야 능히 천지의 큰 일을 할 수 있느니라."고 했다.(해월, 「待人接物」, 279쪽)

한다. 그런데 혜강 최한기의 '기학氣學', 즉 방금운화方今運化와 활동운화, 일신운화一身運化와 통민운화統民運化와 대기운화大氣運化, 천지운화天地運化, 천지인운화天地人運化의 일통운화一統運化 패러다임에서 도움을 받을 수 있다.[40] 수운이 말한 천주기화의 과학적인 표현이 혜강의 운화이다. 둘 다 다윈이 말한 진화와는 다르다.

지금은 예술 문화 시대이다. '한류韓流'는 이것을 단적으로 말해 주고 있다. 적어도 반만년의 예술 문화 공동체를 계승하고 더욱 가꾸어 가는 탁월한 예술 문화 창조의 생명으로 살아야 한다. 이 시대는 문화와 학문의 어느 분야든지 예술적이지 않으면, 시적이지 않으면 안 된다. 역으로 그래야 통한다. 공자도 이미 인생이 '도에 뜻을 두며, 덕을 굳게 지키고, 인에 의지하며, 예에 노닐어야 한다'(志於道, 據於德, 依於仁, 遊於藝)고 말했다.[41] 소금 유동식 선생은 풍류도를 한국인의 예술적 얼로 해석하면서 예술 신학과 예술 문화의 창조를 강조했다.[42] 예술은 결국은 창진創進 혹은 창조적인 생성이 세계에 동참하여 노는 것으로 볼 수 있다. 생명의 예술가인 하느님을 모시고, 그 창조적이고 아름답고 신령하고 생동감 넘치는 생성기화의 결을 따라서 예술적인 창조를 하며 노는 것이다.

지금은 생태학적인 각성과 영성의 시대이다. 생명운동, 생태운동, 환경운동은 병들고 아픈 생명 우주 공동체를 치유하는 데 뜻을 두고 있다. 샤르댕 신부의 우주적인 사랑의 공동체, 통전적인 우주 생명 공동

---

40 혜강 최한기/손병욱 역주, 『기학』, 통나무, 2004 참조.
41 공자/성백효 역주, 『논어집주』, 전통문화연구회, 1997, 128~129쪽.
42 유동식, 『풍류도와 예술신학』, 한들출판사, 2006 참조.

체를 치유하고 아름다움을 회복해야 하는 것이다. 보이는 세계, 물질의 이쪽 우주뿐만 아니라 보이지 않는 영적 세계와 저쪽 우주를 포함하여 전체 통전 우주 생명체의 아픔과 한恨의 치유와 승화가 요청되고 있다.

사랑은 벽을, 담을, 이원론의 소외를 극복한다. 벽이 없는, 한계가 없는, 가없는 사랑의 삶은 인간과 자연, 인간과 문명, 생명과 문화, 이곳과 저곳, 생의 세계와 사의 세계를 넘나들며 상처를 치유하여, 실로, 우주적인 사랑의 생명 공생체를 회복해 갈 것이다.

가장 경이로운 곳은 지금 이곳이다. 여기서 생사가 결판난다. 틱낫한은 가장 경이로운 지금 이 순간에 깨어있는 삶을 살아야 한다고 했다. 지금 이곳에서 영생을 품은 인생으로 영혼의 불꽃을 사르며 사는 삶의 예술을 터득해야 한다.

수운은 '기연其然'의 눈으로 보면 세계가 그렇고 그렇다고 했다. 그러나 '불연不然'의 눈으로 그 온 바를 캐물어 가면 그 깊은 의미의 세계를 다 깨달아 알 수가 없다고 했다. 그래서 어쩔 수 없이 하느님께 비추어 볼 수밖에 없어, 결국 '불연기연不然其然'이 동시에 현존하는 세계에서 불연기연 살피며 해석하고 이해하고 체험하여 무궁한 이 울 속에 무궁한 이 내 생을 발견해야 한다고 했다.[43]

곧 지금 이곳이 가장 경이롭고, 은혜롭고, 고맙고, 새로운 무궁무한한 인생의 지경이라는 뜻이 아닌가. 영원 무한 속의 여기 순간이요, 여기 순간 속에 무한 영원이다. 지금 이곳은 단 한 번밖에 경험할 수 없는 것이다. 지금 이곳에 모든 과거의 경험과 기억이 축적되고 농축되어 있

---

[43] 수운, 「不然其然」, 천도교중앙총부, 앞의 책, 57~64쪽.

고 동시에 모든 미래의 가능성과 예감과 소망의 세계가 들어 있다.

천지 우주의 기운과 전일한 창조적인 기운으로 살아야 한다. 곧 전일적소一的 인간이다. 천지우주의 생성기화의 기운과 이치와 지혜와 마음과 합치된 전일적이고 총체적인 인간의 생명으로 살 수 있다는 데 인간의 소중함과 위대함이 있다. 곧 믿음(信)과 모심(侍)으로 '천지우주의 아버지가 내 안에, 내가 천지우주의 아버지 안에'(요한 14:11~20, 17:21~23) 있는 새로운 우주적인 얼생명으로 숨쉬며 사는 것이다.

원효의 '일심'과 수운의 '오심즉여심'에 이어서, 해월은 "천지지심天地之心은 신신령령神神靈靈이요 천지지기天地之氣는 호호창창浩浩蒼蒼이라 만호천지滿乎天地하고 긍호우주야恆乎宇宙也니라"[44]며, 그 마음과 그 기운을 모시고 살아야 한다고 했다. 또 '지금은 대 개벽의 때라 산천초목도 떨고 물속의 물고기도 불안해하는데, 어찌 사람만이 호의호식하며 도를 닦겠는가'라고 했다. 팍스로마나를 내세운 로마제국의 통치 아래서, 바울이 도달한 피조물의 신음에 동참한 마음과 통한다(로마 8:18~30). 다시 말해, 하느님 아버지를 모신 예수 그리스도의 마음과 기운과 생명에 한 가지로 참여한 신앙과 모심의 새로운 생명으로 살아야 한다.

우리가 할 바는 다만, 겸허하고 부지런하게 땀 흘려 일하는 것이다. 땀 속의 구원, 땀 속의 영생이다.

그런데 현대 자본주의 문명 속에서 잃어버린 일의 의미를 찾고 노동의 소외를 극복하기 위해 생각하고 생각하고 또 생각하면서 일해야 한다. 인생과 우주만물의 참 이치와 진리를 꿰뚫고, 사회와 문화와 역사

---

44 해월, 「靈符呪文」, 천도교중앙총부, 앞의 책, 289쪽.

의 본질과 과정을 파악하고, 인문의 세계뿐만 아니라 물리와 과학의 세계, 종교와 영적인 세계를 모두 아우르며 밝게 잡을 수 있을 때가지 파고들고 파고들고 또 파고들며 땀 흘려 일해야 한다. 다석 유영모 선생은 생명의 끝을 불사르는 생각의 본성 곧 '생각의 불꽃', '생각의 제사', '생각의 예배', '생각의 기도'를 말했고,[45] 함석헌 선생은 "생각하는 백성이라야 산다."[46]고 했다.

예수는 "내 아버지께서 이제까지 일하시니 나도 일한다."(요한5:17), "나에게는 너희가 알지 못하는 먹을 양식이 있다. … 나의 양식은, 나를 보내신 분의 뜻을 행하고, 그분의 일을 이루는 것이다."(요한4:32~34)라고 했다. 해월도 '하느님께서 일하시니 나도 일한다.'고 했으며, 지금 '며느리가 베 짜는 것이 아니라 하느님이 깊이 앉아 베 짜는 일을 하고 있다'는 '천주직포天主織布'를 말했다.[47] 피신 중에도 가는 곳마다 과일나무를 심고, 짚신을 짜고, 새끼를 꼬았다. 짚이 없으면, 이미 꼰 새끼를 풀어 다시 꼬았다. '인간은 밥을 의시하여 하느님의 기화 생성을 돕고, 하느님은 인간의 일을 통해 조화 곧 무위이화를 나타낸다.'고 했다.[48] 인간의 일을 통해 하느님의 아름답고 끊임없는 기화 생성의 세계와 생명의 결이 문화화되고, 문명화되고, 사회화되고, 시대화되고, 역사화되고, 예술화되는 것이다.

---

45 유영모/박영호 엮음, 『다석어록』, 홍익재, 1993.
46 함석헌, 『생각하는 백성이라야 산다』, 한길사, 1996.
47 해월, 「待人接物」, 천도교중앙총부, 앞의 책, 279~280쪽.
48 "人依食而資其生成하고 天依人而現其造化니라"(해월, 「天地父母」, 천도교중앙총부, 앞의 책, 254쪽).

인간은 이렇게 땀 흘리며 가치 있는 일을 하는 가운데서만 참 사람이 누릴 수 있는 무한한 희열을 맛보며 살 수 있다.

여기까지가 '행'과 '용'과 '실'의 세계이다. 천부경이 말하는 '만왕만래 용변'(萬往萬來 用變)이다.

8. 삼태극의 창조적인 순환 과정 속에서

이 신信 감感·행行/ 체體·상相·용用/ 도道·물物·실實(요한14-15장)의 각 단계와 세계는 구별은 되지만 실은 서로 유기적으로 얽혀 역동적으로 창조적인 순환을 하는 한 생명의 세계이다. 삼위일체적인 혹은 삼태극적인 끊임없는 역동적인 교류의 생의 세계이다. 그래서 당연히 '신' 속에 '감'과 '행'이 있고[49], '상' 속에 '체'와 '용'이 있으며, '실' 속에 '도'와 '물'이 있다. 수행의 각 세계는 서로 그물망의 유기적 관계 속에서 숨쉬고 있다. 원효가 "문 아닌 것이 없으니 일마다 모두 현묘한 곳으로 들어가는 문이고, 도 아닌 것이 없으니 처처가 모두 근원으로 돌아가는 길이다"(無非門故 事事皆爲入玄之門 無不道故 處處咸是歸源之路)라고 했듯이, 각 차원은 어느 단계든 모두 전체 생명의 기쁜 세계로 통하는 문이요 길인 것이다. 해월도 "항상 말할 때 물물천物物天이요 사사천事事天"이며 "일용행사日用行事가 다 도道"라고 하지 않았는가![50]

---

49 신학의 뜨거운 주제인 '믿음'과 '행함'의 관계 사이에 '느낌'을 유기적으로 포함시키면 새 길이 열리는 것으로 보인다.
50 해월, 「以天食天」; 「其他」, 천도교중앙총부, 앞의 책, 364, 412쪽.

끝으로 앞에서 다룬 내용을 다시 한번 줄인 시를 나누며 마치려고 한다. 하다 보니 다소 말이 길어진 것 같아 핵심을 요약했다.

생 · 삶의 예술

영원한 오늘의 지금 여기서
천지우주를 창성하시는
님의 사랑 님의 기운 안에
늘 깨어 있는 창조적인 얼생명으로,
아픔을 치유 승화하며
새로운 세계를 여는
아름답고 튼실한 일하며,
기쁘고 재미있게
땀 흘려 살아
영생을 품은 인생의 꽃을 피운다.

여기서 날로 새로워지는 삶의 기쁨이 샘솟고, 우리 민족과 인류가 평화롭게 사는 아름다운 한 길이 열려지기를!

찾아보기

⟨용어편⟩

【ㄱ】

가역성 20, 89, 93, 95, 98, 102
가역적인 시간관 53
가족 205
가족관계 203
가족주의 178
각세진경 248
각지불이 259, 272, 274, 277, 280, 281, 283
각지불이자 276, 416
각혼 120, 124
감응 78
강령 362, 363, 366
강령주문 367
개벽 351, 373, 391, 397, 403, 404
개벽 운동 405
개별아 88
개신교 신학 74
개신유학 110
개체성 274
개화 391, 397, 403, 404
객중율客中律 90
거경궁리 237

거짓 387
격물 388
격의불교 160
겪음 70
견성 105
견성각심 376
견성공부 371
결단 171
결정성 199
경敬 134, 304, 351, 353
경주 234
경학 110, 117, 131, 145
계약 46
고대적 해석 56
고요 395
공 47, 50, 62, 63, 64, 90
공 철학 90
공경 384
공동체 205, 346, 417
공동체성 139
공명 407
공사상 89
공서파 112, 119, 125
공시성 85, 88
공시적 해석학 175
공자학교 178
공화국 160
공효 138
과정과 실재 335

과정사상 226
과정신학 216, 218
과정신학자 52
과정철학 200, 227, 231
과학적 세계관 87
관계성으로의 전환 265
관념주의 341
관례 207
관용의 정신 90
교신 93
교토학파 76, 88, 95
교회 205
교회론 77
구경각 95
구약 55
구원 40, 102
구원관 22, 78, 314
구원의 종교 74
구체성 274
구체적인 몸 41
군자 164
궁극자 46, 47, 48, 50, 51, 63, 64, 65
궁극적 실재 44, 49, 50, 51, 53, 64
궁극적 실재들 181
규범 190
그리스 철학 61
그리스도 25, 31, 36, 39, 97, 207, 220
그리스도교 17, 19, 114, 224
그리스도교 신자 40
그리스도교적 유교 115
그리스도교적 인간관 121
그리스도의 몸 22
극락 377
극락심 377
근원적 일치 273
기 318, 339, 354, 356
기 사상 80, 83
기도 46, 390
기독교 43, 74, 82, 88, 97, 102, 114, 122, 174, 175, 208, 210, 287, 314, 316, 346, 364, 405, 407
기독교 복음 105
기독교 사상 198
기독교 신학 61, 89
기독교 운동 213
기독교 전통 48
기독교 호교론자 61
기독교도 65
기독교의 시간관 53, 54, 55
기독교의 역사관 53, 57
기독교인 48, 49, 51, 59, 63, 70, 213
기녹교적 유교 109, 111, 131, 142, 145, 147, 175
기독론 75, 77
기연 260, 262, 270, 355, 419
기운 395
기운공부 370
기일원론적 전통 338

기질지성 121, 128, 130, 142
기철학 99
기호 127, 129, 196
기호체계 69, 159, 197
기화 328, 344
기화지신 327
깨달음의 종교 77, 81
깨침의 종교 74

【ㄴ】

난생卵生설화 362
남성 그리스도 300
남성신 79
남아시아 191
남인 141
내수도문 305, 385
내유신령內有神靈 272, 273, 277, 281, 329, 334, 343, 369, 415
내재 77
내재적 신 240
내재화 298
내칙 305
네 마리 용 177
네샤마neshamah 340
논어 156, 163
논학문 294, 324, 381
니르구나 브라흐만 52
니르바나 373

【ㄷ】

다산 경학 110, 114, 118, 119, 121, 140, 141, 142
다시 개벽 305
다신론 223, 224
다양성 272
단군신화 229
단신론 223
대도대기 404
대동세계 178
대승기신론 383
대승기신론소 411
대승불교 28
대월상제 113, 126, 132, 134, 141
대인접물 299
대장금 149, 179
대학 156, 388
더불어 숲 177
덕행 133
도 269
도가 162
도교 166
도덕 368
도덕 결정론 121
도덕 법칙 69
도성덕립 376
도심 138

도와 수호신 181
독립운동 403
돈오 93, 100
돈점 논쟁 88
돌봄의 인식론 270
동경대전 234, 260, 292, 295
동귀일체 330
동기감응론 86
동도서기 404
동방교회 339
동방기독교 98
동시동조적 78
동시동조적 관계 86
동시동조적 작용 85, 86
동아시아 192
동아시아 문화권 151, 152
동아시아 사유 83
동아시아 종교 81, 86, 88
동양 82
동일률 89
동일성 철학 97
동학·천도교 수행 394
동학·천도교의 수행론 396
동학 74, 77, 144, 151, 226, 232, 234, 257, 258, 259, 275, 282, 288, 291, 298, 300, 303, 305, 306, 310, 314, 316, 321, 346, 357, 360, 364, 373, 376, 385, 388, 397, 398, 399, 402, 407
동학농민운동 315

동학사상 273
동학-에코페미니즘 277, 282
동학-에코페미니즘 인식론 263, 272, 282, 284
동학-에코페미니즘의 인식 255
동학혁명 403
되먹임의 사유구조 90

【ㄹ】

렘마 논리 79, 89
렘마의 논리 88, 90
로고스 80
로고스 원리 89

【ㅁ】

마르크시스트 66
마음공부 377
만물 331
만사지 362, 393
만트라 360
메시아사상 55
메타 도 298
멤버십 212
모니즘 333
모니즘적 범신론 354
모순율 260, 265
모심 244, 368, 369, 420

목적론 99
목적론적 세계관 46, 70
목적론적 역사관 57
목적론적인 시간관 55, 59
목적적인 지시체 197
몸 41, 87
무無 62, 202, 298, 322, 380
무궁 395
무극대도 263, 373, 402
무무無無 372
무로부터의 창조 61, 74
무로부터의 창조론 200, 217, 218
무식 387
무신론자 48
무위이화 273, 276, 295, 327, 344, 346, 350, 371, 373, 409
무체법경 374, 395
무층 80, 81, 82, 88
무한 90, 395
무한자 60
무한한 빛 37
무한한 수명 37
묵송 371, 372
묵시문학적 종말론 55
문명충돌 170, 177
문화 159
문화 258
문화 상대주의 68
문화다양성조약 175

문화다양성협약 176
문화적 다양성 257
문화적인 일반화 184
문화철학 184
문화학파 258
물물천 353, 422
물물천 사사천物物天事事天 328, 366
물오동포 330, 354
미래지향적인 역사관 53
미륵하생의 사상 54
믿음 88, 93, 97, 98, 379, 382, 410, 420
믿음과 수행 88
믿음의 종교 73, 74, 77, 81, 82, 88, 102

【ㅂ】

바가바드기타 191
반 성리학 121
반 성리학적 122
반대의 일치 90
반야경 29
반야바라밀 29
배중율 89, 260, 265
번역 166
범내재신론 354
범내재신적 328
범신론 223, 253
범신론적 78
범인 135

범재신론 223, 253, 294
범재신론적 226, 239, 241
범천론 333
법 자체 27
법가 163
법계 94
법신 25, 26, 27, 30, 47, 50
법신론 333
법신불 36
법신의 구체화 29
법화경 37
변증법적 구조 266
변증법적 사고 268
변증법적 여성학적 인식론 268
변증법적 인식론 259
변혁과 안정 71
보스돈 유교 149, 152, 155, 161, 165, 166, 174, 176, 178, 181, 187, 203, 214
보신 35, 47
보신불 22, 35, 47
보유론 111
보혜사 337
본각 95
본래의 나 384, 386
본연지성 125, 128, 130, 135, 142
본주문 367
본질적 측면 199
본질주의 77

부인婦人 305
부정신학 75
부정신학자 98
부호 196
부활 31
분서갱유 156
불 22
불가역성 19, 89, 93, 95, 98, 102
불교 17, 19, 43, 77, 82, 88, 89, 102, 224, 405
불교 신자 40
불교도 46, 49, 55, 57
불교의 시간관 53, 54, 58, 59
불교의 역사관 53
불교인 51
불교적 유교 109, 111
불교적 윤리 68
불교철학 63
불상 32
불성의 작용 104
불신 28, 30, 35
불연 260, 262, 270, 355, 419
불연기연 258, 259, 261, 266, 296, 381, 419
불연기연의 인식론 268
불이不二 103
불이적 관점 67
불이적 사유 64
불일이불이不一而不二 99

불탑 32
불택선악 377
붓디 373
브라만 333
비교 연구 166
비교종교철학 215
비교철학 189, 212
비시간적 53
비아 90, 92
비인격성 51
비인격신 224
비인격적 45, 47

【ㅅ】

사구나 브라흐만 52
사단 129
사단칠정 논쟁 112
사도신경 38
사랑 205, 219
사법계 58, 90
사사무애 59, 77, 101
사사천 353, 422
사유체계 82
사은사상四恩思想 94
사인여천事人如天 244, 289, 299, 385
사크라멘트Sacrament 331
사해동포주의 173, 178
사회계약이론 194

사회문제 255
사회정의 279
삶 257
삶의 자리 232
삼경 299, 313
삼경사상 246
삼국유사 415
삼성과 375
삼심관 374
삼위일체 208, 336, 422
삼위일체 신학 51
삼위일체론 333, 352
삼전론 282
삼태극적 422
상관적 사고방식 185
상대무 218
상대주의 194
상생관계 258
상제 122, 131, 230, 291, 324
상제 신앙 142
상제천 132
상호 변혁 43
상호관계성 273, 281
상호 정의interdefinable 188
색 90
색신 25, 26, 28
색즉시공 77
생명 공동체 257, 299, 313, 314
생명 우주 공동체 418

생명운동 418
생명의 본성 275
생물학적 목적론 56, 57
생생 395
생태 공동체 311, 312
생태윤리 259, 272, 277, 280, 284
생태문제 280
생태신학 353
생태여성신학 328
생태운동 418
생태적 신학 328
생태정의 272, 277, 278, 280, 281, 283, 284
생태학적 윤리 259
생혼 120, 124
생활 수행 390
샤머니즘 362
서恕 138
서계적 종교 17
서교 111, 112, 117, 119, 129, 131, 140
서구 82, 83
서구 문명 193
서구의 충격 398
서도西道 290, 326
서도서기 404
서세동점 397
서아시아 190
서원기도 46, 47
서학 110, 111, 112, 118, 144, 288, 294, 358, 397, 401, 407
서학변 119, 125
석가모니불 36
석존 30
선/악 63, 66
선문정로禪問正路 93
선불교 91, 92, 96
선불교 철학 47
선악 208
선악관 65
선악의 피안 65
선진 유학 114
선험철학 89
성性 128, 134, 135
성誠 304
성性 중립적 284
성경신 357, 376, 379, 389, 396
성기호설 131, 132, 142
성령 318, 337, 341, 343, 355, 356, 364
성령론 76, 97, 102, 105, 318
성령의 역사 104
성령의 체험 342
성리학 109, 120, 127, 140, 142, 151, 291
성리학자 123, 358
성미 390, 391
성사 331
성상옹호 32
성상파괴 32
성서 193

성선 164
성선설 121, 123, 130
성性의 충돌사 289
성性의 혁명 289
성속일치 92
성육신 99
성인 135, 170
성지 138
성직자 314
성품 공부 370
성화 210
세계관 73
세계화 257
세속성 83
소주길흉론所主吉凶論 86
수사학적인 방법 319
수심정기 104, 237, 327, 339, 346, 355, 359, 411
수양론 237, 253
수증일등修證一等 92
수직적인 시간관 54
수행 78, 87, 88, 90, 93, 97, 360, 376, 378, 387, 389, 396
수행론 76, 81, 82, 88, 90, 360
수행법 360
수행의 생활화 391
수행의 종교 82, 88, 102
수행적 종교 73, 74, 77
수행적 진리 74

순간 53
순일 387
순환론적 운세관 348
슈니아타Sunyata 47
스토아 철학 70
시侍 102, 244, 273, 298, 368, 389
시각 95
시간 54
시간관 53
시간의 철학 59, 60
시간적 53
시일侍日 390
시천侍天 248
시천주侍天主 232, 240, 253, 259, 272, 275, 289, 298, 313, 328, 334, 353, 365, 368
시천주 영성 272, 277
시천주侍天主사상 273
시천주자侍天主者 245
식고食告 392, 394
식민주의 398
신 57, 82, 198, 223
신 개념 328
신 위의 신 48
신 체험 328, 402
신개신유학 131
신견身見 27
신관 223, 232
신내림 362

신독 123, 130, 132, 135, 136, 137, 138,
      142, 148
신문화운동 403
신비주의 71, 74, 75, 90, 97, 102, 105
신비주의철학 98
신서학 75, 145, 289
신성 48
신성한 몸 332
신信 304
신앙유비 75
신앙의인信仰義人 77
신약 55
신유교 156, 171, 174, 187
신유학 236, 249, 324
신율적인 역사 해석 56
신인간 362
신인동형론 198
신자유주의 257
신조credo화 작업 253
신플라톤주의 61, 98
신플라톤주의적 75
신학 320, 341
신학자 49, 287
신화의 세계 79
실체론 97
실학 119, 138, 140, 151
심고 302
심령 365
심신이원론 124

심학 388
십무천十毋天 281, 301
십우도 92
십자가 38

【ㅇ】

아미타 37
아미타 불교 226
아미타불 37, 39, 47, 50
아시아적 가치 150
안심가 345, 349
애니미즘 80
양극성적 226, 231, 239, 240
양립성 213
양명학 121, 137, 151, 291, 389
양비양시 64
양선良善 128, 129
양지 389
양천주 242, 245, 253, 301, 355
어울림의 문화 179
얼사람 412
에코페미니즘 257, 258, 259, 263, 277,
      280, 282, 311
에피큐리아니즘 70
엘티 227
여성 306
여성 해방 305
여성신학 297

여성신학자 297, 300
여성학적 비판적 인식론 263
여여如如 64
여여심如如心 374
여유당전서 148
역 83, 84
역경 160
역동적 일치 265, 266, 268, 269, 270, 273
역사 57
역설적 일치 261
역의 논리 76
역의 사유 79, 87
역의 실재 85
연기 78
연속성 88
열반 373
영 96, 316, 318, 321, 333, 335, 336, 346, 351, 354
영감 373
영명주재지천 123
영부 296, 360, 367, 370
영부심 368
영생 60
영성 81
영성의 시대 80
영세불망 379
영원 395
영원성의 단자 53

영원의 시간관 60
영원의 철학 58, 59, 200
영육론 130
영적 수행 357
영적인 몸 33
영적인 생활 170
영혼 87, 120, 124, 143
영혼의 불멸성 120
예禮 155, 158, 207, 209, 210
예수 선재 신앙 25
예언자적-메시아적 전통 266
오관 357, 390, 396
오리엔탈리즘 398
오메가 포인트 57
오심즉여심吾心卽汝心 104, 263, 328, 362, 420
오온 26
옥시덴탈리즘 398
완전 210
외유기화外有氣化 272, 273, 277, 281, 343, 369, 415
외유내서外儒內天 115
외유내천外儒內天 115, 117
요순우탕 207
용用 93, 196, 104, 422
용담유사 234, 295, 345
우리 안의 신 97
우상숭배 198
우주 생명 공동체 418

우주 자연 101
운세관 350
운수관 347
원불교 94
원시불교 28
원시유교 160, 163, 165, 174
원죄 121
원죄론 77
원형적 53
원형적인 시간관 54
원형적인 역사의식 57
위기지학 385, 386
위로부터의 은총 75
위위심 375
위험한 기억 344
유골 29
유교 18, 77, 115, 120, 171, 174, 195, 202, 203, 208, 210, 288
유교 문화 161
유교 운동 213
유교 철학 121
유교인 213
유교적 유교 111, 115, 122, 131, 142, 145, 147
유기체 철학 226
유대 문명 190
유대교 224
유마경 29
유불선 74

유신론자 48
유일신 316
유일신론 223, 364
유한 90
유한과 무한의 일치 60
유한자 60
육체성 32
육화된 지식 276
윤리 257, 272, 284
윤리학 68
윤리학적 기호론 165
율곡학 151
은총 94
을묘천서 401
음양 우주론 192
음양오행론 84
의미기호 197
의인적 목적론 56
이理 122, 124, 126, 141, 338
이기론 130
이데아론 74
이발理發 113, 141
이발론 126
이발설 133
이법계 58, 90
이분법 352
이사무애 58, 77, 91, 101
이슬람 18
이슬람교 224

이신설 28
이신환성 251
이용후생 147
이원론 86
이일분수설 124
이중성 51
이천식천 299, 328, 353, 393
이치 338
인 158, 164, 172, 210, 211, 219
인간 90, 101, 356
인간 중심주의 147
인간관 87
인간론 130
인간의식 257
인격성 51
인격신 48, 49, 144, 224, 253, 330
인격자 52
인격적 45
인격적 주재성 120
인격적 주재자 131
인격적 표현 52
인내천人乃天 247, 252, 250, 253, 275, 289, 313, 366
인도 52
인도 문명권 191
인도불교 90
인물성동론 122, 124, 142
인물성동이 논쟁 119
인물성동이론 140

인물성동이의 논쟁 125
인물성이론 120, 126, 128, 131, 142, 143, 146
인물성이론 논쟁 112
인시천 337
인식 257
인식론 259, 272
인의예지 383
인터텍스츄얼리티 321
일기 323, 331, 339
일반화 185, 215
일신론 224
일신숭배 223
일심 420
일자 100
일화 411, 413
임마누엘 95, 96

【ㅈ】

자기 동일성 90
자기 수양 171
자기 종교 43
자기비판 267
자비 50
자신 380
자심자배 385, 386
자아 90
자연 74, 101

자연관 87
자연성 192
자연의 개념 201
자연종교 224
자유 의지 129
자유심 374, 375
자유와 해방 63
자유의지 121, 130, 142
자율적인 자연관 62
자주적 권리 128
자천자각 386
장생불사 383
전생 이야기 25
전일적 사고방식 185
전일적 통일성 79, 82
절대긍정 90
절대모순 90
절대무 218
절대부정 90
절대선 129
절대적 진리 223
접수 93
접붙이믿음살이 176
정定 368
정반합 267
정성 386
정시정문 377
정신물리학적 구조 81
정심 388

정주적 삶 69
정토불교 51
정함 368
제2의 차축시대 80
제3의 논리 89
제3자 배척의 원리 261
제도은총 79, 105
제도적 은총 97
제사 114, 301
제사법 308
제의적 삶 169
조로아스터교 224
조물자 381
조상 206, 220
조선 복음 전래사 115
조선 순교사 비망기 115
조선 천주교 교회사 114
조신祖信 93, 94
조화 344, 346, 395
조화정造化定 368, 369, 373
존재 자체 223
존재론 99, 182, 183, 198, 202, 216, 253
존재론적 주제 195
존재유비 75, 100, 143
존재의 근거 223
존재의 변증법 198, 202
존재의 연속성 81
종교 간 대화 43, 73, 79
종교 다원주의 52

종교 문화적 다양성 161
종교간의 대화 176
종교경험 260
종교성 83
종교철학적 43
좋음/나쁨 67
죄 101, 210
주문 수련 396
주문 수행 360, 368, 370, 374, 379, 296, 357, 360, 390, 396
주역 348
주자학 121, 128, 151
주제 182, 187, 188
주제 분석 방법 187, 188, 190
주제 분석 방법론 182, 215
죽음 60
중中 134
중국 52, 151, 178, 190
중국불교 91
중국철학 190
중보자 308, 314
중세적 해석 56
중용 156, 172, 386, 389
중용강의 113
중화 134
즉비卽非 90
즉시卽是 90, 103
즉의 논리 90
지고신 229

지구 온난화 255, 256
지극한 기운 362
지금여기 409
지기 269, 296, 297, 316, 318, 321, 322, 324, 331, 335, 343, 356, 368
지기至氣일원론 294
지배관계 258
지상천국 377
지식-권력 69
지장보살 37, 38, 39
지혜 29, 50
지혜 문학 54
직선적 시간관 55, 60
직선적 역사관 186
직선적 인과율 186
직선적인 시간관 53, 58
직접적 동일성 191
진리 32
진실 387
진실무망 387
진여眞如 90
진영서 166
진화론에 대한 부정 61
질료 84
질서 84

【ㅊ】

차축시대 76, 79, 80, 82

참된 자아 281
참여학과 258
창조 192
창조 설화 193, 208
창조 행위 190, 192
창조과학회 61
창조론 60, 62, 88
창조론적 세계관 46
창조자 194
창조적 일치 267
창조주 77, 120
창조하는 행위 200
천天 82, 114, 126, 248, 389
천강天降설화 362
천관 120
천국 377
천도 297
천도교 248, 310, 357, 360, 373, 376, 385, 390, 396, 405
천도교경전 384
천령 365
천론 162
천리 378
천상천하유아독존 37
천시인 337
천심 386
천어 242
천주 120, 123, 230, 239, 291, 323, 357, 358

천주교 110, 112, 114, 115, 118, 328
천주실의 110, 113, 119, 120, 122, 131, 140, 144, 401
천주학 326, 401
천지부모 299, 413
청수 390
체體 93, 103, 105, 422
체성현기 91
체용론 74, 78, 88, 91
초월 77, 190, 298
초월 철학 77, 78
초월관 314
초월신관 77
초월의 내면화 307
초월적 신 240
초월적 존재 77
초월적인 몸 41
초월한 진리 275
초인격자 50, 52
초인격적 45, 47
초인격적 표현 52
최고신 228
추도지향 234
출입심고 392
치량지致良知 130
친서파 125
칠극七克 113

【ㅋ】

카오스 98
카오스적인 일기 334

【ㅌ】

타락 210
타종교 43
탄도유심급 379
탈 성리학 122
탈 성리학적 127, 131, 140
탈국가적 사유 69
탈아입구 398
탑돌이 29
태극 122
테오스 228
텍스트들 간의 상호작용 321
토미즘 143, 328
통논리 90
통시적 해석학 175
통일성 271
통전 우주 생명체 419
통체적 해석학 175
퇴계학 151
투쟁과 평화 71

【ㅍ】

파토스 pathos 70

팔천송반야경 30
페리코레시스 334
평화 73
포덕문 294, 324, 345
포스트구조주의 68
포스트모더니즘 68
풍류도 414, 418
플라톤의 논리 76
플로티누스 98

【ㅎ】

하나님 291, 332, 333
하나님의 나라 55
하나님의 몸 332
하느님 90, 101, 113, 120, 123, 229, 291, 334
하느님의 모상 143
하늘 사상 82
하늘기운 359
하늘님 230, 290, 292
하늘마음 359, 362
하늘신 229
하심 384
학자관료 154
한국 여성 289, 290
한기 294
한류 149, 152, 179
한울 292

찾아보기 441

한울님 260, 274, 292, 323, 329, 377
한울님(天主) 316
합생 400, 406, 407
해방신학 328
해석 166
향벽설위 309
향아설위向我設位 289, 386
향아설위법 308
허공 395
허광심 374
허령 322, 334
헤겔의 변증법 89
헬라적 사유 80
현대 불교 59
현대과학 61
현대신학 97
현송 370, 374
현재적인 역사관 53
형국론 86
형상 84
형이상학 97, 199
형태 공명 87
형태공명론 86
형태장 87
혼돈 84
혼돈으로부터의 질서 62
혼원지일기 334
홀론 103
홀론적 관계 101

홀론적 구원 103
홀론적 구원관 97
홀론적 구원론 76, 104
화 134
화엄경 30, 37
화엄종 91
화이트헤드 56, 194, 226, 231, 335
환경문제 255, 278
환경운동 418
회개 171
회화적 기술 33
효 172, 203, 204, 219
후천개벽 305, 311
희랍 전통 198
희랍철학 198
히브리 전통 198
힌두교인 17

【기타】

ㅎㄴ님 291
21자 주문 322, 370
3·1운동 364, 373, 376, 385, 388, 397,
　　　　398, 399, 402, 405, 407
4원인설 56
bc 90

〈인명편〉

【ㄱ】

금장태 117
김경재 40, 231
김상홍 116
김승혜 118, 136
김용옥 288, 292, 401, 406
김지하 275, 276, 288, 311, 355, 406
김형효 136
깔뱅 225

【ㄴ】

네빌 152, 158, 160, 163, 165, 169, 177, 178, 181, 184, 185, 186, 190, 195, 201, 203, 206, 214
니시다니 48
니시다니 게이지 46
니체 64

【ㄷ】

다블뤼 A. Daveluy 115, 116
다산 111, 119, 128, 129, 131, 134, 135, 141, 143, 291
달레 S. Dallet 115

데우스 228
데이비드 홀 196
데이빗 그리핀 52
듀이 194
들뢰즈 69
떼이아르 샤르댕 56
뚜웨이밍 80, 153, 169, 171, 172

【ㄹ】

라마누자 52
라이프니쯔 166
로즈마리 류터 263, 266
루아흐 340, 351
류터 263, 265, 266, 268
리차드 호프리히터 279
릿치 110, 119, 120, 121, 122, 130, 131

【ㅁ】

마이스터 에크하르트 225
맥훼그 416
맹자 157, 162, 164
몰트만 342, 344

【ㅂ】

바울로 34
배영순 347

법정 416
베르그송 56
베버 177
보그 96
붓다 24, 30

【ㅅ】

샐리 맥페이그 269, 271, 282, 332
성철 93
송영배 121
수운 144, 230, 232, 236, 240, 242, 247, 251, 253, 259, 263, 266, 268, 294, 295, 298, 305, 311, 322, 329, 358, 381, 390, 395, 399, 401, 420
순자 157, 162, 164, 201
슐라이에르마하 94
스미스 20
스텐달 98
스티브 오딘 58
스피노자 99
신은희 327
신후담 112, 119
싯달타 24

【ㅇ】

아렌트 89
아리스토텔레스 56, 74, 77, 83, 84, 120, 261
아베 마사오 57
아우로빈 52
아퀴나스 52, 183
안정복 112, 119
야기세이찌 95, 96
양한묵 250
어거스틴 93, 172
에임즈 184, 186, 190, 195, 215
에카르트 74, 75, 87, 98, 100, 102
예수 23, 25, 31, 33, 37, 40, 75, 101, 220, 302, 318, 344, 421
왕양명 388, 395
요아킴 바흐 224
용수 90
원효 415, 420
위르겐 몰트만 336
유동식 414, 418
유영모 412, 421
윤성범 174
윤지충 114
율곡 112, 126, 291
융 81
의암 247, 251, 253, 371, 372, 385, 390, 395
이돈화 250, 292
이벽 113
이익 112, 113, 119
이재의 119

일연 415

크로산 33

【ㅈ】

장일순 406
장자 67
정약용 112, 113, 116, 122
존 캅 40, 52
존 힉 52
주자 236
주희 156

【ㅊ】

최석우 115
최시형 299, 403
최양업 401
최옥 232
최제우 316, 318, 398
최한기 418

【ㅋ】

카타리 69
칸트 89
칼만 226
칼융 78
캘턴 145
켐벨 100

【ㅌ】

타키자와 95
토마스 뮌처 225
토마스 홉스 163
퇴계 112, 126, 130, 134
틱낫한 419
틸리히 52, 225

【ㅍ】

파니카 176
폭스 102
표영삼 243
푸코 68
플라톤 74, 77, 83, 84, 160

【ㅎ】

하이데거 22, 183
함석헌 415, 421
해월 242, 247, 251, 253, 305, 307, 311, 329, 344, 359, 384, 387, 390, 395, 410, 420
헌팅톤 177
혜능 395
홀 184, 186, 190, 195, 215

황선명 234
후설 183
흄 196

【기타】

Ames 167, 184
Cheng Chungying 168
Hall 167, 184
McFague 351
Moltmann 351
Panikkar 175
Wallace 336, 351
Winston Davis 177
Wu Kuangming 168

동서 종교의 만남과 그 미래

등 록 1994.7.1 제1-1071
1쇄 2007년 11월 20일
3쇄 2010년 9월 10일

지은이 변선환아키브 · 동서종교신학연구수
펴낸이 박길수
편집인 소경희
디자인 이주향
마케팅 김문선
펴낸곳 도서출판 모시는사람들
　　　 110-775 서울시 종로구 경운동 수운회관 1207호
전 화 02-735-7173, 02-737-7173 / 팩스 02-730-7173

출 력 삼영그래픽스(02-2277 1694)
인 쇄 ㈜상지P&B(031-955-3636)
배 본 문화유통북스(031-937-6100)
홈페이지 http://blog.naver.com/donghak21

값은 뒤표지에 있습니다.
ISBN 978-89-90699-52-7

*잘못된 책은 바꿔드립니다.
*이 책의 전부 또는 일부 내용을 재사용하려면 사전에 저작권자와 도서출판 모시는사람들의 동의를 받아야 합니다.